Raumplanung in der Schweiz
Eine Einführung

Raumplanung in der Schweiz
Eine Einführung

Martin Lendi, Dr. iur.
Professor für Rechtswissenschaft, ETH Zürich

Hans Elsasser, Dr. phil. II
Professor für Geographie, Universität Zürich

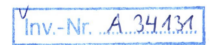

3., aktualisierte Auflage 1991
mit Anhang zum Stand der schweizerischen Raumplanung

Verlag der Fachvereine Zürich

Der Verlag dankt dem Schweizerischen Bankverein für die
Unterstützung zur Verwirklichung seiner Verlagsziele.

1. Auflage 1985
2., nachgeführte Auflage 1986
3., aktualisierte Auflage 1991

© Verlag der Fachvereine an den schweizerischen Hochschulen und Techniken, Zürich

ISBN 3 7281 1794 3

Umschlaggestaltung: Fred Gächter, Grafiker ASG, Oberegg

Vorwort

Eine Einführung in die Raumplanung der Schweiz zu verfassen, stellt eine *Herausforderung* dar. Nicht nur in der Schweiz, sondern in den meisten europäischen Nachbarländern fehlen konzis gefasste Lehrmittel. Zwar gibt es eine umfassende Darstellung der Raumordnung der (deutschen) Akademie für Raumforschung und Landesplanung, doch ist dieses umfangreiche Werk eher eine Grundlagendarstellung, welche Kenntnisse der Raumplanung voraussetzt. Die hier vorgelegte Arbeit versucht, einen *ersten Zutritt* zu ermöglichen.

Welchen methodischen Ansatz soll eine Einführung verfolgen? Dem Grundsatz nach stehen zwei Wege zur Verfügung: Sie kann entweder auf die Theorien hinweisen oder die Sachprobleme angehen. Vereinfachend kann man von einer *deduktiven* respektive einer *induktiven Methode* sprechen. Wählt man die deduktive Vorgehensweise, so gilt das Hauptinteresse den Theorien, von denen man in einem nächsten Schritt den Zugang zu den anstehenden Problemen findet. Wird das umgekehrte Verfahren vorgezogen, so treten die Sachprobleme in den Vordergrund, die in der Folge unter Bildung und Verwendung von Theorien gesichtet und bewertet werden. Die hier vorliegende Einführung verfolgt nicht den einen oder andern Weg, sondern akzeptiert, dass der Leser, der sich ernsthaft um die Raumplanung bemüht, sowohl mit den empirisch erfassbaren Problemen als auch mit den formulierten Theorien konfrontiert wird. Dieser nicht reine Ansatz ist didaktisch bedingt. Wir erhoffen uns ein stetig wachsendes Interesse in der *Begegnung mit den Alltagsproblemen und den Theorien* – im gegenseitigen Wechselspiel. In diesem Sinne dominiert der Wesenszug der Orientierung, wobei wir bestrebt waren, es nicht nur bei der Wissensvermittlung bewenden zu lassen, sondern *Anreize für das Weiterdenken* zu vermitteln

Wer eine Einführung in die Raumplanung verfasst, muss sich zudem die *Frage nach der Kompetenz*, d. h. nach dem Sachverstand, gefallen lassen. Zweifellos sind die Verfasser, welche einzelnen Disziplinen verhaftet sind, nicht in der Lage, eine nach allen Seiten sorgfältig ausgewogene Darstellung zu vermitteln. Die Raumplanung als «Wissenschaft» ist multidisziplinär und verlangt letztlich interdisziplinäres Ineinanderwirken. Diesem Anspruch können sie nicht genügen. Immerhin steht hinter dieser Einführung, so einfach sie konzipiert ist, der Erfahrungsschatz von über fünfzehn Jahren Mitarbeit an einem interdisziplinären Institut.

An wen wendet sich diese Einführung? Vorweg sehen wir die *Studenten* aller Fachrichtungen und aller Stufen vor uns, die in ihren verschiedenen Studienrichtungen der Raumplanung begegnen und sich darum mit einer Problem- und Methodenöffnung konfrontiert sehen. Dann aber vermeinen wir auch zu erkennen, dass die *Praxis* in der Verwaltung und in der Privatwirtschaft darauf wartet, eine zusammenfassende Übersicht zu erhalten. Wir waren bemüht, beiden Ansprüchen gerecht zu werden.

An der Entstehung des Werkes haben vor allem Ellen Goetz, Dr. iur. Silvio Jörg und dipl. Geogr. Margarethe Zubler mitgewirkt. Wichtige Beiträge in Einzelfragen stellten uns Dr. iur. Urs Beeler, dipl. Ing. Arch. Hannes Dubach, lic. iur. Marianne Hepp, Dr. rer. pol. Hans Leibundgut, Dr. phil. II Heinz Trachsler und dipl. Masch. Ing. ETH Ruedi Zängerle zur Verfügung. Die Zeichnungen stammen von Iris Huber, und für die Schreibarbeiten danken wir Eva-Maria Della Casa. Die Korrekturen lasen die genannten Mitarbeiter.

Ich benütze gerne die Gelegenheit, vor allem Herrn Dr. Hans Elsasser, wissenschaftlicher Mitarbeiter am Institut für Orts-, Regional- und Landesplanung und Professor an der Universität Zürich, für seinen grossen Einsatz zu danken, das Werk im Entwurf zu bearbeiten und zahlreiche Kontakte zu knüpfen.

Was ist Raumplanung? Die prägnante Frage soll in der Einleitung durch eine Vorgabe beantwortet werden:

Raumplanung ist die zielbewusste, ordnende, zukunftsgerichtete Einflussnahme in politische Verfahren, die sich im Raum und für den Lebensraum nachhaltig auswirken, unter Wahrung der Entscheidungsfreiheit zukünftiger Generationen.

Martin Lendi

Zürich, Frühjahr 1985

Vorwort zur 2. Auflage

Das Lehrbuch hat Anklang gefunden. Nach nur einem halben Jahr war die erste Auflage vergriffen. Offensichtlich ist der Hunger nach einer übersichtlichen Darstellung der Raumplanung gross und verbreitet – sogar über die Landesgrenzen hinaus.

Das Fehlen eines echten und doch handlichen Lehrbuches machte sich bemerkbar. Die Lücke vermag die vorliegende Darstellung nicht vollumfänglich zu schliessen, da sie mit einer gewissen Scheu an die Vielfalt der Aspekte und die Problemfacetten herantritt. Der informierende Charakter hat sich aber für Lehrende und Lernende als hilfreich erwiesen, weil er Grundlagen bereitstellt und der planerischen Kreativität freien Raum lässt. Das Lehrbuch will den denkenden, phantasiebegabten und problemlösungswilligen «Planer» ermuntern und nicht durch «Doktrindichte» sowie durch vorweggenommene «Rezepte» bedrängen.

Zwei vordringliche Verpflichtungen sind der Raumplanung ins Gewissen zu schreiben: Sie muss – erstens – die *Qualität ihrer Planung steigern*. Zu oft werden die Planungen nach Richtlinien und tradierten Vorgehensweisen bearbeitet. Die Frage nach der optimalen Bewältigung der anstehenden Probleme bleibt dabei unterdrückt. Sie muss – zweitens – ganz neu lernen, neben der Planungsdynamik den *Wert des Vertrauens in die Planung* zu betonen. Die Adressaten, vor allem auch die Investoren, wollen sich auf Planungen verlassen können. Die Verlässlichkeit der Planung ist ein kostbares Gut. Ohne Vertrauen in sie bleiben die Pläne sich selbst genügende Aussagen. Nur die Berechenbarkeit vermag planadäquates Verhalten zu begünstigen und damit die Pläne mit Leben zu erfüllen.

An der Nachführung der zweiten Auflage, die nur stellenweise ergänzt wurde, haben Ellen Goetz, lic. iur. Vera Holenstein, lic. iur. Peter Hübner und weitere Mitarbeiter des ORL-Instituts der ETH Zürich mitgewirkt.

Die Autoren danken dem Verlag für die speditive Förderung der Neuauflage und bitten die Studenten und Interessenten im In- und Ausland, die einen Lieferungsunterbruch in Kauf nehmen mussten, um Entschuldigung. Tröstlich ist für sie, dass das Buch nachgeführt und nicht neu formuliert ist. Der aufmerksame Leser wird die Aktualisierung und die wenigen wichtigen Ergänzungen mit Spannung entdecken.

Martin Lendi

Zürich, Frühjahr 1986

Vorwort zur 3. Auflage

Die Raumplanung bleibt eine Herausforderung. Neu sind gewisse Probleme europäischer Dimension, wie die Öffnung gegen Osten, der EG-Binnenmarkt, die Verkehrsströme und der Siedlungsdruck als Folge grossräumiger Arbeitsteilung. Im eigenen Land kommen sich Umweltschutz und Raumplanung näher. Für die Städte rückt die neue Strategie der inneren Erneuerung in den Vordergrund. Gleichzeitig gilt es, die ökologischen Ausgleichsräume zu schützen. Der Auftrag, gegenüber der europäischen Entwicklung nationale Raumordnungsintentionen sichtbar zu machen, ist aktueller denn je. Dies zwingt zu einer Vision, zu einer klaren Vorstellung über den Lebensraum Schweiz in Verbindung mit dem europäischen Umfeld und vor dem Hintergrund der Migration, des politischen Umbruchs sowie des wirtschaftlichen Aufbruchs.

Seit der Drucklegung der zweiten Auflage hat sich das Verständnis der Raumplanung verdichtet. Das Hintergrundmaterial wurde reicher. Den Zutritt zu einer modernen Sicht der Raumplanung versucht der «Grundriss einer Theorie der Raumplanung» (Zürich 1988) zu eröffnen. Die Materialfülle ist zusammengetragen in «Recht und Politik der Raumplanung» (Zürich 1984), «Lebensraum–Technik–Recht» (Zürich 1988) und in «Bewährung des Rechts» (Zürich 1992) – alle Publikationen im gleichen Verlag.

Ich danke meinen Mitarbeitern für die stets grosse Hilfe, vor allem Frau Eva-Maria Della Casa, die mich täglich unterstützt.

Martin Lendi

Zürich, Herbst 1991

Inhaltsübersicht

Inhaltsverzeichnis	XI
Tabellenverzeichnis	XXI
Abbildungsverzeichnis	XXIV
Abkürzungen	XXV

KAPITEL I: Grundlagen der Raumplanung 1

1. Raumplanung als Wissenschaft und öffentliche Aufgabe . . . 2
2. Grundbegriffe der Raumplanung 8
3. Grundzüge der raumplanerischen Entwicklung 16
4. Wissenschaftliche Grundlagen der Raumplanung 27

KAPITEL II: Lebensraum als Objekt der Raumplanung 35

1. Gliederung und Typisierung des Lebensraumes 36
2. Raumplanung und Bevölkerung 59
3. Raumplanung und natürliche Umwelt 80
4. Raumplanung und Bodennutzung 95
5. Raumplanung und Wirtschaft 104
6. Raumplanung und Infrastruktur 143
7. Raumplanung und Siedlung 158

KAPITEL III: Raumplanung als öffentliche Aufgabe 175

1. Ordnungs- und Steuerungsfunktion des Staates 176
2. Rechtsgrundlagen der Raumplanung 181
3. Planungsebenen 224
4. Internationale Raumplanung 232
5. Politik der Raumplanung 237

KAPITEL IV: Raumplanung als Problemlösungsverfahren 243

1. Allgemeines 244
2. Analyse 246

3. Prognosen 256
4. Ziele, Instrumente und Massnahmen 263
5. Realisierung 272
6. Kontrolle 274

KAPITEL V: Auftrag der Raumplanung 277

1. Problembewältigung 278
2. Vertieftes Verständnis 286

Literaturverzeichnis 289

Anhang I 299
Anhang II 385
   Zum Stand der schweizerischen Raumplanung 387

Stichwortverzeichnis 412

Inhaltsverzeichnis

KAPITEL I: Grundlagen der Raumplanung

1. Raumplanung als Wissenschaft und öffentliche Aufgabe . . . 2
   1.1. Grenzen 2
   1.2. Raumplanung als Gegenstand von Lehre und Forschung 4
   1.3. Raumplanung als öffentliche Aufgabe 5

2. Grundbegriffe der Raumplanung 8
   2.1. Oberbegriffe 8
   2.2. Kurzbegriffe der Planung 11

3. Grundzüge der raumplanerischen Entwicklung 16
   3.1. Teil der Staats-, Wirtschafts- und Sozialgeschichte . . . 16
   3.2. Phasen 16
      3.2.1. Entwicklung der Raumplanung bis ca. 1920 16
      3.2.2. Entwicklung der Raumplanung vom Ersten zum Zweiten Weltkrieg 19
      3.2.3. Nachkriegsjahre und Hochkonjunktur 20
      3.2.4. Verfassungsauftrag von 1969 23

4. Wissenschaftliche Grundlagen der Raumplanung 27
   4.1. Raumforschung 27
   4.2. Forschungsinstitutionen und -programme 29
      4.2.1. Träger der Raumforschung 29
      4.2.2. ORL-Institut 29
      4.2.3. CEAT 30
      4.2.4. Nationale Forschungsprogramme 31
   4.3. Ausbildung 32

KAPITEL II: Lebensraum als Objekt der Raumplanung

1. Gliederung und Typisierung des Lebensraumes 36
   1.1. Allgemeines 36
   1.2. Regionalisierung und Regionen 38
      1.2.1. Regionen der Raumplanung 38
      1.2.2. Regionen der Wirtschaftsförderung 40
      1.2.3. Regionen der Raumforschung 42

1.3. Raumtypisierung und Raumtypen 46
   1.3.1. Einteilungskriterien 46
   1.3.2. Städte 46
   1.3.3. Agglomerationen 48
   1.3.4. Berggebiete 49
   1.3.5. Ländliche Gebiete 54
1.4. Weitere Regionalisierungen und Raumtypisierungen. . . 55
   1.4.1. Naturräumliche und landschaftsökologische Gliederung und Typisierung 55
   1.4.2. Einzugsbereiche 55
   1.4.3. Zentrum–Peripherie-Gefälle 55
   1.4.4. Finanzkraft der Kantone 57
   1.4.5. Fremdenverkehrsregionen und -zonen 58
   1.4.6. Landwirtschaftliche Abgrenzungen 58

2. Raumplanung und Bevölkerung 59
   2.1. Bevölkerung als Schlüsselgrösse 59
   2.2. Demographische Strukturen 59
      2.2.1. Bevölkerungsstruktur 59
         a) Merkmale und Kennziffern 59
         b) Altersstruktur 60
      2.2.2. Räumliche Verteilung der Bevölkerung 64
      2.2.3. Bevölkerungsmobilität 66
         a) Begriffe 66
         b) Migration 67
         c) Pendelwanderungen 70
      2.2.4. Bevölkerungsentwicklung 72
      2.2.5. Bevölkerungsprognose 77
   2.3. Sozio-kulturelle Strukturen 78

3. Raumplanung und natürliche Umwelt 80
   3.1. Ökologische Planung 80
   3.2. Begriffe 82
   3.3. Einzelne Naturfaktoren 83
      3.3.1. Übersicht 83
      3.3.2. Relief 84
      3.3.3. Boden 85
         a) Begriff 85
         b) Funktionen 86

3.3.4. Klima/Luft 87
   a) Klimatische Gegebenheiten 87
   b) Anthropogene Einflüsse im besonderen. 88
3.3.5. Wasser 89
   a) Wasser als Lebensgrundlage 89
   b) Wasser als Teil des Lebensraumes 91
3.3.6. Vegetation 91
3.3.7. Tierwelt 93
3.3.8. Landschaftsbild 93

4. Raumplanung und Bodennutzung 95
   4.1. Zweckmässige Nutzung des Bodens. 95
   4.2. Landnutzungsinformationen 96
   4.3. Landnutzung in der Schweiz 96

5. Raumplanung und Wirtschaft 104
   5.1. Zusammenhänge 104
   5.2. Theorien der räumlichen Ordnung der Wirtschaft 104
      5.2.1. Theorieansätze 104
      5.2.2. Standortwahl 104
         a) Bedeutung der unternehmerischen Entscheidung 104
         b) Standortanforderungen und Standortbedingungen 106
         c) Standorttheorien 108
      5.2.3. Räumliche Wachstums- und Entwicklungstheorien 109
      5.2.4. Weitere Theorien 110
   5.3. Struktur und Verteilung der Beschäftigten . . . 110
      5.3.1. Begriffe 110
      5.3.2. Sektorale Umschichtungen 111
      5.3.3. Raumplanung und Wirtschaftssektoren . . . 116
         a) Landwirtschaft 116
         b) Industrie und Gewerbe 118
         c) Dienstleistungen 121
         d) Besondere Stellung des Fremdenverkehrs . . 124
   5.4. Regionale Volkseinkommen 128
      5.4.1. Begriffe und Beziehungen 128
      5.4.2. Disparitäten 132
   5.5. Raumplanung und Regionalpolitik 133

5.5.1. Begriffe und Zusammenhänge 133
5.5.2. Entwicklung und Instrumente der Regionalpolitik . . 133
   a) Politische und sachbezogene Regionalpolitik . . . 133
   b) Grenzen der Regionalpolitik für das Berggebiet 136
5.5.3. Räumliche Disparitäten 138
   a) Begriff 138
   b) Messgrössen (Indikatoren) 138
   c) Kennziffern 139

6. Raumplanung und Infrastruktur 143
   6.1. Begriffe und Zusammenhänge 143
      6.1.1. Funktion im Rahmen der Raumordnungspolitik. . . 143
      6.1.2. Begriff der Infrastruktur 143
      6.1.3. Merkmale der Infrastruktur 144
      6.1.4. Wirkungen der Infrastruktur 145
   6.2. Ausgewählte Daten zur Infrastruktur 146
      6.2.1. Verkehr 146
      6.2.2. Nachrichtenwesen 151
      6.2.3. Energieversorgung 151
      6.2.4. Wasserversorgung 153
      6.2.5. Entsorgung 154
      6.2.6. Schulwesen 156
      6.2.7. Gesundheitswesen 156

7. Raumplanung und Siedlung 158
   7.1. Funktion der Siedlung 158
   7.2. Siedlung, Siedlungsraum, Siedlungsfläche 160
      7.2.1. Begriff und Funktion der Siedlung 160
      7.2.2. Siedlungsflächen 160
         a) Abgrenzung besiedeltes/nicht-besiedeltes Gebiet 160
         b) Begriffe 161
   7.3. Siedlungstypologie 161
   7.4. Städtische Siedlungen 163
      7.4.1. Wesensmerkmale 163
      7.4.2. Zur Abgrenzung von Stadtgebieten 164
      7.4.3. Zur innerstädtischen Gliederung 165
         a) Merkmale 165
         b) Formale Strukturen 166

c) Funktionale Strukturen 166
d) Soziale Strukturen 167
7.5. Siedlungs- und Stadtplanung 167
7.5.1. Besondere Aufgaben 167
7.5.2. Siedlungserweiterungen 168
7.5.3. Siedlungserneuerungen und -sanierungen 168
7.5.4. Stadtentwicklungspolitik 169
7.6. Zentrale Orte – Wachstumszentren 170
7.7. Zur schweizerischen Siedlungsstruktur 171
7.8 Siedlungen als Erlebnisräume und Kulturträger 174

KAPITEL III: Raumplanung als öffentliche Aufgabe

1. Ordnungs- und Steuerungsfunktion des Staates. 176
   1.1. Ansprüche an den Lebensraum 176
   1.2. Raumwirksame Tätigkeiten der öffentlichen Hand 177
   1.3. Verantwortung für den Lebensraum 178
   1.4. Raumplanung als Rechts- und politische Funktion 179

2. Rechtsgrundlagen der Raumplanung 181
   2.1. Nominales und funktionales Raumplanungsrecht 181
   2.2. Nominales Raumplanungsrecht 181
   2.2.1. Nominales Raumplanungsrecht des Bundes 181
      a) Verfassungsstufe 181
      b) Gesetzesstufe 185
      c) Verordnungsstufe 190
      d) Rechtsprechung 192
   2.2.2. Nominales Raumplanungsrecht der Kantone. . . . 195
   2.2.3. Nominales Raumplanungsrecht der Gemeinden . . 197
   2.3. Funktionales Raumplanungsrecht 197
   2.3.1. Übersicht 197
   2.3.2. Besondere Rechtsgebiete 208
      a) Baurecht 209
      b) Bodenrecht 210
      c) Erschliessungsrecht 212
      d) Parzellarordnungsrecht 215
      e) Verkehrsrecht 216
      f) Enteignungsrecht 218

g) Natur- und Heimatschutzrecht 219
h) Umweltschutzrecht. 220
i) Wirtschaftsförderungsrecht 222
k) Finanzausgleichsrecht 223

3. Planungsebenen 224
   3.1. Gebietskörperschaften. 224
   3.2. Planungsebenen und Plansysteme 225
       3.2.1. Richtpläne, Nutzungspläne und Sachpläne 225
       3.2.2. Richtpläne 225
       3.2.3. Nutzungspläne. 226
              a) Rahmennutzungsplan 226
              b) Sondernutzungspläne 226
       3.2.4. Sachpläne 227
   3.3. Gegenstromprinzip und Planabstimmung. 227
   3.4. Kantone als Planungsträger 228
   3.5. Gemeinden als Planungsträger. 229
   3.6. Bund als Planungsträger. 231

4. Internationale Raumplanung 232
   4.1. Nachbarprobleme und Einflüsse internationaler Organisationen. 232
   4.2. Organisationen. 232
       4.2.1. Völkerrechtliche Organisationen 232
              a) Vereinte Nationen, Wirtschaftskommission für Europa (UN/ECE) 232
              b) Organisation für wirtschaftliche Zusammenarbeit und Entwicklung (OECD) 233
              c) Europarat, Konferenz der Europäischen Raumordnungsminister 233
              d) Europäische Gemeinschaften (EG), EG-Kommission 233
              e) Europäische Verkehrsministerkonferenz (CEMT) 234
              f) Europäische Freihandelsassoziation (EFTA). . . 234
       4.2.2. Nicht-völkerrechtliche Organisationen (Auswahl) . . 234
              a) Rat der Gemeinden Europas (RGE) 234
              b) Arbeitsgemeinschaft Alpenländer (Arge-Alp) . . 234
              c) Arbeitsgemeinschaft Europäischer Grenzregionen (AGEG). 234

4.2.3. Stellung der Schweiz............ 235
4.3. Bilaterale Zusammenarbeit............ 235

5. Politik der Raumplanung................ 237
   5.1. Raumordnungspolitik und Raumplanungsrecht..... 237
   5.2. Materielle Ausrichtung der Raumordnungspolitik.... 237
   5.3. Träger der Raumordnungspolitik........... 238
   5.4. Raumplanung – Sachplanung – Politische Planung ... 239
   5.5. Organisation der Raumplanung............ 240
   5.6. Sonderprobleme der Mitwirkung........... 241
   5.7 Vollzugsprobleme................... 242

KAPITEL IV: Raumplanung als Problemlösungsverfahren

1. Allgemeines....................... 244

2. Analyse......................... 246
   2.1. Datengewinnung.................. 246
      2.1.1. Datenquellen................ 246
      2.1.2. Statistiken................. 247
      2.1.3. Karten................... 248
         a) Thematische und Grundlagenkarten...... 248
         b) Für die Raumplanung wichtige Kartenwerke... 249
      2.1.4. Luftaufnahmen................ 250
         a) Funktionen................. 250
         b) Anwendungsmöglichkeiten.......... 250
   2.2. Datenspeicherung................. 252
      2.2.1. Datenbanken................ 252
      2.2.2. Informationsraster............. 252
         a) Gemeindedatei............... 253
         b) Aggregatdatei............... 253
         c) Flächendatei (Hektarraster)......... 254
   2.3. Datenauswertung.................. 254
   2.4. Datenfortschreibung, Raumbeobachtung........ 255

3. Prognosen....................... 256
   3.1. Zukunftsforschung................. 256
   3.2. Begriffe..................... 256
   3.3. Typisierung von Prognosen............. 257

3.3.1. Prognosen und Annahmen 257
3.3.2. Prognosearten. 257
   a) Explorative und normative Prognosen 257
   b) Total- (Global-) und Partialprognosen 258
   c) Objekte. 259
   d) Zeitdauer. 259
   e) Prognoseraum 259
   f) Quantitative und qualitative Prognosen. 260
3.4. Prognoseverfahren 260
   3.4.1. Zeitreihenanalysen. 261
   3.4.2. Kausalanalysen 261
   3.4.3. Befragungsmethoden. 262
      a) Direkte Befragung 262
      b) Experten-Befragung 262
      c) Delphi-Methode 262

4. Ziele, Instrumente und Massnahmen 263
   4.1. Ziele 263
      4.1.1. Begriff 263
      4.1.2. Zielfindungsprozess 263
      4.1.3. Zielgliederung. 263
         a) Inhalt 263
         b) Verbindlichkeit 264
      4.1.4. Zielkonflikte. 264
         a) Logischer Zielkonflikt 265
         b) Empirisch-theoretischer Zielkonflikt 265
   4.2. Instrumente 265
      4.2.1. Begriff 265
      4.2.2. Raumpläne 266
      4.2.3. Beispiele für Leitbilder, Konzepte und Programme 267
         a) Leitbilder. 267
         b) Konzepte 268
         c) Programme. 268
      4.2.4. Wichtigste Pläne. 268
   4.3. Massnahmen. 269
      4.3.1. Begriff und Funktion 269
      4.3.2. Typisierung 269
      4.3.3. Besondere Massnahmen der Nutzungsplanung . . 270

4.3.4. Überprüfung von Massnahmen 271
    a) Zielkonformität 271
    b) Systemkonformität 271
5. Realisierung 272
6. Kontrolle (Erfolgskontrolle). 274
    6.1. Zweck 274
    6.2. Verfahren und Kriterien 274
        6.2.1. Zeitpunkt 274
        6.2.2. Umfang 274
        6.2.3. Inhalt 275

KAPITEL V: Auftrag der Raumplanung

1. Problembewältigung 278
    1.1 Raumplanung als Problembewältigung 278
    1.2. Problemerkenntnis als politische Verpflichtung 279
    1.3. Problemfelder 280
        1.3.1. Ausmessen von Problemfeldern 280
        1.3.2. Problemfelder nach Gebieten 281
            a) Städtischer Raum 281
            b) Agglomerationsraum 281
            c) Ländlicher Raum 282
            d) Berggebiet 282
            e) Wirtschaftsempfindliches Gebiet 282
        1.3.3. Problemfelder nach Sachkreisen 283
            a) Lebensvoraussetzungen 283
            b) Boden 283
            c) Energie 284
            d) Verkehr 284
            e) Wohnungsbedarf 284
            f) Wirtschaft 285
            g) Bevölkerung 285
2. Vertieftes Verständnis 286

Literaturverzeichnis ... 289
1. Zeitschriften ... 289
  1.1. Schweiz ... 289
  1.2. Ausland ... 289
2. Literaturliste ... 291
  2.1. Lehrbücher ... 291
  2.2. Weitere Literatur ... 291
  2.3 Materialien ... 297

Anhang I ... 299
Anhang II ... 385
  Zum Stand der schweizerischen Raumplanung ... 387
  Verordnung über die Raumplanung vom 2. Oktober 1989 ... 403

Stichwortverzeichnis ... 412

Tabellenverzeichnis

Tab. 1	Daten zur Geschichte der schweizerischen Raumplanung.	25
Tab. 2	Beispiele für den Zusammenhang zwischen Theorie, Empirie und Politik in der Raumforschung	28
Tab. 3	Ausbildungsmöglichkeiten für Raumplaner in der Schweiz.	32
Tab. 4	Liste der Regionalplanungsgruppen	38
Tab. 5	Entwicklung der Bevölkerung in den Städten 1850–1980	47
Tab. 6	Wohnbevölkerung der Städte nach Grösseklassen 1970–1980.	48
Tab. 7	Wohnbevölkerung der Agglomerationen und städtischen Gebiete 1960–1982.	50
Tab. 8	Bevölkerungsentwicklung der 54 Bergregionen 1950–1980.	52
Tab. 9	Altersstruktur der Wohnbevölkerung 1930–1980.	62
Tab. 10	Demographische Strukturdaten 1980.	63
Tab. 11	Einwohner und Bevölkerungsdichte nach Kantonen 1980	65
Tab. 12	Wanderungen in der Schweiz 1975–1980.	68
Tab. 13	Wanderungen 1965–1970 und 1975–1980.	68
Tab. 14	Wanderungsbilanz der Kantone 1970–1980.	69
Tab. 15	Pendlerverhältnisse 1980.	71
Tab. 16	Entwicklung der Pendlerquote 1930–1980	71
Tab. 17	Bevölkerungsentwicklung zwischen 1970 und 1980	76
Tab. 18	Entwicklung der Wohnbevölkerung 1982–2000.	77
Tab. 19	Altersstruktur der Gesamtbevölkerung 1982–2000.	77
Tab. 20	Arbeitskräftepotential 1982–2000	78
Tab. 21	Relief und Nutzungsmöglichkeiten.	85
Tab. 22	Klimadaten	87
Tab. 23	Klimatologische Empfehlungen	89
Tab. 24	Nutzungsinteressen in der Wasserwirtschaft	90
Tab. 25	Hydrologische Empfehlungen	91
Tab. 26	Gesamtfläche der Schweiz nach Nutzungsarten.	97
Tab. 27	Landwirtschaftlich und gartenbaulich genutztes Land nach Hauptkulturen 1980	99

Tabellenverzeichnis

Tab. 28	Entwicklung der landwirtschaftlichen Nutzfläche 1939–1980	99
Tab. 29	Entwicklung der Bodennutzung in der Schweiz 1980–2000	103
Tab. 30	Liste wichtiger (industrieller) Standortfaktoren	106
Tab. 31	Entwicklung der Arbeitsproduktivität und Produktion 1960–1980	112
Tab. 32	Beschäftigte in den Kantonen nach Wirtschaftssektoren 1965–1975	113
Tab. 33	Industriebetriebe und -beschäftigte in den Kantonen 1984	114
Tab. 34	Beschäftigte des Bundes nach Kantonen 1984	121
Tab. 35	Zentrale Einrichtungen	122
Tab. 36	Bedeutung der Hotellerie nach Regionstypen 1984	124
Tab. 37	Angebot und Nachfrage im Tourismus 1974–1984	126
Tab. 38	Komponenten des Volkseinkommens 1983	129
Tab. 39	Volkseinkommen der Kantone 1983	129
Tab. 40	Persönlich verfügbares Einkommen nach Kantonen 1970–1980	131
Tab. 41	Disparitätenvergleich der Einkommensaggregate 1970–1980	132
Tab. 42	Entwicklung der Investitionshilfe 1975–1985	137
Tab. 43	Investitionshilfe nach Sachbereichen 1985	137
Tab. 44	Strassenlängen 1982	147
Tab. 45	Strassenaufwendungen 1982	147
Tab. 46	Motorisierungsgrad 1984	147
Tab. 47	Fahrzeugbestand 1974–1984	147
Tab. 48	Länge der öffentlichen Landverkehrsmittel 1983	148
Tab. 49	Flughäfen 1984	149
Tab. 50	Reise- und Güterverkehr 1983	149
Tab. 51	Verkehrsverteilung nach Verkehrsträgern 1950–1980	150
Tab. 52	Nachrichtenwesen 1984	151
Tab. 53	Endenergie – Energieträger und Nachfrager 1980	152
Tab. 54	Endenergie – Verwendungszwecke 1980	152
Tab. 55	Wassergewinnung 1980	153
Tab. 56	Wasserabgabe 1980	153
Tab. 57	Abwasserreinigung	154
Tab. 58	Stand der Abwasserreinigung 1983	154

Tab. 59	Stand der Abfallbeseitigung 1980	155
Tab. 60	Schüler- und Studentenzahlen 1983/1984	156
Tab. 61	Krankenhäuser 1983	156
Tab. 62	Ärzte, Zahnärzte und Apotheken nach Kantonen 1984	157
Tab. 63	Kantonale Bau- und Planungsgesetze	195
Tab. 64	Funktionales Raumplanungsrecht	199
Tab. 65	Planarten	266

Abbildungsverzeichnis

Abb. 1	Bautätigkeit 1960–1982	21
Abb. 2	Regionen der Raumplanung	41
Abb. 3	Berggebietsregionen	43
Abb. 4	Wirtschaftlich bedrohte Regionen	44
Abb. 5	Agglomerationen 1980	51
Abb. 6	Typisierung nach Zentralitätsgrad	56
Abb. 7	Grundformen von Alterspyramiden	61
Abb. 8	Altersaufbau der Wohnbevölkerung der Schweiz 1980	62
Abb. 9	Verteilung der Bevölkerung auf Gemeindegrössenklassen 1880, 1930 und 1980	73
Abb. 10	Bevölkerung nach Höhenlage der Gemeinden 1910 und 1980	74
Abb. 11	Bevölkerungsentwicklung nach Kantonen 1970–1980	75
Abb. 12	Prozentuale Verteilung der Gesamtfläche der Schweiz auf die Arealkategorien nach Kantonen	98
Abb. 13	Industrieentwicklung 1966–1982	115
Abb. 14	Angebot und Nachfrage im Fremdenverkehr 1970–1982	127
Abb. 15	Volkseinkommen pro Einwohner 1981	130
Abb. 16	Entwicklung der Investitionshilfe 1975–1982	136
Abb. 17	Personenwagen 1930–1980	146
Abb. 18	Netzlängen der öffentlichen Landverkehrsmittel 1955–1980	148
Abb. 19	Verkehrsteilung nach Verkehrsträgern 1950–1980	150
Abb. 20	Neuerstellte Gebäude und Wohnungen 1950–1981	158
Abb. 21	Gesamtwohnungsbestand 1974–1981	159
Abb. 22	Entwicklung der Nettobaufläche und Bruttogeschossfläche 1950–2000	162
Abb. 23	Rang-Grössen-Ordnung der zehn grössten Schweizer Städte 1880, 1930 und 1980	172
Abb. 24	Rang-Grössen-Ordnung der 48 städtischen Gebiete in der Schweiz 1982	173
Abb. 25	Der Planungsprozess	245
Abb. 26	Zielprognose und Status-quo-Prognose	258

Abkürzungen

Die Zusammenstellung enthält nicht nur Abkürzungen, welche im nachfolgenden Text verwendet werden, sondern auch solche, die in der Raumplanung häufig vorkommen:

AGROK	Arbeitsgruppe für raumordnungspolitische Koordination in der Bundesverwaltung
aRPG	abgelehntes Raumplanungsgesetz vom 4. Oktober 1974, BBl 1974 II 816
AS	Amtliche Sammlung der Bundesgesetze und Verordnungen (Eidgenössische Gesetzessammlung); ab 1948: Sammlung der eidgenössischen Gesetze
BauG	Baugesetz (kantonal)
BauV	Bauverordnung (kantonal)
BB	Bundesbeschluss
BBl	Bundesblatt
BFS	Bundesamt für Statistik
BG	Bundesgesetz
BGE	Bundesgerichtsentscheid (Entscheidungen des Schweizerischen Bundesgerichts, amtliche Sammlung)
BIGA	Bundesamt für Industrie, Gewerbe und Arbeit
BLN	Bundesinventar der Landschaften und Naturdenkmäler von nationaler Bedeutung (V vom 10. August 1977, SR 451.11)
BMR	BB über dringliche Massnahmen auf dem Gebiete der Raumplanung vom 17. März 1972, AS 1972 644, mit Verlängerungsbeschlüssen vom 20. Juni 1975, AS 1975 1076 sowie vom 8. Oktober 1976, AS 1977 169
BRB	Bundesratsbeschluss
BRP	Bundesamt für Raumplanung (seit 1. Januar 1980)
BSP	Bund Schweizer Planer
BUS	Bundesamt für Umweltschutz
BV	Bundesverfassung der Schweizerischen Eidgenossenschaft vom 29. Mai 1874, SR 101
CK	Chefbeamtenkonferenz
DISP	Dokumente und Informationen zur schweizerischen Orts-, Regional- und Landesplanung

DRP	Der Delegierte des Bundesrates für Raumplanung (neu ab 1. Januar 1980: BRP)
EJPD	Eidgenössisches Justiz- und Polizeidepartement
GSchG	BG über den Schutz der Gewässer gegen Verunreinigung (Gewässerschutzgesetz) vom 8. Oktober 1971, SR 814.20
IHG	BG über Investitionshilfe für Berggebiete vom 28. Juni 1974, SR 901.1
ISOS	Inventar der schützenswerten Ortsbilder der Schweiz gemäss Art. 5 NHG, seit 1973 in Arbeit (V vom 9. September 1981, SR 451.12)
KLN	Inventar der zu erhaltenden Landschaften und Naturdenkmäler von nationaler Bedeutung, Basel 1979 (Forderungskatalog der grossen schweizerischen Landschaftsschutzvereinigungen)
NHG	BG über den Natur- und Heimatschutz vom 1. Juli 1966, SR 451
OR	Bundesgesetz betreffend die Ergänzung des Schweizerischen Zivilgesetzbuches (Fünfter Teil: Obligationenrecht) vom 30. März 1911, SR 220
ORL	Institut für Orts-, Regional- und Landesplanung der Eidgenössischen Technischen Hochschule Zürich
RPG	BG über die Raumplanung vom 22. Juni 1979, SR 700
SNF	Schweizerischer Nationalfonds zur Förderung der wissenschaftlichen Forschung
SR	Systematische Rechtssammlung (Systematische Sammlung des Bundesrechts)
Stat. Jb.	Statistisches Jahrbuch der Schweiz
USG	BG über den Umweltschutz (Umweltschutzgesetz) vom 7. Oktober 1983, SR 814.01
V	Verordnung
VLP	Schweizerische Vereinigung für Landesplanung
VV	Vollziehungsverordnung
WEG	Wohnbau- und Eigentumsförderungsgesetz vom 4. Oktober 1974, SR 843
ZGB	Schweizerisches Zivilgesetzbuch vom 10. Dezember 1907, SR 210
ZRW	Zentralstelle für regionale Wirtschaftsförderung

Kapitel I Grundlagen der Raumplanung

1. Raumplanung als Wissenschaft und öffentliche Aufgabe

1.1. Grenzen

Die Aufgabe, den Lebensraum zu schützen und zu gestalten, gehört zu den zentralen Anliegen der kommenden Generationen. Während noch in den vergangenen Jahrzehnten der Aufbruch nach neuen Horizonten dominierte und die Entdeckerfreude der Überwindung von Erkenntnisgrenzen galt, stehen wir heute vor der neuen Verpflichtung, Grenzen zu beschreiben und als *Restriktionen akzeptieren* zu müssen – ein Lernprozess.

Die Grenzen, die dem menschlichen Wirken gesetzt sind, liegen nicht im dunkeln. Sie sind bis in den Alltag hinein *erfahrbar* geworden. Dem offenen Auge zeigt sich, wie eng der Lebensraum, konkret der Lebensraum Schweiz, wird. Wir sind heute sogar in der Lage, den Entwicklungstrend zu erfassen und computergestützt fortzuschreiben, so dass wir erahnen, wohin die Fahrt geht, wenn wir diesem verhaftet sind und bleiben. Das Leben an Grenzen und auf Grenzen zu fordert uns und die nächsten Generationen heraus.

Ein solches Leben mag für die folgenden Generationen in einer ersten Analyse ernüchternd wirken. Das Verlangen, nach neuen Ufern aufzubrechen, pulsiert natürlicherweise in unsern Adern. Es scheint gebremst, und doch – Politik, Wirtschaft und Gesellschaft stehen vor einer herausfordernden Aufgabe, die heute erst in *Elementen eines grossartigen Entwurfes* sichtbar wird, nämlich von den Grenzen her zu denken und das Leben unter dieser Voraussetzung für uns und unsere Nachkommen zu gestalten. Dieses neue Verantwortungsbewusstsein bedingt eine differenzierte oder mindestens eine nuancierte Weiterentwicklung unserer Verpflichtungen in allen unsern Lebensbereichen. Es verlangt nach einem *Denkansatz qualitativer Art,* der als solcher neu ist. Vereinfacht kann man sagen, es gehe darum, in der *Aufgabe der Erhaltung und Gestaltung der Lebensvoraussetzungen* für diese und vor allem auch für die kommenden Generationen – wir dürfen zu ihren

Lasten keine Wechsel ausstellen, die nicht einlösbar sind – eine Hauptverpflichtung zu sehen. Der unbestimmte Begriff des öffentlichen Interesses gewinnt zunehmend an Konturen. Wie immer er interpretiert wird, die Erhaltung und Gestaltung der Lebensvoraussetzungen ist Teil des öffentlichen Interesses, das wir in den Gemeinschaftsformen des Staats-, Wirtschafts- und sozio-kulturellen Lebens beachten müssen.

Einem Problem darf nicht ausgewichen werden. Wenn wir an Grenzen und auf Grenzen zuleben, dann stellt sich die Frage, ob wir noch über die Freiheit des Entscheidens und Handelns verfügen oder von den Grenzen her festgelegt werden. Sind wir gleichsam durch die Grenzen in unserm Verhalten vorbestimmt? Die Antwort darauf ist nicht einfach zu geben und lässt sich nicht in wenige Worte kleiden. Zu bedenken ist einmal, dass uns die Zukunft verschlossen ist, dass wir mit Ungewissheiten und Unbestimmtheiten leben, sosehr wir erahnen, welche Grenzen aufkommen. Anderseits wissen wir, dass wir Einstellung und Verhalten ändern könnten, würden wir uns aufraffen. Vor allem aber müssen wir uns eingestehen, wie sehr unser heutiges Verhalten die zukünftigen Lebensbedingungen prägt. Daraus darf der Schluss auf ein *gehöriges Mass an anvertrauter Entscheidungsfreiheit* gezogen werden. Ist diese aber vorgegeben, dann geht es wohl in der Auseinandersetzung mit den möglichen Grenzen darum, von ihr verantwortungsvoll Gebrauch zu machen. In Frage steht die *ethische Dimension des Umganges mit dem Lebensraum,* oder anders formuliert, wir begeben uns auf den Weg, unsern Umgang mit den Lebensvoraussetzungen und dem Lebensraum zu verantworten. Dies betrifft den Einzelnen und die Öffentlichkeit, vor allem auch den Staat. Die Politik muss sich verantworten und von den Bürgern ein verantwortungsvolles Verhalten verbindlich verlangen und nötigenfalls durchsetzen. Allerdings kann der Massstab, an dem sich ethisches Handeln misst, für den Einzelnen durch ihn und für ihn höher angesetzt werden als für die Rechtsgemeinschaft. Die Rechtsethik muss sich darauf beschränken, nachvollziehbare Anforderungen zu stellen, zwar unter Ansprache der letzten und ersten Grundfragen, aber unter Vermeidung der vorwegnehmenden Grundentscheidung. Das Recht kann beispielsweise nicht darüber befinden, ob die Freiheit oder das Leben höher zu bewerten ist – eine Grundfrage, die sich für die Raumplanung stellt, die aber im Rahmen der staatlichen Raumplanung und des Raumplanungsrechts nicht beantwortet werden kann und soll.

1.2. Raumplanung als Gegenstand von Lehre und Forschung

Mit der Aufgabe der Erhaltung und Gestaltung des (begrenzten) Lebensraumes – und damit auch mit den Lebensvoraussetzungen in einem sehr weit verstandenen Sinne – setzt sich die Raumplanung auseinander. Seit ungefähr 50 Jahren befassen sich Lehre und Forschung mit der Raumplanung. Sie wurde gleichsam zum Gegenstand der Ausbildung und zum Objekt wissenschaftlich zu durchdringender Problemstellungen. Ist sie aber deswegen als Wissenschaft anzusprechen? Die Theorie der Wissenschaft vermag darauf keine schlüssige Antwort zu geben. Die Raumplanung ist zu jung, als dass sie von der Lehre der Wissenschaften und ihrer Einteilung bereits hätte erfasst werden können. Letztlich ist die Beantwortung der Frage nicht wesentlich. Bemerkenswert ist vielmehr die Erkenntnis aus der beobachtenden Beschreibung der Raumplanung, welche feststellt, wie viele Disziplinen Beiträge leisten müssen, damit Raumplanung als Gegenstand von Lehre und Forschung erfasst, durchdrungen und weitergegeben werden kann. In diesem Sinne spricht man von der Raumplanung als einer *multi- oder sogar interdisziplinären Aufgabe*. Da sie von diesem Disziplinen übergreifenden Verständnis her – nach methodischen Grundsätzen – bestrebt ist, sich ihrem Gegenstand zu nähern, *lässt es sich verantworten, von der Raumplanung als einer Wissenschaft zu sprechen*. Sie erhebt keinen Anspruch, artrein zu sein. Deskriptive und normative, analytische und synthetische, konzeptionelle und partikularistische sowie viele andere Denkweisen sind mit ihr verbunden.

Der Kreis der Disziplinen ist gross: Geschichte, Rechts-, Architektur-, Ingenieur- und Naturwissenschaften, Ökonomie, Geographie, Soziologie, Politologie – sie alle können substantielle Beiträge leisten. In einem engeren Sinne befasst sich die Raumplanung als Wissenschaft mit dem Ineinanderwirken der Disziplinen. Die *Hauptschwierigkeiten für die Raumplanung liegen in der Komplexität und der Dynamik ihres Gegenstandes sowie in der Unfähigkeit, die Zukunft zu kennen.* Der Lebensraum, in den das menschliche Verhalten in Staat, Wirtschaft und Gesellschaft hineinverwoben ist, bildet keine statische Grösse. Selbst die ökologischen Grundlagen ändern sich unter den Einwirkungen der Lebensprozesse. Und so bleibt – letztlich – die künftige räumliche

Ordnung als Zielumschreibung offen, auch wenn die Entwicklung durch das menschliche Verhalten beeinflusst wird. Dennoch geht es für die Lehre und Forschung darum, den *Lebensraum in seinen Phänomenen und in der Gegenüberstellung mit dem menschlichen Verhalten* zu erfassen und *Normen* darüber zu entwickeln, wie wir uns in die Zukunft hinein verantwortungsbewusst verhalten sollen.

1.3. Raumplanung als öffentliche Aufgabe

Die staatliche Gemeinschaft hat seit längerer Zeit die Verantwortung für den Lebensraum und die Lebensvoraussetzungen erkannt. Sie hat darum die Raumplanung *dem Aufgabenbereich der öffentlichen Hand beigefügt.* Es waren zunächst vor allem die Gemeinden, später die Regionen und dann die Kantone, welche aus der Raumplanung eine öffentliche Aufgabe gemacht haben. Als letzter trat der Bund hinzu, der von seiner Seite her betont, dass die Raumplanung eine Aufgabe des Bundes, der Kantone und damit – indirekt – der Gemeinden sei. *Die Raumplanung ist deshalb nicht nur als Wissenschaft zu begreifen, sondern auch als öffentliche Aufgabe.*

Mit der Hineinnahme der Raumplanung unter die öffentlichen Aufgaben teilt sie die Wesenselemente des Staates. Sie steht unter der Herrschaft einer *verbindlichen Ordnung,* die nötigenfalls durchgesetzt werden kann. Sie wird – mit andern Worten – in das geltende Recht einbezogen. Von der Raumplanung handeln deshalb Verfassung, Gesetze und Verordnungen, und zwar der Bundes-, der kantonalen und der kommunalen Ebene. Die Unterstellung der Raumplanung unter die *Herrschaft des Rechts* bringt für sie manche Vorteile. Insbesondere ist sie nicht einseitig auf die freiwillige Beachtung der raumplanerischen Anforderungen durch die Bürger angewiesen. Sie ist durchsetzbar, soweit das geltende Recht raumplanerische Instrumente und Massnahmen vorsieht und diese verbindlich erklärt. Auf der andern Seite ist die rechtliche Ordnung auf den Wert der Gerechtigkeit mit den Postulaten der Gleichheit und Rechtssicherheit ausgerichtet, was für die Raumplanung in Grenzfragen problematisch wird, da sie tatsächliche Änderungen – prozessorientiert – aufnehmen muss und die formale Gleichbehandlung nicht in allen Teilen gewährleisten kann.

Als öffentliche Aufgabe untersteht die Raumplanung der durch die Verfassung vorgezeichneten *Staatsidee* und den vorgegebenen *politischen Willensbildungsprozessen.* Die Raumplanung kommt an den verfassungsrechtlich eingesetzten Gebietskörperschaften des Bundes, der Kantone und der Gemeinden nicht vorbei. Sie lebt mit dem *Föderalismus* in seiner verfassten Ausprägung. Dies gilt auch für die kantonalrechtlich ausgeformte Gemeindeautonomie. Bestimmend ist sodann die liberale Akzentsetzung, welche durch die *Gewährleistung von Grundrechten,* insbesondere auch von Freiheitsrechten, den Bürger in seinem Verhältnis zum Staat ernst nimmt und ihm Freiräume gewährt. Der sozialstaatliche Aspekt der durch die Verfassung vorgezeichneten Staatsidee schlägt sich in einer Vielzahl von Gesetzen nieder, die dazu beitragen, die *gemeinsame Wohlfahrt* zu mehren und dem sozial Schwachen zur Seite zu stehen. Wie über jede andere Staatsaufgabe wird auch über die Raumplanung in Verfahren der direkten respektiv der parlamentarischen *Demokratie* befunden. Dies gilt für die Gesetzgebung über die Raumplanung und nuanciert für das Planerlassverfahren. Aus der Sicht des Bürgers ist eine intensive Beteiligung an Planungsprozessen in der Regel erwünscht. Auf der andern Seite muss die Planung relativ flexibel angegangen werden, was die Verwaltung ohne Zeitverzug besser tun kann als andere Staatsorgane.

Als öffentliche Aufgabe steht die Raumplanung sodann in einem engen *Konkurrenzverhältnis zu andern öffentlichen Aufgaben.* Neben der Raumplanung treten der Umweltschutz, die Regionalwirtschaft, der Natur- und Heimatschutz, die Landesverteidigung, die Lehre und Forschung, die Energie, die Finanzen usw. hervor. Sie alle stellen Politikbereiche dar, welche untereinander in Ziel- und Massnahmenkonflikte geraten können. Die Lehre versteht die Raumplanung, ähnlich der Finanzplanung, als sogenannte *Querschnittsplanung.* Diese besteht auf der räumlichen Dimension der Sachprobleme, wie sie aus den einzelnen Aufgabenfeldern anfallen. Sie regt beispielsweise an, aus Gründen der räumlichen Entwicklung sektorale Massnahmen zu intensivieren oder zurückzunehmen. Die *Politische Planung* des Bundes und der Kantone, also die Planung der öffentlichen Aufgabenerfüllung aufgrund des Zusammenspiels zwischen Gesamtplanung und Sachplanungen, hilft der Raumplanung, die räumlich wichtigen Probleme auf die Traktandenliste der politischen Willensbildungs- und Entscheidungsprozesse zu setzen.

Wer immer sich mit Fragen der Raumplanung befasst, darf sich nicht wundern, wenn er in *vielseitige Gespräche* verwickelt wird. Auf der einen Seite sind es die unzähligen Verwaltungseinheiten des dreistufigen Bundesstaates, die durch die Raumplanung berührt werden, während auf der andern Seite Verbände, halbstaatliche Verwaltungen, Parteien, Medien und nicht zuletzt auch einzelne Private ihre Wunschvorstellungen einbringen. Dies geschieht nicht nur in förmlichen Verfahren wie im Rahmen von Vernehmlassungen oder Rechtsmitteln, sondern oft auch durch die Weitergabe von Informationen an die Entscheidungsträger oder das Ankünden von Initiativen oder Referenden. Die Raumplanung lebt im gleichen Umfeld wie andere öffentliche Aufgaben. Sie stellt keinen Sonderfall dar, sieht man von der Querschnittsfunktion ab, die nach einer horizontalen und vertikalen Abstimmung verlangt.

Als öffentliche Aufgabe wird die Raumplanung von der *Politik* erfasst und getragen. Sie ist in das Spannungsverhältnis der Politik als Führung des Gemeinwesens, als gemeinsame Bewältigung gemeinsamer Aufgaben, als Herrschaftssicherung und als Konfliktregelung durch Konsensfindung eingebunden. Die Politik ist ihr «Motor» und ihre «Schranke». Sie verschafft der Raumplanung Handlungsmöglichkeiten und auferlegt ihr politikbedingte Grenzen. Die Raumplanung darf deshalb nicht einem überhöhten Erwartungsdruck ausgesetzt sein. Umgekehrt darf von ihr verlangt werden, dass sie die Handlungsmöglichkeiten des politischen Systems nutzt. Die grösste Kraft geht von der Politik als «policy» aus. Diese sucht das Programmatische, das Zielgerichtete, kurzum die Rationalität. Diese ist ein wichtiges Anliegen der Planung und damit auch der Raumplanung. Allerdings kann sie dem Emotionellen nicht ausweichen. Sie leistet aber einen wesentlichen Beitrag an die Problembewältigung, wenn sie als Raumordnungs«politik» die «ratio» stärkt.

2. Grundbegriffe der Raumplanung

2.1. Oberbegriffe

Allgemein anerkannte Definitionen von Begriffen sind in der Raumplanung selten. Die Raumplanung bzw. der Raumplaner ist mit zahlreichen begrifflichen Schwierigkeiten konfrontiert. Die Umschreibung einiger weniger Grundbegriffe der Raumplanung hat zum Ziel, den im vorliegenden Buch gewählten Zutritt zum Wesen und zu den Problemen der Raumplanung deutlich zu machen. Weitere, hier nicht aufgeführte Termini werden in den folgenden Kapiteln in ihrem sachlichen Zusammenhang erläutert.

Raumplanung setzt sich aus den beiden Begriffen «Raum» und «Planung» zusammen:

Unter *RAUM* versteht man den Lebensraum des Menschen. Dieser lässt sich durch seine Elemente, wie Relief, Klima, Boden, Vegetation, Bevölkerung, Siedlung, Infrastruktur, Wirtschaft, politisch-administrative Organisation usw., quantitativ und qualitativ beschreiben. Eine häufige Unterteilung dieser Elemente ist diejenige in *physische* (natürliche) und *anthropogene* (vom Menschen geschaffene, künstliche) *Elemente*. Der Detaillierungsgrad der Beschreibung derselben ist je nach Zweck und Massstab unterschiedlich.

Die Verteilung der Elemente im Raum wird als Struktur *(Raumstruktur)* bezeichnet. Die räumlichen Beziehungen zwischen den Elementen werden mit dem Begriff *«Funktion»* erfasst. Strukturen und Funktionen im Raum sind nicht statisch, sondern unterliegen ständigen Veränderungen *(Entwicklungsdynamik, Prozess)*. Der Lebensraum des Menschen kann als ein dynamisches System angesehen werden, d. h. als eine Menge von Elementen und eine Menge von im Laufe der Zeit sich ändernden Beziehungen zwischen diesen Elementen. Der Lebensraum des Menschen ist somit ein vierdimensionales Gebilde, das je nach Problemstellung sehr unterschiedliche Ausmasse annehmen kann.

Der Begriff der *PLANUNG* wird in Theorie und Praxis unterschiedlich definiert. Losgelöst von einer bestimmten Sachaufgabe und einem bestimmten Zweck erscheint Planung als eine *Technik der vorwegnehmenden Koordination von Handlungsbeiträgen und ihrer Steuerung über längere Zeit.* Die Planung befasst sich also mit der abstimmenden Koordination von Handlungsbeiträgen, mit ihrer frühzeitigen (rechtzeitigen) Erfassung und – im Hinblick auf das Erreichen der angestrebten Wirkungen – mit der anhaltenden Steuerung der koordinierten Handlungsbeiträge auf das Ziel zu. Welche Technik, welche Methode im Einzelfall zu wählen und wie diese auszugestalten ist, das ist eine Frage der zu lösenden Probleme (Planungsmethodik). Heute sind unzählige Planungsmethoden bekannt.

Der Begriff der *RAUMPLANUNG* umfasst die *vorwegnehmende Koordination von raumwirksamen (raumbedeutsamen, räumlichen) Handlungsbeiträgen und ihre Steuerung über längere Zeit,* d. h. von Handlungsbeiträgen, welche auf die räumliche Ordnung und Organisation ausgerichtet sind. Diese begriffliche Umschreibung bezieht sich nur auf die raumwirksamen Planungen der öffentlichen Hand aller Staatsebenen (Bund, Kantone, Gemeinden) im Bereiche ihrer raumrelevanten Tätigkeiten, wie der Umwelt-, Verkehrs-, Wirtschaftsplanung usw. Die zahlreichen raumwirksamen Planungen privater Unternehmen und Haushaltungen sowie halbstaatlicher (parastaatlicher) Organisationen werden nicht als Raumplanung bezeichnet, auch wenn diese die räumliche Ordnung und Organisation manchmal stärker beeinflussen als die Raumplanung (des Staates).

Die *RAUMORDNUNG* wird verstanden als der tatsächliche oder angestrebte, künftige Zustand des Lebensraumes in einem Gebiet. Häufig wird der tatsächliche Zustand als räumliche Ordnung (und Organisation) benannt und der angestrebte als Raumordnung, um so – sprachlich – zwischen dem Ist- und dem Soll-Zustand zu unterscheiden. Abweichend von dieser Definition wird Raumordnung – vor allem im bundesdeutschen Sprachgebrauch – auch als Tätigkeit («Ordnen des Raumes») verstanden, und zwar als Regierungs- und Verwaltungstätigkeit.

Die laufende Bewältigung raumrelevanter Probleme durch das politische System wird als *RAUMORDNUNGSPOLITIK* bezeichnet. Als Teil des politischen Systems ist die Raumplanung somit Gegenstand der Raumordnungspolitik. Die Begriffe «Raumplanung» und «Raumordnungspolitik» unterscheiden sich nicht in der Sache, sondern in der

Betrachtungsweise. Bei der Raumplanung stehen das Steuern und Koordinieren als sachliche Aufgaben im Vordergrund, bei der Raumordnungspolitik die Beziehungen zum politischen System. Etwas abweichend von dieser Umschreibung ist die Vorstellung, wonach Raumplanung und Regionalpolitik zusammen die Raumordnungspolitik bilden.

Entsprechend dem föderalistischen Staatsaufbau der Schweiz wird unterschieden zwischen:

BUNDESPLANUNG	= eidgenössische Raumplanung	} *NATIONALPLANUNG*
KANTONALPLANUNG	= kantonale Raumplanung	
REGIONALPLANUNG	= regionale Raumplanung	
ORTSPLANUNG	= kommunale Raumplanung	

Es gehört zu den Grundforderungen der Raumplanung, dass die Planungen der verschiedenen Staatsebenen aufeinander abgestimmt, miteinander koordiniert werden, d. h., dass die Raumplanung eine durchgehende Planung ist. Diese Koordination bezieht sich vor allem auf die Bundes- und Kantonalplanung einerseits sowie auf die Kantonal-, Regional- und Ortsplanung anderseits. Bundes-, Kantonal- und Regionalplanung werden auch unter dem Begriff *überörtliche,* die kommunale unter dem Titel *örtliche (Raum-)Planung* zusammengefasst.

Durch den etwas älteren Begriff der *LANDESPLANUNG* wird nicht so sehr der Träger der Raumplanung – wie bei jenem der Bundes- oder Kantonalplanung – angesprochen, sondern das Bezugsgebiet. Die Landesplanung setzt sich somit mit Problemen der räumlichen Ordnung und Organisation im gesamten Staatsgebiet der Schweiz und nicht nur in einzelnen Teilgebieten auseinander.

Im Zusammenhang mit Raumplanung wird oft von *rollender Planung* gesprochen. Dadurch wird der dynamische Charakter der Raumplanung hervorgehoben, die in der Lage sein muss, die sich dauernd ändernden Probleme der räumlichen Ordnung und Organisation in einem Planungsraum aufzufangen und von neuem steuernd zu beeinflussen.

2.2. Kurzbegriffe der Planung

Raum

Der Raum ist gleich dem Lebensraum des Menschen. Er lässt sich beschreiben durch seine Elemente: Landschaft (Siedlungs- und Nicht-Siedlungsgebiet), Wirtschaft, Kultur, Staatsgebiet, politisch-administrative Organisation usw.

Planung

Planung ist die vorwegnehmende Koordination von Handlungsbeiträgen und deren Steuerung über längere Zeit (in Anlehnung an Fritz Scharpf).

Plan

Der Plan ist eine zweckrationale Zusammenfassung zukunftsbezogener Aussagen. Stehen die Ziele im Vordergrund, so spricht man von einem «Leitbild»; geht es um Ziele und Massnahmen, so verwendet man den Begriff «Konzept»; stehen die Ziele und Massnahmen bezüglich eines zeitlichen Rahmens im Vordergrund, so handelt es sich um ein «Programm». Leitbilder, Konzepte und Programme sind ihrerseits Pläne. Die kartographische Darstellung ist kein Begriffselement des Plans.

Raumplanung

Raumplanung ist die vorwegnehmende Koordination von raumwirksamen Handlungsbeiträgen und deren Steuerung über längere Zeit. Als Oberbegriff umfasst die Raumplanung alle räumlichen Planungen der öffentlichen Hand auf allen Staatsebenen und in allen raumrelevanten Sachgebieten (Verkehr, Umwelt, Wirtschaft, Gesellschaft usw.).

Raumordnung

Raumordnung ist der gegebene oder der erstrebenswerte künftige Zustand eines Gebietes. Die Raumordnung kann auch als Tätigkeit verstanden werden.

Politik

Regelung und Bewältigung öffentlicher Aufgaben durch die zuständigen Organe (Volk, Parlament, Regierung und Verwaltung) im Sinne der Führung des Gemeinswesens. Politik kann auch verstanden werden als gemeinsame Bewältigung gemeinsamer Aufgaben.

Politische Planung

Die Politische Planung dient der Koordination öffentlicher Aufgaben in ihrer Gesamtheit und der programmatischen Steuerung der Massnahmen über längere Zeit. In der Regel besteht Politische Planung im Kern aus materiellen Richtlinien für die Regierungstätigkeit und einem Gesetzgebungsprogramm sowie einem Finanzplan. Die Politische Planung wird zwischen Regierung und Parlament abgestimmt.

Raumordnungspolitik

Raumordnungspolitik ist der umfassende Vorgang der laufenden Bewältigung raumrelevanter Probleme durch das politische System.

Regionalpolitik

Die Regionalpolitik bezieht sich auf politische, wirtschaftliche und sozio-kulturelle Aspekte von Teilräumen (und deren Verhältnis zueinander) eines Staatsgebietes oder von Wirtschaftsgemeinschaftsgebieten. Der Begriff wird auch im Sinne einer Abkürzung für die Regionalwirtschaftspolitik verwendet.

Strukturpolitik

Die Strukturpolitik ist als Wirtschaftspolitik entweder branchenorientiert oder auf regionale Wirtschaftsräume bezogen. Im letzteren Fall spricht man auch von räumlicher Strukturpolitik.

Örtliche Planung

Entwicklungs- und/oder räumliche Planung (Raumplanung) auf der Ebene der Politischen Gemeinde durch und in Verantwortung ihrer Organe.

Überörtliche Planung

Entwicklungs- und/oder räumliche Planung auf der Ebene des Kantons oder des Bundes durch und in Verantwortung ihrer Organe (Regierung, Parlament, allenfalls Volk). Die Region kann, soweit sie als Planungsträger gesetzlich vorgesehen ist, ihrerseits Trägerin der überörtlichen Planung sein. Sie wird in der Regel konstituiert als privatrechtlicher oder öffentlichrechtlicher Zweckverband oder ausnahmsweise als vierte Staatsebene (Hoheitsträger).

Nationalplanung

Überörtliche Entwicklungs- und/oder räumliche Planung der Staatsebenen Bund/Kantone in ihrem Zusammenwirken.

Entwicklungsplanung

Die Entwicklungsplanung umfasst die räumliche, wirtschaftliche, sozio-kulturelle und ökologische Planung auf örtlicher oder überörtlicher Staatsebene.

Sachplanung (Fachplanung)

Planung eines begrenzten Sachgebietes wie zum Beispiel Verkehr, Gesundheitswesen, Bildung, Energie usw. Die Sachplanung wird auch als Bereichsplanung angesprochen (im Gegensatz zur Ressortplanung einer Amtsaufgabe oder zur Objektplanung eines konkreten Gegenstandes).

Querschnittsplanung

Querschnittsplanungen sind diejenigen Sachplanungen, die einen Einfluss auf andere Sachplanungen ausüben. Als solche gelten insbesondere die Raumplanung und die Finanzplanung.

Ziele

Ziele sind rational angenommene oder vorausgesetzte zukünftige Grössen, Zustände usw. Im Unterschied zum Zweck werden sie nicht vom Mittel, sondern vom zu Erstrebenden und vom Strebenden aus begriffen.

Massnahmen

Massnahmen sind formelle und/oder materielle Vorkehren, Handlungen oder Verhaltensweisen, welche ergriffen werden, um Ziele anzustreben.

Leitbild

Das Leitbild beschreibt einen anzustrebenden Zustand (Raumordnung). Es ist normativ und ziellastig angelegt. Auf seine Realisierbarkeit muss es überprüft werden, auch wenn es keine Massnahmenbündel aufweist. In der Regel werden raumplanerische Leitbilder inhaltlich nach den raumrelevanten Strukturen der Siedlung, der Landschaft und des Transportes resp. der Versorgung gegliedert. Denkbar ist eine ganzheitliche materielle Ausrichtung raumplanerischer Teilprobleme auf Staat, Wirtschaft, Gesellschaft und die natürlichen Lebensvoraussetzungen.

Konzept (Raumordnungskonzept)

Das Konzept fasst Ziele und Massnahmen zu einer einheitlichen Aussage zusammen. Es ist normativ gefasst. Als raumplanerisches Konzept schreibt es die vorgesehenen und zu erfassenden Ziele sowie die abgestimmten Massnahmen zu einer Grundlage raumplanerischen Handelns zusammen, welche die räumlichen Wirkungszusammenhänge nachvollziehbar macht und die Massnahmen in die Relation zur angestrebten Wirkung setzt.

Programm (Raumordnungsprogramm)

Das Programm ordnet die zu ergreifenden Massnahmen nach ihrer zeitlichen und sachlichen Dringlichkeit. Es ist die normative Grundlage der Steuerung raumwirksamer Tätigkeiten unter Beachtung des Faktors Zeit.

Bericht (Raumordnungsbericht)

Der Raumordnungsbericht hat eine Informations-, eine politische Konsens- sowie eine sachliche und politische Kontrollfunktion. In der Regel handelt es sich um einen Bericht der Regierung an das Parlament über die laufenden räumlichen Entwicklungsprozesse, die anstehenden Probleme und die anzustrebende Entwicklung. Sofern dem

Bericht Planungs- und Programmfunktionen übertragen werden, kommt er einem Richtplan nahe. Parallel zum Richtplan angesetzt dominieren die erstgenannten Funktionen.

Richtplan

Der Richtplan ist der behördenverbindliche Plan mit der Funktion der konzeptionellen Umschreibung von Zielen und Massnahmen sowie der Programmierung der erforderlichen raumwirksamen Tätigkeiten unter Beachtung der zu erwartenden Wirkungen.

Nutzungsplan

Der Nutzungsplan überträgt die gesetzlich zulässigen Nutzungsarten (als Eigentumsbeschränkungen) durch das Instrument des Plans parzellenscharf und grundeigentumsverbindlich auf den Raum. In diesem Sinne lokalisiert und dimensioniert er die zulässigen Nutzungsarten und differenziert sie – soweit erforderlich – nach der Nutzungsintensität. Der Nutzungsplan besteht aus einer Karte und dazugehörenden Vorschriften. Der Rahmennutzungsplan (Zonenplan) gilt für das Gemeindegebiet, während die Sondernutzungspläne (Baulinien-, Überbauungs-, Gestaltungsplan usw.) besondere Nutzungsanweisungen für Teilräume enthalten.

Koordination

Abstimmung von Massnahmen, von Kompetenzen und von Zuständigkeiten, um Vorgänge zieladäquat und/oder effizient zu steuern.

Strategie

Konzeptionelle und programmatische Vorgabe für Kursänderungen und zur Bewältigung von Krisen.

Raumforschung

Die Raumforschung umfasst die Tätigkeiten derjenigen interdisziplinär wirkenden Wissenschaften, die sich mit den Grundlagen der Raumplanung, der Raumordnung und der Raumordnungspolitik befassen. An ihr sind vor allem beteiligt: Volkswirtschaftslehre, Soziologie, Geographie, Rechtswissenschaft, Verwaltungslehre, Stadtplanung, Ökologie usw.

3. Grundzüge der raumplanerischen Entwicklung

3.1. Teil der Staats-, Wirtschafts- und Sozialgeschichte

Probleme, Aufgaben und Wesen der Raumplanung sind einem steten Wandel unterworfen. Die Auseinandersetzung mit der historischen und der aktuellen Entwicklung der räumlichen Ordnung und Organisation sowie mit den Steuerungsmöglichkeiten des Staates dient dazu, Aufgaben und Möglichkeiten der Raumplanung in der Gegenwart schärfer zu erkennen und die zukünftigen Entwicklungen der Planung abzuschätzen. Diese Auseinandersetzung mit der weiter zurückliegenden und der aktuelleren Vergangenheit der Raumplanung kann als *historische Raumforschung* bezeichnet werden. Die Geschichte der Raumplanung gilt es stets vor dem Hintergrund der allgemeinen Staats-, Wirtschafts- und Sozialgeschichte zu betrachten.

3.2. Phasen

3.2.1. Entwicklung der Raumplanung bis ca. 1920

Eine gewisse Planung und Gestaltung des Raumes – wenn auch in sehr unterschiedlicher Intensität – kann in der Schweiz bis in die vorrömische Zeit nachgewiesen werden. *Römische und mittelalterliche Strassenbauten und Städtegründungen* dienten zur Erschliessung und Sicherung eroberter Gebiete; den neugegründeten Städten waren z. T. bereits deutlich nach Stufen gegliederte zentralörtliche und teilweise spezialisierte Funktionen zugedacht (Verwaltung, Handel, Militär). Durch die planmässige Urbarmachung und Erschliessung, bei welcher die Klöster (z. B. Kloster St. Gallen) eine wichtige Rolle spielten, wurde die Naturlandschaft immer mehr zur Kulturlandschaft umgestaltet.

Der Entstehungsprozess der Schweizerischen Eidgenossenschaft ist bereits in ihrer ersten Phase durch das Spannungsverhältnis von ländlichen Räumen und Städten gekennzeichnet (Innerschweiz–Zürich/ Bern). Dank der Herausbildung «alpinländlicher Republiken» hielt sich die Dominanz der Städte in Grenzen; der schweizerische Alpenraum konnte – bis in die Neuzeit hinein – sein politisches und wirtschaftliches Gewicht bewahren. Das föderalistische Prinzip hat aus sich heraus zu dezentralen Siedlungsstrukturen beigetragen. Die über Jahrhunderte nach innen und aussen aufgebaute Friedens- (und Neutralitäts-)politik ist mitverantwortlich für die Stetigkeit der Entwicklung.

Die konkrete räumliche Verteilung der Industrie wurde durch natürliche Gegebenheiten (Wasserkraft) und vor allem durch die politische Verfassung der Kantone beeinflusst. Nicht ohne Bedeutung war die konfessionelle Situation. Der Aufschwung der Städte Basel, Genf, Zürich usw. zu Industrie-, Verkehrs- und später zusätzlich zu Dienstleistungszentren hat u. a. seinen Grund in deren calvinistisch-zwinglianischen Ausrichtung. Die Heimarbeit, aus der sich die Fabrikindustrie entwickelte, war vor allem in den Hügel- und Berggebieten der reformierten Orte verbreitet (z. B. Zürcher Oberland, Toggenburg und Glarus für die Textilindustrie, der Neuenburger Jura für die Uhrenindustrie). Sie stehen noch heute für monostrukturierte Gebiete. Der Eisenbahnbau und die Industrialisierung des 19. Jahrhunderts begünstigten Konzentrationen der Siedlungsstruktur. Die Verlagerung zum dritten Wirtschaftssektor, wie sie vor allem in der zweiten Hälfte des 20. Jahrhunderts sichtbar wurde, förderte das Wachstum der grösseren Zentren und führte zur Herausbildung von – im Vergleich mit dem Ausland – «kleineren» Agglomerationen, vor allem für die Räume Zürich und Lausanne-Genf. Die messbaren ökonomisch-räumlichen Disparitäten zu den Berggebieten, peripheren Räumen und den monostrukturierten Regionen sind – wiederum verglichen mit dem Ausland – relativ bescheiden, auch wenn sie innenpolitisch relevant sind. Insbesondere der frühe Aufschwung des Fremdenverkehrs im Alpenraum sowie der Ausbau der hydroelektrischen Energie haben das Gefälle gemässigt. Die Entwicklungen auf dem Gebiet der Kommunikationstechnologien stellen die jüngste Phase im Spannungsfeld der räumlichen Konzentration und Dezentralisation dar.

Schon in historischer Zeit existierten in zahlreichen Städten *Bauvorschriften,* um eine einfache baupolizeiliche Ordnung zu gewährleisten. Sie bezogen sich vorwiegend auf die Feuersicherheit und Hygiene (Seuchenabwehr), oft aber auch auf die Sicherung des Strassenraumes durch Baulinien. Verhältnismässig früh kam das Motiv der nachbarlichen Beziehungen hinzu, was zu Vorschriften über Gebäudehöhen, -längen und -tiefen, Geschosszahlen sowie Abstände führte. Zunächst aus einfachen hygienischen Anforderungen und aus Rücksicht auf das Strassen- und Stadtbild entstanden, entwickelten sich diese Vorschriften immer mehr zu einem Instrument der städtebaulichen Gestaltung, indem die anfänglich meist über das ganze Stadtgebiet einheitlich geltenden Bestimmungen immer feiner nach Teilgebieten (Zonen) differenziert wurden.

Der *Bauzonenplan* regelte ursprünglich nur das Bauen in seinen gegenseitigen Beziehungen. Er war gleichsam ein Bauklassenplan. Erst später kam der Nutzungsbegriff hinzu, der es ermöglichte, das Gebiet einer Gemeinde nach Nutzungen, nach Funktionen zu regeln. Im Nutzungszonenplan wurde und wird unterschieden zwischen Wohn-, Gewerbe-, Industrie-, Kern-, Grünzonen usw., die ursprünglich vorweg nach Immissionsintensitäten und -empfindlichkeiten abgegrenzt wurden. Er ist ein *Instrument der Negativplanung,* welches Tätigkeiten verbietet und negative Entwicklungen auffängt.

Die *Planung und Gestaltung im ländlichen Raum* hatte ursprünglich vor allem die Aufgabe, den Menschen vor Naturgefahren, insbesondere Überschwemmungen, zu schützen sowie durch Meliorationen zusätzliches Kulturland für die Ernährung der wachsenden Bevölkerung – die Schweiz war bis gegen Ende des 19. Jahrhunderts ein Auswanderungsland – zu schaffen. Als Beispiel dafür seien genannt: Kanderkorrektion, Bau des Linthkanals, Rheinkorrektion, erste Juragewässerkorrektion und weitere Flusskorrektionen sowie verschiedene Meliorationswerke (Rhein-, Linthebenemelioration usw.).

In die zweite Hälfte des 19. Jahrhunderts fällt ferner der *Eisenbahnbau*. Lokale Interessen und Entscheide verhinderten anfänglich ein räumlich und wirtschaftlich zusammenhängendes schweizerisches Eisenbahnnetz. Die dadurch unvermeidliche Eisenbahnkrise (1870) zwang den Bund zum Eingreifen, um die Zusammenschlüsse und die Rationalisierung des Eisenbahnnetzes zu organisieren. Zu Beginn des 20. Jahrhunderts wurden Teile der Eisenbahnen verstaatlicht. Für den internationalen Transitverkehr durch die Schweiz von besonderer Wichtigkeit war der Bau der Alpentunnels: Gotthard (1882), Simplon (1906) und Lötschberg (1913).

Von entscheidender Bedeutung für die weitere Entwicklung der Kultur- und Naturlandschaft war, dass im Gefolge verheerender Überschwemmungen Ende des neunzehnten Jahrhunderts der *Bestand des Waldes generell unter Schutz gestellt* wurde (Bundesgesetz betreffend die eidgenössische Oberaufsicht über die Forstpolizei vom 11. Oktober 1902, SR 921.0). Nach dieser Forstgesetzgebung muss die Waldfläche erhalten bleiben. Jede Verminderung ist bewilligungspflichtig. Eine Bewilligung zur Rodung wird nur erteilt, wenn ein erhebliches öffentliches Interesse geltend gemacht werden kann. Zudem muss in der Regel für jede Rodung in derselben Gegend durch eine flächengleiche Neuaufforstung Realersatz geleistet werden. Dadurch wird versucht, die regionale Waldverteilung in der Schweiz aufrechtzuerhalten. Der Wald ist somit im Vergleich mit dem Landwirtschafts- und Siedlungsgebiet ein relativ stabiles Landschaftselement.

3.2.2. Entwicklung der Raumplanung vom Ersten zum Zweiten Weltkrieg

Nach dem Ersten Weltkrieg war im ländlichen Raum die 1918 gegründete «Schweizerische Vereinigung für Innenkolonisation und industrielle Landwirtschaft» (heute: «Schweizerische Vereinigung Industrie und Landwirtschaft, SVIL») aktiv. Sie beschäftigte sich mit zahlreichen, vorwiegend landwirtschaftlichen Siedlungswerken und Meliorationsunternehmen, welche teilweise durch den Bau von Wasserkraftwerken notwendig wurden (Sihlsee, Wägitalersee u. a.). Daneben stellte sie bereits 1920 – im Sinne einer informierenden Raumplanung – einen gesamtschweizerischen Siedlungsplan zur Diskussion. Die *SVIL* war aber nicht die einzige Stelle, die sich in den zwanziger und dreissiger Jahren mit Problemen der Landesplanung auseinandersetzte. Zu erinnern ist an den Leitbildvorschlag der Besiedlung der Schweiz von Armin Meili aus dem Jahre 1933. Auf Bundesebene wurden die Arbeitsbeschaffungsmassnahmen vor und zu Beginn des Zweiten Weltkrieges in den Dienst der Landesplanung gestellt. Erstmals wurden aus entsprechenden Krediten Orts- und Regionalplanungen subventioniert.

1937 wurde auf privater Basis die «Schweizerische Landesplanungskommission» gegründet, welche 1943 einen Bericht «Schweizerische Regional- und Landesplanung» an das Eidgenössische Militärdepartement veröffentlichte. Gegen das Ende der dreissiger Jahre wurden unter dem Titel der Krisen- und Arbeitslosenbekämpfung eidgenössische Subventionen zur Förderung von Massnahmen der Landesplanung gesprochen. Während des Zweiten Weltkrieges wurden auf wissenschaftlicher und politischer Ebene verschiedene Vorstösse für die Inangriffnahme einer systematischen Landes-, Regional- und Ortsplanung unternommen. 1942 fand beispielsweise an der ETH Zürich eine erste Tagung für Landesplanung statt. Diese Vorstösse müssen auch im Zusammenhang mit der Vorbereitung von Nachkriegsmassnahmen gesehen werden. 1943 wurde die *Schweizerische Vereinigung für Landesplanung (VLP)* gegründet. Im gleichen Jahr erfolgte die Gründung der *Zentrale für Landesplanung an der ETH Zürich,* der Vorgängerin des heutigen ORL-Institutes ETH Zürich, welche dem Geographischen Institut der ETH angegliedert wurde. In dieselbe Periode fällt ferner die *Schaffung von Planungsämtern* in mehreren Kantonen und Städten sowie die Gründung von *Regionalplanungsgruppen.*

3.2.3. Nachkriegsjahre und Hochkonjunktur

Die fünfziger und sechziger Jahre zeichneten sich, entgegen den Befürchtungen während der Kriegszeit, durch eine *dynamische Wirtschaftsentwicklung* und einen *starken Bauboom* aus (vgl. Abb. 1). Dies machte zahlreiche Ortsplanungen notwendig. Deren Schwergewicht lag vor allem auf der *Siedlungs- und Infrastrukturplanung* (Nutzungszonen- und Erschliessungsplanung), mit dem Ziel, neue Baugebiete aufzuschliessen, die Siedlungsräume optimal zu gestalten, mit Infrastruktur zu erschliessen sowie mit öffentlichen Diensten, z. B. Schulen, Spitälern usw., auszustatten. Durch die *Abgrenzung des Siedlungs- und Nicht-Siedlungs-Gebietes* (als Uebriges Gemeindegebiet) wurde versucht, einen ersten Riegel gegen die Landschaftszerstörung durch Zersiedlung und moderne Streubauweise zu errichten sowie genügend grosse und geeignete Flächen für die Landwirtschaft zu erhalten (Kulturlandverlust). Die Hauptanstrengungen der Planung galten aber nach wie vor dem Baugebiet. Der *Zonenplan* war vorweg ein Instrument der Bauplanung. Die Koordination dieser Ortsplanungen erfolgte durch Regionalplanungen. Diese blieben aber dem auf kommunaler Ebene entwickelten «Zonen-Denken» verhaftet. Der Akzent lag denn auch auf der Abstimmung der örtlichen Bauzonenpläne.

Immer deutlicher zeigte sich, dass es nicht genügte, Gemeinden, Regionen und Kantone nach Nutzungszonen einzuteilen, um die räum-

Grundzüge der raumplanerischen Entwicklung 21

lichen Entwicklungen zu steuern. Diese Nutzungszonen stellen lediglich Dispositionen zur Abwehr einer unerwünschten und Unterstützung einer möglichen, allenfalls erwünschten räumlichen Entwicklung dar. Ob diese aber tatsächlich in die gewünschte Richtung geht, hängt von einer grossen Zahl raumwirksamer Entscheide einerseits der öffentli-

Abb. 1   Bautätigkeit 1960 - 1982

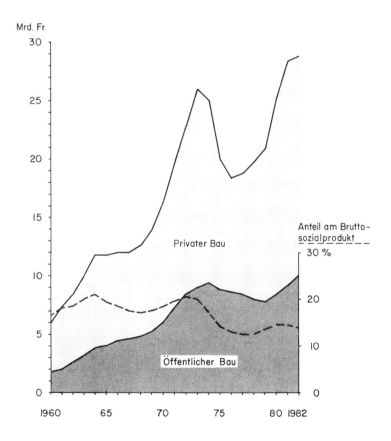

Daten: Zahlenspiegel der Schweiz 1983

chen Hand auf allen Ebenen, anderseits der privaten Haushaltungen und Unternehmen ab, die es zu koordinieren gilt. Eine Vorstufe der Weiterentwicklung der Raumplanungsorganisation bildete die Übertragung von kommunalen Aufgaben auf regionale Zweckverbände. Auf politischer Ebene wurden in den fünfziger und sechziger Jahren als Folge der stürmischen Nachkriegsentwicklung in zahlreichen parlamentarischen Vorstössen *bodenrechtliche Reformen* verlangt, wobei diese Forderungen teilweise mit derjenigen nach dem Ausbau der öffentlichen Planungskompetenzen verbunden waren. Einen wesentlichen Beitrag zur Bekämpfung der Streubauweise leistete die Eidgenössische Gewässerschutzgesetzgebung.

1965 wurde das Bundesgesetz über Massnahmen zur Förderung des Wohnungsbaus vom 19. März 1965 (SR 842) beschlossen, in welchem sich der Bund u. a. verpflichtete, eine auf längere Sicht zweckmässige Besiedlung zu fördern und entsprechende Beiträge an die Kosten der Landes-, Regional- und Ortsplanung zu leisten. 1966 wurde vom Eidgenössischen Departement des Innern der Bericht der Eidgenössischen Expertenkommission für Fragen der Landesplanung (Kommission Gutersohn) veröffentlicht.

Bis Ende der sechziger Jahre lagen weder ein Verfassungsartikel noch ein Gesetz oder eine Organisation der Raumplanung auf nationaler Ebene vor. Damit wird deutlich, dass der *Bund* – im Gegensatz zu den Gemeinden, Regionen und Kantonen – auf dem Gebiete der Raumplanung erst *relativ spät aktiv* wurde. Das Gewässerschutzgesetz vom 14. März 1955, das Wohnbauförderungsgesetz vom 19. März 1965 sowie die entsprechenden Vollziehungsverordnungen schufen die ersten – die räumliche Entwicklung bewusst steuernden – rechtlichen Grundlagen. Aufgrund der Wohnbau- und Eigentumsförderungsgesetzgebung wurde 1965 das ORL-Institut ETH, das 1961 aus der Zentrale bzw. dem Institut für Landesplanung hervorgegangen war, beauftragt, schweizerische Siedlungskonzepte mit Leitbildern und Richtlinien zur Orts-, Regional- und Landesplanung auszuarbeiten. Daraus entstanden die *Landesplanerischen Leitbilder der Schweiz* – daran anschliessend und darauf aufbauend das nationale *Raumplanerische Leitbild CK-73* – und die *Richtlinien zur Orts-, Regional- und Landesplanung*. Die Beschäftigung mit dem Teilproblem der Wohnbauförderung hat offensichtlich gezeigt, dass eine solche Förderung durch den Bund sinnvollerweise in einem grösseren Zusammenhang zu sehen ist, d.h., dass der Bund Vorstellungen über die künftige Besiedlung des Landes entwickeln muss.

3.2.4. Verfassungsauftrag von 1969

1969 wurden von Volk und Ständen durch Volksabstimmung vom 14. September die *Bodenrechtsartikel* in die Bundesverfassung aufgenommen (Art. 22ter und Art. 22^{quater}). Damit war die verfassungsmässige Grundlage für die Raumplanung in der Schweiz gegeben. 1971 wurden gleichzeitig der Entwurf des Bundesrates zum (ersten) Raumplanungsgesetz, die Landesplanerischen Leitbilder sowie der Bericht der «Arbeitsgruppe des Bundes für Raumplanung» (Arbeitsgruppe Kim) «Raumplanung Schweiz» veröffentlicht. Dieser Bericht beschäftigte sich hauptsächlich mit der Frage der Begriffsbestimmung, der Raumplanungsorganisation sowie mit materiellen Grundsätzen für die Raumplanung, die als Diskussionsgrundlagen über die im Rahmen der Raumplanung anzustrebenden Zielsetzungen zu betrachten waren. Verschiedene dieser Grundsätze sind – in abgewandelter Form – ins heute geltende Bundesgesetz über die Raumplanung (Art. 3 RPG) eingegangen. Eng verbunden mit der Raumplanung ist der 1972 veröffentlichte Bericht «Studien zur Regionalpolitik» der Studienkommission für Preis-, Kosten- und Strukturfragen. Bereits 1970 war das gesamtwirtschaftliche Entwicklungskonzept für das Berggebiet erschienen. Nicht nur auf nationaler, sondern auch auf kantonaler, regionaler und kommunaler Ebene war die Raumplanung Ende der sechziger, Anfang der siebziger Jahre stark zielorientiert. Der Zweck eines Planes, beispielsweise eines behördenverbindlichen Richtplanes, wurde vor allem in der Festlegung und Darstellung des angestrebten widerspruchsfreien Zielzustandes gesehen.

Unter dem Eindruck der negativen Auswirkungen der Bauhochkonjunktur und bis zur abschliessenden Beschlussfassung über das Raumplanungsgesetz wurde 1972 der *Bundesbeschluss über dringliche Massnahmen auf dem Gebiete der Raumplanung* (BMR) vom 17. März 1972 (AS 1972 644) in Kraft gesetzt. Mit dieser Massnahme wurden in erster Linie provisorische Schutzgebiete ausgeschieden, d.h., die Kantone bezeichneten Gebiete, deren Besiedlung und Überbauung aus Gründen des Landschaftsschutzes, zur Erhaltung ausreichender Erholungsräume oder zum Schutz vor Naturgewalten vorläufig einzuschränken oder zu verhindern ist (Art. 1 BMR). Mit dem BMR wurde auch die Stelle eines Delegierten für Raumplanung geschaffen (Art. 8 BMR), welche dem Eidgenössischen Justiz- und Polizeidepartement eingegliedert wurde (DRP).

Gegen das Bundesgesetz über die Raumplanung vom 4. Oktober 1974 wurde das Referendum ergriffen. In der Volksabstimmung vom 13. Juni 1976 wurde dieses Gesetz knapp abgelehnt. Dafür waren verschiedene Gründe massgebend: Ende der Planungsgläubigkeit (teilweise bedingt durch die Rezession), Angst vor einer zu starken Einflussnahme des Bundes, Bedenken wegen zuweit gehender Eigentumsbeschränkungen u.a.m. Unmittelbar danach wurden die Arbeiten für ein zweites, neues Raumplanungsgesetz an die Hand genommen. Gegen dieses *Bundesgesetz über die Raumplanung* (RPG) vom 22. Juni 1979, (SR 700) wurde das Referendum nicht ergriffen, so dass es auf den 1. Januar 1980 in Kraft treten konnte. Mit diesem Gesetz wurde die Stelle des Delegierten für Raumplanung in ein Bundesamt für Raumplanung (Art. 32 RPG) umgewandelt.

Bereits 1971 war das neue *Gewässerschutzgesetz* (Bundesgesetz über den Schutz der Gewässer gegen Verunreinigung vom 8. Oktober 1971, SR 814.2) erlassen worden, welches einer ungehemmten Streubauweise raumplanerische Grenzen setzte. Danach durften Bewilligungen für Neu- und Umbauten aller Art nur innerhalb der Bauzonen und, wo solche fehlten, innerhalb des im generellen Kanalisationsprojekt (GKP) abgegrenzten Gebietes erteilt werden, wenn der Anschluss der Abwässer an die Kanalisation gewährleistet war (Art. 19). Ausserhalb dieser Gebiete durften nur noch standortgebundene Bauten errichtet werden (Art. 2). Dieses Gewässerschutzgesetz löste dasjenige von 1955 ab. 1975 trat das *Investitionshilfegesetz* (Bundesgesetz über Investitionshilfe für Berggebiete (IHG) vom 28. Juni 1974, SR 901.1) in Kraft, welches zum Ziel hat, die Existenzbedingungen im Berggebiet durch Investitionshilfen für Infrastrukturanlagen zu verbessern (Art. 1 IHG). Diese beiden Gesetze stehen als Beispiele für zahlreiche weitere Gesetzgebungswerke, welche die räumlichen Auswirkungen staatlichen Handelns ordnen oder die Voraussetzungen privaten Verhaltens unter raumordnungspolitischen Anforderungen umschreiben. Auf allen Staatsebenen wurde in dieser Phase die zielorientierte Raumplanung immer mehr durch eine tätigkeitsorientierte und koordinierte abgelöst. Es geht nicht mehr um das einmalige Aufeinander-Abstimmen von raumplanerischen Massnahmen, sondern um die laufende Koordination der Tätigkeiten all jener Ämter und Stellen, welche raumwirksame Aufgaben zu erfüllen haben und dadurch die räumliche Ordnung und Organisation beeinflussen. Damit kann die Raumplanung nicht mehr als einmaliger Akt mit abschliessender Regelung verstanden, sondern muss im Sinne einer rollenden Planung als dauernder Prozess gesehen werden.

In den siebziger Jahren war man nicht allein auf der Bundesebene auf dem Gebiete der Raumplanung sehr aktiv, sondern es wurden auch zahlreiche *kantonale Bau- und Planungsgesetze* geschaffen und viele Orts-, Regional- und Kantonalplanungen (Richtplanungen und Nutzungsplanungen) in Angriff genommen. Ferner wurden die Forschung und der Unterricht in Raumplanung gefördert und die Öffentlichkeit über Möglichkeiten, Wesen, Aufgaben und Grenzen der Raumplanung informiert.

Tabelle 1: *Daten zur Geschichte der schweizerischen Raumplanung*

1893	Inkrafttreten des Baugesetzes des Kantons Zürich mit besonderen Vorschriften über das Bauen in städtischen Gebieten
1902	Bundesgesetz betreffend die eidgenössische Oberaufsicht über die Forstpolizei, SR 921.0
1915	Internationaler Ideenwettbewerb für Zürich und Vororte: Erster Ansatz einer Stadt-Region-Planung
1920	Entwurf eines gesamtschweizerischen Siedlungsplanes durch Hans Bernhard
1926	Erster Nutzungszonenplan der Schweiz für Winterthur
1929	Inkrafttreten des ersten kantonalen städtebaulich-planerischen Gesetzes in Genf
1933	Leitbildvorschlag der Besiedlung der Schweiz von Armin Meili
1937	Gründung der Schweizerischen Landesplanungskommission
1937	Vorlage des ersten kantonalen Gesamtplanes der Schweiz in Genf
1941	Erste gesetzliche Grundlagen in der Schweiz für die Schaffung kantonaler Richtpläne im Kanton Waadt
1942	Tagung für Landesplanung an der ETH Zürich
1943	Gründung der Schweizerischen Vereinigung für Landesplanung (VLP)
1943	Gründung der Zentrale für Landesplanung am Geographischen Institut der ETH Zürich

26 Grundlagen der Raumplanung

1947–1950	Erste Regionalplanung (St. Galler Rheintal)
1954–1959	Planung des Nationalstrassennetzes
1961	Gründung des ORL-Institutes ETH Zürich
1963–1967	Schaffung des Inventars der zu erhaltenden Landschaften und Naturdenkmäler von nationaler Bedeutung (KLN-Inventar)
1964	Gründung des Bundes Schweizer Planer (BSP)
1965	Bundesgesetz über Massnahmen zur Förderung des Wohungsbaus, SR 842
1965–1971	Erarbeitung der Landesplanerischen Leitbilder der Schweiz am ORL-Institut ETH Zürich
1966–1972	Richtlinien zur Orts-, Regional- und Landesplanung
1966	Bericht der Eidgenössischen Expertenkommission für Fragen der Landesplanung (Kommission Gutersohn)
1966	Bundesgesetz über den Natur- und Heimatschutz, SR 451
1969	Annahme der Artikel 22ter und 22quater BV (Bodenrechtsartikel) in der Volksabstimmung vom 14. September
1970	Bericht «Gesamtwirtschaftliches Entwicklungskonzept für das Berggebiet» (Flückiger-Bericht)
1971	Bericht «Raumplanung Schweiz» (Arbeitsgruppe Kim)
1971	Bundesgesetz über den Schutz der Gewässer gegen Verunreinigung, SR 814.20
1972	Bundesbeschluss über dringliche Massnahmen auf dem Gebiete der Raumplanung, AS 1972 644
1972–1973	Leitlinien für die Berggebietsförderung (inkl. Grundlagen) (Arbeitsgruppe Stocker)
1974	Bundesgesetz über Investitionshilfe für Berggebiete, SR 901.1
1976	Ablehnung des Bundesgesetzes über die Raumplanung vom 4. Oktober 1974 in der Volksabstimmung vom 13. Juni
1978	Schlussbericht der Eidgenössischen Kommission für die schweizerische Gesamtverkehrskonzeption (GVK–CH)
1978	Schlussbericht der Eidgenössischen Kommission für die Gesamtenergiekonzeption der Schweiz (GEK–CH)
1980	Inkrafttreten des Bundesgesetzes über die Raumplanung vom 22. Juni 1979, SR 700
1985	Inkrafttreten des Bundesgesetzes über den Umweltschutz vom 7. Oktober 1983, SR 814.01

Quelle: Chronik der schweizerischen Landesplanung, Beilage zu DISP Nr. 56, 1980

4. Wissenschaftliche Grundlagen der Raumplanung

4.1. Raumforschung

Unter dem Begriff der *Raumforschung* werden diejenigen wissenschaftlichen Tätigkeiten zusammengefasst, welche sich mit den fachlichen Grundlagen der Raumordnung, der Raumplanung und der Raumordnungspolitik befassen. An ihr sind u. a. folgende wissenschaftliche Disziplinen beteiligt: Geographie, Ökonomie, Rechtswissenschaft, Soziologie, Verwaltungslehre, Architektur, Stadtforschung, Verkehrswissenschaft, Ökologie u.a.m. Die Erarbeitung der wissenschaftlichen Grundlagen der Raumplanung ist nicht die Domäne einer einzelnen (traditionellen) Fachdisziplin. Zur Lösung der komplexen Probleme des Lebensraumes sind Denkansätze, Theorien und Methoden aus den verschiedensten Fachbereichen notwendig. Raumforschung ist eine *interdisziplinäre wissenschaftliche Tätigkeit;* sie ist somit mit all den Problemen konfrontiert, welche sich bei der Zusammenarbeit unterschiedlicher Fachgebiete und Fachleute ergeben. Die Raumforschung beschäftigt sich aber nicht allein mit Strukturen, Funktionen und Entwicklungen des Lebensraumes, sondern auch mit Theorien für die Raumplanung und die Raumordnungspolitik und mit Fragen der Erfolgskontrolle von Raumplanungen.

Eng verwandt mit dem Begriff der Raumforschung sind die beiden Begriffe «*Regionalforschung*» und «*Regionalwissenschaft*»; im englischen Sprachraum wird für diese drei Begriffe der Terminus «*regional science*» verwendet. Im konkreten Einzelfall ist jeweils zu prüfen, welcher Inhalt angesprochen wird.

Anstelle des hier sehr breit verstandenen Begriffes «Raumforschung» wird auch der Terminus «Raumordnungswissenschaft» verwendet. Dieser setzt sich zusammen aus der Regionalforschung (raumordnungspolitisch orientierte Raumanalyse), der Raumforschung i. e. S. (zielorientierte, normative Raumordnungswissenschaft) und der Planungswissenschaft.

Die Raumforschung wird im allgemeinen nicht als eine eigenständige wissenschaftliche Disziplin betrachtet, sondern als eine wissenschaftliche Fragestellung mit wechselnden Schwerpunkten der Anwendung von Methoden der an ihr beteiligten Fachdisziplinen. Bei der Raumforschung können wir – wie bei allen anwendungsorientierten Wissenschaften – zwischen Theorie, Empirie und Politik unterscheiden: *Theorien und Modelle* haben die Aufgabe, die Wirkungszusammenhänge und die Dynamik des Lebensraumes zu erklären. Die *Empirie* ist notwendig, um die theoretischen Erklärungsansätze mit der Realität zu konfrontieren und zu testen (Deduktion) und durch Induktion neue theoretische Erkenntnisse über den Lebensraum zu gewinnen. Die Ergebnisse der empirischen Raumforschung bilden eine wesentliche Grundlage für *raumordnungspolitische Entscheide,* d.h. für die Steuerung der Entwicklung der räumlichen Ordnung und Organisation (vgl. Tab. 2).

Tabelle 2: *Beispiele für den Zusammenhang zwischen Theorie, Empirie und Politik in der Raumforschung*

	Primärer Wirtschaftssektor	Sekundärer Wirtschaftssektor	Tertiärer Wirtschaftssektor
Theorie	Landnutzungsmodelle, z.B. J.H. v. Thünen	Industriestandorttheorien, z.B. A. Weber	Theorie der zentralen Orte, z.B. W. Christaller
Empirie	Erstellen von Landnutzungskarten als Grundlage für die Raumplanung	Erstellen einer Standortfaktorentabelle aufgrund von Umfragen bei Industrieunternehmen	Untersuchung der zentralörtlichen Strukturen in einem Planungsraum
Politik	Die Ausscheidung von Landwirtschaftszonen im Rahmen der kantonalen Richtplanung	Die Industriestandortpolitik als Schwerpunkt kantonaler Wirtschaftspolitik	Die Förderung der zentralen Orte im Rahmen der regionalen Entwicklungspolitik

Der deduktive Weg führt von allgemeinen Aussagen zu speziellen, von der Synthese zur Analyse, während *der induktive Weg* umgekehrt verläuft, also vom Speziellen zum Allgemeinen bzw. von der Analyse zur Synthese. Bei der Induktion werden beispielsweise – ausgehend von den einzelnen Industriestandorten in einem Planungsraum – Aussagen über das gesamte System dieser Industriestandorte gemacht; die Deduktion hingegen gelangt von einem Industriestandortsystem sukzessive zu den dieses System aufbauenden Einzelstandorten.

4.2. Forschungsinstitutionen und -programme

4.2.1. Träger der Raumforschung

Entsprechend dem breiten interdisziplinären Charakter von Raumforschung und Raumplanung ist die Zahl der Forschungsinstitute, die wissenschaftliche Grundlagen für die Raumplanung bereitstellen, gross. Als eigentliche Raumplanungsinstitute sind für die Schweiz zu nennen: das ORL-Institut ETH Zürich und, auf anderer Grundlage und mit anderer Organisationsstruktur, die CEAT mit Sitz an der ETH Lausanne. Zahlreiche weitere Institutionen sind von grösster Bedeutung, so der Schweizerische Nationalfonds, die Ressortforschung des Bundes und der Kantone und die Hochschulforschung mit den Instituten der Wirtschaftspolitik, der Geographie sowie der Wirtschafts- und Sozialgeschichte.

4.2.2. ORL-Institut

Das Institut für Orts-, Regional- und Landesplanung der Eidgenössischen Technischen Hochschule Zürich (ORL-Institut ETH Zürich) wurde am 1. April 1961 als Nachfolgeinstitut der seit 1943 bestehenden Zentrale für Landesplanung der ETH, welche dem Geographischen Institut der ETH angegliedert war, gegründet. Es wird zurzeit von vier Professoren unterschiedlicher Fachrichtungen (nebenamtlich) geleitet.

Seine *Hauptaufgaben* sind:

– Forschung auf dem Gebiete der Raumplanung und verwandter Gebiete
– Unterricht für die Studierenden der ETH, namentlich im Rahmen der Studienpläne der Abteilungen für Architektur, Bauingenieurwesen, Forstwirtschaft, Landwirtschaft, Kulturingenieur- und Vermessungswesen, Naturwissenschaften (Geographie)
– Durchführung der Nachdiplomausbildung in Raumplanung für Hoch-

schulabsolventen mit abgeschlossenem Grundstudium
- Durchführung von Fortbildungskursen und -veranstaltungen
- Beratungs- und Gutachtertätigkeit.

Das ORL-Institut gliedert sich in die folgenden *Forschungsbereiche und Stabsstellen:*

- Forschungsbereiche:
  Landschaftsplanung
  Städtebau und Siedlungsplanung
  Regionalwirtschaft
  Recht und Politik
  Methodik der Raumplanung
- Stabsstellen:
  Information und Dokumentation
  EDV / Informatik
  Sekretariat.

Das ORL-Institut veröffentlicht folgende *Publikationsreihen* (Stand Frühjahr 1986):

- DISP (Dokumente und Informationen zur schweizerischen Orts-, Regional- und Landesplanung), vierteljährliche Zeitschrift (seit 1965)
- Schriftenreihe (36 Bände)
- Berichte (56 Bände)
- Studienunterlagen (54 Bände)
- Richtlinien (1966–1975)
- Vademecum (alle 2 bis 3 Jahre)
- Lehrmittel.

Die Bibliographie sämtlicher Veröffentlichungen des ORL-Instituts ist unter dem Titel ORLDOC-Literaturdatenbank – Veröffentlichungen des ORL-Instituts ETH 1946–1982/3, Zürich 1983, erschienen.

4.2.3. CEAT

Die Communauté d'études pour l'aménagement du territoire (CEAT) wurde 1975 von den Westschweizer Kantonen und dem Schweizerischen Schulrat für die ETH Lausanne (EPFL) gegründet. Sie ist kein eigentliches Forschungsinstitut, sondern eine *wissenschaftliche Koordinationsstelle.* Ihre Tätigkeiten erstrecken sich auf Unterricht, Forschung und Beratung auf dem Gebiete der Raumplanung und der regionalwirtschaftlichen Entwicklung. Sie arbeitet eng mit den Westschweizer Universitäten und der ETH Lausanne zusammen. Eine wichtige Aufgabe der CEAT ist ferner die Pflege des Erfahrungsaustausches zwischen raumplanerischer Forschung, Praxis, Verwaltung und Politik.

4.2.4. Nationale Forschungsprogramme

Für die Raumplanung in der Schweiz von besonderer Bedeutung sind die *Nationalen Forschungsprogramme,* so dasjenige über «*Regionalprobleme*».

Von 1978 bis 1985 lief im Rahmen des Schweizerischen Nationalfonds zur Förderung der wissenschaftlichen Forschung das Nationale Forschungsprogramm «*Regionalprobleme, namentlich in den Berg- und Grenzgebieten*» (NFP Regio). Die zahlreichen Forschungsprojekte innerhalb dieses Programmes gingen drei grundsätzliche *Fragestellungen* an:

- Wie haben sich wirtschaftliche und sozio-kulturelle Disparitäten zwischen den Zentren und peripheren Gebieten in der Schweiz entwickelt?
- Welches sind die Ursachen einer ungleich gewichteten Entwicklung, was die Folgen?
- Wie ist die disparitäre Entwicklung aus politischer Sicht zu werten, und welche Korrekturmassnahmen versprechen Abhilfe?

Thematisch lassen sich die Projekte zwölf *Schwerpunkten* zuordnen:
- Rahmenbedingungen
- Wohlfahrts- und Wohlstandsdisparitäten
- Anpassungsfähigkeit
- Regionale Arbeitsmärkte
- Entwicklungsalternativen
- Erfolgskontrolle
- Grenzregionen
- Wechselwirkungen Zentren-Peripherie
- Sozio-kulturelle Strukturen
- Mobilität
- Strategien.

Neben diesem Nationalen Forschungsprogramm «Regionalprobleme» werden in zahlreichen weiteren ebenfalls für die Raumplanung und Raumordnungspolitik wichtige wissenschaftliche Entscheidungsgrundlagen erarbeitet; namentlich zu erwähnen sind die beiden «*Sozio-ökonomische Entwicklung und ökologische Belastbarkeit im Berggebiet*» innerhalb des UNESCO-Forschungsprogramms «Man and

Biosphere (MAB)» sowie «*Entscheidungsvorgänge in der schweizerischen Demokratie*». Auch von künftigen Nationalen Forschungsprogrammen werden wesentliche wissenschaftliche Impulse auf die Raumplanung und Raumordnungspolitik in der Schweiz ausgehen, z. B. von «*Nutzung des Bodens in der Schweiz*» (NFP Boden), welches ab 1985 läuft, oder «*Kulturelle Vielfalt und nationale Identität*» (ab 1986). Vordringlich ist das Forschungsprogramm über die Städte.

4.3. Ausbildung

Die nachfolgende Übersicht (Tab. 3) über die heute bestehenden Möglichkeiten der beruflichen Ausbildung in Form eines Raumplanungsstudiums beschränkt sich auf Institutionen, welche sich gemäss Programm der Ausbildung von Fachleuten der Raumplanung widmen:

Tabelle 3: *Ausbildungsmöglichkeiten für Raumplaner in der Schweiz*

Eidg. Technische Hochschule Zürich, ORL-Institut:
Nachdiplomstudium auf Hochschulebene im Bereich der überörtlichen Planung (Regional- und Kantonalplanung)

Eidg. Technische Hochschule Zürich, Abt. für Architektur:
Architekturstudium mit der Möglichkeit einer individuellen Schwerpunktbildung im Bereich der ORL-Planung (meist örtliche Planung in städtischen Gebieten)

Eidg. Technische Hochschule Zürich, Abt. für Bauingenieurwesen:
Bauingenieurstudium mit der Möglichkeit einer Vertiefung im Bereich der Verkehrsplanung auf lokaler, regionaler und nationaler Ebene

Eidg. Technische Hochschule Zürich, Abt. für Kulturtechnik und Vermessung (Unterabt. für Kulturtechnik):
Kulturingenieurstudium mit der Möglichkeit der Vertiefung im Bereich der Ortsplanung (hauptsächlich ländliche Gebiete)

Ecole Polytechnique Fédérale Lausanne, Dépt. d'Architecture:
Architekturstudium mit der Möglichkeit einer Vertiefung in Richtung Städtebau (örtliche Planung)

Höhere Technische Lehranstalt (Ingenieurschule) Brugg-Windisch, Nachdiplomstudium Raumplanung:
Nachdiplomstudium auf Ingenieurschulebene im Bereich der praktischen örtlichen Planung

Wissenschaftliche Grundlagen der Raumplanung 33

Interkantonales Technikum (Ingenieurschule) Rapperswil, Abt. für Siedlungsplanung:
Grundstudium im Bereich der praktischen örtlichen Planung

Interkantonales Technikum (Ingenieurschule) Rapperswil, Abt. für Grünplanung (Landschafts- und Gartenarchitekten):
Grundstudium im Bereich der praktischen Grünplanung

(Berufsschule der Stadt Zürich, Abt. Planung und Rohbau: Ausbildung von Planungszeichnern).

Quelle: BSP (Hrsg.), Aus- und Weiterbildung in der Raumplanung, Bern 1980

In zahlreichen weiteren Studienrichtungen (z.B. Geographie, Wirtschaftswissenschaften, Rechtswissenschaften usw.) werden einzelne Vorlesungen, Übungen und Seminarien angeboten, welche ebenfalls raumplanerische Fragestellungen zum Inhalt haben.

Hauptträger der *Fort- und Weiterbildung* sind die Hochschulinstitute, insbesondere die CEAT Lausanne und das ORL-Institut ETH Zürich. Daneben gibt es eine ansehnliche Zahl von *privaten Vereinigungen,* welche sich der Raumplanung widmen und sich auf ihre Weise an der beruflichen Aus- und Weiterbildung sowie der Information ihrer Mitglieder und weiterer Interessierter beteiligen. In diesem Zusammenhang sind namentlich zu nennen:

- Schweizerische Vereinigung für Landesplanung (VLP) mit ihren regionalen Sektionen
- Bund Schweizer Planer (BSP)
- Fachgruppe für Raumplanung und Umwelt des SIA (FRU)
- Schweizerische Studiengesellschaft für Raumordnungs- und Regionalpolitik (ROREP)
- Schweizerische Kantonsplanerkonferenz (KPK)
- Conférence des offices romands d'aménagement du territoire et d'urbanisme (CORAT).

Da die Raumplanung den Problemzutritt nur bewältigen kann, wenn sie disziplinübergreifend arbeitet, muss auch die Ausbildung einen breiten Ansatz verfolgen. Durch den Auftrag, sich mit der Zukunft auseinanderzusetzen und Handlungsstrategien für überblickbare Zeiträume zu entwickeln, ist sie immer wieder neu gefordert. Dies führt zum Zwang, *Aus- und Weiterbildung als permanente Aufgabe* zu verstehen.

Der Wesenskern der Ausbildung ist die *Problemlösungsfähigkeit* in einer sich laufend ändernden natürlichen, politischen, wirtschaftlichen, sozialen und kulturellen Umwelt. Die Hauptschwierigkeit der Ausbildung liegt in der Schulung der Fähigkeit, Probleme zu erkennen. Vorgeschlagene Ziele und Massnahmen taugen oft deshalb nicht, weil die zu lösenden Probleme zuwenig klar herausgearbeitet worden sind. Ziele und Massnahmen sind relativ leicht zu formulieren, wenn das Problem wirklich erfasst ist.

Das *inhaltliche Spektrum der Ausbildung* erträgt keine Einengungen. Es reicht von der Methodik bis zur Rechts- und Verwaltungslehre, baut auf den Sachgebieten der Siedlung, der Landschaft, des Transport- und Versorgungswesens auf und wendet sich dem menschlichen Verhalten im Lebensraum zu. Im Zusammenhang mit der Umweltvorsorgeplanung, die Teil der Raumplanung und des Umweltschutzes ist, werden naturwissenschaftliche Fragen an Bedeutung gewinnen, genauso wie die Ökologie grundlegende Aussagen für die Raumplanung bereithält. Da es den «Raumplaner als Generalisten», der alle relevanten Fragestellungen beherrscht, nicht gibt, ist es wesentlich, dass im Rahmen der Ausbildung die Gesprächsfähigkeit geschult wird. Dazu gehört insbesondere der Wille, hinhören und sich selbst schriftlich und mündlich ausdrücken zu können. Eine kritische Funktion vermag die Auseinandersetzung mit der Geschichte zu erfüllen. Sie mahnt zur Bescheidenheit und schult die Fähigkeit, Problemlagen in der Zeit zu verstehen. Die Philosophie erhöht die Sensibilität für die so grundlegenden Fragen: Was können wir wissen? Was müssen wir tun? Was dürfen wir hoffen? Was ist der Mensch?

Kapitel II Lebensraum als Objekt der Raumplanung

1. Gliederung und Typisierung des Lebensraumes

1.1. Allgemeines

Der Lebensraum des Menschen ist nicht gleichartig. Es ist daher ein Anliegen der Raumplanung und Raumforschung, den komplexen Lebensraum des Menschen in Teilgebiete, Teilräume, Regionen zu unterteilen, welche sich vieldimensional und umfassend voneinander unterscheiden.

Raumgliederungen, deren Ziel es ist, die räumlichen Besonderheiten und Gesetzmässigkeiten herauszuarbeiten, werden als *analytische Raumklassifikationen* bezeichnet. Diese Gliederungsart dient hauptsächlich der wissenschaftlichen Erfassung des Ist-Zustandes der räumlichen Ordnung im Rahmen der Raumforschung. Demgegenüber streben *normative oder politische Abgrenzungen* räumliche Einheiten an, die einer besonderen Planung, Entwicklung oder Förderung unterworfen werden. Zwischen dem politischen und dem analytischen Ansatzpunkt der Raumgliederung sollten in der raumplanerischen Praxis enge Beziehungen bestehen; die sinnvolle Abgrenzung von Planungs-, Entwicklungs- oder Förderungsgebieten wird immer analytisch-wissenschaftliche Untersuchungsergebnisse einbeziehen.

Der *Begriff der Region* wird bei beiden Gliederungsansätzen verwendet. Eine eindeutige und umfassende Definition des Terminus «Region» existiert nicht; der jeweils konkret verwendete Regionsbegriff bestimmt sich nach dem Untersuchungsziel und dem Regionalisierungszweck. Der Zweck der Raumgliederung entscheidet also über die Bildungsprinzipien, die entsprechenden Merkmale bzw. Merkmalskombinationen sowie die Dimensionen der zu bildenden Regionen.

Häufig wird in der Raumplanung zwischen homogenen und funktionalen Regionen unterschieden: *Homogene Regionen* werden aufgrund der Gleichartigkeit eines oder mehrerer Merkmale gebildet, d.h., in ihnen werden alle benachbarten Örtlichkeiten zusammengefasst, welche im Hinblick auf eine oder mehrere Eigenschaften eine grosse Ähnlichkeit aufweisen. Durch stufenweise Generalisierung gelangt man zu immer grösseren Raumeinheiten und damit zu einer hierarchischen Ordnung dieser formalen Regionen. Je grösser diese Einheiten in einem Generalisierungsprozess werden, desto heterogener werden sie. Beispiele für homogene Regionen sind Gebietseinheiten, welche aufgrund des Entwicklungsstandes (arme, reiche Regionen) oder der Produktionsstruktur der Wirtschaft (Landwirtschafts-, Industrie-, Fremdenverkehrsregionen) usw. abgegrenzt werden.

Als *funktionale (polarisierte, nodale) Regionen* werden Raumeinheiten bezeichnet, bei denen die sozialen und wirtschaftlichen Beziehungsverflechtungen und insbesondere die wechselseitigen Abhängigkeiten zwischen einem Zentrum (Regionszentrum) und seinem Umland für die Abgrenzung bestimmend sind. Entscheidende Kriterien für die Abgrenzung funktionaler Raumeinheiten bilden Stromgrössen, wie z. B. Pendler (Berufs-, Bildungs-, Erholungspendler), Einkaufsbeziehungen, Marktverflechtungen, monetäre Transfers u.a.m. Beispiele funktionaler Regionen sind die Pendler- bzw. Arbeitsmarktregionen.

Bei der Diskussion über die Stellung und Bedeutung der Regionen für die Raumplanung ist wichtig, dass es dabei nicht so sehr um die Frage nach neuen (politischen) Gebietsgrenzen und um die Probleme der Abgrenzungsmethoden geht, sondern um *politische Fragestellungen:*

- Welche Probleme lassen sich durch Regionalisierung lösen?
- Welche Probleme lassen sich durch Regionalisierung nicht lösen?
- Welche Probleme entstehen bei der Regionalisierung neu?

Ein wichtiges Problem wirft die Frage auf, wie sich neue (institutionelle) Regionen zu den bestehenden, d.h. bisherigen, historisch gewachsenen, Teilräumen (z. B. Kantone, Bezirke, Kreise) verhalten und wie sie einander angeglichen werden können. Ähnliche Fragen stellen sich im Verhältnis zwischen den institutionellen Regionen und den politischen Einheiten (Gemeinden, Bezirke, Kreise), aus denen sich diese Regionen zusammensetzen. Die Dauerhaftigkeit (Persistenz) historischer Grenzen – wobei nicht nur an politische zu denken ist – darf nicht unterschätzt werden. Verschiedene raumplanerische Misserfolge (auf regionaler Ebene) dürften zumindest teilweise auf eine derartige Unterschätzung zurückzuführen sein. Die traditionellen Gebietskörperschaften (Bund, Kantone, Gemeinden) haben den Vorteil, über Sachkompetenzen und Entscheidungsprozesse zu verfügen, die staatliches Handeln erleichtern.

1.2. Regionalisierung und Regionen

1.2.1. Regionen der Raumplanung

Seit rund fünfzig Jahren weisen die Raumplaner darauf hin, dass isolierte Ortsplanungen unzweckmässig seien. Sie machen darauf aufmerksam, dass einerseits die kommunalen Pläne regional aufeinander abgestimmt und anderseits überörtliche Belange in einem grösseren räumlichen Zusammenhang behandelt werden müssen. Mit Hilfe von Regionalplanungen sollen die gemeindeweise konzipierten Nutzungspläne koordiniert und die überörtlichen Probleme, beispielsweise im Bereich des Verkehrs, gelöst werden. In der Folge wurden – vor allem in den sechziger Jahren – zahlreiche *Regionalplanungsverbände (Regionalplanungsgruppen)* gegründet. Ihre Aufgabe war es, für die darin zusammengeschlossenen Gemeinden die überörtlichen Grundlagenpläne der Siedlung, der Landschaft, des Verkehrs, der Versorgung und Entsorgung sowie der öffentlichen Bauten und Anlagen zu erarbeiten und für die Gemeindebehörden der Regionsgemeinden verbindlich zu erlassen (regionale Richtplanung). Es bestand – in der Regel – nicht die Absicht, diesen Regionen der Raumplanung die Funktion von Gebietskörperschaften, beispielsweise mit eigener Steuer- und Finanzkompetenz, zu übertragen. Ihre Aufgabe war und ist die Koordination von örtlichen und überörtlichen Aufgaben im Rahmen der Raumplanung. Gegenwärtig (Stand anfangs 1981) zählt man 145 Regionen der Raumplanung, welche das Gebiet der Schweiz flächendeckend überziehen (vgl. Tab. 4 und Abb. 2).

Tabelle 4: *Liste der Regionalplanungsgruppen (Stand 1981)*

01.01 Zürich	02.01 Region Bern
01.02 Glattal	02.02 Laupen (–Neuenegg)
01.03 Furttal	02.03 Erlach – östl. Seeland
01.04 Limmattal	02.04 Biel – Seeland
01.05 Knaueramt	02.05 Jura – Bienne
01.06 Zimmerberg	02.06 Oberaargau
01.07 Pfannenstil	02.07 Burgdorf und Umgebung
01.08 Zürcher Oberland	02.08 Oberes Emmental
01.09 Winterthur und Umgebung	02.09 Kiesental
01.10 Zürcher Weinland	02.10 Aaretal
01.11 Zürcher Unterland	02.11 Gürbetal
01.12 Zürcher Berggebiet	02.12 Schwarzwasser

Gliederung und Typisierung des Lebensraumes 39

02.13 Thun
02.14 Innertport
02.15 Obersimmental
02.16 Saanenland
02.17 Kandertal
02.18 Region Jungfrau
02.19 Oberer Brienzersee – Haslital
02.20 Grenchen – Büren – Oberer Bucheggberg
02.21 Laufental – Thierstein – Dorneck
02.22 Trachselwald

03.01 Luzern und Umgebung
03.02 Seetal
03.03 Surental – Sempachersee – Michelsamt
03.04 Rottal – Wolhusen
03.05 Oberes Wiggertal – Luthertal
03.06 Entlebuch

04.01 Uri

05.01 Innerschwyz (innerer Kantonsteil)
05.02 Einsiedeln
05.03 March (äusserer Kantonsteil)

06.01 Sarneraatal – Obwalden

07.01 Nidwalden – Engelberg

08.01 Glarner Mittel- und Unterland
08.02 Glarner Hinterland – Sernftal

09.01 Zug

10.01 District de la Sarine
10.02 Région de la Gruyère
10.03 Sense
10.04 Lac
10.05 La Broye (fribourgeoise)
10.06 Glâne – Veveyse

11.01 Olten – Gösgen – Gäu
11.02 Thal
11.03 Solothurn und Umgebung

12.01 Basel-Stadt

13.01 Basel-Landschaft

14.01 Schaffhausen

15.01 Appenzell Ausserrhoden

16.01 Appenzell Innerrhoden

17.01 St. Gallen
17.02 Rorschach
17.03 Rheintal
17.04 Werdenberg
17.05 Sarganserland – Walensee
17.06 Linthgebiet
17.07 Toggenburg
17.08 Wil

18.01 Bündner Rheintal
18.02 Pro Prättigau
18.03 Davos
18.04 Pro Schanfigg
18.05 Mittelbünden
18.06 Heinzenberg – Domleschg
18.07 Hinterrhein
18.08 Surselva
18.09 Val Müstair
18.10 Pro Engiadina Bassa
18.11 Oberengadin
18.12 Valle di Poschiavo
18.13 Bregaglia
18.14 Mesolcina
18.15 Calanca

19.01 Aarau und Umgebung
19.02 Lenzburg und Umgebung
19.03 Brugg und Umgebung
19.04 Baden – Wettingen
19.05 Rohrdorferberg – Reusstal
19.06 Mutschellen und Umgebung
19.07 Oberes Fricktal
19.08 Unteres Bünztal
19.09 Seetal
19.10 Wynental
19.11 Suhrental
19.12 Wiggertal
19.13 Unteres Fricktal
19.14 Mittleres Rheintal
19.15 Zurzach und Umgebung

20.01 Thurtal
20.02 Kreuzlingen – Untersee – Rhein
20.03 Oberthurgau

21.01 Regione Tre Valli
21.02 Regione Locarno e Valli

40　Lebensraum als Objekt der Raumplanung

21.03 Regione Bellinzona
21.04 Regione Lugano
21.05 Regione Mendrisio
21.06 Regione Valle di Muggio

22.01 Région lausannoise
22.02 Région morgienne
22.03 Aubonne – Rolle
22.04 Région nyonnaise
22.05 Terre Sainte
22.06 Lavaux
22.07 Vevey
22.08 Aigle
22.09 Pays d'Enhaut
22.10 Cossonay
22.11 Echallens
22.12 Yverdon
22.13 Grandson
22.14 Sainte-Croix
22.15 Orbe
22.16 Vallée
22.17 Vallorbe
22.18 Avenches

22.19 Payerne
22.20 Moudon
22.21 Oron

23.01 Regionalplanungsverband Goms
23.02 Regionalplanungsverband Brig
23.03 Regionalplanungsverband Visp – Westlich Raron
23.04 Regionalplanungsverband Leuk
23.05 Association régionale de Sierre
23.06 Association régionale de Sion
23.07 Association régionale de Martigny
23.08 Association régionale Monthey – St. Maurice

24.01 Neuchâtel
24.02 Val-de-Ruz
24.03 Centre Jura
24.04 Val de Travers

25.01 Genève

26.01 Jura

Quelle: EJPD/BRP, Stand der Regionalisierung in der Schweiz anfangs 1981, Bern 1981

Die eigentlichen Träger der Raumplanung in der Schweiz sind die Kantone und nicht die Regionen. Die Kantone legen fest, ob, wie und unter welcher Rechtsform sich Gemeinden zusammenschliessen dürfen. Sie bestimmen ferner, welche Aufgaben diesen Regionen übertragen werden können und wie diese im Rahmen der kantonalen Raumplanung mitzuwirken haben. Im besonderen erlassen sie die kantonalen Richtpläne. Durch das Bundesgesetz über die Raumplanung vom 22. Juni 1979 wurden in der Schweiz nicht die Regionen, sondern die historisch entstandenen Kantone gestärkt.

1.2.2. Regionen der Wirtschaftsförderung

Im Gegensatz zur Raumplanung bestehen bei der Wirtschaftsförderung bundesrechtliche Regelungen über die Regionen.

Nach dem Bundesgesetz über Investitionshilfe für Berggebiete (IHG) vom 28. Juni 1974 (SR 901.1) und dessen flankierenden Massnahmen sind die Regionen die eigentlichen Träger der regionalen Entwick-

Gliederung und Typisierung des Lebensraumes 41

Abb. 2
Regionen der Raumplanung
Stand anfangs 1981

Daten : BRP

lungskonzepte und der darauf aufbauenden Förderungsmassnahmen. Die Regionen sind also Fördergebiete und Planungsträger. *Regionen im Sinne des Investitionshilfegesetzes* setzen sich aus Gruppen von Gemeinden zusammen, die räumlich und wirtschaftlich eng miteinander verbunden sind und das Ziel verfolgen, die Aufgaben der Wirtschaftsförderung und Regionalentwicklung gemeinsam zu lösen (Art. 6 IHG).

Dies setzt voraus, dass diese regionalen Entwicklungsbestrebungen von einem entsprechenden politischen Willen getragen werden. Eine blosse Willensbekundung allein genügt nicht; vielmehr muss sie organisatorisch und institutionell ihren Niederschlag darin finden, dass sich die betreffenden Gemeinden zu einem Planungsträger zusammenschliessen. Dabei sind Kooperationsformen zu wählen, welche die Verwirklichung der regionalen Entwicklungskonzepte sicherstellen. Zur politischen Konsolidierung gehört ausserdem, dass die Regionen und ihre Trägerfunktionen durch den entsprechenden Kanton, in dem sich eine Region befindet, anerkannt werden. Praktisch geschieht diese Zusammenarbeit heute vorwiegend in Form öffentlichrechtlicher Zweckverbände. Bis anfangs 1984 waren vom Bund 54 Regionen im Berggebiet anerkannt (vgl. Tab. 8 und Abb. 3).

Bei den *Regionen gemäss Bundesbeschluss über Finanzierungsbeihilfen zugunsten wirtschaftlich bedrohter Regionen vom 6. Oktober 1978* (SR 951.93) geht es um die Ausscheidung der Fördergebiete, in denen die im Bundesbeschluss vorgesehenen speziellen Massnahmen zur Anwendung gelangen sollen. Diese Regionen sind somit keine Planungsträger (Art. 2). In der Praxis wird allerdings angestrebt, sie mit bereits bestehenden Gebietseinheiten, wie Regionen der Raumplanung oder der Berggebietsförderung, ganz oder teilweise zur Deckung zu bringen (vgl. Abb. 4).

1.2.3. Regionen der Raumforschung

Im Rahmen der Raumforschung stellt sich immer wieder die Frage nach dem optimalen räumlichen Detaillierungsgrad der wissenschaftlichen Aussagen zur Raumplanung. Welches sollen die Bezugsräume für grossräumige Untersuchungen sein? Die Zahl der Gemeinden und auch der Bezirke ist oft zu gross, diejenige der Kantone zu klein; ganz abgesehen von den flächen- und bevölkerungsmässig unterschiedli-

Gliederung und Typisierung des Lebensraumes 43

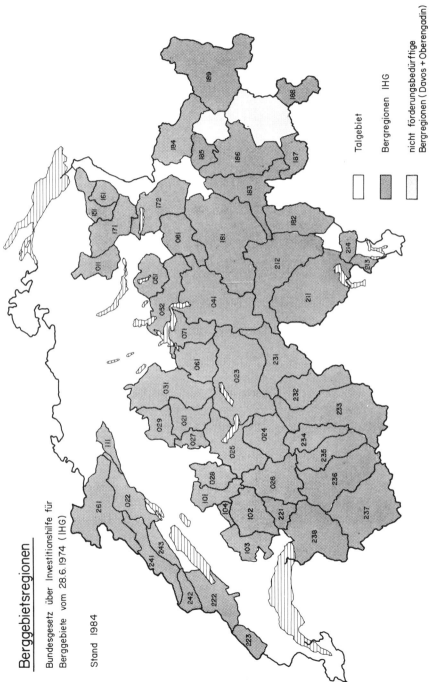

Abb. 3

Berggebietsregionen

Bundesgesetz über Investitionshilfe für
Berggebiete vom 28.6.1974 (IHG)

Stand 1984

44 Lebensraum als Objekt der Raumplanung

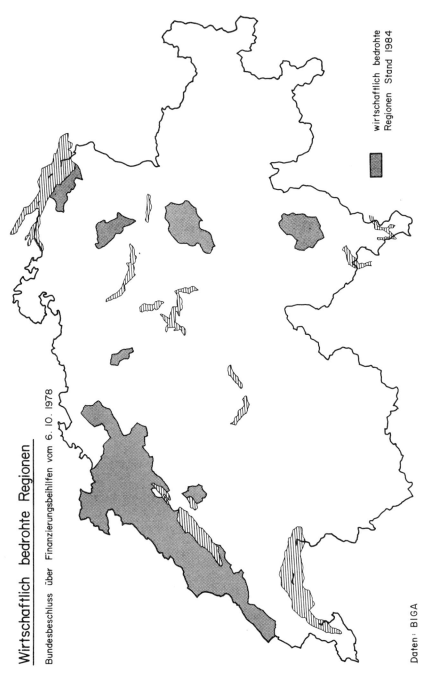

Abb. 4

Wirtschaftlich bedrohte Regionen

Bundesbeschluss über Finanzierungsbeihilfen vom 6. 10. 1978

Daten: BIGA

chen Grössen dieser Einheiten und dem damit verbundenen Mangel an Vergleichbarkeit.

Bekannte, heute jedoch kaum mehr verwendete *Regioneneinteilungen* der Schweiz sind:

- *48 Arbeitsmarkt- und 88 Arbeitsmarktsubregionen* der ORL-Industriestandortstudie (1967) bzw. der Landesplanerischen Leitbilder der Schweiz (1971).
- Die auf der Grundlage des nationalen Leitbildes CK-73 nach ihrer Erreichbarkeit abgegrenzten Einzugsbereiche der Zentren: 100 sog. Einzugsbereich-Basiselemente, welche zu den *Einzugsbereichen der Haupt- und Mittelzentren* zusammengefasst wurden.

Im Rahmen des Nationalen Forschungsprogrammes «Regionalprobleme» wurden die 145 Raumplanungsregionen zu 106 MS-Regionen zusammengefasst (MS = mobilité spatiale).

In diesem Zusammenhang stellt sich die Frage nach einer idealen Gliederung des Raumes. Eine solche sollte folgenden Anforderungen genügen:

- Für möglichst viele Zwecke verwendbar,
- für längere Zeit gültig sein,
- den statistisch-administrativen Bedürfnissen gerecht werden,
- den wissenschaftlichen Notwendigkeiten entsprechen.

Eine Lösung des Problems einer neutralen Raumgliederung stellen die *geometrischen Bezugsflächen (Rasterflächen)* dar, welche ein regelmässig angeordnetes, flächendeckendes Netz bilden. In den meisten Fällen handelt es sich um Quadratgitternetze. Auch hier bestehen aber gewisse Manipulationsmöglichkeiten: Verschiebung des Gitternetzes in der x- und/oder y-Achse, Wahl der Maschenweite. Das Gitternetz wird zweckmässigerweise so gelegt, dass es sich mit dem entsprechenden rechtwinkligen Koordinatennetz der Landesvermessung deckt. In der Schweiz ist die Flächendatei (Hektarraster) des Informationsrasters des Bundesamtes für Statistik nach diesem Prinzip angelegt. Er wurde vom ORL-Institut der ETH Zürich als Grundlage einer landesplanerischen Datenbank entwickelt.

Die Rastermethode hat im Zeitalter der elektronischen Datenverarbeitung an Bedeutung für die Sammlung, Aufbereitung, Speicherung und Auswertung raumbezogener Daten, also für analytische Zwecke, gewonnen, insbesondere wegen der günstigen Voraussetzungen für die Überlagerung und Kombination von Datensätzen unterschiedlicher Thematik. Ferner können solche Rastereinheiten nach planerischzweckbezogenen Gesichtspunkten zusammengefügt werden. Allerdings gibt es auch in Zukunft verschiedene Datensätze, deren rasterweise Erfassung und/oder Auswertung nicht möglich und/oder sinnlos ist (z.B. Höhe des Gemeindesteuerfusses). Für solche Daten werden administrative Bezugsflächen und insbesondere die Gemeinden die wichtigsten räumlichen Bezugseinheiten darstellen. Die moderne Datenverarbeitung erlaubt immer mehr die Überlagerung von beliebig abgegrenzten Flächen (Polygonen), so dass die Rastermethode künftig an Bedeutung verlieren dürfte.

1.3. Raumtypisierung und Raumtypen

1.3.1. Einteilungskriterien

In *naturgeographischer Hinsicht* wird die Schweiz in die drei Grosslandschaften unterteilt:

- Jura (10% der Landesfläche)
- Mittelland (30%)
- Alpen (60%).

Diese traditionelle geographische Unterteilung der Schweiz spielt für die aktuelle Raumplanung und Raumordnungspolitik eine untergeordnete Bedeutung. Wesentlicher sind *problemorientierte Raumtypisierungen*, wie z.B.:

- Städte und Agglomerationen
- Ländliche Gebiete ausserhalb des Berggebietes (Talgebiet)
- Berggebiete.

1.3.2. Städte

Gemäss der Definition des Bundesamtes für Statistik (BFS) wird eine *Gemeinde* (nicht eine Siedlung oder ein Ort) als Stadt bezeichnet, *wenn sie 10 000 und mehr Einwohner zählt.* Dass ein solch statistisches

Kriterium, das allein auf die Bevölkerungszahl einer Gemeinde abstellt, nicht voll befriedigen kann, beweisen verschiedene Gemeinden, die eindeutig städtische Funktionen aufweisen oder im Laufe ihrer Geschichte wahrgenommen haben und von denen die Bevölkerung als «Stadt» spricht, obwohl sie weniger als 10 000 Einwohner zählen, z. B. Lichtensteig (SG). Demgegenüber finden sich zahlreiche Gemeinden, insbesondere im Agglomerationsbereich von Grossstädten, die aufgrund ihrer Bevölkerungszahl als Städte zu bezeichnen wären, ohne aber über die bedeutsamen Funktionen einer Stadt zu verfügen (z. B. verschiedene Gemeinden in der Agglomeration Zürich mit 10 000 u. m. Einwohnern). Die Städte werden aufgrund ihrer Bevölkerungszahl in Gross-, Mittel- und Kleinstädte unterteilt, wobei diese Begriffe nicht offiziell definiert sind. Die rechtliche Stellung der Städte unterscheidet sich – abgesehen von den traditionellen «Städte-Kantonen» (Basel, Genf) – innerhalb eines Kantons nicht von den übrigen politischen Gemeinden. Es ist eine der offenen Fragen, wie die Städte ökonomisch, rechtlich und politisch gestärkt werden können, damit sie ihre Probleme für sich, in Zusammenarbeit mit den Nachbargemeinden sowie mit Kanton und Bund zu lösen in der Lage sind. Im Vordergrund stehen zurzeit Fragen des Finanz- und Steuerausgleichs.

Tabelle 5: *Entwicklung der Bevölkerung in den Städten 1850–1980*

Jahr	Anzahl Städte	Bevölkerung	Bevölk.-Anteil in ‰
1850	8	154 197	64
1880	17	377 501	133
1900	21	728 385	220
1910	26	958 657	254
1920	28	1 071 554	276
1930	31	1 237 776	305
1941	31	1 402 335	329
1950	42	1 720 057	365
1960	65	2 279 760	419
1970	92	2 842 849	453
1980	96	2 759 658	434

Quelle: Stat. Jb. der Schweiz 1983

48 Lebensraum als Objekt der Raumplanung

Tabelle 6: *Wohnbevölkerung der Städte nach Grössenklassen 1970–1980 (nach dem Gebiet von 1980)*

Klasse	Bevölkerung 1970	Bevölkerung 1980	Entwicklung
5 Städte mit 100 000 u.m.E.	1 108 903	980 773	−11,6%
4 Städte mit 50 000–99 999 E.	307 786	279 676	−9,1%
20 Städte mit 20 000–49 999 E.	542 309	552 835	+1,0%
67 Städte mit 10 000–19 999 E.	916 537	946 374	+3,1%
Total 96 Städte	2 875 535	2 759 658	−4,2%

Quelle: Stat. Jb. der Schweiz 1983

1.3.3. Agglomerationen

Die Agglomerationen in der Schweiz sind statistische und keine politisch-administrativen Einheiten. Aufgrund der Volkszählungsdaten von 1980 erfolgte 1983 durch das Bundesamt für Statistik eine *Neudefinition und -abgrenzung der städtischen Gebiete und Agglomerationen:*

Zu den *städtischen Gebieten* zählen:
– Agglomerationen
– Städte, die keiner Agglomeration angehören.

Agglomerationen werden durch folgende Bedingungen definiert:
– Agglomerationen sind zusammenhängende Gebiete mehrerer Gemeinden mit insgesamt mindestens 20 000 Einwohnern.
– Jede Agglomeration besitzt eine Kernzone, bipolare deren zwei. Die Kernzone besteht aus der Kernstadt sowie gegebenenfalls weiteren aneinandergrenzenden Gemeinden, die jede mindestens 2000 Arbeitsplätze und mindestens 85 Arbeitsplätze auf 100 wohnhafte Erwerbstätige aufweist. Diese Gemeinden müssen ferner entweder mindestens $^1/_6$ ihrer Erwerbstätigen in die Kernstadt entsenden oder mit dieser baulich verbunden sein.
– Eine nicht der Kernzone zugehörige Gemeinde wird einer Agglomeration zugeteilt, wenn
mindestens $^1/_6$ ihrer Erwerbstätigen in der Kernzone arbeitet und
mindestens drei der fünf folgenden Kriterien erfüllt sind, wobei entweder Kriterium 1 oder 4 auf jeden Fall gegeben sein muss:
1. Baulicher Zusammenhang mit der Kernstadt. Baulücken durch Nicht-Siedlungsgebiet (Landwirtschaftsland, Wald) dürfen 200 Meter nicht übersteigen.
2. Die kombinierte Einwohner-/Arbeitsplatzdichte je Hektare besiedelbarer Fläche (Totalfläche ohne Wald, Gewässer, Alpweiden und Ödland) übersteigt 10.
3. Das Bevölkerungswachstum im vorangegangenen Jahrzehnt liegt um 10 Prozent-

punkte über dem schweizerischen Mittel. (Dieses Kriterium findet nur Anwendung für Gemeinden, die noch keiner Agglomeration angehört haben; für bestehende Agglomerationsgemeinden gilt es unabhängig vom erreichten Wert als erfüllt.)
4. Mindestens $^1/_3$ der wohnhaften Erwerbstätigen arbeitet in der Kernzone. Schwellengemeinden, die an zwei Agglomerationen angrenzen, erfüllen dieses Kriterium, wenn mindestens 40% der Erwerbstätigen in beiden Kernzonen zusammen arbeiten und auf jede einzelne mindestens $^1/_6$ entfällt.
5. Der Anteil der im 1. Wirtschaftssektor Erwerbstätigen (Wohnortsprinzip) darf das Doppelte des gesamtschweizerischen Anteils nicht überschreiten.

Städte sind Gemeinden mit mindestens 10 000 Einwohnern.

Gegenüber der früheren Agglomerationsdefinition ergab diese neue Abgrenzung eine räumliche Ausdehnung der Agglomerationsgebiete (vgl. Tab. 7 und Abb. 5). Die Totalfläche der 33 Agglomerationen umfasst 3690 km² (ohne Seen) oder 9,3% der schweizerischen Landesfläche; die städtischen Gebiete bedecken insgesamt eine Fläche von 4309 km² (ohne Seen).

1.3.4. Berggebiete

Unter dem Begriff «Berggebiet» werden in der Raumplanung und Raumordnungspolitik die *Regionen der Berggebietsförderung (IHG-Regionen)* zusammengefasst. Das Bundesgesetz über Investitionshilfe für Berggebiete (IHG) vom 28. Juni 1974 (SR 901.1) bezeichnet als Berggebiete jene Regionen, deren Schwergewicht innerhalb des vom Viehwirtschaftskataster umgrenzten Raumes liegt (Art. 2 Abs. 1 IHG). Diese müssen aufgrund der langfristigen Bevölkerungsentwicklung, ihrer Wirtschaftskraft und ihrer Ausstattung mit infrastrukturellen Anlagen förderungswürdig sein (Art. 8 IHG). Dabei ergeben sich einige Probleme. Die Region (Gemeinde) Davos und die Region Oberengadin sind beispielsweise nicht zum so definierten Berggebiet zu zählen, da sie beide gemäss dem Investitionshilfegesetz für Berggebiete (IHG) nicht förderungsbedürftig sind. Dagegen ist die gesamte Talsohle des Rhonetals im Wallis (inkl. Sion, Sierre usw.) dem Berggebiet zuzurechnen, während das Bündner Rheintal keine solche Berggebietsregion darstellt. Auch Städte wie Biel, Thun, Locarno, nicht aber Chur, zählen zum IHG-Berggebiet. Dieses kann in zwei Teilgebiete unterteilt werden, nämlich in das Berggebiet des Juras einerseits sowie das alpine und voralpine Berggebiet anderseits; eine exakte Trennung zwischen Alpen und Voralpen ist in diesem Falle nicht möglich (vgl. Abb. 3 und Tab. 8).

50 Lebensraum als Objekt der Raumplanung

Tabelle 7: *Wohnbevölkerung der Agglomerationen und städtischen Gebiete 1960–1982 (gemäss neuer Definition)*

Agglomerationen/Städte	Wohnbevölkerung			
	1960	1970	1980	1982
1 Aarau	49 996	57 487	56 529	56 622
2 Arbon-Rorschach	39 080	43 143	40 712	40 948
3 Baden	55 769	68 032	69 552	69 803
4 Basel	326 727	382 983	366 865	365 218
5 Bellinzona	23 973	31 736	34 904	35 457
6 Bern	252 740	291 597	298 125	300 330
7 Biel	75 996	90 385	84 056	83 979
8 Brugg	14 886	19 377	20 306	20 367
9 Chiasso-Mendrisio	28 256	34 848	37 004	37 122
10 Chur	31 536	40 630	42 746	42 841
11 Fribourg	41 654	55 067	56 019	55 981
12 Genève	265 747	342 554	363 953	367 657
13 Grenchen	24 320	28 833	24 968	24 852
14 Kreuzlingen	16 981	21 070	21 860	21 913
15 Lausanne	195 775	247 782	253 003	252 609
16 Liestal	18 240	24 658	26 773	27 095
17 Locarno	27 388	37 677	40 690	41 171
18 Lugano	58 215	78 461	89 453	91 219
19 Luzern	127 430	155 742	156 867	156 898
20 Neuchâtel	55 343	69 406	66 494	65 784
21 Olten	39 446	46 973	44 568	44 434
22 Rapperswil-Jona	13 271	17 999	19 982	20 282
23 St. Gallen	112 468	124 912	124 192	123 409
24 Schaffhausen	50 775	57 037	53 562	53 698
25 Solothurn	53 176	59 396	57 249	56 887
26 Thun	59 068	71 930	74 893	74 710
27 Vevey-Montreux	51 919	62 586	63 179	62 539
28 Wil (SG)	14 493	19 384	22 366	22 409
29 Winterthur	94 380	110 041	107 752	107 414
30 Yverdon	16 436	20 667	21 141	20 966
31 Zofingen	30 104	34 655	33 338	33 433
32 Zug	41 940	56 069	62 436	62 922
33 Zürich	713 025	832 519	838 664	838 716
Total 33 Aggregate	3 020 553	3 635 626	3 674 201	3 679 685
Zu keiner Agglomeration gehörende Städte	199 802	239 671	240 703	241 015
Städtische Gebiete im ganzen	3 220 355	3 875 297	3 914 904	3 920 700
Übrige Gebiete	2 208 706	2 394 486	2 451 056	2 463 600
Schweiz	5 429 061	6 269 783	6 365 960	6 384 300

Quelle: BFS, Städtische Gebiete und Agglomerationen, Die Volkswirtschaft H. 7, 1983

Gliederung und Typisierung des Lebensraumes 51

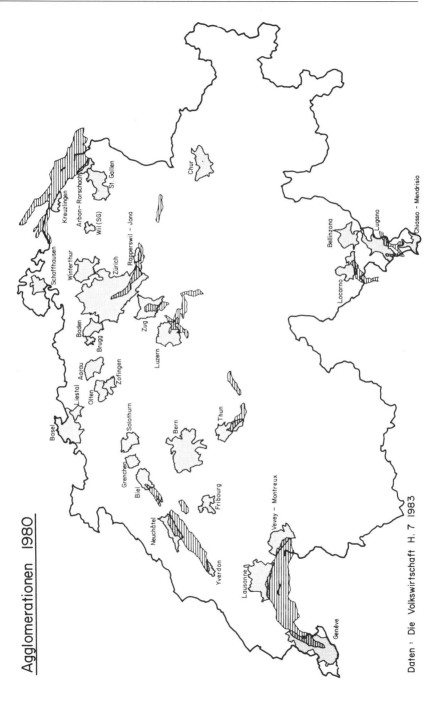

Abb. 5
Agglomerationen 1980

Daten : Die Volkswirtschaft H. 7 1983

Tabelle 8: Bevölkerungsentwicklung der 54 Bergregionen (gemäss Bundesgesetz über Investitionshilfe für Berggebiete vom 28. Juni 1974) 1950–1980

Nr.	Name	Privathaushaltungen 1970	Einwohner 1950	Einwohner 1960	Einwohner 1970	Einwohner 1980	Veränderungen der Einwohner 1970–1980 absolut	Veränderungen der Einwohner 1970–1980 %
11	Zürcher Berggebiet	11 552	28 950	31 158	33 271	33 778	507	1,5
21	Oberes Emmental	7 128	26 786	26 019	24 992	24 436	– 556	– 2,2
22	Jura-Süd-Bienne	39 023	81 656	97 000	106 236	92 319	–13 917	–13,1
23	Oberland-Ost	15 357	38 815	40 229	40 802	41 275	473	1,2
24	Kandertal	4 544	13 068	13 033	13 796	13 690	– 106	– 0,8
25	Thun-Innertport	37 912	74 925	84 012	96 400	99 697	3 297	3,4
26	Obersimmental-Saanenland	5 159	13 787	14 675	14 653	14 516	– 137	– 0,9
27	Kiesental	6 998	20 507	20 776	21 298	21 650	352	1,7
28	Schwarzwasser	4 728	16 981	15 906	15 516	15 398	– 118	– 0,8
29	Trachselwald	9 833	34 862	33 534	32 215	30 482	– 1 733	– 5,4
31	Luzerner Berggebiet	15 457	56 535	56 628	57 382	57 230	– 152	– 0,3
41	Uri	10 605	28 556	32 021	34 091	33 883	– 208	– 0,6
51	Einsiedeln	4 356	12 588	13 130	14 580	14 225	– 355	– 2,4
52	Innerschweiz	14 762	38 956	41 668	46 693	47 823	1 130	2,4
61	Sarneraatal-Obwalden	7 110	19 581	20 489	21 668	22 902	1 234	5,7
71	Nidwalden (OW)	10 367	21 933	24 834	28 475	31 580	3 105	10,9
81	Glarner-Hinterland, Sernftal	3 827	13 828	14 552	11 884	10 549	– 1 335	–11,2
101	Sense	8 712	24 892	25 060	28 134	29 613	1 479	5,3
102	Gruyère	9 605	26 611	26 061	28 017	27 905	– 112	– 0,4
103	Glâne et Veveyse	6 722	23 459	19 415	19 407	20 222	815	4,0
104	Haute Sarine	1 926	6 149	5 485	5 704	6 762	1 058	18,5
111	Thal	4 326	13 680	14 478	14 065	12 773	– 1 292	– 9,2
151	Appenzell-Ausserrhoden	18 549	51 300	51 896	51 819	51 083	– 736	– 1,4
161	Appenzell-Innerrhoden	3 474	11 230	10 988	11 257	11 113	– 144	– 1,3
171	Toggenburg	11 025	33 394	34 561	35 171	33 176	– 1 995	– 5,7
172	Sarganserland-Walensee	10 700	29 162	29 452	32 819	33 249	430	1,3

Gliederung und Typisierung des Lebensraumes 53

181	Surselva	7 133	23 707	24 987	22 893	— 1,5
182	Moesano	2 363	6 620	6 912	6 806	— 7,0
183	Heinzenberg-Domleschg	3 583	10 257	11 500	10 724	— 0,6
184	Prättigau	4 220	12 328	12 489	12 467	— 2,4
185	Schanfigg	1 478	4 489	4 443	4 413	— 1,2
186	Mittelbünden	3 109	9 177	8 306	8 933	— 1,4
187	Bergell	528	1 552	1 814	1 395	— 6,0
188	Puschlav	1 542	5 562	5 188	4 552	— 7,2
189	Unterengadin-Münstertal	2 755	8 369	7 947	8 085	0,0
211	Locarno et Valle Maggia	21 481	37 494	41 083	54 993	6,0
212	Regione Tre Valli	9 282	21 691	23 929	27 153	2,4
213	Malcantone	5 412	9 368	9 565	14 097	16,5
214	Valli di Lugano	5 367	10 847	10 489	14 175	16,8
221	Pays-d'Enhaut	1 670	4 887	4 742	4 156	— 7,6
222	Nord Vaudois	19 989	43 578	49 166	50 488	— 4,0
223	Vallée de Joux	2 557	6 766	7 336	6 130	— 20,5
231	Goms	—	5 120	5 018	4 752	3,0
232	Brig — östlich Raron	6 604	13 669	15 546	21 251	12,9
233	Visp — westlich Raron	8 644	20 367	24 480	29 155	5,4
234	Leuk	3 108	8 706	9 232	10 115	0,4
235	Sierre	10 721	21 895	23 505	30 603	8,2
236	Sion	18 611	38 817	45 100	55 140	6,2
237	Martigny	13 146	31 099	34 043	38 700	1,7
238	Chablais VS et VD	19 327	43 270	42 318	52 738	1,3
241	Centre Jura (BE)	29 385	68 986	77 318	69 694	— 13,9
242	Val de Travers	4 672	13 893	14 414	11 381	— 18,4
243	Val-de-Ruz			10 846	13 050	7,7
261	Jura	22 513	59 279	63 330	64 853	— 3,3
	Berggebiet	514 419	1 303 984	1 392 106	1 495 397	— 0,7
					1 484 217	— 11 180

Quelle: Bundesamt für Industrie, Gewerbe und Arbeit, Zentralstelle für regionale Wirtschaftsförderung (BIGA/ZRW) und Bundesamt für Statistik, Informationsraster

Neben diesen (eher) sozio-ökonomisch orientierten Abgrenzungen gibt es ferner solche, bei welchen die naturräumlichen Gegebenheiten eine grössere Rolle spielen: *Standardberggrenze, Viehwirtschaftskataster*. Diese Abgrenzungen sind vor allem für die Landwirtschaftspolitik von Bedeutung.

1.3.5. Ländliche Gebiete

Im Gegensatz zu Städten, Agglomerationen und Berggebieten existiert *keine Definition und Abgrenzung des ländlichen Raumes*. Dieser wird oft nach dem Residualprinzip bestimmt, d.h., man bemüht sich, den städtischen Raum (und das Berggebiet) zu definieren, und bezeichnet den restlichen, nicht-städtischen als ländlich. Das Fehlen einer positiven Umschreibung führt dazu, dass der ländliche Raum – gerade in der Raumplanung – oft als «Restraum», «Reserveraum», «Ergänzungsraum», «Komplementärraum» u.ä. bezeichnet wird. Durch diese urbane Betrachtungsweise wird eine eigenständige Entwicklung des ländlichen Raumes erschwert, wenn nicht gar verunmöglicht.

Der *Begriff «ländlich»* wird in der Regel mit bevölkerungsmässig kleinen Siedlungen, geringer Bevölkerungs-, Arbeitsplatz-, Infrastruktur- und Siedlungsdichte, relativ hohem Anteil der in der Land- und Forstwirtschaft Beschäftigten sowie eindeutigem Vorherrschen der land- und forstwirtschaftlichen Bodennutzung gleichgesetzt. Nicht ein einzelnes Kennzeichen, sondern die sinnvolle Kombination verschiedener Kriterien erlaubt eine Abgrenzung des ländlichen Raumes; erst beim Zusammentreffen mehrerer Merkmale wird man von ländlichen Räumen sprechen. Gemäss dieser Begriffsumschreibung zählt auch das Berggebiet dazu, weshalb zwischen dem ländlichen Raum innerhalb und ausserhalb des Berggebietes (sog. Talgebiet) unterschieden wird.

Der ländliche Raum kann – wie andere Raumtypen – mit Hilfe von *formalen und funktionalen Kriterien* weiter differenziert werden, z.B. aufgrund der Landnutzung, der Siedlungs- und Flurformen, der natürlichen Gegebenheiten, wie Topographie, Pedologie, Klima, oder bezüglich seiner Beziehungen zu städtischen Räumen. Ein ländlicher Raum, der sich im Einzugsbereich einer Grossstadt befindet, bedeutet in mancher Hinsicht etwas anderes als ein entsprechender Raum im

Umland einer Mittel- oder Kleinstadt; dies wird am Beispiel der Erholungsfunktion des ländlichen Raumes sichtbar.

1.4. Weitere Regionalisierungen und Raumtypisierungen

Neben den dargestellten Regionseinteilungen und Raumtypisierungen gibt es eine Vielzahl weiterer, für die Raumplanung bzw. für spezifische Probleme in der Raumplanung wichtige Regionalisierungen und Raumtypisierungen. Damit wird verdeutlicht, dass die für alle (raumplanerischen) Probleme zweckmässige Regionalisierung und Typisierung nicht existiert. Als Beispiele sind zu nennen:

1.4.1. Naturräumliche und landschaftsökologische Gliederung und Typisierung

Dabei geht es um die Abgrenzung und Typisierung von Gebieten, die hinsichtlich der Naturfaktoren als Einheiten angesehen werden können.

1.4.2. Einzugsbereiche

Insbesondere

- (Arbeits-)Pendlerregionen
- Arbeitsmarktregionen.

1.4.3. Zentrum – Peripherie-Gefälle

Bei diesem im Rahmen des NFP «Regionalprobleme» entwickelten Ansatz werden die 106 zu sogenannten MS-Regionen (mobilité spatiale) zusammengefassten Regionen der Raumplanung (und Berggebietsförderung) – entsprechend den Zentrum–Peripherie-Modellvorstellungen – folgenden Raumtypen zugeordnet (vgl. Abb. 6):

- Grossstadtzentren
- Wohnumland der Grossstadtzentren
- Arbeitsplatzumland der Grossstadtzentren

56 Lebensraum als Objekt der Raumplanung

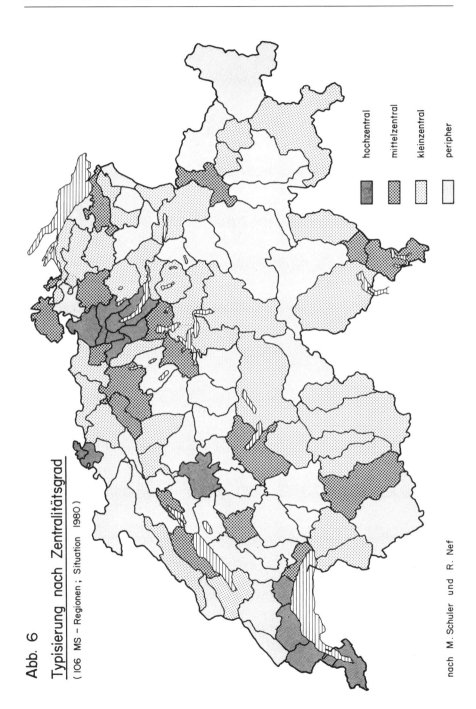

Abb. 6
Typisierung nach Zentralitätsgrad
(106 MS - Regionen; Situation 1980)

hochzentral
mittelzentral
kleinzentral
peripher

nach M. Schuler und R. Nef

- Tertiäre Mittelzentren
- Industrielle Mittelzentren
- Industrielle Kleinzentren
- Tertiäre Kleinzentren
- Touristische Zentren
- Industrielle Peripherie
- Agrarisch-touristische Peripherie
- Agrarische Peripherie
- Agrarisch-industrielle Peripherie.

1.4.4. Finanzkraft der Kantone

Der Finanzkraftindex spielt vor allem bei den Bundesbeiträgen (Subventionen) eine grosse Rolle. Bei den nach Finanzkraft abgestuften Bundesbeiträgen kommt in der Regel für die finanzschwachen Kantone der Höchstsatz zur Anwendung, für die finanzstarken hingegen der niedrigste Satz, während sich die Bundesbeiträge für die finanziell mittelstarken Kantone nach einer gleitenden Skala richten. Auch der Finanzausgleich bei den Kantonsanteilen an der direkten Bundessteuer und an der Verrechnungssteuer richtet sich nach einer gleitenden Skala aufgrund der Finanzkraft der Kantone. Der *bundesstaatliche Finanzausgleich* ist eine der wirksamsten regionalpolitischen und raumordnungspolitischen Massnahmen der Schweiz.

Finanzschwache Kantone beziehen heute ihre Einnahmen zu rund 45% vom Bund, bei den mittelstarken und finanzstarken Kantonen betragen die entsprechenden Werte rund 25% bzw. 15%. Die Steuerbelastung in finanzschwachen Kantonen kann deshalb ungeachtet ihrer grossen Aufgaben und ihres relativ hohen Ausstattungsniveaus in einem vertretbaren Rahmen gehalten werden. Verschiedene Bergkantone sind sogar in der Lage, steuerliche Standortvorteile auszuspielen, indem sie natürliche Personen mit hohen Einkommen sowie juristische Personen durch günstigere Steuerbedingungen, als sie in den Agglomerationen angeboten werden, anzuziehen versuchen. Von daher resultiert ein gewisser Abbau interregionaler Disparitäten.

Die aktuelle Finanzkraft der Kantone (1986/87) kann wie folgt dargestellt werden:

- Finanzstarke Kantone: Zug, Basel-Stadt, Zürich, Genf
- Mittelstarke Kantone: Basel-Landschaft, Schaffhausen, Aargau, Nidwalden, Glarus, Waadt, Thurgau, St. Gallen, Schwyz, Solothurn, Tessin, Bern, Appenzell-Ausserrhoden, Graubünden, Luzern

- Finanzschwache Kantone: Neuenburg, Obwalden, Wallis, Appenzell-Innerrhoden, Freiburg, Uri, Jura.

1.4.5. Fremdenverkehrsregionen und -zonen

In den Fremdenverkehrsstatistiken des Bundesamtes für Statistik (BFS) werden folgende Fremdenverkehrsregionen und -zonen (Raumtypen) unterschieden.

- *Regionen:* Graubünden; Berner Oberland; Zentralschweiz (LU, UR, SZ, OW, NW, ZG); Tessin; Wallis; Genferseegebiet (GE, VD); Berner Mittelland; Freiburg/Neuenburg/Jura (inkl. Berner Jura); Ostschweiz (GL, SH, SG, TG, AR, AI); Zürich; Nordostschweiz (SO, BS, BL, AG).
- *Zonen:* Bergzone (Ortshöhe mindestens 1000 m ü.M., mit einigen Ausnahmen, z.B. Oberes Toggenburg, mit Ortshöhen von 800 bis 1000 m ü.M.); Seezone (Orte mit Seeanstoss, ohne die Gemeinden Genf, Lausanne und Zürich); Grossstädte (Basel, Bern, Genf, Lausanne und Zürich); übrige Zone (alle übrigen Gemeinden).

1.4.6. Landwirtschaftliche Abgrenzungen

Insbesondere

- Standardgrenze (Produktionskataster)
- Zonen des Viehwirtschaftskatasters.

Diese Abgrenzungen bilden die Voraussetzung für die Berücksichtigung der natürlichen Standortnachteile bei der Förderung der Landwirtschaft durch Bund und Kantone. Bei der Struktur- und Sozialpolitik spielt die Standardgrenze, bei der Einkommenspolitik sowie der Preis- und Absatzsicherung der Viehwirtschaftskataster eine entscheidende Rolle.

2. Raumplanung und Bevölkerung

2.1. Bevölkerung als Schlüsselgrösse

Die *Bevölkerung ist eine Schlüsselgrösse der Raumplanung,* geht es doch bei ihr um die Gestaltung des Lebensraumes des Menschen. Seine Wohlfahrt wird durch die räumliche Ordnung und Organisation beeinflusst. Anderseits beansprucht jeder Mensch mit seinem Dasein Raum und wirkt damit auf die räumliche Ordnung und Organisation ein. Ohne genaue Kenntnisse der Bevölkerungsverhältnisse kann keine Raumplanung in die Wege geleitet werden.

2.2. Demographische Strukturen

2.2.1. Bevölkerungsstruktur

a) Merkmale und Kennziffern

Die Bevölkerungsstruktur, die räumliche Verteilung der Bevölkerung, die Bevölkerungsmobilität sowie die Entwicklung der Bevölkerungszahl in Vergangenheit und Zukunft (Prognose) sind wesentliche Ausgangs- und Zieldaten der Raumplanung und der Raumordnungspolitik.

Bei der Bevölkerungsstruktur wird üblicherweise unterschieden zwischen:

- *Natürliche Strukturmerkmale:* Geschlecht, Alter
- *Gesellschaftliche Strukturmerkmale:* z.B. Zivilstand, Religion, Herkunft, Beruf, Einkommen u.a.m.

Zwischen natürlichen und gesellschaftlichen Strukturmerkmalen bestehen teilweise enge Beziehungen, z.B. zwischen Alter und Zivilstand. Ferner muss unterschieden werden zwischen der Gliederung nach *individuellen Merkmalen* und *sozialen Gruppierungen,* wie Haushalte, Familien, Ehepaare usw.

Zur Analyse der Bevölkerungsstruktur – und anderer Strukturen – können folgende Kennzahlen (Kennziffern) verwendet werden:
- *Absolute Zahlen*, z.B. Zahl der Einwohner im Planungsraum
- *Strukturmasszahlen* (Verhältniszahlen):
 Gliederungszahlen: Bei einer Gliederungszahl wird eine Teilmasse auf eine übergeordnete Gesamtmasse bezogen, z.B. Anteil einer bestimmten Altersgruppe an der Gesamtzahl der Bevölkerung im Planungsraum.
 Beziehungszahlen: Bei einer Beziehungszahl werden zwei verschiedenartige Massen zueinander ins Verhältnis gesetzt, z.B. Bevölkerungsdichte (Einwohner pro Fläche), Industriebesatz (Industriebeschäftigte pro 100 oder pro 1000 Einwohner).

b) **Altersstruktur**

Eines der bedeutendsten Merkmale der Bevölkerungsstruktur für die Raumplanung ist der Altersaufbau, lassen sich doch daraus Rückschlüsse – beispielsweise – auf die natürliche Bevölkerungsentwicklung (ohne Wanderungen) ziehen. Kenntnisse über spezifische Altersgruppen bilden die Grundlage zur Lösung spezieller raumplanerischer Problemstellungen, z.B. Kindergarten-, Schul-, Spital-, Altersheimplanung usw. Viele Einrichtungen und Dienstleistungen des Staates werden nicht für die Gesamtbevölkerung, sondern altersspezifisch errichtet und angeboten.

Die Altersstruktur einer Bevölkerung wird in der Regel entweder durch *Gliederungszahlen* oder durch *Alterspyramiden* (Bevölkerungspyramiden) charakterisiert (vgl. Tab. 9 und Abb. 8).

Gebräuchliche *Gliederungszahlen* sind:

- Anteil der Unter-15-jährigen an der Gesamtbevölkerung (vorschulpflichtige und schulpflichtige Kinder)
 Schweiz 1980: 19,2%
- Anteil der 65-und-mehr-jährigen an der Gesamtbevölkerung (nicht mehr erwerbstätige Bevölkerung)
 Schweiz 1980: 13,9%
- 65-und-mehr-jährige in Prozenten der Unter-15-jährigen
 Schweiz 1980: 72,2%
- Sog. «Lastenquotient»:
 Vergleich der normalerweise erwerbsfähigen Bevölkerung mit der normalerweise noch nicht bzw. nicht mehr erwerbstätigen:

Schweiz 1980: 69,7%

$$\frac{\text{Unter-20-jährige} + \text{65-und-mehr-jährige}}{\text{20–64-jährige}}$$

– Altersstrukturfaktor (gemäss Leitlinien für die Berggebietsförderung):

Schweiz: 1980: 167%

$$\frac{\text{20–39-jährige}}{\text{60-und-mehr-jährige}}$$

Dabei werden die kommunalen Werte mit dem gesamtschweizerischen Wert verglichen:

$$\frac{\text{Kommunaler Altersstrukturfaktor}}{\text{Schweizerischer Altersstrukturfaktor}}$$

Werte über 1 sind ein Indiz für eine günstige, solche unter 1 für eine ungünstige Altersstruktur einer Gemeinde (immer im Vergleich zum gesamtschweizerischen Durchschnitt).

Alterspyramiden zeigen in graphischer Form die prozentuale oder absolute Verteilung der Bevölkerung nach Alter (teilweise nach Altersgruppen) und Geschlecht. Dabei können im wesentlichen drei Grundformen von Alterspyramiden unterschieden werden (vgl. Abb. 7).

Abb. 7

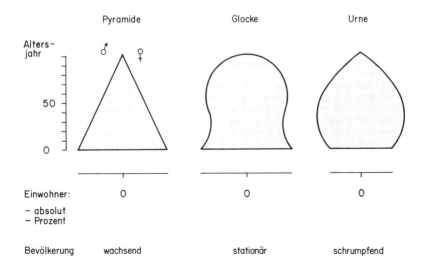

Grundformen von Alterspyramiden

62 Lebensraum als Objekt der Raumplanung

Tabelle 9: *Altersstruktur der Wohnbevölkerung 1930–1980 (in Prozenten)*

Jahr	0–19 Jahre	20–64 Jahre	65 Jahre und mehr
1930	33,5	59,6	6,9
1941	30,2	61,3	8,5
1950	30,5	59,9	9,6
1960	31,4	58,4	10,2
1970	30,6	58,0	11,4
1980	27,2	58,9	13,9

Quelle: Stat. Jb. der Schweiz 1983

Abb. 8 <u>Altersaufbau der Wohnbevölkerung der Schweiz 1980</u>

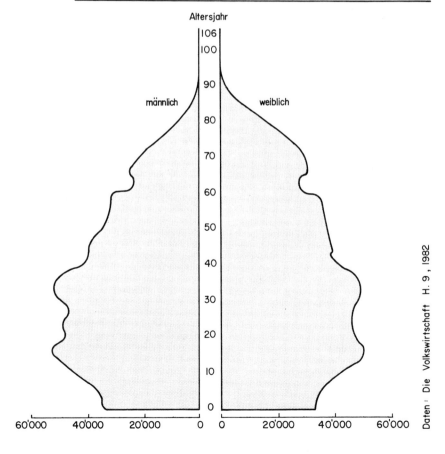

Daten: Die Volkswirtschaft H. 9, 1982

Raumplanung und Bevölkerung 63

Die nachfolgende Tabelle (Tab. 10) vermittelt einen gesamtschweizerischen Überblick über die wichtigsten demographischen Strukturdaten der Volkszählung 1980. Aus raumplanerischer Sicht interessieren neben den nationalen Daten vor allem diejenigen der regionalen Ebene. Die Angaben der Volkszählung 1980 stehen für zahlreiche geographische Stufen und Regionen zur Verfügung: Kantone, Bezirke, Gemeinden, Gemeindegrössenklassen, städtische und nicht-städtische Gebiete, Raumplanungs- und Arbeitsmarktregionen, Berggebiete, z.T. auch für Quartiere in den Städten.

Tabelle 10: *Demographische Strukturdaten 1980*

Wohnbevölkerung		6 365 960	100,0%
Geschlecht	Männlich	3 114 812	48,9%
	Weiblich	3 251 148	51,1%
Zivilstand	Ledig	2 769 522	43,5%
	Verheiratet	3 001 769	47,3%
	Verwitwet	379 512	6,0%
	Geschieden	205 157	3,2%
Konfession	Protestantisch	2 882 266	44,3%
	Römisch-katholisch	3 030 069	47,6%
	Konfessionslos	241 551	3,8%
Muttersprache	Deutsch	4 140 901	65,0%
	Französisch	1 172 502	18,4%
	Italienisch	622 226	9,8%
	Rätoromanisch	51 128	0,8%
Heimat	Schweiz	5 420 986	85,2%
	Ausland	944 974	14,8%
Geburtsort	Heutige Wohngemeinde	2 006 334	31,5%
	Andere Gemeinde des Wohnkantons	1 738 055	27,3%
	Anderer Kanton	1 557 741	24,5%
	Ausland	1 063 830	16,7%
Erwerbstätigkeit	Total	3 098 936	48,7%
	Primärer Sektor	189 406	6,1%
	Sekundärer Sektor	1 204 162	38,9%
	Tertiärer Sektor	1 705 368	55,0%
Haushaltungen	Im ganzen	2 459 287	
	Private	2 449 784	

Quelle: Stat. Jb. der Schweiz 1983

2.2.2. Räumliche Verteilung der Bevölkerung

Die wohl gebräuchlichste Kennziffer zur Charakterisierung der räumlichen Verteilung der Bevölkerung ist die

$$Bevölkerungsdichte = \frac{Bevölkerung}{Fläche}$$

Wie bei allen Dichtewerten stellt sich das Problem der Definition der Fläche. Wegen der Datenlage wird meist die Gesamtfläche des Untersuchungsgebietes gewählt. Wird das sog. «produktive Areal» (land- und forstwirtschaftlich genutzte Flächen, d.h. Wies- und Ackerland; Obst- und Rebbau; Wald; Weiden) als Bezugsfläche ausersehen, spricht man von der «*physiologischen Bevölkerungsdichte*». Die Aussagekraft von Dichtewerten ist meist umso grösser, je kleiner und/oder homogener das Untersuchungsgebiet ist. Der reziproke Wert der Bevölkerungsdichte wird als *Arealitätsziffer* bezeichnet. Diese macht Aussagen über die Flächenausstattung pro Einwohner, beispielsweise über Grünflächen, Freiflächen, Erholungsflächen usw.

Die entsprechenden Dichtewerte für die Schweiz (1984) lauten:
- Bevölkerungsdichte, Gesamtfläche   157 E/km^2
- Bevölkerungsdichte, «Produktives Areal» 211 E/km^2
- Arealitätsziffer, Gesamtfläche   0,64 ha/E
- Arealitätsziffer, «Produktives Areal»   0,47 ha/E

Mit einem Durchschnittswert von 157 E/km^2 zählt die Schweiz zu den am dichtesten besiedelten Ländern Europas. Höhere Dichtewerte weisen, abgesehen von den Kleinstaaten, auf: die Niederlande (349 E/km^2), Belgien (323 E/km^2), die Bundesrepublik Deutschland (248 E/km^2), Grossbritannien (228 E/km^2) und Italien (190 E/km^2). Besonders im schweizerischen Mittelland, wo sich nicht nur die Bevölkerung, sondern auch Arbeitsplätze sowie sehr viele grossflächige Infrastrukturanlagen, Industrie- und Dienstleistungsbetriebe konzentrieren, stellen sich raumplanerische Probleme, wie sie für dichtbesiedelte Gebiete in hochentwickelten Volkswirtschaften typisch sind: Standortprobleme für grosse Versorgungs- und Entsorgungs- sowie Infrastrukturanlagen (Energieversorgungs-, Abwasserreinigungsanlagen, Deponien, Güterbahnhöfe, militärische Übungsanlagen usw.).

Raumplanung und Raumordnungspolitik in der Schweiz sind aber nicht nur mit Problemen und Kosten der Enge, sondern auch mit sol-

Raumplanung und Bevölkerung   65

chen der Weite konfrontiert. Diese stellen sich vor allem in dünnbesiedelten Regionen und Teilgebieten des alpinen Raumes. Eines der *Hauptprobleme in Gebieten mit geringer Bevölkerungsdichte* ist die Sicherstellung der angemessenen Versorgung der Bevölkerung mit Gütern und Dienstleistungen, insbesondere des täglichen Bedarfs. Stichwortartig können genannt werden: Konsummöglichkeiten (Tageskonsum, Wochenkonsum), schulische Versorgung (vor allem Primarschule), Gesundheits- und Sozialdienste (Arzt, Zahnarzt, Spital, Alters- und Pflegeheim). Bei der Beurteilung der Erreichbarkeit dieser Einrichtungen werden die Zeitschwellen von 30 und 60 Minuten als entscheidend betrachtet (vgl. Tab. 35).

Tabelle 11: *Einwohner und Bevölkerungsdichte nach Kantonen 1980*

Kantone	Wohnbevölkerung	Einwohner auf 1 km²	
		gesamtes Areal	produktives Areal
Zürich	1 122 839	650	815
Bern	912 022	151	190
Luzern	296 159	198	227
Uri	33 883	31	67
Schwyz	97 354	107	134
Obwalden	25 865	53	63
Nidwalden	28 617	104	137
Glarus	36 718	54	75
Zug	75 930	318	431
Fribourg	185 246	111	126
Solothurn	218 102	276	308
Basel-Stadt	203 915	5 485	23 438
Basel-Landschaft	219 822	513	580
Schaffhausen	69 413	233	253
Appenzell-Ausserrhoden	47 611	196	212
Appenzell-Innerrhoden	12 844	75	82
St. Gallen	391 995	195	230
Graubünden	164 641	23	35
Aargau	453 442	323	375
Thurgau	183 795	181	336
Ticino	265 899	95	133
Vaud	528 747	164	204
Valais	218 707	42	77
Neuchâtel	158 368	199	238
Genève	349 040	1 237	1 859
Jura	64 986	78	80
Schweiz	6 635 960	154	207

Quelle: Stat. Jb. der Schweiz 1985

Eine weitere Grösse zur Charakterisierung der Bevölkerungsverteilung stellt das *Bevölkerungspotential* dar. Dieses, bezogen auf einen Ort, ist umso grösser, je mehr Personen in geringer Entfernung von diesem Ort leben. Das Bevölkerungspotential wird folgendermassen definiert:

$$P_i = \frac{b_i}{d_{ii}} + \frac{b_1}{d_{i1}} + \frac{b_2}{d_{i2}} + \ldots + \frac{b_n}{d_{in}} = \sum_{j=1}^{n} \frac{b_j}{d_{ij}}$$

P_i = Potential des Ortes i
b_j = Bevölkerung des j-ten Ortes
d_{ij} = Distanz zwischen i und j ($d_{ii} = 1$)
n = Anzahl Orte

Die Bestimmung des Bevölkerungspotentials lässt sich folgendermassen erweitern und verfeinern:

- Die Bevölkerung kann durch andere Grössen ersetzt werden, z.B. durch Beschäftigte, Arbeitskräfte usw.; in diesem Sinne spricht man vom Arbeitskräftepotential usw.
- Die Bevölkerung (oder eine andere Grösse) kann gewichtet werden, z.B. mit dem Pro-Kopf-Einkommen oder mit der Kaufkraft.
- Die metrische Distanz kann durch andere Grössen, wie Reisezeiten, Transportkosten, ersetzt werden; ferner können Distanztransformationen vorgenommen werden.

In der Raumplanung und Raumordnungspolitik wird der Begriff «Potential» nicht nur in der hier definierten Form, sondern auch in der Sinndeutung der Umgangssprache verwendet, d.h. in der Bedeutung von Kraft, Vermögen. Unter dem *Entwicklungspotential* einer Region versteht man in der Regel ihre Entwicklungskraft, ihr Entwicklungsvermögen; bei einer Potentialanalyse, beispielsweise im Rahmen eines regionalen Entwicklungskonzeptes, geht es um die Abklärung dieser regionalen Entwicklungskraft.

2.2.3. Bevölkerungsmobilität

a) **Begriffe**

Der Begriff «Mobilität» besitzt zahlreiche Inhalte:

- Berufliche Mobilität: Wechsel des Berufes
- Betriebliche Mobilität: Wechsel des Arbeitsplatzes (Fluktuation)

- Soziale Mobilität: Wechsel der gesellschaftlichen Klasse
- Räumliche, geographische Mobilität: Wechsel des Wohnortes (Wanderungen, Migration)
- Pendelwanderungen: Arbeits-, Bildungs-, Erholungs-, Einkaufspendelwanderungen (rekursive Mobilität).

Zwischen diesen verschiedenen Mobilitätstypen bestehen komplexe Beziehungen; so ist beispielsweise der Wechsel des Arbeitsplatzes oft mit der Verlegung des Wohnortes verbunden, oder es stellen sich die raumplanerisch wichtigen Fragen, ob durch eine Verbesserung der Bedingungen für die Pendelwanderungen die Wanderungen verringert werden können oder ob Pendeln eine Vorstufe oder einen Ersatz der Abwanderung darstelle.

Raumplanung und Raumordnungspolitik interessieren sich besonders für die räumliche Mobilität und die Pendelwanderungen.

b) **Migration**

Unter *Migration, Bevölkerungswanderung,* im Sinne geographischer, räumlicher Mobilität, versteht man den *längerfristigen Wechsel des Wohnortes.* Je nach Distanz und den dabei überschrittenen politisch-administrativen Grenzen können folgende Formen unterschieden werden:

- *Binnenwanderung* (innerhalb eines Landes):
  Bei der Binnenwanderung werden die Begriffe Zu- und Abwanderung (Wegwanderung), bzw. Zu- und Wegzüger, verwendet.

- *Aussenwanderung, Auslandwanderung* (Wanderung zwischen Ländern):
  In diesem Fall wird von Ein- und Auswanderung, Immigration und Emigration, bzw. von Ein- und Auswanderern, gesprochen. Ein besonderer Fall der Auslandwanderung ist die Rückwanderung (Remigration), d.h. die Rückkehr von Ausländern in ihre Heimat oder von Schweizern in die Schweiz.

Im Zeitraum 1970–1980 betrugen die Wanderungsgewinne und -verluste der Schweiz (Aussenwanderung):
Total   − 137 635 Personen
Schweizer   + 6 541 Personen
Ausländer   − 144 176 Personen

Nicht zur Migration gezählt werden *saisonale Wanderungen.* Die Zahl der ausländischen Saisonarbeiter, d.h. von Arbeitskräften, welche nicht das ganze Jahr über in der Schweiz arbeiten und wohnen, betrug 1984 im August 100 753 Personen, im Dezember 10 482 Personen Diese sind vor allem im Bau- und Gastgewerbe tätig.

Während die natürliche Bevölkerungsbewegung durch Geburt und Tod seit langer Zeit registriert und untersucht wurde, fehlten bis zur Eidg. Volkszählung 1970 Daten über die Migration in der Schweiz. Als Folge tendenziell sinkender Geburten- und Sterberaten und zunehmend mobilerer Lebensgestaltung wird die *lokale und regionale Bevölkerungsentwicklung immer stärker durch die Bevölkerungswanderung bestimmt.* Die Erforschung der Migration ist dringlich.

Tabelle 12: *Wanderungen in der Schweiz 1975–1980*
 (Nur Personen, welche 1980 fünf und mehr Jahre zählten)

Total	6 014 090	100%
Wohnort 1975:		
– Wohngemeinde 1980	4 480 792	75%
· gleiche Adresse	3 697 563	62%
· andere Adresse	783 229	13%
– Andere Gemeinde des Wohnkantons 1980	691 079	11%
– Anderer Kanton als 1980	401 683	7%
– Ausland	202 472	3%
– Ohne Angaben	238 064	4%

Quelle: Eidg. Volkszählung 1980

Tabelle 13: *Wanderungen 1965–70 und 1975–80*
 (Nur Personen, welche 1970 bzw. 1980 fünf und mehr Jahre zählten)

	1965–1970	1975–1980
Sesshafte	74%	75%
Migranten	24%	21%
– intrakantonal	11%	11%
– interkantonal	8%	7%
– Auslandzuzüger	5%	3%
Ohne Angaben	2%	4%

Quelle: Eidg. Vokszählungen 1970 und 1980

Tabelle 14: *Wanderungsbilanz der Kantone 1970–1980*

Kantone	Schweizer	Ausländer	Total
Zürich	11 259	− 30 542	− 19 283
Bern	− 7 026	− 23 933	− 30 959
Luzern	− 6 388	− 4 257	− 10 645
Uri	− 2 503	− 495	− 2 998
Schwyz	1 081	− 1 901	− 820
Obwalden	− 548	221	− 327
Nidwalden	1 115	− 318	797
Glarus	− 1 079	− 1 043	− 2 122
Zug	2 875	− 553	2 322
Fribourg	− 1 842	− 2 357	− 4 199
Solothurn	− 5 299	− 9 421	− 14 720
Basel-Stadt	−18 832	− 6 806	− 25 638
Basel-Landschaft	9 057	− 8 261	796
Schaffhausen	− 2 057	− 2 834	− 4 891
Appenzell-Ausserrhoden	361	− 1 757	− 1 396
Appenzell-Innerrhoden	− 693	− 142	− 835
St. Gallen	− 3 637	− 7 958	− 11 595
Graubünden	− 1 907	− 2 927	− 4 834
Aargau	11 349	− 17 158	− 5 809
Thurgau	1 272	− 7 036	− 5 764
Ticino	7 257	7 336	14 593
Vaud	15 471	− 10 596	4 875
Valais	− 2 370	− 793	− 3 163
Neuchâtel	− 3 432	− 10 540	− 13 972
Genève	6 430	1 582	8 012
Jura	− 3 373	− 1 687	− 5 060
Schweiz	6 541	− 144 176	− 137 635

Quelle: Stat. Jb. der Schweiz 1982

Zurzeit lassen sich *zwei Grundtendenzen der Wanderungsprozesse* feststellen: die *grossräumige Wanderungsbewegung von peripheren zu zentralen Gebieten.* Diese findet ihre Ursache vor allem in der fortschreitenden Umstrukturierung der Wirtschaftssektoren. Demgegenüber steht die *kleinräumige Wanderungsbewegung aus den Kerngemeinden der grösseren Agglomerationen in die Umlandgemeinden.* Deren Ursachen sind vielfältig: Verdrängung von Wohnraum vor allem durch Arbeitsplätze des Dienstleistungssektors, Abnahme der Lebensqualität (Lärm, Luftverschmutzung) usw. Während im ersten Fall der wanderungsbedingte Bevölkerungsverlust einer Region von einem Verlust an Arbeitsplätzen begleitet ist, führt die zweite Wanderungsbewegung zu einer räumlichen Trennung von Arbeits- und Wohnplatz und damit zu einer Zunahme des Pendlerverkehrs und häufig zu einer weiteren Verschlechterung der Wohnqualität in den Kerngemeinden. Die Abwanderung aus den Kerngemeinden bringt schwerwiegende finanz- und steuerpolitische Probleme mit sich, die durch die heute bestehenden Systeme des Finanz- und Steuerausgleiches nur teilweise gelöst werden können.

c) **Pendelwanderungen**

Als Pendler werden Personen bezeichnet, welche regelmässig einen bestimmten Weg zwischen Wohnort und Zielort zurücklegen. In der Statistik werden normalerweise nur Pendler erfasst, welche folgende Bedingungen erfüllen:
- Weg zwischen Wohnort und Arbeitsort = Arbeitspendler
- Weg wird täglich zurückgelegt (keine Wochenpendler)
- Wohnort und Arbeitsort liegen in verschiedenen politischen Gemeinden.

Unter dem Begriff Pendler versteht man die täglichen interkommunalen Arbeitspendler. Pendler, welche auf ihrem täglichen Arbeitsweg die Landesgrenze überschreiten, heissen *Grenzgänger*.

Zwischen den Erwerbstätigen (Erwerbspersonen) und den Beschäftigten in einer Gemeinde bestehen folgende Beziehungen:

In der Gemeinde wohnhafte Erwerbstätige
+ Zupendler
− Wegpendler
= In der Gemeinde Beschäftigte

Der Anteil der Pendler an der Gesamtzahl der Erwerbstätigen heisst *Pendlerquote;* das Verhältnis Zupendler zu den wohnhaften Erwerbstätigen (erwerbs-, berufstätige Wohnbevölkerung) ist die Zupendlerquote; analog wird die Wegpendlerquote berechnet.

Die Pendlerquote hat sich in der Schweiz in den letzten zwanzig Jahren stark erhöht; heute überschreiten vier von zehn Erwerbstätigen auf ihrem täglichen Weg zur Arbeit mindestens eine Gemeindegrenze (vgl. Tab. 16). Unter Einbezug der innerstädtischen Pendler würde sich dieser Wert noch weiter erhöhen. Verbunden mit der Erhöhung der Pendlerquote ist die räumliche – und teilweise zeitliche – Ausdehnung der Pendlereinzugsgebiete. Die *Entwicklung der Pendlereinzugsgebiete in der Schweiz* ist nicht so sehr durch die Entstehung neuer Pendlerzentren mit entsprechendem Umland charakterisiert als durch die *Ausdehnung der (gross)städtischen Arbeitsmärkte.* Die technischen und organisatorischen Probleme, die sich bei der *Bewältigung des Pendlerverkehrs* (sowohl bei den öffentlichen als auch bei den individuellen Verkehrsmitteln) stellen, zählen zu den dringendsten raumplanerischen und raumordnungspolitischen Aufgaben, insbesondere in den Grossstädten und ihren Agglomerationen. Die durch den Pendlerverkehr verursachten Probleme treten nicht allein in der räumlichen Konzentration des Verkehrsgeschehens, sondern auch in der tageszeitlichen Ballung hervor. Eine der wichtigsten Massnahmen zur Bewältigung dieser Probleme bildet die *Förderung des öffentlichen Verkehrs.* Aber auch eine bewusste Dezentralisation von Arbeitsplätzen kann zur Lösung beitragen.

Tabelle 15: *Pendlerverhältnisse 1980*

In der Schweiz wohnhafte Erwerbspersonen	3 098 936	100%
Grenzgänger ins Ausland	3 375	
In der Schweiz arbeitende Erwerbspersonen (ohne Grenzgänger aus dem Ausland)	3 095 561	
In der Wohngemeinde arbeitende Erwerbspersonen	1 855 152	60%
Wegpendler	1 243 784	40%
Zupendler	1 240 409	
(Grenzgänger aus dem Ausland:	94 833)	

Quelle: Eidg. Vokszählung 1980

Tabelle 16: *Entwicklung der Pendlerquote 1930–1980*

Jahr	Pendlerquote (Pendler/Erwerbstätige)
1980	40%
1970	31%
1960	23%
1950	17%
1941	13%
1930	12%

Quelle: Eidg. Volkszählungen

2.2.4. Bevölkerungsentwicklung

Die Bevölkerungsentwicklung (Bevölkerungsbewegung) setzt sich aus den folgenden Komponenten zusammen:

- natürliche Bevölkerungsbewegung
  - Geburt ⎫
  - Tod ⎬ Geburtenüberschuss / Sterbeüberschuss
- Wanderungen
  - Zuwanderung ⎫
  - Abwanderung ⎬ Wanderungssaldo

Die Zahl der Geburten, Todesfälle und des Geburtenüberschusses sowie der Zu- und Abwanderer, bzw. des Wanderungssaldos während einer Beobachtungsperiode (meist 1 Jahr), werden häufig auf die mittlere Bevölkerung (Mittelwert zwischen der Anfangs- und Endbevölkerung) bezogen. Man spricht von *Geburten-, Sterbe- und Wanderungsquoten.* Die so definierte Geburten- und Sterbequote entspricht der rohen Geburtenziffer, bzw. der rohen Sterbeziffer. In der Schweiz betrug die rohe Geburtenziffer 1983 11,4‰, die rohe Sterbeziffer 9,4‰ und der Geburtenüberschuss 2,0‰.

Je kleiner eine Region und je stärker diese mit anderen Regionen verflochten ist, umso bedeutungsvoller für die Bevölkerungsentwicklung sind die Wanderungen im Vergleich zur natürlichen Bevölkerungsbewegung. Dies darf aber nicht über das Ausmass der regionalen Unterschiede bei den biologischen Entwicklungsvorgängen hinwegtäuschen, auch wenn sich diese in den letzten Jahrzehnten verringert haben.

Während der *Wanderungssaldo* Auskunft über die wanderungsbedingten Bevölkerungsverluste und/oder -gewinne gibt, vermittelt das *Wanderungsvolumen,* d.h. die Summe der Zu- und Abwanderer, Angaben über die wanderungsbedingte Bevölkerungsrotation. Vor allem die Gemeinden in den erweiterten Agglomerationsgürteln der Grossstädte sind am stärksten vom Wanderungsprozess erfasst, die Gemeinden in den peripheren Gebieten dagegen am schwächsten. Das Wanderungsvolumen vermittelt erste Hinweise auf die Verwurzelung der Bevölkerung in einer Gemeinde oder Region.

Die Bevölkerungsentwicklung in der Schweiz zwischen 1970 und 1980 ist durch eine sehr geringe Zunahme von weniger als 100 000

Einwohnern (Zuwachs 15‰) gekennzeichnet. Einem Geburtenüberschuss von 37‰ steht ein Wanderungsverlust von 22‰ gegenüber. Dieser ist vor allem auf die Rückwanderung ausländischer Arbeitskräfte und ihrer Familien zurückzuführen. Für die Zukunft wird nur noch mit einem *bescheidenen Zuwachs der Bevölkerung der Schweiz* gerechnet. Man kann von einem demographischen Nullwachstum sprechen. Die bevölkerungsmässige Entwicklung wird allerdings durch die wirtschaftlichen und politischen Verhältnisse sowie durch die Werthaltung beeinflusst. Langfristige Bevölkerungsprognosen sind deshalb schwierig.

Es ist eine Fehlerwartung, von der geringen gesamtschweizerischen Bevölkerungsentwicklung auf einen Bedeutungsschwund der Probleme der Raumplanung und Raumordnungspolitik zu schliessen. Die Bevölkerungsentwicklung verläuft nämlich regional ungleich. Regio-

Abb. 9   Verteilung der Bevölkerung auf Gemeindegrössenklassen 1880, 1930 und 1980

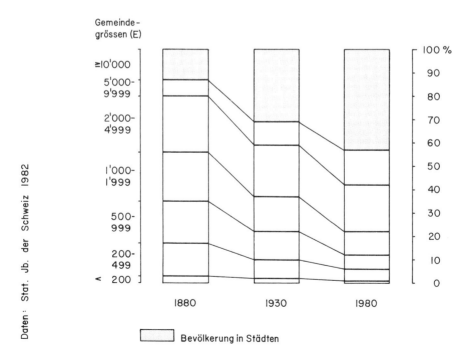

nen mit bedeutendem Bevölkerungszuwachs stehen eigentlichen Entleerungsgebieten gegenüber. Detaillierte Betrachtungen zeigen, dass bei der Bevölkerungsentwicklung von einem *Zentrum-Peripherie-Gefälle* gesprochen werden kann; dieses wird jedoch durch teilweise kleinräumige demographische Prozesse überlagert. So ist beispielsweise die relativ günstige Gesamtentwicklung einzelner Regionen und Kantone im Berggebiet weitgehend auf die Bevölkerungszunahme einiger weniger grösserer Gemeinden, vor allem zentraler Orte, z.B. Kantonshauptorte, und Fremdenverkehrsorte, zurückzuführen. Hauptsächlich kleine Gemeinden weisen rückläufige Einwohnerzahlen auf, doch auch im Mittelland und selbst in Agglomerationsgebieten verlieren immer mehr Gemeinden an Bevölkerung (vgl. Abb. 9 und 10).

Die geringe gesamtschweizerische Bevölkerungszunahme ist von bedeutenden *strukturellen Veränderungen* begleitet. Bei der Planung von öffentlichen Bauten und Anlagen dürften deshalb in Zukunft weni-

Abb. 10 Bevölkerung nach Höhenlage der Gemeinden 1910 und 1980

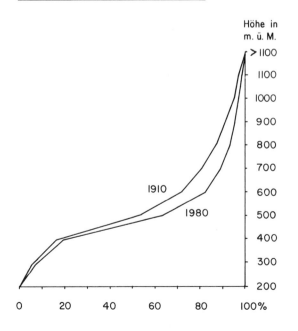

ger die Projektierung und Erstellung zusätzlicher Schulanlagen im Vordergrund stehen als vielmehr die von Kranken- und Alterswohnheimen.

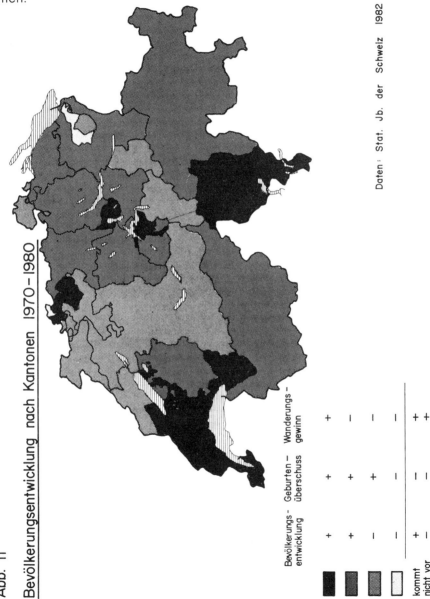

Abb. 11 Bevölkerungsentwicklung nach Kantonen 1970–1980

Tabelle 17: *Bevölkerungsentwicklung zwischen 1970 und 1980*

Kantone	Stand der Bevölkerung Dezember 1970	Lebendgeborene	Gestorbene	Geburtenüberschuss	Wanderungsgewinn	Bevölkerungsentwicklung Total	Stand der Bevölkerung Dezember 1980	Bevölkerungsentwicklung in ‰
Zürich	1 107 788	130 517	96 183	34 334	−19 283	15 051	1 122 839	14
Bern	916 035	114 294	87 348	26 946	−30 959	−4 013	912 022	−4
Luzern	289 641	41 383	24 220	17 163	−10 645	6 518	296 159	23
Uri	34 091	5 454	2 664	2 790	−2 998	−208	33 883	−6
Schwyz	92 072	14 719	8 617	6 102	−820	5 282	97 354	57
Obwalden	24 509	3 925	2 242	1 683	−327	1 356	25 865	55
Nidwalden	25 634	4 239	2 053	2 186	797	2 983	28 617	116
Glarus	38 155	4 890	4 205	685	−2 122	−1 437	36 718	−38
Zug	67 996	10 636	5 024	5 612	2 322	7 934	75 930	117
Fribourg	180 309	25 594	16 458	9 136	−4 199	4 937	185 246	27
Solothurn	224 133	28 090	19 401	8 689	−14 720	−6 031	218 102	−27
Basel-Stadt	234 945	19 196	24 588	−5 392	−25 638	−31 030	203 915	−132
Basel-Landschaft	204 889	28 313	14 176	14 137	796	14 933	219 822	73
Schaffhausen	72 854	8 433	6 983	1 450	−4 891	−3 441	69 413	−47
Appenzell A.Rh.	49 023	6 068	6 084	−16	−1 396	−1 412	47 611	−29
Appenzell I.Rh.	13 124	2 002	1 447	555	−835	−280	12 844	−21
St. Gallen	384 475	55 030	35 915	19 115	−11 595	7 520	391 995	20
Graubünden	162 086	22 395	15 006	7 389	−4 834	2 555	164 641	16
Aargau	433 284	60 947	34 980	25 967	−5 809	20 158	453 442	47
Thurgau	182 835	25 173	18 449	6 724	−5 764	960	183 795	5
Ticino	245 458	30 040	24 192	5 848	14 593	20 441	265 899	83
Vaud	511 851	61 675	49 654	12 021	4 875	16 896	528 747	33
Valais	206 563	32 616	17 309	15 307	−3 163	12 144	218 707	59
Neuchâtel	169 173	20 061	16 894	3 167	−13 972	−10 805	158 368	−64
Genève	331 599	39 083	29 645	9 429	8 012	17 441	349 040	53
Jura	67 261	9 458	6 673	2 785	−5 060	−2 275	64 986	−34
Schweiz	6 269 783	804 231	570 419	233 812	−137 635	96 177	6 365 960	15

Quelle: Stat. Jb. der Schweiz 1982

Seit der Volkszählung 1980 steht beim Bundesamt für Statistik eine Statistik des jährlichen Bevölkerungsstandes in den Gemeinden (ESPOP) zur Verfügung. Diese erfasst jährlich für jede Gemeinde der Schweiz sowohl die natürliche Bevölkerungsbewegung als auch die Wanderungen. Damit haben sich die Möglichkeiten demographischer Analysen im Rahmen der Raumplanung wesentlich verbessert.

2.2.5. Bevölkerungsprognose

Bei den folgenden Daten zur Bevölkerungsentwicklung in der Schweiz bis zum Jahre 2000 handelt es sich um Ergebnisse einer Berechnung des St. Galler Zentrums für Zukunftforschung (SGZZ). Die wiedergegebene Variante geht von folgenden Annahmen aus:

– Mittlere Fruchtbarkeit
– Beibehaltung der derzeitigen ausländerpolitischen Regelungen

Tabelle 18: *Entwicklung der Wohnbevölkerung 1982–2000*

Jahr	Schweizer	Ausländer	Männer	Frauen	Total
1982	5 451 621	1 009 770	3 176 199	3 285 192	6 461 391
1985	5 490 200	1 021 390	3 199 570	3 312 020	6 511 590
1990	5 557 270	1 056 170	3 252 220	3 361 220	6 613 440
1995	5 620 120	1 080 580	3 398 070	3 402 630	6 700 700
2000	5 654 740	1 093 880	3 323 450	3 425 170	6 748 620
⌀ZWR[1]	0,20	0,45	0,25	0,42	0,24

[1] Durchschnittliche jährliche Zuwachsrate in %
Daten: St. Galler Zentrum für Zukunftsforschung, Mitteilungen Nr. 16, 1983

Tabelle 19: *Altersstruktur der Gesamtbevölkerung 1982–2000*

Jahr	0–19	20–39	40–64	65+
1982	1 705 362	2 005 331	1 864 821	892 884
1985	1 617 873	2 027 328	1 955 083	911 303
1990	1 535 035	2 055 698	2 067 789	954 919
1995	1 544 114	2 039 364	1 126 662	990 563
2000	1 580 394	1 950 989	2 185 295	1 031 940

Daten: St. Galler Zentrum für Zukunftsforschung, Mitteilungen Nr. 16, 1983

Altersstruktur, Ausländerpolitik (internationale Wanderungen) sowie die Erwerbsquote (Ausschöpfungsgrad der Bevölkerung im erwerbsfähigen Alter) bestimmen im wesentlichen bis zum Jahre 2000 das Arbeitskräftepotential in der Schweiz. Darunter versteht man die Gesamtzahl der Erwerbswilligen aller Altersklassen der Bevölkerung.

Tabelle 20: *Arbeitskräftepotential 1982–2000 (in 1000)*

Jahr	Schweizer	Ausländer	Total
1982	2 367	694	3 061
1985	2 410	733	3 143
1990	2 416	771	3 187
1995	2 387	775	3 162
2000	2 371	748	3 119

Daten: St. Galler Zentrum für Zukunftsforschung, Mitteilungen Nr. 16, 1983

2.3. Sozio-kulturelle Strukturen

Wie kaum ein anderes Land zeichnet sich die Schweiz durch eine *kulturelle und sprachliche Vielfalt auf engstem Raum* aus. Auch die Raumplanung und Raumordnungspolitik haben diese historisch gewachsene kulturelle Vielfalt als eine Grundlage des schweizerischen Föderalismus zu erhalten und zu fördern. Die kulturelle Vielfalt äussert sich nicht zuletzt in den regional unterschiedlichen Siedlungs- und Bauformen. Raumplanung und Raumordnungspolitik befinden sich somit im Spannungsfeld, einerseits unerwünschte räumliche Disparitäten – vor allem im wirtschaftlichen Bereich – abzubauen, anderseits erwünschte räumliche Unterschiede und Differenzierungen im soziokulturellen Bereich zu unterstützen und einer kulturellen Nivellierung entgegenzuwirken. Eine Raumordnungspolitik, die nur der sozio-kulturellen Vielfalt verpflichtet ist, ohne die ökonomischen Probleme anzugehen, wäre zum Scheitern verurteilt. Das gleiche gilt für die Umkehrung.

Einen gewichtigen Beitrag zur langfristigen Erhaltung der kulturellen Vielfalt kann die Raumplanung und Raumordnungspolitik leisten, indem sie auf jeglichen Schematismus verzichtet. Nicht Gleichmacherei

– als Folge falsch verstandener Gleichheit –, sondern das *Erhalten und Fördern der regionalen Eigenständigkeit im sozialen, wirtschaftlichen und kulturellen Bereich ist das Ziel der Raumplanung aller Ebenen.* Massnahmen, die neben den exogenen auch die endogenen Kräfte fördern, sollten deshalb im Vordergrund stehen.

3. Raumplanung und natürliche Umwelt

3.1. Ökologische Planung

In der Raumplanung und Raumordnungspolitik spielen ökologische Aspekte im Vergleich zu sozialen und ökonomischen Faktoren (noch) eine untergeordnete Rolle. Die Forderung nach gleichwertiger und integraler Berücksichtigung ökologischer, wirtschaftlicher, gesellschaftlicher und kultureller Gegebenheiten wird in steigendem Masse akzeptiert. Unter den Titeln «Umweltschutz», «Umweltplanung», «ökologische Umweltplanung», «ökologische Planung» u. ä. werden die Lücken geschlossen.

Umweltschutz besteht nicht nur aus der Vermeidung einzelner Umweltschäden durch technische und sektorale Einzelmassnahmen, wie z. B. Gewässerschutz, Artenschutz, Luftreinhaltung, Lärmbekämpfung; er sollte den *Schutz des gesamten menschlichen Lebensraumes* umfassen. So verstanden vereinigt Umweltschutz als Oberbegriff den gesamten Arbeitsbereich, der sich mit der Bewältigung von Umweltproblemen und mit der Umweltgestaltung auseinandersetzt. Damit wird auch die *enge Beziehung zwischen Raumplanung und Umweltschutz* verdeutlicht: Die Raumplanung ist für den Umweltschutz mitverantwortlich; als längerfristige Planung bildet sie eine unabdingbare Voraussetzung für einen wirksamen Umweltschutz. Raumplanung und Umweltschutz berühren und überschneiden sich weniger in umweltschutztechnischen Einzelmassnahmen als vielmehr im Bereich der langfristigen Planung und Gestaltung (Vorsorgeplanung).

In diesem Zusammenhang hat sich der Begriff *«ökologische Planung»* durchgesetzt. Deren Ziel ist es, die Leistungen des Naturhaushaltes zu erhalten und zu sichern oder gar zu verbessern sowie dessen Beeinträchtigung durch andere Gesamt- und Sachplanungen gering zu halten. Ökologische Planung ist somit von ihrem Ansatz her querschnittsorientiert. Sie überprüft unter ökologischen Gesichtspunkten die Wirkungen, die von anderen Sachplanungen und deren Ansprüchen an den Raum ausgehen. Ökologische Planung oder ökologisch orientierte Raumplanung bedeutet nicht, den Wandel der Natur- und Kulturlandschaft aufzuhalten. Vielmehr gilt es, diesen Wandel im Hinblick auf die langfristige Erhaltung der natürlichen Umwelt zu beeinflussen. Eine wesentliche Aufgabe der ökologischen Planung besteht darin, *alle Nutzungen des Raumes auf die natürlichen Grundlagen abzustimmen;* so können die natürlichen Lebensgrundlagen langfristig erhalten und die ökologische Stabilität gewährleistet werden. Dies ist geboten, weil stabile Ökosysteme eine Grundvoraussetzung für eine dauernde und nachhaltige Erfüllung der verschiedenen Nutzungsansprüche des Menschen an den Raum bilden.

Die ökologische Planung ist mit verschiedenen *Schwierigkeiten* konfrontiert:

- Die *Kenntnisse* über die Beziehungen der Lebewesen untereinander und zur unbelebten Umwelt sind in vielen Bereichen *noch mangelhaft:* Es existiert in der Ökologie, d. h. in der Wissenschaft von diesen Beziehungen, ein Forschungsdefizit.
- Das *Umweltbewusstsein* ist insofern teilweise *noch mangelhaft* ausgebildet, als der Umweltschutz zu stark mit sektoralen und technischen Einzelmassnahmen, wie Schutz der Umwelt vor schädlichen Immissionen, Erhaltung naturnaher Landschaften und des Landschaftsbildes, Schutz von Pflanzen- und Tierarten usw. – alles zweifellos wichtige Aufgaben – gleichgesetzt wird. Der Gesamtraum wird zu wenig als Einheit in diese Überlegungen miteinbezogen. Dies ist teilweise auf ungenügende Allgemeinkenntnisse über ökologische und naturwissenschaftliche Zusammenhänge zurückzuführen.
- Wichtig für die ökologische Planung ist die *politische Dimension.* Die ökologische Planung sollte – im Rahmen einer gefestigten Raumplanung – auf allen Staatsebenen (Bund, Kantone und Gemeinden) einen den ökologischen Problemen entsprechenden hohen politischen Stellenwert erlangen.

Die komplexen Probleme der Ökologie verlangen ein *ganzheitliches Denken.* Der Lebensraum des Menschen und damit auch die physische Umwelt sind Teil des Ökosystems. Dieser Begriff kann als offenes Gefüge von Wechselbeziehungen zwischen Lebewesen und ihrer Umwelt, das sich begrenzt selbst reguliert, verstanden werden. Zur praktischen Erforschung und Steuerung der komplexen Zusammenhänge und Regelkreise sind daher systemtechnische Ansätze zweckmässig. Der Lebensraum des Menschen ist integral und nicht sektoral zu betrachten. *Problemorientierte Modelle,* welche sich auf die konkreten Problemstellungen ausrichten, versuchen, ein vereinfachtes, praktikables Abbild der komplexen Wirklichkeit, in der «alles mit allem zusammenhängt», zu vermitteln. Entsprechend den zu lösenden Aufgaben kann es sich dabei um beschreibende, um prognostische oder um handlungsorientierte Planungsmodelle handeln.

3.2. Begriffe

Die zusammengestellten Begriffe bilden eine Auswahl:

Biotop:
Ein Ort mit charakteristischen Merkmalen, an dem bestimmte Pflanzen und Tiere ihre artmässigen Lebensbedingungen finden und eine Lebensgemeinschaft (Biozönose) bilden.

Landschaft:
- Die Gesamtheit der Litho-, Pedo-, Hydro-, Atmo- und Biosphäre (inkl. Anthroposphäre) in einem begrenzten Ausschnitt der Erdoberfläche als offenes System (Landschaft im Sinne der Geographie). So entspricht Landschaft dem Begriff «Raum».
- Das nicht-besiedelte Gebiet (freie Landschaft) in der Raumplanung.

Naturlandschaft ist jene Landschaft, die sich ohne wesentliche menschliche Beeinflussung entwickelt hat.

Naturnahe Landschaft ist eine Kulturlandschaft, welche noch stark von standortgemässen natürlichen Landschaftselementen geprägt ist.

Kulturlandschaft ist eine in starkem Masse durch menschliche Tätigkeit beeinflusste und gestaltete Landschaft.

Ökologie:
Wissenschaft von den Beziehungen der Lebewesen untereinander und zur unbelebten Umwelt. Auch der Mensch kann Gegenstand der ökologischen Forschung sein, insbesondere in der Teildisziplin der Humanökologie.

Ökosystem ist das offene Gefüge von Wechselwirkungen zwischen Lebewesen und ihrer Umwelt, das sich begrenzt selbst reguliert.

Landschaftsökologie ist gleich der Lehre vom Landschaftshaushalt, d. h. der Wissenschaft, die sich mit dem in der Landschaft bestehenden Wirkungsgefüge zwischen den Lebewesen bzw. den Lebensgemeinschaften und deren Umwelt, bestehend aus Gestein, Boden, Wasser, Luft usw., befasst.

Natur:
- Gesamte physische Welt
- Gesamtheit dessen, was nicht vom Menschen geschaffen wurde.

Naturraum ist ein beliebig grosser Ausschnitt der Erdoberfläche, der durch natürliche Komponenten und Naturprozesse bestimmt wird; er entspricht der Naturlandschaft.

Naturpotential, Naturraumpotential stellen das Leistungsvermögen der Natur bezüglich der von Mensch und Gesellschaft nutzbaren Landschaftselemente und -funktionen dar. Diese ökonomische Kategorie des Naturpotentials entsteht durch das Zusammenwirken verschiedenster natürlicher Vorgänge. Es werden u. a. folgende partielle Naturpotentiale unterschieden:

- Biotisches Regulations- und Regenerationspotential
- Biotisches Ertragspotential
- Klimatisches Regenerationspotential

- Wasserdargebotspotential
- Rohstoffpotential
- Erholungspotential
- Bebauungs- und Entsorgungspotential.

3.3. Einzelne Naturfaktoren

3.3.1. Übersicht

Die Elemente der natürlichen, physischen Umwelt werden als Naturfaktoren bezeichnet. Dabei handelt es sich nicht um isolierte Elemente; vielmehr bestehen zwischen diesen zahlreiche, komplexe Beziehungen, die noch wenig erforscht sind. Diese *Relationen sind oft wichtiger als die einzelnen, isoliert betrachteten Naturfaktoren;* z. B. ist das Relief bestimmend für das Mikroklima, d. h. das örtliche Klima im bodennahen Bereich. Das Klima wird aber nicht nur durch natürliche Faktoren, wie geographische Lage (Breite und Länge), Höhe und Exposition beeinflusst, sondern auch durch anthropogene Faktoren: Dichte Bebauungen oder Besiedlungen führen zu Dunsthauben und Wärmeinseln, zu einer vermehrten Schwülebildung, zu einem verminderten Luftaustausch. In diesem Zusammenhang wird von Stadtklima gesprochen. Abholzungen, Aufforstungen, Schaffung künstlicher Wasserflächen können sich ebenfalls auf das Lokalklima auswirken. Die Luftqualität wird u. a. beeinflusst durch die Abgase von Fahrzeugen, Heizungen, Industrieanlagen; durch die Zuführung von Abwärme in Luft und/ oder Wasser; durch die Staub- und Russemissionen von Heizungen, Industrie, Kehrichtverbrennungen. Diese Veränderungen der natürlichen Atmosphäre äussern sich in Form von Schädigungen bei Menschen, Pflanzen und Tieren, aber auch an Bauwerken und Anlagen.

Zahlreiche Schadstoffe gelangen ferner in Form von Niederschlägen ins Wasser (Gewässerverschmutzung) und in den Boden (Saurer Regen).

Eine mögliche analytische *Grobgliederung der natürlichen Umwelt mit Hilfe der Naturfaktoren* kann folgendermassen aussehen:

- Relief
- Boden
- Klima / Luft

- Wasser
- Vegetation ⎫
- Tierwelt   ⎬ belebte natürliche Umwelt
- Landschaftsbild. ⎭

3.3.2. Relief

Durch das Relief werden die *Nutzungsmöglichkeiten landwirtschaftlicher und nicht-landwirtschaftlicher Art* beeinflusst und beschränkt. Neigungsverhältnisse und Exposition sind mitbestimmend für Bewirtschaftungsart und -aufwand in der Landwirtschaft. Das Relief ist im weiteren bestimmend für Gefahrengebiete: Rutschungen, Steinschlag, Lawinen. Der Erschliessungsaufwand wird in sehr starkem Masse durch das Relief beeinflusst.

Das Relief ist ferner bestimmend für das *Mikroklima,* d. h. das örtliche Klima im bodennahen Bereich: Exposition und Neigung des Geländes entscheiden über die Sonneneinstrahlung und deren Intensität; die Geländeformen üben einen grossen Einfluss auf die Windverhältnisse aus (Abschirmung, warme Aufwinde, talwärts fliessende Kaltluftströme, Kaltluftseen usw.).

Das Relief ist aber nicht nur ein Naturfaktor, welcher die Nutzungsmöglichkeiten und deren Ertrag einschränkt, sondern kann für bestimmte Nutzungen auch einen *Gunstfaktor* darstellen: Das Kleinrelief steigert den Erlebniswert eines Erholungsgebietes; das Grossrelief stellt eine Voraussetzung für verschiedene Erholungsaktivitäten, z. B. Skifahren, dar.

Das Relief ist als wichtigstes Gestaltungselement der Landschaft in die Raumplanung miteinzubeziehen. Das Grossrelief ist im allgemeinen nicht gefährdet, doch kann durch Bauten für Siedlungs- und Infrastrukturzwecke sowie durch den Abbau von Steinen, Kies und Erden an exponierten Stellen eine akute Beeinträchtigung entstehen. Stärker gefährdet ist das Kleinrelief. Stichwortartig können genannt werden: Auffüllen von Mulden, Einebnungen, sog. «Geländekorrekturen» bei der Anlage von Skipisten. Im Rahmen der Raumplanung ist dafür zu sorgen, dass die Nutzungsmöglichkeiten dem Relief, dem Gelände angepasst werden, und nicht umgekehrt das Relief den Nutzungen.

Tabelle 21: *Relief und Nutzungsmöglichkeiten*

	Land- und Forstwirtschaft	Siedlung, Industrie, Verkehr
Ebenen 0–1°	Unbegrenzte Mechanisierung	Verkehrsträgerbau ohne Einschränkung; Städtebau gut; Industriebau optimal
Flachhänge >1–3°	Unbegrenzte Mechanisierung	Strassen- und Städtebau optimal; Eisenbahnbau Grenzbereich; Industriebau gut
>3–7°	Mechanisierung z.T. eingeschränkt	Städtebau gut; Industriebau eingeschränkt; Autostrassenbau begrenzt
Mittelhänge >7–15°	Mechanisierung eingeschränkt	Städtebau eingeschränkt; Industriebau unrationell; Autostrassenbau behindert
>15–25°	Mechanisierte Feldwirtschaft unmöglich; Weide- und Dauergrünlandnutzung, Forstwirtschaftstechnik beschränkt	Nur noch unter Ausnahmebedingungen
Steilhänge >25–35°	Grenzbereich der Feldwirtschaft; Forstwirtschaftstechnik beschränkt	Nur noch unter Ausnahmebedingungen
>35–60°	Grenzbereich der Forstwirtschaft	–
Wände 60–90°	Grenzbereich des Waldes oder waldfrei	–

Nach Leser Hartmut, Georelief, ARL (Hrsg.), Daten zur Raumplanung, Teil A, Hannover 1981

3.3.3. Boden

a) **Begriff**

Unter Boden versteht man in naturwissenschaftlicher Sicht den obersten Teil der Erdkruste, in dem sich Lithosphäre, Hydrosphäre, Atmosphäre und Biosphäre durchdringen. Er stellt das Umwandlungsprodukt mineralischer und organischer Substanzen dar, das sich unter den Einwirkungen von Klima, Relief, Wasser, Vegetation und Tierwelt sowie der Tätigkeit des Menschen im Laufe der Zeit aus dem Ausgangsgestein gebildet hat. Der *Begriff «Boden»* wird in der Raumplanung auch im Sinne von Landfläche verwendet. Aufbau und Eigenschaften des Bodens sind unterschiedlich. Geeigneter Boden und geeignetes Klima sind die wesentlichsten Grundlagen für die Pflanzenproduktion und damit die Basis für die menschliche und tierische Ernährung. Böden können verbessert, aber auch verschlechtert, ja sogar zerstört werden.

b) **Funktionen**

Der Boden als physischer Träger aller menschlichen Aktivitäten ist eines der bedeutenden Elemente der Raumnutzung und Raumplanung. Er besitzt mehrere Funktionen, die es in der Raumplanung zu berücksichtigen gilt:

– *Pflanzenstandort* (natürliche Vegetation):
Die Eignung eines Bodens als Pflanzenstandort (naturbedingte Fruchtbarkeit) ist abhängig vom Gesteinsuntergrund, und zwar bezüglich seiner chemischen Zusammensetzung, der Lösbarkeit der Mineralien und der Korngrösse (Fels, Geröll, Kies, Sand, Ton), seiner Gründigkeit und Struktur, der Wasser- und Durchlüftungsverhältnisse und seines Nährstoffgehaltes.

– *Standort der Pflanzenproduktion* (Land- und Forstwirtschaft):
Bei extensiven Formen der Bodennutzung, z. B. Forstwirtschaft, Weidewirtschaft, hängt der Pflanzenertrag weitgehend von den Wechselwirkungen zwischen Boden, Klima und Pflanze ab. Mit zunehmender Intensität der Bewirtschaftung werden die natürlichen Gegebenheiten des Bodens durch Bodenbearbeitung, Düngung, Bodenverbesserung, Be- und Entwässerung usw. beeinflusst und verändert. Durch diese Intensivierung konnten die Ernteerträge stark gesteigert werden. Die Fruchtbarkeit der Böden wird durch unsachgemässe und einseitige Bewirtschaftung langfristig jedoch vermindert.

– *Stofftransformator* (Humusbildung, Mineralisierung):
Im oder auf dem Boden werden pflanzliche und tierische Überreste in Humus umgewandelt bzw. mineralisiert. Der Boden spielt in den Stoffkreisläufen der Natur eine wesentliche Rolle. Diese Transformationseigenschaften sind dafür verantwortlich, dass sich der Boden in beschränktem Mass auch zur Beseitigung und Verwertung von Abfällen eignet; beispielsweise werden Schwermetalle nicht abgebaut (Klärschlammproblematik). Weitere wichtige Belastungsursachen sind Luftverunreinigungen, welche über Regenwasser und Staubpartikel in den Boden gelangen. Negative Einflüsse sind ferner auf unkontrollierte und ungeordnete Deponien zurückzuführen.

– *Regulator des Wasserhaushaltes:*
Der Wasserhaushalt wird durch Klima, Relief, Gesteinsuntergrund, Art des Pflanzenbewuchses, Boden sowie durch wasserwirtschaftliche Massnahmen bestimmt. Wasser, das in den Boden eindringt, wird in der Regel nicht sofort wieder abgegeben. Der Boden übt dadurch eine gewisse ausgleichende Funktion beim Wasserhaushalt aus (Retentionsfunktion).

- *Filterfunktion:*
Der Boden ist in der Lage – aufgrund von mechanischen, chemischen, physikochemischen und biologischen Vorgängen – das Versickern von Schadstoffen zu verzögern und zu verhindern. Diese Filterleistung ist bedeutend, aber nicht unbegrenzt, und kann je nach Schadstoffen und Bodeneigenschaften sehr unterschiedlich sein. Von dieser Eigenschaft profitieren die Land- und Forstwirtschaft, der Gartenbau sowie die Siedlungswasserwirtschaft (Trinkwassergewinnung aus Grundwasser, z. T. künstlich angereichert).
- *Technische Funktionen* (Baugrund, Rohstoffe):
Verschiedene Bodensubstrate, z. B. Torf, Ton, Sand, Kies, Steine, werden als Rohstoffe genutzt. Eine Aufgabe der Raumplanung ist, die Abbaumöglichkeiten dieser Rohstoffreserven langfristig sicherzustellen. Besondere Beachtung ist ferner der Neugestaltung und Rekultivierung von Abbaugebieten (Steinbrüche und Gruben) zu schenken.

3.3.4. Klima / Luft

a) Klimatische Gegebenheiten

Das Klima der Schweiz ist ein Übergangsklima zwischen ozeanischem und kontinentalem Klima einerseits sowie nordeuropäischem und Mittelmeerklima anderseits. Die starke Kammerung des Landes bedingt *grosse regionale und lokale Unterschiede,* so dass kaum von einem gesamtschweizerischen Klimatyp gesprochen werden kann.

Tabelle 22: *Klimadaten (langjährige Mittelwerte)*

Station	Höhe m ü.M.	mittlere Sonnenscheindauer Std./Jahr	Niederschlag pro/Jahr mm	Temperaturen Jan. °C	Juli °C	Mittel °C
Zürich	569	1693	1128	−1,0	17,2	8,2
Basel	317	1677	790	0,2	18,4	9,2
Bern	572	1759	1000	−1,1	18,0	8,6
Genève	416	1979	930	0,2	18,3	9,2
St. Gallen	664	1495	1300	−1,6	16,4	7,4
Luzern	437	1541	1154	−0,9	17,8	8,5
Davos	1592	1666	1007	−6,3	11,6	2,8
Sion	549	2124	592	−0,2	19,6	10,0
Lugano	276	2101	1726	−2,3	21,3	11,8

Quelle: Stat. Jb. der Schweiz 1982

88 Lebensraum als Objekt der Raumplanung

Die grossen Höhenerstreckungen und das bewegte Relief sind Ursachen ausgeprägter natürlicher Landschaftsunterschiede. Auf der Alpennordseite unterscheidet man folgende fünf *Höhenstufen:*

- Schneestufe   über 2500 m ü.M.
- Obere Alpenstufe bis 2500 m ü.M. (Schneegrenze)
- Untere Alpenstufe bis 1800 m ü.M. (Nadelwaldgrenze)
- Bergstufe   bis 1200 m ü.M. (Laubwaldgrenze)
- Hügelstufe   bis   600 m ü.M. (Rebgrenze).

Klimatische Gegebenheiten und Randbedingungen sind bei der planerischen Zuordnung von Raumnutzungen einzubeziehen, z. B.:

- *Landwirtschaft:*
Klimaeignung verschiedener Kulturen
Frosthäufigkeit
Besonnung
Hagelschlag, -häufigkeit.
- *Siedlung:*
Sonnenscheindauer
Nebelhäufigkeit
Windrichtung.
- *Erholung und Tourismus:*
Sonnenscheindauer
Nebelhäufigkeit
Windverhältnisse
Temperaturverhältnisse
Schneeverhältnisse.
- *Energieproduktion:*
Niederschläge (hydroelektrische Energie)
Windverhältnisse (Windenergie)
Sonnenscheindauer (Sonnenenergie).

b) **Anthropogene Einflüsse im besonderen**

Das Klima wird nicht nur durch natürliche Faktoren, wie geographische Lage, Höhe und Exposition, beeinflusst, sondern auch durch anthropogene.

In den Industrieländern entstammen die meisten Luftfremdstoffe menschlichen Aktivitäten, insbesondere der Verbrennung von Brenn- und Treibstoffen. Zu den wichtigsten *Luftfremdstoffen* zählen:

- Kohlendioxid (Feuerungen, Verkehr)
- Kohlenmonoxid (Verkehr)
- Schwefeldioxid (Verkehr, Feuerungen)
- Kohlenwasserstoffe (Industrie, Verkehr, Feuerungen)
- Russ, Staub (Industrie, Feuerungen, Verkehr)
- Blei (Verkehr).

Tabelle 23: *Klimatologische Empfehlungen*

- Sicherung des Luftaustausches; Abflussmöglichkeiten für nächtliche Kaltluft; Freihaltung von Ventilationsbahnen
- Negative Wirkung der Emittenten Verkehr, Industrie- und Hausbrand auf das Klima verhindern oder verringern, z.b. durch Umstellung auf Fernheizung
- Verminderung der Luftverunreinigung, z.b. durch Energiesparen
- Standorte von Industrieanlagen in Abhängigkeit von der Windverteilung bei austauscharmen Wetterlagen planen
- Ausgeprägte Bandstrukturen der Besiedlung nicht in Richtung der vorherrschenden Winde anlegen
- Schaffung von stark mit Bäumen und Büschen bestandenen Park-Grün-Anlagen
- Bebauungsdichte den örtlichen Klimaverhältnissen anpassen; Verhinderung der Bildung von «Wärmeinseln»
- Siedlungen in feuchten, nebelreichen Tälern und Niederungen mit geringem Luftaustausch vermeiden.

Nach Schirmer Hans, Klima, ARL (Hrsg.), Daten zur Raumplanung, Teil A, Hannover 1981

Ebenso vielfältig wie die Zahl der Luftfremdstoffe sind deren Auswirkungen. Neben den direkten Schädigungen von Gesundheit und Wohlbefinden des Menschen gibt es auch zahlreiche indirekte Beeinträchtigungen, d. h. durch Luftverunreinigungen bedingte Boden- und Gewässerverschmutzungen sowie Nahrungsmittelvergiftungen. Luftverunreinigungen schädigen nicht nur Menschen, Tiere und Pflanzen, sondern auch Materialien, z. B. Bauwerke.

Neben lokalen und regionalen Problemen sind von Luftverunreinigungen auch *globale Auswirkungen* zu befürchten: Erwärmung der Erdoberfläche und damit Verschiebung der Klimazonen; Abbau der Ozonschicht, welche vor schädlichen UV-Strahlungen schützt.

3.3.5. Wasser

a) **Wasser als Lebensgrundlage**

Von allen Umweltfaktoren ist das Wasser derjenige, welcher am umfänglichsten und am vielfältigsten durch den Menschen beeinflusst wird. Die Nutzungsinteressen am Wasser, an seiner qualitativen und quantitativen Erhaltung in Raum und Zeit sind vielfältig. *Zielkonflikte* zwischen den verschiedenen *Nutzungsansprüchen* treten in der Wasserwirtschaft besonders deutlich zutage.

Tabelle 24: *Nutzungsinteressen in der Wasserwirtschaft*

− Nutzung des Wassers:
  · Trinkwasserversorgung
  · Brauchwasserversorgung, besonders Kühlwasser
  · Abwasserentsorgung
  · Energieerzeugung
  · Schiffahrt
  · Erholung und Fremdenverkehr
  · Fischerei
  · Land- und Forstwirtschaft (Bewässerung)
  · Naturhaushalt
− Schutz des Wassers:
  · Schutz der Wasser- und Gewässerqualität
  · Schutz vor quantitativer Übernutzung
− Schutz vor der Schädigung durch Wasser:
  · Hochwasserschutz.

Wasser ist in seiner Umgebung ständig quantitativen und qualitativen Veränderungen ausgesetzt; diese wirken sich auf die Wassergüte und den Wasserhaushalt aus. Die *Wasserbilanz* eines Gebietes lautet: Niederschlag − (Verdunstung + Abfluss). Als *Abflussverhältnis* bezeichnet man die Relation zwischen Abfluss und Niederschlag.

Die Raumplanung hat sich somit sowohl mit quantitativen (Wasserhaushalt) als auch mit qualitativen (Wassergüte) Veränderungen auseinanderzusetzen, welche sich durch Eingriffe in die natürlichen Verhältnisse ergeben.

Beispiele solcher Veränderungen sind:

− Verminderung der Abflussmengen in Oberflächengewässern durch Stauhaltung (Problem der Restwassermengen)
− Erhöhung der Abflussmengen in Oberflächengewässern infolge direkter Ableitung von Niederschlagswasser in überbauten Gebieten (inkl. Probleme der Wasserverschmutzung)
− Grossräumige Wasserableitungen zum Zwecke der Energie- und Trinkwassergewinnung (z. B. Bodensee als «Trinkwasserreservoir» für Stuttgart)
− Eindecken von Kleingewässern
− Absenkung des Grundwasserspiegels durch Entwässerung, Grundwasserentnahme (evtl. verbunden mit Bodensenkungen)
− Erhöhung des Grundwasserspiegels durch Bewässerung, künstliche Grundwasseran-

reicherung
- Belastung der Gewässer mit Schmutzstoffen (Abwässer aus Haushaltungen und Industrie, landwirtschaftliche Düngung, Niederschlag von Luftimmissionen)
- Verminderung des Selbstreinigungsvermögens durch Verbauungen, Erwärmung (Problem der Wasserentnahme für Kühlzwecke)
- Offenlegung und damit Gefährdung des Grundwassers durch unsachgemässen Abbau (z. B. in Kiesgruben).

b) **Wasser als Teil des Lebensraums**

Die Gewässer und ihre Ufer bilden einen wichtigen Faktor der Erholungseignung einer Landschaft (Naherholung und Fremdenverkehr) sowie für entsprechende Freizeitaktivitäten (Wassersport).

Tabelle 25: *Hydrologische Empfehlungen*

- Gewässer (inkl. Kleingewässer, wie Weiher, Tümpel, Bäche) und deren unmittelbare Umgebung sind in einem möglichst naturnahen Zustand zu belassen, bzw. in einen solchen zurückzuführen.
- Der Abfluss der Niederschläge muss mit aktiven und passiven Massnahmen reguliert (im allgemeinen verlangsamt) werden.
- Die Nutzung des Grundwassers darf dessen Neubildung nicht übersteigen.
- Wasserverbrauch und Abwasseranfall sind durch vermehrte Kreislaufprozesse zu verringern.
- Die Einleitung von Abwässern soll nur soweit ermöglicht werden, als das Selbstreinigungsvermögen des entsprechenden Vorfluters einen Abbau der Verschmutzung erlaubt.

Nach BRP, Hinweise zur Berücksichtigung der natürlichen Lebensgrundlagen in der Raumplanung (Entwurf), Bern 1980.

3.3.6. Vegetation

Die Regenerationsfähigkeit natürlicher Systeme ist von den Beiträgen der Vegetation abhängig. Rund neunzig Prozent des Rückganges an Pflanzenarten sind auf die direkte Einwirkung des Menschen, insbesondere auf die Intensivierung der Landbewirtschaftung, zurückzuführen; demgegenüber spielen natürliche Ursachen (Klimaänderungen, Pflanzenkrankheiten, natürliche Standortentwicklungen) eine geringe Rolle.

Die grosse Zahl der bereits ausgestorbenen und bedrohten Pflanzenarten macht deutlich, wie wichtig die Berücksichtigung der Vegetation bei der Raumnutzung und Raumplanung ist. Abgesehen von ethischen Gründen gibt es zahlreiche weitere Motive, in allen Landesteilen möglichst viele Pflanzenarten zu erhalten:

- Viele Pflanzen sind Bioindikatoren der Umweltqualität (z. B. Flechten als Indikator für die Luftverschmutzung)
- Vielfältige natürliche Systeme sind stabiler als vom Menschen vereinfachte Systeme (Probleme der Monokulturen)
- Erhaltung aus wissenschaftlichem Interesse
- Erhaltung und Bereithaltung von Genmaterial für die Zucht von Nutzpflanzen.

Die Vegetation reagiert auf direkte Veränderungen der Raumnutzung sowie auf qualitative Änderungen der Standortverhältnisse empfindlich. Normalerweise kommt es nicht zu einem sofortigen Absterben der Vegetation oder einzelner Pflanzenarten, sondern zu einem allmählichen Ausfall einzelner Vertreter. Das Absterben wird vielfach überlagert durch das Auftreten neuer Gattungen. Diese Veränderungen sind nur durch Vorher-Nachher-Vergleiche feststellbar.

Hauptsächlich folgende Pflanzengesellschaften verlieren an Flächenausdehnung:

- Süsswasserpflanzen
- Röhrichte (Schilfe)
- Moore
- Streuwiesen
- Auen- und Bachwälder
- Mager- und Trockenwiesen
- Hecken und Gebüsche
- Ackerwildkräuter.

Bedeutung und Empfindlichkeit der Vegetation erfordern, dass raumwirksame Massnahmen, insbesondere auch sämtliche Änderungen in der Landbewirtschaftung, hinsichtlich ihrer Wirkungen auf die Vegetation und deren Standorte geprüft werden. Eine zentrale Voraussetzung für den Schutz der Vegetation bildet die *Flächensicherung durch das Ausscheiden von Schutzgebieten* als Grundnutzung *und von Landschaftsschutz- oder Landschaftsschongebieten* als überlagernde Nutzungsbegrenzungen.

3.3.7. Tierwelt

Pflanzen- und Tierwelt zusammen bilden die belebte natürliche Umwelt des Menschen. Die Tierwelt reagiert auf *direkte und indirekte Einwirkungen* nahezu gleich empfindlich. Beispiele für direkte Einwirkungen sind: Nachstellung und Tötung von Individuen, Zerstörung von Lebensräumen (z. B. durch Überbauung), Zerschneiden von Lebensräumen (z. B. durch Verkehrsachsen). Zu den indirekten Einwirkungen zählen: Veränderung der Lebensräume durch Entfernen von Hecken, Sträuchern und Bäumen (z. B. von Feldobstbäumen), Entwässerung, Verschlechterung der Wasserqualität, Veränderung des Mikroklimas. Die meisten Schutzbestimmungen (z. B. Artenschutz) beziehen sich auf direkte Einwirkungen auf die geschützten Tierarten. Dagegen werden qualitative und quantitative Veränderungen der Lebensräume – selbst der voll geschützten Tierarten – nicht berücksichtigt.

Die Erhaltung und Wiederherstellung einer vielfältigen und naturnahen Landschaft bildet einen Beitrag zur Förderung und Erhaltung der Tierwelt.

Für den Artenschutz (Tiere und Pflanzen) bedeutsame Flächen sind: Naturnahe Wälder, Hecken, Flurgehölze, Quellgebiete, naturnahe Bäche und Flussläufe, Altwässer, Seen, Teiche und Tümpel, Moore, Streuwiesen, Trockenrasen und Magerwiesen, alpine Lebensgemeinschaften. Der theoretisch denkbare Artenschutz in Naturschutzgebieten oder im Extremfall in botanischen und zoologischen Gärten reicht nicht aus und ist lediglich als letzte Lösung zum Schutz vor dem Aussterben bedrohter Arten zu betrachten.

3.3.8. Landschaftsbild

Das Landschaftsbild wird durch die Gesamtheit der natürlichen Elemente (Relief, Vegetation usw.) und der anthropogenen Elemente (Siedlungen, Landnutzung usw.) bestimmt. Die Gesamtheit der relativ intakten Naturfaktoren bestimmt die Naturnähe einer Landschaft. Seit den Anfängen der Raumplanung ist *die Erhaltung und der Schutz des Landschaftsbildes und der naturnahen Landschaften ein wichtiges Ziel der Raumplanung.*

Auf gesamtschweizerischer Ebene existieren folgende flächendekkende *Unterlagen (Inventare)*, die Informationen über schutzwürdige Landschaften enthalten:

- *KLN-Inventar:*
(KLN = Kommission für die Inventarisation schweizerischer Landschaften und Naturdenkmäler von nationaler Bedeutung)
Erfasst relativ grossflächige Landschaften; Vorläufer des BLN-Inventars; 137 Objekte, ca. 700 000 ha
- *BLN-Inventar:*
(BLN = Bundesinventar der Landschaften und Naturdenkmäler von nationaler Bedeutung)
Übernimmt – differenziert – die Gebiete aus dem KLN-Inventar; 119 Objekte, ca. 541 000 ha (Verordnung über das Bundesinventar der Landschaften und Naturdenkmäler vom 16. August 1977 (SR 451.11))
- *ISOS-Inventar:*
(ISOS = Bundesinventar der schützenswerten Ortsbilder der Schweiz)
(Verordnung über das Bundesinventar der schützenswerten Ortsbilder der Schweiz vom 9. September 1981 (SR 451.12))
- *IVS-Inventar:*
(IVS = Inventar historischer Verkehrswege der Schweiz)
In Anwendung des Bundesgesetzes über den Natur- und Heimatschutz vom 1. Juli 1966 (SR 451) entsteht im Auftrag der Abteilung Natur- und Heimatschutz des Bundesamtes für Forstwesen und Landschaftsschutz ein Inventar historischer Verkehrswege der Schweiz.
- *SBN-Inventar:*
(SBN = Schweizerischer Bund für Naturschutz)
Erfasst geschützte und schutzwürdige Objekte und Gebiete; arbeitet kleinräumiger als das KLN-Inventar
- *SAC-Inventar*, Richtplan zum Schutz der Gebirgswelt:
(SAC = Schweizerischer Alpenclub)
Weitgehend aufgenommen in KLN- und BLN-Inventaren; Unterlagen für Planung im Alpenraum und im Jura.

Für die Berücksichtigung von Landschaften von kantonaler, regionaler und kommunaler Bedeutung sind die entsprechenden Unterlagen über *Landschaftsschutzzonen auf kantonaler, regionaler und kommunaler Ebene* (z. B. Juraschutzzone im Kanton Solothurn oder Schutzverordnung Bachtel im Zürcher Oberland) beizuziehen. Kantonale und regionale Schutzgebiete umfassen eine Fläche von 62 000 ha. Der Schweizerische Nationalpark im Unterengadin umfasst eine Fläche von 16 970 ha.

4. Raumplanung und Bodennutzung

4.1. Zweckmässige Nutzung des Bodens

Eine der zentralen Aufgaben der Raumplanung besteht in der zweckmässigen und schonenden Nutzung des knappen Gutes «Boden». Stetig wachsende Ansprüche des Einzelnen, der Gemeinschaft sowie des Staates zur Erfüllung der ihm übertragenen Aufgaben führen sowohl zu *Knappheitsproblemen,* da der Boden begrenzt und endlich ist, als auch zu *Koordinationsproblemen,* weil zwischen den verschiedenen Ansprüchen an den Boden zahlreiche Beziehungen und Konfliktmöglichkeiten bestehen.

Die Raumplanung muss von folgendem Sachverhalt ausgehen:
– Der Boden ist unvermehrbar, nicht reproduzierbar und unentbehrlich.
– Es kann zwischen bodenerhaltenden und bodenverändernden Nutzungen unterschieden werden: Bodenverändernde Nutzungen nehmen zulasten der bodenerhaltenden ständig zu.
– Wenn bodenerhaltende und bodenverändernde Nutzungen langfristig nebeneinander bestehen sollen, müssen die bodenverändernden gelenkt, gehemmt und wenn nötig aufgehalten werden.

Die beiden verfassungsmässig festgelegten Hauptzielbereiche der Raumplanung (Art. 22^{quater} BV), «zweckmässige Nutzung des Bodens» und «geordnete Besiedlung des Landes» sprechen – unter anderem – die Bodennutzungsproblematik an. Im Raumplanungsgesetz (Art. 1 RPG) werden die leitenden Ziele differenziert. Bund, Kantone und Gemeinden haben dafür zu sorgen,

– dass der Boden haushälterisch genutzt wird,
– dass sie ihre raumwirksamen Tätigkeiten, d. h. Tätigkeiten, welche die Nutzung des Bodens oder die Besiedlung des Landes verändern oder die dazu bestimmt sind, diese zu erhalten, aufeinander abstimmen und
– dass sie eine auf die erwünschte Entwicklung des Landes ausgerichtete Ordnung der Besiedlung verwirklichen.

Unter dem *Begriff «Bodennutzung»* (oder Nutzung) versteht man in der Raumplanung sowohl die tatsächlich ausgeübte als auch die rechtlich festgelegte Verwendung des Bodens. Zweck, Ort und Mass der zulässigen Bodennutzung werden im Nutzungsplan für jedermann verbindlich festgelegt.

4.2. Landnutzungsinformationen

Auf gesamtschweizerischer Ebene stehen gegenwärtig in Form von Karten und Statistiken folgende Landnutzungsinformationen zur Verfügung:

- Landnutzungskarten:
  · Topographische Karten (Landeskarten 1:25 000)
  · Atlas der Schweiz, Kartenblatt «Landwirtschaft» (Übersicht und Bodennutzung), Tafel 48 (1:500 000)
- Landwirtschaftliche Betriebszählung / Landwirtschaftszählung (Bundesamt für Statistik)
- Landwirtschaftlicher Produktions- und Alpkataster (Bundesamt für Landwirtschaft)
- Rebbaukataster (Bundesamt für Landwirtschaft)
- Obstbaumzählung (Eidg. Alkoholverwaltung)
- Forststatistik (Bundesamt für Forstwesen)
- Informationsraster (Bundesamt für Statistik)
- Eidgenössische Arealstatistik (Bundesamt für Statistik).

Eine kritische Beurteilung dieser verschiedenen und nur teilweise miteinander vergleichbaren Landnutzungsinformationen zeigt, dass zuverlässige Bodennutzungsdaten sowohl für den Ist-Zustand als auch für die Entwicklung in der Vergangenheit fehlen. Zur Überprüfung der Wirksamkeit der Raumplanung und Raumordnungspolitik auf den verschiedenen Ebenen werden derartige Daten dringend benötigt. Die Arbeiten für die Erneuerung der *Arealstatistik,* das 1983 angelaufene Schweizerische Landesforstinventar (LFI) sowie die sich im Gang befindende Reform der amtlichen Vermessung (RAV) geben zu Hoffnungen Anlass. In absehbarer Zeit stehen Landnutzungsdaten zur Verfügung, die den tatsächlichen Bedürfnissen der raumplanerischen Praxis entsprechen.

4.3. Landnutzung in der Schweiz

Die Schweiz zählt 41 293 km². Davon sind gemäss Arealstatistik 74,4% land- und forstwirtschaftlich genutzt. 21,3% Öd- und Unland sowie Gewässer und 4,3% oder 1778 km² überbaute Gebiete. Diese

Raumplanung und Bodennutzung 97

Flächenanteile weisen sehr grosse regionale Unterschiede auf (vgl. Abb. 12): Extremfälle sind beispielsweise der Kanton Uri mit 50% Öd- und Unland (Schnee, Eis, Geröll, Sumpf-, Streue- und Torfland), der Kanton Schaffhausen mit einer Waldfläche von 42% (während sie im Kanton Genf nur 11% beträgt), der Kanton Glarus mit 39% Weideflächen oder der Kanton Thurgau mit einem Flächenanteil am Kulturland i.e.S. (Wies- und Ackerland, Obst- und Rebbau) von 56%, d. h. einem doppelt so hohen Anteil wie der gesamtschweizerische Durchschnitt. Die Anteile der überbauten Flächen schwanken zwischen 73% in Basel-Stadt und 1–2% in den Bergkantonen Uri, Glarus, Graubünden und Wallis.

Tabelle 26: *Gesamtfläche der Schweiz nach Nutzungsarten*

	km²	%
Gesamtfläche	41 293,15	100,0
Wies- und Ackerland, Obst- und Rebbau	11 685,11	28,3
Weiden	8 510,19	20,6
Wald	10 519,91	25,5
Oed- und Unland	7 273,13	17,6
Seen	1 415,58	3,4
Flüsse	111,28	0,3
Überbautes Gebiet	1 686,65	4,1
hohe Dichte	6,52	0,0
mittlere Dichte	35,36	0,1
niedere Dichte	1 644,77	4,0
Industrieanlagen	57,31	0,1
Verkehrsanlagen	33,99	0,1

Quelle: Eidg. Arealstatistik 1972

Gemäss der Eidg. Landwirtschafts- und Gartenbauzählung 1980 betrug die landwirtschaftliche Nutzfläche (ohne Sömmerungsweiden) 1 086 100 ha oder 26% der Gesamtfläche der Schweiz. Davon sind mehr als die Hälfte Naturwiesen, rund ein Viertel offenes Ackerland und je 10% Kunstwiesen sowie Maiensässe und Weiden. Das Streue- und Torfland umfasst lediglich noch 5700 ha; diese Flächen fallen als Reserveland für den Ackerbau ausser Betracht. Beim offenen Ackerland dominiert das Getreide, welches knapp zwei Drittel dieser Flächen beansprucht. Einen überdurchschnittlichen Anteil an offenem Ackerland findet sich vor allem in der West- und Nordwestschweiz sowie im nördlichen Landesteil.

98 Lebensraum als Objekt der Raumplanung

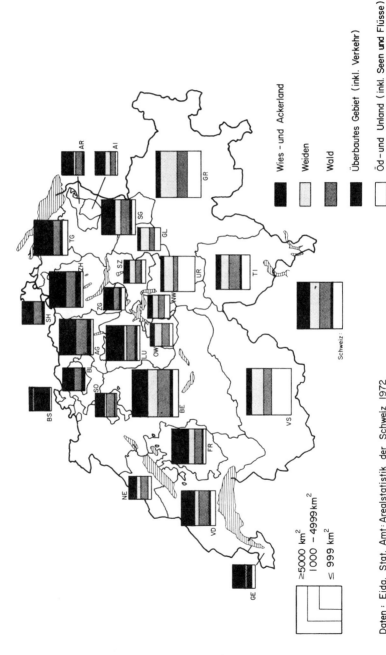

Abb. 12 Prozentuale Verteilung der Gesamtfläche der Schweiz auf die wichtigsten Arealkategorien nach Kantonen

Tabelle 27: *Landwirtschaftlich und gartenbaulich genutztes Land nach Hauptkulturen 1980*

	ha	%
Landwirtschaftliche Nutzfläche (ohne Sömmerungsweiden)	1 086 060	100,0
Offenes Ackerland	274 956	25,3
Getreide	176 942	16,3
Kartoffeln	23 664	2,2
Zuckerrüben	13 075	1,2
Futterrüben	1 853	0,2
Freilandgemüse	8 196	0,8
andere Ackergewächse	51 227	4,7
Futterbau	781 597	72,0
Kunstwiesen	106 406	9,8
Naturwiesen	561 311	51,7
Maiensässe und Weiden (ohne Sömmerungsweiden)	113 880	10,5
Rebland	12 327	1,1
Obstbauliche Intensivkulturen	7 673	0,7
Streue- und Torfland	5 688	0,5
Übriges Kulturland	3 819	0,4

Quelle: Eidg. Landwirtschafts- und Gartenbauzählung 1980

Tabelle 28: *Entwicklung der landwirtschaftlichen Nutzfläche 1939–1980*

	ha	%
1939	1 168 374	
Veränderung 1939-1955	− 59 070	−5,1
1955	1 109 304	
Veränderung 1955–1965	− 28 875	−2,6
1965	1 080 429	
Veränderung 1965–1975	− 24 802	−2,3
1975	1 055 627	
Veränderung 1975–1980	+ 30 433	+2,9
1980	1 086 060	
Veränderung 1939–1980	− 82 314	−7,0
Veränderung pro Jahr		
1939–1955	− 3 692	
1955–1965	− 2 886	
1965–1975	− 2 480	
1975–1980	+ 6 087	
1939–1980	− 2 008	

Quelle: Landwirtschaftliche Betriebs- und Landwirtschaftszählungen

Die *Entwicklung der landwirtschaftlichen Nutzfläche* in der Schweiz kann folgendermassen zusammengefasst werden (vgl. Tab. 28):

- Zwischen 1939 und 1975 ging die in der Betriebszählung ausgewiesene landwirtschaftliche Nutzfläche um 112 700 ha oder durchschnittlich um etwa 3100 ha pro Jahr zurück.
- Gleichzeitig erfolgte aber eine Zunahme des offenen Ackerlandes um rund 52 300 ha.
- Gebietsmässig spezialisierte sich die Landwirtschaft stark. Anstelle der früheren Vielfältigkeit treten Anbauregionen mit wenigen Produktionszweigen.
- Die für den Zeitraum 1975–1980 ausgewiesene Zunahme der landwirtschaftlichen Nutzfläche ist rein statistisch bedingt (gründlichere Erhebungen und Vermessungen).

Die gesamte *Waldfläche* betrug 1981 1 144 993 ha, die produktive Waldfläche 993 499 ha. 73% der gesamten Waldfläche sind in öffentlichem Besitz (Staat, Gemeinden und Körperschaften öffentlichen Rechts). Die natürliche Zusammensetzung des Waldes vermittelt folgendes Bild:

- Buchen- und Tannenwald   35% Flächenanteil
- Laubmischwald   23%
- Fichtenwald   20%
- Arven-, Lärchen- und Bergföhrenwald   14%
- Übrige Waldarten   8%

Rund 80% der Baumarten sind Nadelbäume, 20% Laubbäume.

Der *Bewaldungsgrad* (Anteil der Waldfläche an der Gesamtfläche) der einzelnen Landesteile ist recht unterschiedlich: Am höchsten ist er im Jura (40%), auf der Alpensüdseite (40%) und in den Voralpen (36%). Unter dem schweizerischen Mittelwert von 28% liegt er im Mittelland (25%) und in den Alpen (21%).

Für die Raumplanung von besonderer Bedeutung ist, dass der Wald gleichzeitig verschiedene Funktionen erfüllt. Zu den wichtigsten *Waldfunktionen* zählen:

- *Schutzfunktion:*
Der Wald leistet einen wesentlichen Beitrag zum Schutz des Menschen und seiner Einrichtungen gegen Naturgefahren (Lawinen, Steinschlag, Wildbäche, Bodenerosion usw.). Er schützt aber auch vor Zivilisationsgefahren, wie Lärm, Staub, Russ; er hemmt die Wasserverschmutzung, filtriert Wasser und Luft, verarbeitet Kohlensäuregas und gibt Sauerstoff ab.
- *Erholungsfunktion:*
Der Wald stellt heute in vielen Siedlungsgebieten die letzte grössere, nicht überbaute und jedermann frei zugängliche Fläche dar.
- *Gliederungsfunktion:*
Zusammen mit der Topographie und den Gewässern bildet der Wald ein wichtiges Element der Landschaftsgliederung und damit ein festes Gerippe für die Raumplanung.
- *Landschaftsökologische Funktion:*
Der Wald ist das ökologisch beständigste Landschaftselement mit einem bedeutenden Regenerationsvermögen gegenüber störenden Umwelteinflüssen. Er besitzt grosse Bedeutung für die Erhaltung der Tier- und Pflanzenwelt.

– *Produktionsfunktion:*
Viele gewerbliche und industrielle Betriebe sind ganz oder teilweise auf die einheimische Holzproduktion angewiesen. Von spezieller Bedeutung ist diese in den Bergregionen, da sie die Existenzgrundlage für das lokale holzverarbeitende Gewerbe bildet. Für manche Berggemeinde sind die Einnahmen aus dem Wald eine wichtige Finanzquelle.
– *Weitere Funktionen:*
An weiteren Funktionen sind zu nennen: Wasserversorgungsfunktion, Förderungsfunktion für Landwirtschaft und Tourismus, Verteidigungsfunktion, Arbeitsfunktion, d. h. Schaffung von Arbeitsmöglichkeiten, Vermögensfunktion.

Die schweizerische Forstwirtschaft strebt – unterstützt durch die Raumplanung – eine *multiple Funktionserfüllung* an und versucht, die teilweise widersprüchlichen Interessen unter Berücksichtigung der lokalen und regionalen Gegebenheiten auszugleichen.

Der Begriff der Bodennutzung umfasst nicht nur die land- und forstwirtschaftlich genutzten Gebiete, sondern sämtliche vorkommenden Nutzungsaktivitäten.

Der *Anteil der Siedlungsfläche* an der Landfläche der Schweiz (ohne Gewässer) beträgt gemäss Arealstatistik 4,3%. In den fünf grossstädtischen Agglomerationen (Zürich, Basel, Genf, Bern und Lausanne) steigt dieser Wert im ganzen auf 27,2%, in den vierzehn mittelstädtischen Agglomerationen beträgt er noch 19,6% und in der übrigen Schweiz 3,3%. Betrachten wir lediglich die Agglomerationskerngemeinden, so finden wir folgende Werte: grossstädtische Agglomerationen 53,9% (Maximum Basel mit 87,9%), mittelstädtische Agglomerationen 31,4%, gross- und mittelstädtische Agglomerationen insgesamt 40,6% (Agglomerationsabgrenzung nach alter Definition).

97,5% des überbauten Gebietes der Schweiz besitzen eine niedrige, 2,1% eine mittlere und lediglich 0,4% eine hohe bauliche Dichte. In den Agglomerationen sieht dieses Bild allerdings wesentlich anders aus: In den Kerngemeinden grossstädtischer Agglomerationen schwanken die Anteile der Gebiete mit hoher Überbauungsdichte zwischen 2,1% (Zürich) und 17,4% (Genf). Die entsprechenden Werte für die Gebiete mit mittlerer Dichte lauten 2,4% (Lausanne) und 35,3% (Basel) sowie für Gebiete niederer Dichte 50,2% (Genf) und 79,9% (Zürich). Der flächenmässige Anteil der Industrie- und Verkehrsanlagen ist am höchsten in der Stadt Olten: 28% (10% Industrieanlagen, 18% Verkehrsanlagen). Einen ähnlich hohen Wert erreicht lediglich noch die Stadt Basel mit 23,5%, wobei allerdings die Flächen der Industrieanlagen grösser sind als diejenigen der Verkehrsanlagen. In diesen beiden

Städten wird also rund ein Viertel der Siedlungsfläche von Industrie- und Verkehrsanlagen eingenommen. Neben der effektiven Bodennutzung interessiert sich die Raumplanung vor allem auch für Übersichten über die im Rahmen der Nutzungsplanungen ausgeschiedenen Zonenflächen. Ende der siebziger Jahre waren in der Schweiz *Bauzonen* in der Grösse von 2205 km² ausgeschieden. Davon waren 1267 km² oder 57% überbaut. Die Reserven betrugen 938 km². Gemessen an der nicht besiedelten Fläche der Schweiz (ohne Fels, Eis, Sümpfe, Seen und Flüsse) betrugen diese Baulandreserven 3,1%. Die regionalen Unterschiede bei den Baulandreserven sind beträchtlich: Während in einzelnen Regionen der Baulandbedarf bald einmal die vorhandenen Reserven übersteigt, werden andernorts trotz grosszügiger Baulandreserven kaum noch Bauvorhaben realisiert.

Die schweizerische Kulturlandschaft hat sich in den letzten Jahren und Jahrzehnten nicht nur durch flächenmässige Verschiebungen zwischen landwirtschaftlichem Kulturland und überbautem Gebiet verändert. *Die ländliche Kulturlandschaft hat in ihrem Erscheinungsbild z. T. tiefgreifende Umwandlungen erfahren:* Beispielsweise ging der Bestand an Obstbäumen im Feldobstbau zwischen 1971 und 1981 um über einen Viertel von 7,5 Mio. auf 5,5 Mio. Obstbäume zurück. Im Bereich der Bodenverbesserungen wurden in den zehn Jahren zwischen 1974 und 1984 u. a. Projekte in folgendem Umfange realisiert:

- Entwässerungen   13 469 ha
- Bachkorrektionen, Kanäle   1 148 km
- Bewässerungen   4 095 ha
- Bewässerungskanäle   102 km
- Güterzusammenlegungen   108 603 ha
- Urbarisierungen   1 563 ha
- Strassen und Wege   3 296 km.

Derartige qualitative Veränderungen, welche das Landschaftsbild entscheidend prägen, werden im Rahmen der Bodennutzungsstatistik nur unzureichend erfasst. Erst eine gesamtheitliche Betrachtung, welche über die Erfassung der Bodennutzung hinausgeht, erlaubt es, fundierte Grundlagen für eine auch die Belange des Natur-, Heimat- und Landschaftsschutzes berücksichtigende Raumplanung bereitzustellen. Die auf Bundesebene ergriffenen Initiativen für die Schaffung einer umfassenden gesamtschweizerischen Landschaftsdokumentation («Landschaftsstatistik») sind zu begrüssen.

Tabelle 29: *Entwicklung der Bodennutzung in der Schweiz 1980–2000*

Kategorien	1980		2000	
	absolut in ha	pro Kopf in m²	absolut in ha	pro Kopf in m²
Total	4 129 315	6 487	4 129 315	6 136 – 6 303
Weiden, Wald, Öd- und Unland, Gewässer	2 842 382	4 465	2 841 192 – 2 842 256	4 333 – 4 387
Landwirtschaftliche Nutzfläche	1 096 933	1 723	1 051 950 – 1 069 419	1 587 – 1 597
Nettosiedlungsfläche	190 000	299	217 600 – 236 100	323 – 359
Verkehrsfläche	68 580	108	74 200 – 76 580	110 – 116
Fläche für öffentliche Bauten und Anlagen	19 090	30	22 100 – 24 410	33 – 37
Nettobaufläche	102 300	161	121 300 – 135 100	180 – 205
Bruttogeschossfläche für Wohnen	26 880	42	32 450 – 35 220	48 – 54
Bruttogeschossfläche für Arbeiten (Sektor II u. III)	20 266		22 866 – 24 505	
Ausnützungsziffer	0,46		0,44 – 0,45	

Quelle: Rumley Pierre-Alain, Aménagement du territoire et utilisation du sol – Evolution passée et schémas prospectifs de l'utilisation du sol en Suisse, ORL-Bericht Nr. 50, 1984

5. Raumplanung und Wirtschaft

5.1. Zusammenhänge

Die räumlichen und die wirtschaftlichen Entwicklungen und Ordnungen stehen in einem engen Verhältnis gegenseitiger Abhängigkeiten, dem sowohl bei der räumlichen als auch bei der wirtschaftlichen Planung Rechnung zu tragen ist. Die Raumplanung muss sich daher in den Rahmen der wirtschaftlichen Gesamtentwicklung einfügen. Umgekehrt ist indessen die Forderung aufzustellen, dass Massnahmen zur Beeinflussung und zur Förderung der wirtschaftlichen Entwicklung auf raumordnungspolitische Zielsetzungen Rücksicht nehmen.

5.2. Theorien der räumlichen Ordnung der Wirtschaft

5.2.1. Theorieansätze

Eine umfassende Theorie der räumlichen Ordnung der Wirtschaft existiert nicht. Die vorliegenden Theorien lassen sich vereinfacht in

- Standorttheorien sowie
- Wachstums- und Entwicklungstheorien

untergliedern.

Die *Standorttheorien* befassen sich einerseits mit den Eigenschaften von Standorten, anderseits mit den individuellen Anforderungen, die raumbeanspruchende Aktivitäten stellen. *Wachstums- und Entwicklungstheorien* gehen weniger von individuellen räumlichen Gegebenheiten und Raumnutzungsansprüchen aus. Vielmehr behandeln sie die Voraussetzungen und Ursachen räumlicher Entwicklungsprozesse.

5.2.2. Standortwahl

a) **Bedeutung der unternehmerischen Entscheidung**

Der *optimale Betriebsstandort* ist jener Ort, der die bestmögliche

Verwirklichung des Unternehmensziels gewährleistet. Das bedeutet, dass die Wahl des Standortes für einen Einzelbetrieb eine unternehmerische Entscheidung darstellt, die sich vorweg an den Unternehmenszielen orientiert. Wichtige *unternehmerische Ziele* sind:

- Gewinnmaximierung: Grösstmögliche Differenz zwischen Kosten und Ertrag
- Wachstum: Vergrösserung des Umsatzes, des Marktanteils usw.
- Sicherheit und Stabilität: Langfristige Gewährleistung der Leistungsfähigkeit
- Nicht-monetäre Ziele wie Macht, Unabhängigkeit, individualethisch motivierte Verhaltensweisen, subjektive Wertvorstellungen.

Diese Ziele bestimmen nun die *Wahl der Mittel,* welche eingesetzt werden, um das Unternehmensziel optimal zu erreichen. Dabei versucht die Unternehmung – entsprechend dem Rationalitätsprinzip –, das Unternehmensziel mit dem geringsten Mitteleinsatz, bzw. bei gegebenem Mitteleinsatz, eine maximale Zielerfüllung zu erreichen. Bei einer Betriebsgründung verlangt die Wahl der Mittel Entscheidungen über:

- Wahl des Standortes
- Wahl des Produktions- bzw. Verkaufsprogrammes
- Wahl der Betriebsgrösse
- Wahl der Technologie.

Wegen ihrer langfristigen Wirkung kommt der *Standortwahl* besondere Bedeutung zu.

Die Frage nach dem optimalen Standort stellt sich für eine Unternehmung auf den verschiedenen räumlichen Ebenen:

- *Internationale Ebene:* Bestimmung des Landes, das als Betriebsstandort in Frage kommt; besonders wichtig bei multinationalen Unternehmungen
- *Nationale Ebene:* Bestimmung der Standortregion
- *Regionale Ebene:* Bestimmung der Standortgemeinde
- *Lokale Ebene:* Bestimmung des Standortes innerhalb der Gemeinde
- *Innerbetriebliche Ebene:* Bestimmung der räumlichen Anordnung und Organisation der einzelnen Betriebsabteilungen.

Die Bedeutung der Standortanforderungen ist deshalb je nach Ebene unterschiedlich. Während beispielsweise auf der lokalen und regionalen Ebene das Vorhandensein von erschlossenem Industriegelände eine wichtige Voraussetzung darstellt, ist dieser Faktor auf nationaler und internationaler Ebene von untergeordneter Bedeutung.

b) Standortanforderungen und Standortbedingungen

Die Ansprüche, die ein Betrieb an seinen Standort stellt, werden als *Standortanforderungen* bezeichnet. *Generell* sind diejenigen Standortanforderungen, welche von allen Betrieben, ohne Rücksicht auf ihre Branchenzugehörigkeit, Betriebsfunktion, Betriebsgrösse usw., gestellt werden. Die besonderen Eigenarten eines einzelnen Betriebes werden darin nicht berücksichtigt. Sie dienen dazu, die grundsätzlichen Probleme der Standortwahl aufzuzeigen, vermögen aber nicht, den optimalen Standort für eine bestimmte Produktion anzugeben. Die generellen Standortanforderungen bilden gewissermassen den Unterbau, auf den sich die *speziellen Standortanforderungen* aufsetzen lassen. Diese ergeben sich aus den besonderen Aufgaben des einzelnen Betriebes. Mit den speziellen Standortanforderungen arbeitet der Unternehmer, der für den von ihm geplanten Betrieb den optimalen Standort sucht. Demgegenüber interessiert sich die Raumplanung hauptsächlich für die generellen Standortanforderungen.

Tabelle 30: *Liste wichtiger (industrieller) Standortfaktoren*

- Grundstück und Gebäude
  · Grösse und Lage
  · Topographie und Baugrund
  · Erschliessungskosten
  · Vorhandene Gebäulichkeiten

- Material
  · Rohstoffe
  · Halbfabrikate

- Energie
  Erschliessung und Kosten für: Elektrizität, Gas, Heizöl, Fernwärme

- Wasserversorgung
  · Erschliessung und Kosten
  · Quantität und Qualität (Trink- und Brauchwasser)

- Arbeitskräfte
  Arbeitskraftreserven und Lohnniveau, differenziert nach verschiedenen Arbeitnehmerkategorien (Männer, Frauen; gelernte, angelernte, ungelernte Arbeitskräfte; Schweizer, Ausländer usw.)
- Kapitalkosten (Möglichkeiten zur Kapitalbeschaffung)
- Steuern (Steuerbelastung für Unternehmung/Betrieb)
- Absatzmarkt
- Verkehr
  Erschliessung und Transportkosten; Güter- und Personenverkehr; Strasse, Eisenbahn, Nähe Verkehrsknotenpunkte und -einrichtungen, Nähe Flughafen
- Agglomerationsfaktoren
  · Interne Ersparnisse durch Kapazitätsausdehnungen eines Einzelbetriebes (economies of scale)
  · Externe Ersparnisse durch
    · Lokalisationsvorteile (Vorhandensein mehrerer Betriebe derselben oder ähnlicher Branchen) (localization economies)
    · Urbanisationsvorteile (Ausstattung mit städtischen, urbanen Einrichtungen und intensive wirtschaftliche Verflechtung) (urbanization economies)
- Raumplanung und Umweltschutz
  · Stand der Raumplanung (Industriezone)
  · Emissionen und Immissionen
  · Abwasserbeseitigung, Vorhandensein von Kläranlagen
  · Abfallbeseitigung, Deponien
- Staatliche Wirtschaftsförderungsmassnahmen und Massnahmen zur Förderung der Betriebsansiedlung; Wirtschaftsgesinnung
- Historische Aspekte
  · Branchentradition
  · Herkunftsgoodwill.

Standortbedingungen (Standortvoraussetzungen) sind alle Eigenschaften einer Raumstelle, die von einem Betrieb bei seiner Zielerfüllung effektiv genutzt werden. Das Augenmerk richtet sich dabei auf Eigenschaften, die von Raumstelle zu Raumstelle unterschiedlich sind. Ist ein Teil der Standortbedingungen an den verschiedenen Standorten gleich, so spricht man von *Ubiquitäten*. Die Standortbedingungen umfassen sowohl die *generellen* Eigenschaften und Voraussetzungen, die von allen Betrieben, als auch die *speziellen* Bedingungen, die nur von bestimmten Betrieben genutzt werden. Die letzteren können zusätzlich zu den generellen Standortbedingungen hinzutreten oder deren besondere Ausprägung sein. Vergleichbar sind demnach nur generelle

Standortanforderungen und -bedingungen einerseits sowie spezielle anderseits.

Grobschema der Standortwahl:

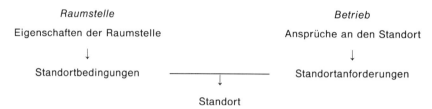

Als Entscheidungshilfen für die unternehmerische Standortentscheidung dienen *Standortfaktorenkataloge*. Sie geben Auskunft, welche Faktoren bei der betrieblichen Standortwahl zu berücksichtigen sind (vgl. Tab. 30).

c) Standorttheorien

Standorttheorien befassen sich mit einzelwirtschaftlichen und gesamtwirtschaftlichen Standortproblemen. Die *einzelwirtschaftlichen Standorttheorien* ermitteln den optimalen Standort eines Einzelbetriebes (Theorien der unternehmerischen Standortwahl). Die *gesamtwirtschaftlichen Standorttheorien* beschäftigen sich demgegenüber mit der optimalen räumlichen Struktur aller wirtschaftlichen Aktivitäten. Die Theorien werden in einer Auswahl knapp vorgestellt:

- *Theorie der Landnutzung* (J.H. von Thünen):
  Diese Theorie geht der Grundfrage nach, inwieweit wirtschaftliche Gesetzmässigkeiten zur Herausbildung optimaler räumlicher Strukturen der Landnutzung führen (Thünen-Ringe). Sie besagt, dass die Lagerente mit zunehmender Entfernung der Produktionsstandorte vom Konsumzentrum abnimmt und so zu einer räumlichen Differenzierung der Intensität der Bodennutzung führt. Mit zunehmender Nähe zum Konsumzentrum steigt die Intensität der Bodennutzung an.
- *Industriestandorttheorie* (A. Weber):
  Die Industriestandorttheorie von A. Weber fragt nach dem optimalen Standort eines industriellen Einzelbetriebes unter besonderer Berücksichtigung der Transportkosten, der Arbeitskosten und von Agglomerationswirkungen. Von zentraler Bedeutung sind in dieser Theorie die Transportkosten bzw. der Standort mit der niedrigsten Transportkostenbelastung. Eine Verlegung des Industriestandortes vom Transportkostenminimalpunkt erfolgt nur dann, wenn die dadurch erzielten Kostenersparnisse den erhöhten Transportkostenaufwand übersteigen.

- *Theorie der zentralen Orte* (W. Christaller):
  Diese Theorie versucht, die räumliche Struktur der Ordnung der Wirtschaft (Dienstleistungssektor) und die Hierarchie der Siedlungen aufgrund wirtschaftlicher Bestimmungsfaktoren zu erklären. Zentrale Orte bieten entsprechend ihrem Zentralitätsgrad Güter und Dienstleistungen an, welche über den Eigenbedarf der Einwohner hinausgehen.
- *Theorie der Marktnetze* (A. Lösch):
  Diese Theorie versucht, die räumliche Verteilung der Produktionsstandorte und die räumliche Produktionsspezialisierung zu erklären. Das Ergebnis ist ein System von hexagonalen Marktnetzen, das von Lösch als «Idealbild einer Wirtschaftslandschaft» bezeichnet wird.

5.2.3. Räumliche Wachstums- und Entwicklungstheorien

Das Schwergewicht räumlicher Wachstums- und Entwicklungstheorien liegt in der Erklärung der räumlich differenzierten wirtschaftlichen Wachstums- und gesellschaftlichen Entwicklungsprozesse. Als Theorien können hervorgehoben werden:

- *Neoklassische Theorie:*
  Interregionale Unterschiede der Faktorentgelte (z. B. Löhne, Kapitalzinsen) werden durch Faktorwanderungen (z. B. Arbeitskräfte, Kapital) ausgeglichen, d. h., der Marktmechanismus führt zu einem Ausgleich der regionalen Unterschiede der Pro-Kopf-Einkommen (Annahmen: vollkommene Konkurrenz, Vollbeschäftigung, freie Faktormobilität). Die Wachstumsrate des Kapitals wird durch die innerregionale Kapitalbildung (Sparquote, Kapitalkoeffizient) und durch die interregionalen Kapitalbewegungen bestimmt, diejenige des Faktors Arbeit durch innerregionale Veränderungen des Arbeitskräftebestandes (natürliche Bevölkerungsentwicklung) und interregionale Arbeitskräftewanderungen.
- *Postkeynesianische Theorie:*
  Die postkeynesianische Wachstumstheorie ist nachfrageorientiert. Sie betrachtet die Investitionstätigkeit als einen entscheidenden Bestimmungsgrund des wirtschaftlichen Wachstums.
  Unterschiede in der räumlichen Verteilung von Investitionen und in der räumlichen Wirkung von Einkommens-, Kapazitäts- und Komplementäreffekten führen zur Herausbildung von Wachstums-, Stagnations- und Entleerungsgebieten.
- *Exportbasis-Theorie:*
  Entscheidend für das Wirtschaftswachstum einer Region ist die Entwicklung des (regionalen) Exportsektors, d. h. der ausserregionalen Nachfrage nach Gütern und Dienstleistungen, die in der Region produziert werden (Exportaktivitäten = basic; lokale Aktivitäten = non-basic).
- *Wirtschaftsstufentheorien:*
  Diese Theorien beschreiben die langfristige Entwicklung der Wirtschaft (und Gesellschaft) unter Berücksichtigung wirtschaftlicher, demographischer, sozialer und politischer Einflussgrössen. Ein bekanntes Beispiel dafür ist die *Wirtschaftssektoren-Theorie* (C. Clark; E.M. Hoover; J. Fourastié).

– *Polarisationstheorien:*
Nach diesen Theorien verursachen Ungleichgewichte einen Entwicklungsprozess, der zur Verstärkung dieser Ungleichheiten, d. h. zu einer sektoralen und/oder regionalen Polarisation (zirkulär kumulativer Entwicklungsprozess), führt.
Bei der regionalen Polarisation wird zwischen Ausbreitungs- und Entzugseffekten unterschieden. *Ausbreitungseffekte* sind alle positiven Veränderungen, die durch das wirtschaftliche Wachstum des Zentrums in anderen Regionen verursacht werden. Unter *Entzugseffekten* versteht man alle negativen Veränderungen, welche das wirtschaftliche Wachstum im Zentrum auf andere Regionen bewirkt. Von besonderer Bedeutung für die Raumplanung sind:
· Wachstumspolkonzepte und
· Zentrum-Peripherie-Modelle.

5.2.4. Weitere Theorien

Neben den genannten und kurz skizzierten Standort- und Wachstumstheorien gibt es zahlreiche weitere Theorien und Modelle für die Erklärung der räumlichen Ordnung und Organisation der Wirtschaft. Als Beispiele seien genannt: *Theorien des internationalen Handels* (z. B. Theorie der komparativen Vorteile), die auch auf regionale Probleme (z. B. räumliche Spezialisierung) übertragen werden können; *Innovations-, Adaptions- und Diffusionstheorien,* welche versuchen, den räumlichen Ausbreitungsprozess des technischen Fortschrittes zu erklären; *Theorien der endogenen Entwicklung,* d. h. Theorien, die das Schwergewicht vor allem auf die möglichst umfassende Mobilisierung der regionalen Ressourcen – natürlicher, menschlicher, unternehmerischer, institutioneller und anderer Art – legen; im Zusammenhang mit der Wanderung von Arbeitskräften interessieren besonders auch *Migrationstheorien.*

5.3. Struktur und Verteilung der Beschäftigten

5.3.1. Begriffe

Zu den für die Raumplanung und Raumordnungspolitik wichtigsten Daten zählen Angaben über die Struktur, Verteilung und Entwicklung der Beschäftigten. Einen entsprechenden Überblick vermitteln:
– *Eidgenössische Betriebszählungen* (alle zehn Jahre, letzte 1985)
– *Industriestatistik* (jährlich, seit 1982 auf neuen Erhebungsgrundlagen)
Für den Bereich der Industrie (Definition des Industriebetriebes gemäss Art. 5 des

Bundesgesetzes über die Arbeit in Industrie, Gewerbe und Handel (Arbeitsgesetz) vom 13. März 1964, SR 822.11).
– *Beschäftigungsstatistik* (vierteljährlich; deren räumliche Gliederung wird ausgebaut).

Im Mittelpunkt dieser Zählungen stehen die Arbeitsstätten bzw. Betriebe. Das bedeutet, dass die Zuordnung der Beschäftigten zu den Wirtschaftssektoren, -abteilungen, -klassen usw. nicht nach der individuellen Tätigkeit des einzelnen Beschäftigten erfolgt, sondern nach dem Schwerpunkt der Arbeitsstätte, in welcher der Beschäftigte tätig ist. Ferner bedeutet dies, dass die Beschäftigten – im Gegensatz zu den Erwerbstätigen der Eidgenössischen Volkszählungen – an ihren Arbeitsorten (Arbeitsgemeinden) und nicht an ihren Wohnorten (Wohngemeinden) erfasst werden (Arbeitsortsprinzip).

Die wohl häufigste und für die Raumplanung wichtigste Gliederung der gesamten Volkswirtschaft ist die Unterteilung in die drei Wirtschaftssektoren:

– *Primärer Sektor:*
Land- und Forstwirtschaft, Gartenbau, Fischerei
– *Sekundärer Sektor:*
Bergbau, Industrie und verarbeitendes Gewerbe, Baugewerbe, Energiewirtschaft, Umweltschutz
– *Tertiärer Sektor:*
Dienstleistungen (Handel, Banken, Versicherungen, Verkehr, Gastgewerbe, öffentliche Dienste).

Neben der sektoralen Gliederung der Betriebe und Beschäftigten interessiert immer mehr, nicht zuletzt im Zusammenhang mit technologischen Entwicklungen, die *funktionale Unterteilung* und insbesondere die räumliche Trennung dispositiver Managementfunktionen von der eigentlichen Produktion. Mit dieser Trennung sind auch die Probleme der Zweigbetriebe verbunden. Eine weitere, neuere Gliederung ist diejenige in einen *formellen,* einen *öffentlichen* und einen *informellen* Sektor.

5.3.2. Sektorale Umschichtungen

Die Schweiz wandelt sich – gemessen an der Beschäftigtenzahl – immer mehr von einem Industrie- zu einem *Dienstleistungsland.* Während 1965 noch mehr als die Hälfte der Beschäftigten im sekundären

Wirtschaftssektor tätig waren, sank dieser Anteil 1975 deutlich unter die 50-Prozent-Schwelle und wurde vom tertiären Sektor auf den zweiten Platz verdrängt. Heute arbeitet mehr als die Hälfte aller Beschäftigten in der Schweiz im Dienstleistungssektor. Noch eindrücklicher als die prozentualen Verschiebungen zwischen den einzelnen Wirtschaftssektoren sind die absoluten Zu- und Abnahmen der Beschäftigten: Die Beschäftigtenzahl im primären Sektor ging zwischen 1965 und 1975 um über 80 000 (rund ein Drittel), diejenige im sekundären Sektor um rund 280 000 zurück. Die starke Zunahme von über 300 000 Beschäftigten bei den Dienstleistungen vermochte die negative Entwicklung in den beiden anderen Sektoren nicht ganz auszugleichen, so dass daraus für den Zeitraum 1965 bis 1975 eine Abnahme von insgesamt knapp 60 000 Beschäftigten oder gut 2% resultierte (vgl. Tab. 32). Diese Umschichtungen setzten sich auch nach 1975 – in etwas verlangsamtem Tempo – fort.

Diese sektorale Umschichtung war gleichzeitig von teilweise bedeutenden Zunahmen der Arbeitsproduktivität (reale Produktion pro geleistete Arbeitsstunde) begleitet. Trotz Beschäftigungsrückgang (und Rückgang der durchschnittlichen Arbeitszeit) stieg während der Periode 1965 bis 1975 und in den folgenden Jahren die gesamtschweizerische und sektorale Produktion (vgl. Tab. 31).

Tabelle 31: *Entwicklung der Arbeitsproduktivität und Produktion 1960–1980 (1960 = 100)*

– Gesamtwirtschaftliche Arbeitsproduktivität	159,3
– Arbeitsproduktivität in Industrie und Handwerk	
· Pro Kopf	191,7
· Stundenproduktivität	201,0
– Arbeitsproduktivität im Dienstleistungsbereich	123,2
– Industrielle Produktion	183,5
– Wertschöpfung im Dienstleistungssektor	187,1

Quelle: Blattner Niklaus und Mordasini Bruno, Die Arbeitsproduktivität in der Schweiz 1960–1980 – Entwicklung und Versuche der Erklärung, Die Volkswirtschaft H. 2, 1982

Raumplanung und Wirtschaft 113

Kantone	Im ganzen		Wirtschaftssektor 1		Wirtschaftssektor 2		Wirtschaftssektor 3		
								1975	
	1965	1975	1965	1975	1965	1975	1965	Total	Davon öffentliche Verwaltung
Zürich	517 011	520 123	21 335	15 498	253 290	210 665	242 386	293 960	14 707
Bern	420 642	401 130	54 803	39 333	203 332	174 147	162 507	187 650	21 204
Luzern	120 375	115 518	21 236	14 639	54 410	48 459	44 729	52 420	4 052
Uri	13 401	13 869	1 760	1 226	6 670	7 513	4 971	5 130	680
Schwyz	33 590	33 064	5 432	4 313	18 166	15 953	9 992	12 798	986
Obwalden	9 575	9 549	2 293	1 671	4 022	3 834	3 260	4 044	469
Nidwalden	10 167	10 410	1 440	1 220	4 891	4 564	3 836	4 626	784
Glarus	19 570	16 538	1 631	1 242	13 320	10 382	4 619	4 914	367
Zug	27 797	30 904	2 602	1 790	15 922	15 174	9 273	13 940	691
Fribourg	65 403	64 973	16 454	10 822	28 535	26 734	20 414	27 417	2 191
Solothurn	105 380	94 935	6 963	4 600	69 488	56 132	28 929	34 203	1 995
Basel-Stadt	137 542	137 444	419	613	62 748	58 324	74 375	78 507	4 012
Basel-Landschaft	68 098	72 206	4 229	3 119	45 400	41 935	18 469	27 152	2 052
Schaffhausen	36 893	32 554	3 127	1 667	24 144	19 816	9 622	11 071	1 105
Appenzell A. Rh.	19 058	16 161	2 812	1 913	9 857	7 825	6 389	6 423	392
Appenzell I. Rh.	4 903	4 785	1 668	1 214	1 848	1 858	1 387	1 713	94
St. Gallen	165 966	159 584	17 389	11 930	93 193	80 016	55 384	67 638	4 030
Graubünden	77 615	74 275	9 880	6 553	33 186	26 935	34 549	40 787	2 297
Aargau	184 264	179 104	17 550	11 075	120 972	102 466	45 742	65 563	3 719
Thurgau	83 032	72 706	12 147	9 497	51 173	40 715	19 712	22 494	1 438
Ticino	121 772	123 438	4 448	2 580	64 105	54 224	53 219	66 634	4 802
Vaud	218 937	209 021	23 661	16 144	91 784	78 933	103 492	113 944	6 835
Valais	79 283	82 288	11 668	4 394	35 326	35 350	32 289	42 544	2 438
Neuchâtel	77 712	70 375	4 509	3 119	47 541	39 226	25 662	28 030	1 923
Genève	145 329	165 430	2 936	2 477	59 305	52 435	83 088	110 518	5 745
Schweiz	2 763 315	2 710 384	252 392	172 649	1 412 628	1 213 615	1 098 295	1 324 120	89 008

Quelle: Stat. Jb. der Schweiz 1983

Tabelle 33: *Industriebetriebe und -beschäftigte in den Kantonen 1984*

Kantone	Betriebe	Beschäftigte
Zürich	1 151	110 240
Bern	1 146	82 256
Luzern	322	26 873
Uri	22	3 169
Schwyz	174	8 499
Obwalden	28	1 816
Nidwalden	40	2 200
Glarus	89	6 635
Zug	69	9 544
Fribourg	212	15 600
Solothurn	391	33 755
Basel-Stadt	88	31 622
Basel-Landschaft	315	25 702
Schaffhausen	87	12 952
Appenzell-Ausserrhoden	83	4 503
Appenzell-Innerrhoden	18	727
St. Gallen	694	51 564
Graubünden	92	6 593
Aargau	742	69 642
Thurgau	363	26 909
Ticino	483	25 226
Vaud	463	32 894
Valais	165	14 154
Neuchâtel	318	20 315
Genève	256	20 698
Jura	166	9 082
Schweiz	7 977	653 170

Quelle: Industriestatistik 1984

In rund zwei Dritteln aller Regionen der Raumplanung hat sich die Beschäftigtenzahl zwischen 1965 und 1975 verringert. Dazu zählen insbesondere die ländlichen Gebiete ausserhalb des alpinen Berggebietes, der Jura sowie die Voralpen. Sehr unterschiedlich verlief die Entwicklung in den (inner-) alpinen Regionen.

Die *räumliche Sektoralstruktur* lässt sich folgendermassen grob charakterisieren:

- Primärer Sektor:
  Voralpine Randregionen

- Sekundärer Sektor:
Städtisch-ländliche Mischregionen
- Tertiärer Sektor:
Grossstädtische Regionen und Agglomerationsgebiete; alpine Regionen mit bedeutenderem Fremdenverkehr; Südschweiz; Genferseegebiet.

Insgesamt hat sich der wirtschaftliche Spezialisierungsgrad der Regionen leicht verringert.
Der tertiäre Wirtschaftssektor ist räumlich stärker konzentriert als die Gesamtbeschäftigten und der sekundäre Sektor. Die *dezentrale räumliche Industriestruktur* ist charakteristisch für die Schweiz. Nicht so sehr die Grossstädte, sondern vor allem die Mittelstädte sind als Industriezentren anzusprechen. Ein wichtiger Grund für diese disperse Anordnung der Industrie ist der *Mangel an einheimischen Rohstoffen*. Der primäre Wirtschaftssektor weist den geringsten räumlichen Konzentrationsgrad auf. Innerhalb des tertiären Sektors zeichnen sich die Banken und Versicherungen, der Grosshandel sowie die öffentliche Verwaltung durch eine starke räumliche Konzentration aus. Demge-

Abb. 13   Industrieentwicklung 1966 - 1982

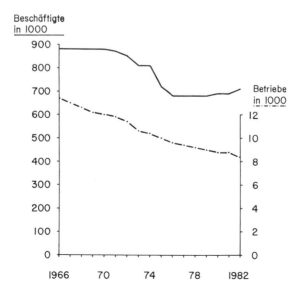

genüber sind die Beschäftigten im Detail- und Einzelhandel sowie vor allem im Gastgewerbe eher dispers verteilt. Der räumliche Konzentrationsgrad der einzelnen Wirtschaftsklassen des sekundären Sektors ist sehr unterschiedlich und muss teilweise historisch erklärt werden, z. B. Konzentration der Uhrenindustrie im Jura oder – heute weniger ausgeprägt als früher – der Textilindustrie in der Ostschweiz.

In den letzten Jahren haben sich die räumlichen Disparitäten zwischen den Kantonen und Regionen im Bereich der Verteilung der Beschäftigten bzw. der Arbeitsplätze nicht verringert. Eine *Politik der Dezentralisation der Arbeitsplätze* – im Sinne einer konzentrierten Dezentralisation – ist u. a. mit folgenden wichtigen Problemen konfrontiert: Es genügt nicht, wachstumsfördernde Einflüsse zu unterstützen und wachstumshemmende abzubauen; auch der regionalen Sektoral- und Branchenstruktur muss grösste Beachtung geschenkt werden, obwohl eine solche Förderung wesentlich schwieriger und (ordnungspolitisch) problematischer ist als eine strukturneutrale Verbesserung der allgemeinen Standortvoraussetzungen. Vor allem gilt es auch hier zu verhindern, dass nicht neue, aus struktur- und konjunkturpolitischer Sicht unerwünschte, einseitige regionale Wirtschaftsstrukturen, d. h. *Monostrukturen,* entstehen.

Eine solche Förderung darf nicht allein bei der räumlichen Verteilung der industriell-gewerblichen Arbeitsplätze (Industriestandortpolitik) ansetzen, sondern muss auch diejenigen des Dienstleistungssektors (Dienstleistungsstandortpolitik) einbeziehen. Dabei kommt der öffentlichen Hand eine besondere Bedeutung zu, ist doch der Staat einer der wichtigsten Arbeitgeber innerhalb des tertiären Wirtschaftssektors (vgl. Tab. 34).

5.3.3. Raumplanung und Wirtschaftssektoren

a) **Landwirtschaft**

Die Landwirtschaft befindet sich auf der gesamten Welt, insbesondere aber in den Industriestaaten, in einem *Prozess der Umstrukturierung.* Die Hauptmerkmale dieses Strukturwandels, von welchem auch die schweizerische Landwirtschaft betroffen ist, können folgendermassen charakterisiert werden:

- Verminderung der Betriebszahl bei gleichzeitiger Vergrösserung der Durchschnittsfläche pro Betrieb
- Rückgang der landwirtschaftlichen Bevölkerung
- Nachhaltige Mechanisierung und Rationalisierung.

Daraus ergab sich eine fortschreitende *Steigerung der landwirtschaftlichen Produktivität* (Arbeits- und Flächenproduktivität). Dabei hat sich auch die Landschaft wesentlich verändert. Mit der Mechanisierung und Rationalisierung hat die Landwirtschaft die offene Flur teilweise kräftig umgewandelt.

Um die *Landesversorgung gemäss Ernährungsplan 1980* sicherzustellen, muss mit raumplanerischen Mitteln dafür gesorgt werden, dass genügend Flächen ackerfähigen Kulturlandes erhalten bleiben. Bei einer Bevölkerung von 6,3 Millionen und einem Kalorienverbrauch von 2400 kcal/Person/Tag werden 355 000 ha offenen Ackerlandes, d. h. tatsächlich bepflanzbares Ackerland, benötigt (Stand 1983: 280 000 ha). Um einen minimalen Fruchtwechsel und damit die langfristige Erhaltung der Ertragskraft zu gewährleisten, müssen insgesamt mindestens 450 000 ha *Fruchtfolgeflächen,* welche innerhalb des für die Landwirtschaft geeigneten Landes (Klima, Boden, Topographie) liegen, zur Verfügung stehen.

Die Raumplanung interessiert sich nicht nur für die ökonomische Aufgabe der Landwirtschaft, d. h. für die Produktion von Nahrungsmitteln und die Sicherung einer ausreichenden Versorgungsbasis, sondern auch für die *ausserökonomischen Aufgaben.* Die Landwirtschaft beeinflusst das Landschaftsbild und damit den Wert der Erholungslandschaft erheblich. *Brachflächen,* d. h. aufgegebenes Kulturland, also Flächen, die zwar aufgrund der natürlichen Standortverhältnisse nutzbar wären, aber aus wirtschaftlichen und sozialen Gründen nicht mehr bewirtschaftet werden, bedeuten nicht allein eine Verminderung der landwirtschaftlichen Nutzfläche, sondern berühren neben der Landwirtschaft zahlreiche andere Bereiche: Für Erholung und Tourismus bedeuten grossflächige Brachlegungen und die damit verbundene Verbuschung und Verwilderung eine Reduzierung der Erholungsattraktivität; sie erhöhen das Gefahrenrisiko (Brände, Lawinen, Rutschungen); die sich selbst überlassenen Brachflächen gehen in den meisten Fällen nach einer gewissen Zeit in Wald über, so dass die Forstwirtschaft gezwungen wird, Flächen zu übernehmen, an denen sie nicht unbedingt interessiert ist. Die Brachflächen in der Schweiz wurden 1973 auf 80 000 ha geschätzt, wobei regional grosse Unterschiede auftreten. Am höchsten ist der Anteil in den Alpen und insbesondere auf der Alpensüdseite. Vor allem dank den 1980 eingeführten *Flächenbeiträgen an die Bewirtschaftung von Hanglagen* haben die Brachflächen in den letzten Jahren nicht mehr im befürchteten Umfang zugenommen.

b) **Industrie und Gewerbe**

Am Beispiel der Beeinflussungsmöglichkeiten der industriellen Standortwahl lassen sich die Beziehungen zwischen Wirtschaft und Raumplanung in der Schweiz aufzeigen: Das Verhältnis zur Wirtschaft wird von dem in der schweizerischen Bundesverfassung verankerten Prinzip der *Handels- und Gewerbefreiheit* geprägt. Dieser Grundsatz gibt dem einzelnen Bürger einen staatsfreien Raum zur Ausübung privatwirtschaftlicher Tätigkeiten. Er steht auch für die Prinzipien der Marktwirtschaft, des Wettbewerbs und der Privatautonomie. Bund und Kantone sind lediglich befugt, im öffentlichen Interesse, z. B. aus Gründen der Volksgesundheit oder der Landesverteidigung, die Handels- und Gewerbefreiheit einzuschränken. Nur in den durch die Bundesverfassung vorgesehenen Fällen kann von der Handels- und Gewerbefreiheit abgewichen werden. Die Kantone dürfen keine wettbewerbsverzerrenden Massnahmen vorsehen.

Diesen wirtschaftspolitischen Voraussetzungen entsprechend herrschen im industriellen und gewerblichen Sektor in hohem Masse *marktwirtschaftliche Konkurrenzbedingungen* vor. Will nun die öffentliche Hand unter solchen Bedingungen die industrielle Standortwahl beeinflussen, d. h. Industriestandortplanung betreiben, so kann sie nicht die Industrieunternehmen direkt, sondern lediglich die Standortvoraussetzungen begünstigen. Die Industriestandortplanung ist also dadurch gekennzeichnet, dass der Staat die freien Entscheidungsmöglichkeiten des Unternehmens nicht direkt präjudiziert. Seine Standortnahme ist immer ein unternehmerischer Entscheid.

Aufgrund der gegenwärtigen verfassungsmässigen und gesetzlichen Schranken kommen auf Bundesebene vor allem industriestandortpolitische Massnahmen in den drei Bereichen «Wirtschafts- und Sozialpolitik», «Siedlungs- und Bodenpolitik» sowie «Allgemeine polizeiliche Massnahmen» (z. B. Umweltschutz) in Frage. Dabei handelt es sich einerseits um Vorkehrungen allgemeiner Natur, welche die industrielle und gewerbliche Standortwahl nur mittelbar zu beeinflussen vermögen, anderseits um Massnahmen, die in der Lage sind, eine mehr oder weniger direkte, positive oder negative Beeinflussung von Standorten auszuüben.

Beinahe in allen Schweizer Kantonen werden Massnahmen ergriffen, um die Industrieansiedlung – im Rahmen der kantonalen Wirtschaftspolitik und -förderung – zu unterstützen. Dabei ist zu berücksichtigen, dass sozusagen alle Massnahmen der öffentlichen Hand, beabsichtigt oder nicht, einen direkten oder indirekten Einfluss auf die industriellen Standortvoraussetzungen ausüben. Als *wesentliche direkte industriestandortbeeinflussende Massnahmen* können genannt werden:

- Erwerb und Erschliessung von Industrie- und Gewerbeland durch den Kanton und Abgabe dieses Landes mit Vergünstigungen an Industrie- und Gewerbebetriebe zum Eigentum oder im Baurecht
- Beiträge an kommunale Aufwendungen für den Erwerb und die Erschliessung von Industrieland
- Steuererleichterungen (bis zur Steuerbefreiung) für neugegründete Betriebe. Diese Vergünstigungen sind allerdings auf eine Dauer von höchstens 10 Jahren beschränkt (Konkordat zwischen den Kantonen der Schweizerischen Eidgenossenschaft über den Ausschluss von Steuerabkommen vom 10. Dezember 1948, SR 671.1)
- Finanzielle Beiträge an Industriebetriebe für Strukturverbesserungen und -anpassungen sowie Rationalisierungsmassnahmen (Verbürgung von Krediten, zinsgünstige Darlehen, Beiträge à fonds perdu)
- Förderung der Umschulung, Weiterbildung und Wiedereingliederung von Arbeitskräften, welche durch den Strukturwandel ihren Arbeitsplatz verloren haben
- Information über kantonale Standortvorteile und entsprechende Werbung im In- und Ausland
- Beratung von Interessenten und Gemeinden
- Beauftragung einer Amtsstelle mit der Koordinierung aller Belange der Industrieansiedlung und Industriestandortpolitik im Rahmen der kantonalen Wirtschaftspolitik.

Auch die *Gemeinden* können Träger von Massnahmen zur Förderung der Industrieansiedlung sein. Zu den wichtigsten *Massnahmen* zählen:

- Information und Werbung
- Sondervergünstigungen, wie Steuererleichterungen oder besonders günstige Gebühren (Wasser, Abwasser, Elektrizität u. a.)
- Ausscheidung von Industrie- und Gewerbezonen im Rahmen der Ortsplanung
- Beiträge an Erschliessung und Landkäufe (bis zur Gratisabgabe von Industrie- und Gewerbeland, ev. auch Gebäuden).

Planung und Verwirklichung einer Industriezone entscheiden sich häufig an den *Grundbesitzverhältnissen* und damit an den Erwartungen und Verhaltensweisen der Grundeigentümer. Ein erfolgversprechendes Vorgehen zur Realisierung einer kommunalen Industrie- und Gewerbezone führt deshalb oft nur über eine *langfristige, aktive Bodenpolitik der Gemeinde.* Bodenpolitische Aktivitäten der öffentlichen Hand bewirken aber nur dann nicht eine «Verstaatlichung» des Bodens, wenn sie mit Mass betrieben werden und der Boden dem Markt zur Verfügung gestellt wird. Beim vorsorglichen Erwerb von Bauland durch die öffentliche Hand geht es deshalb darum, temporär einzugreifen und dieses Land marktgerecht an Private zu verkaufen oder wenigstens im Baurecht abzugeben.

Neben der öffentlichen Hand fallen auch *private und parastaatliche Organisationen* in Betracht, welche die industrielle und gewerbliche Standortwahl beeinflussen können. Ihre Mittel sind vor allem diejenigen der *informierenden Standortpolitik.* Die Aufgabe besteht darin, eine räumliche Transparenz der Standortbedingungen zu erzielen und damit mögliche Investoren und Arbeitgeber über die gegenwärtige Lage und Möglichkeiten sowie über die Planungen der Gemeinden und Kantone zu informieren. Auf diese Weise kann dem Unternehmer der Suchraum erweitert und gründlicher dargestellt werden, was die Standortentscheidung zwischen mehreren Regionen und Gemeinden erleichtert.

Für Bund, Kantone und Gemeinden geht es – im Sinne der Wirtschaftsartikel der Bundesverfassung – nicht darum, direkt in das wirtschaftliche System einzugreifen und Wirtschaftsplanung zu betreiben. Es sollen lediglich die *Rahmenbedingungen geschaffen und erhalten werden,* die den Wirtschaftsablauf nach marktorientierten Gesichtspunkten gewährleisten und die auch die Erhaltung und Schaffung möglichst gleichwertiger, gesunder Lebens-, Arbeits- und Umweltbedingungen in allen Landesteilen sicherstellen. Die Möglichkeiten, mit staatlichen Zwangsmassnahmen auf die unternehmerische Standortentscheidung Einfluss zu nehmen, sind ausgeschlossen. Die Aktivitäten des Staates beschränken sich darauf, die Standortvoraussetzungen in bestimmten Teilräumen zu verbessern, um auf diese Weise Anreize für Betriebe zu schaffen.

c) Dienstleistungen

Im Gegensatz zum primären und sekundären Sektor sind die Beziehungen zwischen dem wachsenden Dienstleistungssektor und der Raumplanung noch wenig erforscht. Dafür sind verschiedene Gründe massgebend:

- Ungenügende Datenlage
- Heterogenität des tertiären Sektors
- Weite Bereiche des tertiären Sektors weisen einen komplementären Charakter auf. Sie sind also von der Bevölkerungszahl sowie dem Entwicklungsstand der übrigen Wirtschaft ihres Einzugsgebietes abhängig (vgl. Tab. 35).

Tabelle 34: *Beschäftigte des Bundes nach Kantonen 1984*

Kantone	insgesamt	Zivilverwaltung	Militärdepartement	PTT	SBB
Zürich	22 834	4 450	1 584	10 450	6 350
Bern	34 182	7 439	9 692	11 295	5 756
Luzern	6 542	67	1 760	2 609	2 106
Uri	2 340	5	1 547	130	658
Schwyz	1 282	6	392	339	545
Obwalden	418	–	246	91	81
Nidwalden	736	2	631	87	16
Glarus	372	–	50	181	141
Zug	651	1	72	320	258
Fribourg	2 380	109	554	1 279	438
Solothurn	4 556	13	20	1 913	2 610
Basel-Stadt	5 720	817	–	3 040	1 863
Basel-Landschaft	2 186	253	62	1 026	845
Schaffhausen	1 068	300	–	399	369
Appenzell A. Rh.	284	–	57	227	–
Appenzell I. Rh.	45	–	–	45	–
St. Gallen	6 923	395	670	3 410	2 448
Graubünden	2 827	183	316	1 883	445
Aargau	5 806	1 015	525	2 335	1 931
Thurgau	2 048	252	195	811	790
Ticino	7 398	750	611	2 683	3 354
Vaud	11 192	1 589	1 253	4 855	3 495
Valais	3 651	205	546	1 624	1 276
Neuchâtel	2 227	94	61	1 447	625
Genève	5 795	1 025	28	3 767	975
Jura	903	114	74	333	382
Schweiz	134 336	19 084	20 946	56 579	37 757

Quelle: BIGA, Die räumliche Verteilung der Bundesarbeitsplätze, Die Volkswirtschaft H.5, 1985

Tabelle 35: Zentrale Einrichtungen

Exemplarische Ausstattung von Klein-, Mittel- und Hauptzentren mit zentralen Einrichtungen

Zentrale Einrichtungen sind Einrichtungen für die Versorgung der Bevölkerung eines gewissen Einzugsgebietes mit wirtschaftlichen, sozialen, kulturellen und verwaltungsmässigen Leistungen, d. h. mit Leistungen des Dienstleistungssektors. Die Grösse der Einzugsgebiete der Zentren wird durch die Reichweite der in diesen angebotenen Güter und Dienstleistungen bestimmt. Die Zentren sind entsprechend der Grösse ihrer Einzugsgebiete abgestuft.

Bei den Zusammenstellungen wird vorausgesetzt, dass für die Versorgung der Zentrumsbevölkerung in den Zentren der höheren Stufe jeweils auch die Einrichtungen der unteren Stufe vorhanden sind. Ferner wird im idealtypischen Fall vorausgesetzt, dass in Zentren derselben Stufe dieselben Güter und Dienstleistungen angeboten werden, d.h., es wird eine Spezialisierung der einzelnen Zentren ausgeschlossen. Die Zentren verschiedener Stufen bilden insgesamt ein System.

Kleinzentrum (im Berggebiet)
Sammelstandort von zentralen Einrichtungen für den allgemeinen und häufigen Bedarf

Erreichbarkeit aus dem Einzugsgebiet: ½ Std. Reisezeit

Einrichtungen

Schulen
– Berufsschule
– Untergymnasium
– Gymnasiale Klassenzüge an Sekundarschulen

Mittelzentrum
Sammelstandort von zentralen Einrichtungen für den gehobenen, meist aperiodischen Bedarf

Erreichbarkeit aus dem Einzugsgebiet: ½ Std. Reisezeit (im Berggebiet 1 Std.)

Einrichtungen

Schulen
– Höhere Lehranstalt HWV, HTL
– Lehrerseminar
– Handelsschule
– Obergymnasium

Hauptzentrum
Sammelstandort für ein umfassendes Sortiment von zentralen Einrichtungen in einer Vielfalt und Qualität, die auch die Deckung des hochspezialisierten Spitzenbedarfs ermöglicht
Erreichbarkeit aus dem Einzugsgebiet: 1 Std. Reisezeit

Einrichtungen

Schulen
– Technische Hochschule
– Universität

Krankenhäuser und Krankenheime – Spital der Minimalversorgung – Notfallstation (minimales Bettenangebot, angegliedert an Arztpraxis) – Arztpraxis mit flankierenden Massnahmen zur Notversorgung in Zusammenarbeit mit dem nächstgelegenen Spital	*Krankenhäuser und Krankenheime* – Spital der Normalversorgung – Alters- und Chronischkrankenspital – Psychiatrische Klinik	*Krankenhäuser und Krankenheime* – Spital der Normalversorgung	*Krankenhäuser und Krankenheime* – Spital der Maximalversorgung
Kultur, Freizeit, Sport – Mehrzwecksaal – Bibliothek – Kino – Freizeitzentrum – Sportanlage/Kleinhallen-/Freiluftbad	*Kultur, Freizeit, Sport* – Kulturzentren für Theater, Konzerte Ausstellungen, Kinos – Zeitungen regionaler Bedeutung – Mehrzwecksportanlagen – Hallenbad/Freibad/Kunsteisbahn		*Kultur, Freizeit, Sport* – Kulturelle Einrichtungen (Museen, Galerien, Theater, Konzertsäle usw.) – Zeitungen internationaler Bedeutung – Zoologischer/Botanischer Garten – Saalsporthalle
Verkehr – Erschliessung durch HVS oder wichtige Tal- und Alpenstrasse	*Verkehr* – Halt Schnellzug – HLS-Anschluss – Öffentliche Nahverkehrsmittel		*Verkehr* – Halt Intercity-Züge
Handel, Banken, Versicherungen – Einkaufsfläche für periodische Einkäufe des Normalbedarfs (Wochenkonsum) mit einem Supermarkt, Einzelläden und Dienstleistungsbetrieben – Einkaufsfläche für Einkäufe des Grundbedarfs mit Einzelläden und Dienstleistungsbetrieben	*Handel, Banken, Versicherungen* – Einkaufsfläche für periodische Einkäufe des Normalbedarfs mit mindestens einem Warenhaus, Einzelläden und Dienstleistungsbetrieben		*Handel, Banken, Versicherungen* – Einkaufsfläche für aperiodische Einkäufe des Spitzenbedarfs mit vollassortiertem Grosswarenhaus und Spezialgeschäften in allen Branchen; ferner gehobene Dienstleistungsbetriebe wie Börse, Hauptsitz von Banken und Versicherungen

Nach Ringli Hellmut, Die Zentrale-Orte-Struktur im Leitbild CK-73, DISP Nr. 40, 1976

Das raumplanerische Interesse gilt innerhalb des tertiären Sektors vorweg den *Versorgungsaspekten.* Die Bedeutung des tertiären Sektors für die räumliche Ordnung und Organisation geht allerdings weit über den Bereich der Versorgung hinaus, so bezüglich der Funktion der einzelnen Bereiche dieses Sektors für den regionalen Arbeitsmarkt. Namhafte *Teile des tertiären Sektors sind von der regionalen wirtschaftlichen Nachfrage relativ unabhängig.* Dies gilt insbesondere für die Beschäftigten des Bundes, des grössten Arbeitgebers in diesem Wirtschaftssektor (vgl. Tab. 34), aber auch für die Banken und Versicherungen.

d) **Besondere Stellung des Fremdenverkehrs**

Eine besondere Stellung innerhalb des tertiären Sektors der Schweiz nimmt der um 1850 aufgekommene Fremdenverkehr ein; seiner räumlichen Verteilung liegen spezielle Kriterien zugrunde, vor allem die naturräumliche Eignung.

Die *Bedeutung des Fremdenverkehrs für die Volkswirtschaft* der Schweiz wird u. a. dadurch belegt, dass 1984 im Tourismus nach der Maschinen- und der Chemischen Industrie sowie den Kapitalerträgen die vierthöchsten Deviseneinnahmen erwirtschaftet wurden:

Touristische Einnahmen	9,6 Mrd. Fr.
Touristische Ausgaben	6,6 Mrd. Fr.
Aktivsaldo	3,0 Mrd. Fr.

Tabelle 36: *Bedeutung der Hotellerie nach Regionstypen 1984*

	Bergkurorte	Seezonen	Grossstädte	übrige Gebiete	Total
Betriebe	2 356	1 413	352	3 153	7 274
Betten	78 767	47 538	32 879	65 637	224 821
Betten pro Betrieb (Grösse)	33	34	93	21	31
Logiernächte (in 1000)	12 724	7 645	6 653	6 620	33 965
Beschäftigte	19 253	14 525	11 821	20 766	66 365

Quelle: BFS, Tourismus in der Schweiz 1984

Während für die industrialisierten und dicht besiedelten Regionen und insbesondere die grossen Städte und Regionen der Fremdenverkehr einen unter vielen Wirtschaftszweigen darstellt, bildet er heute für den ländlichen Raum, vor allem für das alpine Berggebiet, den wichtigsten Wirtschaftszweig. Er ist von existentieller Bedeutung (vgl. Tab. 36). *Der Fremdenverkehr hat regionalwirtschaftliche Bedeutung.* Er muss deshalb für den alpinen Raum als «Leitindustrie» bezeichnet werden. Er hat die Arbeits- und Lebensbedingungen in einer Vielzahl von Berggemeinden und -tälern deutlich und nachhaltig verbessert.

Unter dem *touristischen Angebot* versteht man all jene Voraussetzungen und Einrichtungen, welche dem in- und ausländischen Feriengast physische und psychische Erholung ermöglichen. Dabei kann unterschieden werden zwischen dem ursprünglichen Angebot («touristisches Potential») einerseits und dem abgeleiteten Angebot («touristische Ausstattung») anderseits.

Das *ursprüngliche Angebot* umfasst alle jene Faktoren, welche keinen direkten Bezug zum Fremdenverkehr besitzen, also nicht zur eigentlichen Fremdenverkehrswirtschaft gehören, vom Tourismus aber trotzdem genutzt werden. Dazu zählen insbesondere die natürlichen Voraussetzungen, wie Lage, Topographie, Klima, Landschaftsbild, Fauna und Flora. Diese Faktoren bilden das natürliche Kapital des Fremdenverkehrs. Im Gegensatz zu jenem von Unternehmungen kann dieses in der Regel nicht produziert und auch nicht gehandelt werden. Es unterliegt somit nicht den üblichen wirtschaftlichen Gesetzen von Angebot und Nachfrage. Wenn Werte des natürlichen Angebotes einmal verloren sind, lassen sie sich kaum mehr zurückgewinnen. Ganz besonders trifft dies für die intakte Landschaft zu. Diese Aspekte gilt es bei der touristischen Entwicklung zu beachten. Nicht nur aus ökologischen und ästhetisch-visuellen, sondern auch aus fremdenverkehrswirtschaftlichen Gesichtspunkten müssen die möglichen Gefahren der Beeinträchtigung oder gar Zerstörung der natürlichen und gebauten Umwelt (durch den Tourismus) ernst genommen werden. Neben den natürlichen Ressourcen zählen auch die sozio-ökonomischen und sozio-kulturellen Voraussetzungen zum ursprünglichen Angebot.

Die *touristische Ausstattung* erfasst all jene Objekte, Einrichtungen und Leistungen, welche zur Befriedigung der touristischen Bedürfnisse errichtet und betrieben werden. Dabei wird oft zwischen der touristischen Infrastruktur und der touristischen Suprastruktur unterschieden:

- Unter die *touristische Infrastruktur* fallen die touristischen Transportanlagen, die Sport- und Unterhaltungseinrichtungen, die Kongress- und Tagungszentren, die Betreuungs- und Informationsdienste.
- Sämtliche Beherbergungs- und Verpflegungsbetriebe zählen zur *touristischen Suprastruktur*. Die Beherbergungsbetriebe können nach unterschiedlichen Kriterien gegliedert werden. Am häufigsten ist die Zweiteilung in:
  Hotellerie (Hotels, Gasthöfe, Pensionen, Motels usw.)
  Parahotellerie (Chalets, Ferienwohnungen und Privatzimmer; Zelt-, Wohnwagenplätze; Gruppenunterkünfte; Jugendherbergen).

In den letzten Jahren hat sich eine Mischform zwischen Hotellerie und Parahotellerie entwickelt, die *Aparthotels*. Es handelt sich dabei um Hotelbetriebe mit beschränkten Dienstleistungen, wobei die vorhandenen Wohnungen und Zimmer hotelmässig genutzt werden.

Eine weitere Unterteilung ist diejenige in das *Beherbergungsgewerbe* und in das *Gaststättengewerbe*.

Tabelle 37: *Angebot und Nachfrage im Tourismus 1974–1984*

	1974	1984
Hotel- und Kurbetriebe:		
Betten	8 145	7 333
Bettenbesetzung	285 326	282 079
Logiernächte (in 1000)	33,5%	34,8%
– Inländer	34 688	35 645
– Ausländer	14 886	15 086
	19 801	20 559
Parahotellerie:		
Betten/Schlafplätze	622 113	861 582
Logiernächte (in 1000)	32 541	38 805
– Inländer	20 545	24 406
– Ausländer	11 998	14 399

Bettenzahl in den Zweitresidenzen, d.h. in Ferienhäusern und -wohnungen, die ausschliesslich durch den Eigentümer oder durch Dauermieter benützt werden und Dritten nicht zugänglich sind: ca. 300 000 (1984)

Quelle: BFS, Tourismus in der Schweiz 1984

Abb. 14

Angebot und Nachfrage im
Fremdenverkehr 1970 - 1982

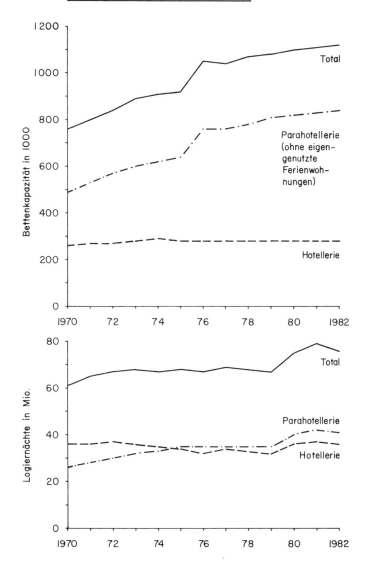

Daten: Fremdenverkehrsstatistik

5.4. Regionale Volkseinkommen

5.4.1. Begriffe und Beziehungen

Volkseinkommen und Sozialprodukt dienen zur Charakterisierung der gesamtwirtschaftlichen Tätigkeit. Unter *Volkseinkommen* versteht man alle Einkommen, die im Verlaufe des Wirtschaftsprozesses in einem Jahr entstanden sind. Das *Sozialprodukt* misst den Gesamtwert aller im Laufe eines Jahres erzeugten Güter und Dienstleistungen:

- Volkseinkommen: Indikator für den Wohlstand
- Sozialprodukt: Indikator für die Wirtschaftskraft.

Man unterscheidet verschiedene Sozialproduktsbegriffe, denen unterschiedliche Abgrenzungs- und Bewertungskonzeptionen der wirtschaftlichen Tätigkeit zugrundeliegen (Brutto- und Nettorechnung, Faktorkosten und Marktpreise, u.a.). Zwischen diesen Sozialproduktsbegriffen bestehen folgende Beziehungen:

- *Bruttosozialprodukt zu Marktpreisen (BSP):*
Unter dem BSP versteht man den Geldwert der in einer Volkswirtschaft produzierten Güter und Dienstleistungen.
- *Nettosozialprodukt zu Marktpreisen:*
Das Nettosozialprodukt zu Marktpreisen berechnet sich durch den Abzug der Abschreibungen (Ersatzinvestitionen) vom BSP.
- *Bruttoinlandprodukt zu Marktpreisen (BIP):*
Unter dem BIP versteht man den Gesamtwert der im Inland produzierten Güter und Dienstleistungen.
- *Nettoinlandprodukt zu Marktpreisen:*
Das Nettoinlandprodukt zu Marktpreisen berechnet sich durch den Abzug der Abschreibungen (Ersatzinvestitionen) vom BIP.
- *Nettoinlandprodukt zu Faktorkosten:*
Das Nettoinlandprodukt zu Faktorkosten berechnet sich folgendermassen: Nettoinlandprodukt zu Marktpreisen + Subventionen zwecks Konsumverbilligung − indirekte Steuern.
- *Nettosozialprodukt zu Faktorkosten: Volkseinkommen (VE):*
Das Nettosozialprodukt zu Faktorkosten, das Volkseinkommen, berechnet sich folgendermassen: Nettosozialprodukt zu Marktpreisen + Subventionen zwecks Konsumverbilligung − indirekte Steuern. Das Volkseinkommen ist derjenige Teil des Sozialproduktes, der effektiv an die Produktionsfaktoren ausbezahlt wird, also die Summe von Löhnen, Zinsen, Grundrenten und Gewinnen.

Das Volkseinkommen setzt sich aus verschiedenen Einkommensarten zusammen (vgl. Tab. 38):

Tabelle 38: *Komponenten des Volkseinkommens 1983 (in Mio. Fr.)*

Arbeitnehmereinkommen	125 270	69,0%
Geschäftseinkommen der Selbständigen	19 900	11,0%
Einkommen aus Unternehmung und Vermögen	36 455	20,0%
Volkseinkommen	181 625	100,0%

Quelle: BFS, Die Volkseinkommen der Kantone 1980–1983. Die Volkswirtschaft H. 4, 1985

Tabelle 39: *Volkseinkommen der Kantone 1983*

Kantone	Volkseinkommen in Mio. Fr.	Volkseinkommen pro Einwohner	
		in Fr.	Indexzahlen CH = 100
Zürich	39 135	34 529	123,2
Bern	23 593	25 498	91,0
Luzern	6 865	22 717	81,1
Uri	749	22 029	78,6
Schwyz	2 426	24 163	86,2
Obwalden	605	22 161	79,1
Nidwalden	824	27 467	98,0
Glarus	1 129	30 763	109,8
Zug	3 285	41 954	149,7
Fribourg	4 431	23 395	83,5
Solothurn	5 414	24 733	88,2
Basel-Stadt	8 011	39 698	141,7
Basel-Landschaft	6 343	28 508	101,7
Schaffhausen	1 873	26 719	95,4
Appenzell A.Rh.	1 139	23 292	83,1
Appenzell I.Rh.	298	22 748	81,2
St. Gallen	9 584	24 062	85,9
Graubünden	4 451	25 878	92,4
Aargau	12 745	27 539	98,3
Thurgau	4 504	23 881	85,2
Ticino	6 361	23 047	82,3
Vaud	14 955	27 705	98,9
Valais	5 136	22 272	79,5
Neuchâtel	3 783	24 188	86,3
Genève	12 591	34 936	124,7
Jura	1 395	21 528	76,8
Schweiz	181 625	28 020	100,0

Quelle: BFS, Die Volkseinkommen der Kantone 1980–1983, Die Volkswirtschaft H. 4, 1985

130 Lebensraum als Objekt der Raumplanung

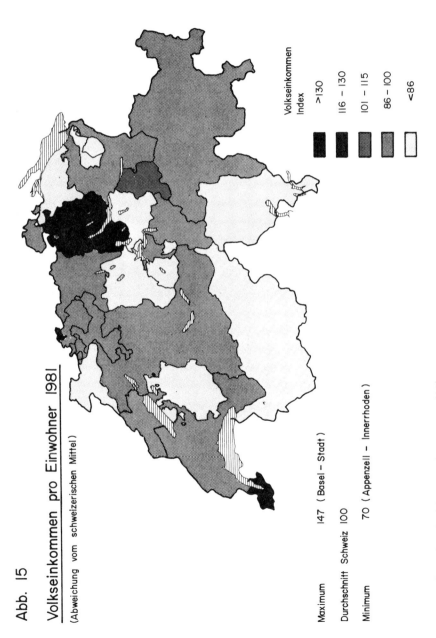

Abb. 15
Volkseinkommen pro Einwohner 1981
(Abweichung vom schweizerischen Mittel)

Maximum 147 (Basel – Stadt)
Durchschnitt Schweiz 100
Minimum 70 (Appenzell – Innerrhoden)

Volkseinkommen Index
>130
116 – 130
101 – 115
86 – 100
<86

Daten: BFS: Die Volkseinkommen der Kantone 1981

Besser als das Volkseinkommen vermag *das disponible oder persönlich verfügbare (Netto-)Einkommen* die personenbezogenen Wohlstands- und Kaufkraftverhältnisse wiederzugeben. Aber auch beim persönlich verfügbaren Einkommen werden regionale Unterschiede in den Lebenshaltungskosten nicht berücksichtigt. Das persönlich verfügbare Einkommen (PVE) setzt sich aus Arbeits-,

Tabelle 40: *Persönlich verfügbares Einkommen nach Kantonen 1970–1980 (zu laufenden Preisen)*

Kantone	1970		1980	
	in Mio. Fr.	pro Einwohner in Fr.	in Mio. Fr.	pro Einwohner in Fr.
Zürich	11 743,3	10 656	23 917,6	21 302
Bern	8 829,7	8 944	15 514,9	17 012
Luzern	2 386,5	8 212	4 720,2	15 936
Uri	269,3	7 874	545,9	16 103
Schwyz	800,7	8 760	1 502,5	15 426
Obwalden	188,3	7 562	374,5	14 458
Nidwalden	234,3	9 012	474,2	16 581
Glarus	352,8	9 164	660,9	18 009
Zug	625,4	9 881	1 376,8	18 140
Fribourg	1 447,5	8 100	2 623,0	14 163
Solothurn	2 002,1	8 930	3 647,2	16 723
Basel-Stadt	2 658,5	11 289	4 577,4	22 449
Basel-Landschaft	1 887,2	9 188	3 706,0	16 861
Schaffhausen	695,9	9 586	1 212,2	17 467
Appenzell A. Rh.	426,5	8 740	727,4	15 282
Appenzell I. Rh.	99,4	7 530	176,7	13 805
St. Gallen	3 366,1	8 775	6 498,1	16 577
Graubünden	1 460,4	8 793	2 956,8	17 952
Aargau	3 956,7	9 195	7 704,2	16 988
Thurgau	1 642,4	9 034	2 849,2	15 502
Ticino	2 061,2	8 305	3 727,2	14 017
Vaud	4 732,4	9 247	8 712,5	16 476
Valais	1 704,0	8 114	3 240,0	14 815
Neuchâtel	1 583,7	9 360	2 515,7	15 882
Genève	3 364,7	10 187	6 542,3	18 746
Jura	–	–	941,6	14 486
Schweiz	58 510,0	9 336	111 445,0	17 506

Quelle: Fischer Georges u. a., Das persönlich verfügbare Einkommen der Haushalte nach Kantonen 1970, 1978 und 1980, NFP Regio Arbeitsbericht Nr. 29, Bern 1982

Kapital- und Transfereinkommen (netto) der privaten Haushalte zusammen. Es lässt sich folgendermassen bestimmen:

Arbeitnehmereinkommen
+ Geschäftseinkommen der Selbständigen
+ Vermögens- und Mietzinseinkommen der Haushalte

= Primäres Einkommen (Arbeits- und Kapitaleinkommen)

+ Transferzahlungen des Staates und der Sozialversicherungen
+ Laufende Übertragungen vom Ausland

= Brutto- oder persönliches Einkommen

− Direkte Steuern und laufende Übertragungen der Haushalte an den Staat
− Beiträge an die Sozialversicherungen (Beiträge der Versicherten und der Arbeitgeber)
− Laufende Übertragungen an das Ausland

= Disponibles oder persönlich verfügbares (Netto-) Einkommen

5.4.2. Disparitäten

Einen zusammenfassenden Überblick über die kantonalen Disparitäten beim Volkseinkommen, beim primären Einkommen und beim persönlich verfügbaren Einkommen vermittelt Tabelle 41.

Tabelle 41: *Disparitätenvergleich der Einkommensaggregate 1970–1980*

Einkommensaggregate	Streuung der kantonalen Pro-Kopf-Werte (Variationskoeffizienten, in %)	
	1970	1980
Volkseinkommen	16,98	18,36
Primäres Einkommen	11,98	14,25
Persönlich verfügbares Einkommen	9,50	13,16

Quelle: Fischer Georges u. a., Das persönlich verfügbare Einkommen der Haushalte nach Kantonen 1970, 1978 und 1980, NPP Regio Arbeitsbericht Nr. 29, Bern 1982

5.5. Raumplanung und Regionalpolitik

5.5.1. Begriffe und Zusammenhänge

Bei der Behandlung von Zusammenhängen zwischen Wirtschaft und Raumplanung taucht der Begriff der Regionalpolitik auf. Die *Regionalpolitik* umfasst alle Bestrebungen zur Förderung einer zweckmässigen Entwicklung der Teilräume, der Regionen, eines Landes unter Beachtung der interregionalen (aber auch internationalen) Zusammenhänge und der überregionalen Gesamtinteressen. Unter *Entwicklung* wird in diesem Zusammenhang die langfristige Verbesserung der Lebens- und Arbeitsbedingungen der Bevölkerung verstanden. Darunter versteht man also nicht allein quantitatives Wachstum, sondern die möglichst breite Entfaltung menschlicher Fähigkeiten in ihrer gesellschaftlichen, wirtschaftlichen, kulturellen und natürlichen Umwelt. Zwischen der Raumplanung und der Regionalpolitik bestehen enge Beziehungen. Die Vorstellung, dass sich die Raumplanung vornehmlich mit der Bodennutzung befasse, während sich die Regionalpolitik den wirtschaftlichen Aspekten des Raumes bzw. der Teilräume zuwende und die Raumordnungspolitik Raumplanung sowie Regionalpolitik in einem Oberbegriff zusammenfasse, ist allerdings zu stark verkürzt: Die Raumplanung hat einen wesentlich breiteren Aufgabenbereich als lediglich die Bodennutzung, und die Regionalpolitik darf sich nicht nur mit den räumlich-wirtschaftlichen Aspekten auseinandersetzen. *Zwischen Raumplanung und Regionalpolitik* bestehen somit keine scharfen Grenzen, sondern ein *breites Feld der Überschneidungen und gemeinsamen Interessen.* Das bedeutet für die Praxis, dass die Arbeitsteilung nach Departementen (Direktionen) und Ämtern (Raumplanungsämter, Wirtschaftsförderungsämter) nicht zu einer Zweiteilung der Aufgaben führen darf, sondern dass diese zusammenzuführen und als Einheit zu behandeln sind.

5.5.2. Entwicklung und Instrumente der Regionalpolitik

a) Politische und sachbezogene Regionalpolitik

Die traditionelle schweizerische Regionalpolitik auf Bundesebene ist eine Politik des Föderalismus und der Schaffung günstiger wirtschaftlicher Voraussetzungen sowie gleichwertiger Lebensbedingungen in allen Landesteilen. Die schweizerische Regionalpolitik hat sich kontinuierlich entwickelt, beschränkte sich aber bis zu Beginn der siebziger Jahre vorwiegend auf den Ausbau der raumbedeutsamen Landwirtschaftshilfen:

Der Interventionismus in der Landwirtschaft geht auf das Ende des letzten Jahrhunderts zurück. Den Anlass bildete die erste europäische Agrarkrise, welche die Wirtschaft des gesamten ländlichen Raumes im Gefolge massiv einsetzender Nahrungsmittelimporte erschütterte. Das Landwirtschaftsgesetz von 1893 brachte vorerst keine Abschirmung gegenüber der internationalen Konkurrenz. Einen leichten Schutz erfuhr die Landwirtschaft durch den sogenannten Generalzolltarif. Nach verschiedenen parlamentarischen Vorstössen und der Erarbeitung umfassender Untersuchungen wurde der Protektionismus Ende der zwanziger und Anfang der dreissiger Jahre dieses Jahrhunderts allmählich verstärkt und eine besondere Berücksichtigung der Berglandwirtschaft verankert. Anfang der fünfziger Jahre folgte das heute noch gültige Bundesgesetz über die Förderung der Landwirtschaft und die Erhaltung des Bauernstandes (Landwirtschaftsgesetz) vom 3. Oktober 1951 (SR 910.1), das umfassende Schutz-, Lenkungs- und Förderungsmassnahmen zum Inhalt hat. Mit weiteren Spezialgesetzen wurden die Landwirtschaftshilfen sukzessive ausgebaut. Das Schwergewicht der Massnahmen lag vorerst bei der Investitionshilfe für betriebliche und überbetriebliche Strukturverbesserungen (Güterzusammenlegungen, Erschliessungen, Rationalisierung landwirtschaftlicher ‚Hochbauten u.a.m.). Seit dem Beginn der sechziger Jahre erfolgte ein rascher Ausbau der Direktzahlungen (Viehhalterbeiträge, Flächenbeiträge für den Ackerbau und seit 1980 ebenfalls für die Grünlandwirtschaft, Alpungsbeiträge u.a.m.). Auch heute noch leistet die (Berg-)Landwirtschaftspolitik den grössten materiellen Beitrag zur Entwicklung peripherer Regionen.

Erst 1975 folgte die Einführung von *Investitionshilfen zur Förderung des unternehmens- und haushaltbezogenen Infrastrukturausbaus in den Berggebietsregionen.* Ausgangspunkt dieser «neuen» Regionalpolitik war das Gesamtwirtschaftliche Entwicklungskonzept für das Berggebiet (Flückiger-Bericht, 1970). Darin wurde festgehalten, dass die regional eingesetzten Bundesmassnahmen bisher zu einseitig im Landwirtschaftsbereich lagen, regional wenig koordiniert waren und den Grundsätzen des Wirtschaftlichkeitsprinzips zuwenig entsprachen. Es wurden deshalb folgende *Grundsätze* postuliert:

– Einführung gesamtwirtschaftlich wirksamer Massnahmen
– Regionalisierung des Berggebietes
– Anwendung neuer Massnahmen im Rahmen regionaler Entwicklungskonzepte.

Diese Grundsätze wurden ins Bundesgesetz über Investitionshilfe für Berggebiete (IHG) vom 28. Juni 1974 (SR 901.1) sowie in die Verordnung über Investitionshilfe für Berggebiete vom 9. Juni 1975 (SR 901.11) übernommen. Das Gesetz bildet die Grundlage zur Gewährung zinsgünstiger oder zinsloser *Darlehen zum Ausbau der regionalen und lokalen Infrastruktur* (Restfinanzierung). Voraussetzung für diese Investitionshilfe bildet die Ausscheidung von *Entwicklungsregionen, welche förderungsbedürftig und entwicklungsfähig sein müssen* (vgl. Abb. 3). Die Regionen haben *Entwicklungskonzepte* zu erarbeiten, in denen die wesentlichen Probleme, die Entwicklungsziele sowie die entsprechenden Massnahmen aufgeführt sind. Diese Entwicklungsregionen im Berggebiet sind überkommunale Organisationen mit unterschiedlichen Organisationsformen (z.B. öffentlichrechtlicher Gemeindeverband oder privatrechtlicher Verein), die im Dienste klar beschränkter Aufgaben stehen, nämlich im Dienste der regionalen Entwicklungsplanung. Es handelt sich dabei nicht um eine vierte Staatsebene zwischen Gemeinden und Kantonen. Die Koordination der Raumplanung mit den regionalen Entwicklungskonzepten ist im Bundesgesetz über die Raumplanung (RPG) vom 22. Juni 1979 (Art. 6) und im IHG (Art. 12) geregelt.

Die Investitionshilfe des Bundes wird durch *zwei flankierende regionalpolitische Massnahmen* – Massnahmen zur Stärkung der Forstwirtschaft werden dazukommen – ergänzt:

– Bundesgesetz über die Bürgschaftsgewährung in Berggebieten vom 25. Juni 1976 (SR 901.2)
– Bundesgesetz über die Förderung des Hotel- und Kurortkredits vom 1. Juli 1966 (SR 935.12).

Die *Finanzierungsbeihilfen zugunsten wirtschaftlich bedrohter (monoindustrieller) Regionen* gehen aus dem neusten regionalpolitisch bedeutsamen Erlass (Bundesbeschluss über Finanzierungsbeihilfen zugunsten wirtschaftlich bedrohter Regionen vom 6. Oktober 1978, SR 951.93) hervor. Er ist nicht auf das Berggebiet beschränkt, sondern bezweckt ganz allgemein den *Abbau einseitiger industrieller Strukturen*. Wichtigster Anwendungsraum ist bis anhin der Jura (Uhrenregionen) (vgl. Abb. 4). Die *Hilfe ist innovationsorientiert,* d.h., durch die Entwicklung neuer Produkte, die Weiterentwicklung bestehender sowie die Einführung neuer Verfahren sollen Arbeitsplätze erhalten und neue geschaffen werden.

b) **Grenzen der Regionalpolitik für das Berggebiet**

Die Regionalpolitik des Bundes im Berggebiet ist primär auf die *Schaffung günstiger Rahmenbedingungen* und die *Verbesserung der Infrastrukturausstattung* in förderungsbedürftigen und entwicklungsfähigen Berggebietsregionen ausgerichtet. Die bisherigen Erfahrungen zeigen, dass die verfügbaren Mittel zu einer wesentlichen Stärkung der Bergregionen kaum ausreichen. Die Massnahmen, welche als regionalpolitische Massnahmen im engeren Sinne zu bezeichnen sind, vermögen in der heutigen gesamtwirtschaftlichen Situation und im Vergleich zu allen anderen raumbedeutsamen Massnahmen nicht immer genügend zu greifen. Es musste die Erfahrung gemacht werden, dass der Infrastrukturförderung als Mittel der Regionalpolitik in hochentwik-

Abb. 16   Entwicklung der Investitionshilfe 1975 – 1982

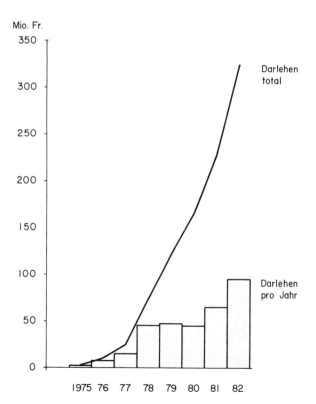

Raumplanung und Wirtschaft 137

Tabelle 42: *Entwicklung der Investitionshilfe 1975–1985*

Jahr	Anzahl Projekte	Darlehen	
		pro Jahr (1000 Fr.)	total (1000 Fr.)
1975	7	1 934	1 934
1976	29	7 196	9 130
1977	89	16 104	25 234
1978	143	46 654	71 888
1979	153	47 818	119 706
1980	180	45 147	164 853
1981	234	65 595	230 448
1982	325	91 918	322 266
1983	335	89 481	411 847
1984	351	93 409	505 256
1985*	360	100 000	605 256

* Schätzung

Quelle: BIGA/ZRW, Die Region 2/85

Tabelle 43: *Investitionshilfe nach Sachbereichen 1985 (Stand März 1985)*

Sachbereich	Anzahl Projekte	Investitionshilfe		Gesamtkosten	
		in 1000 Fr.	in %	in 1000 Fr.	in %
Mehrbereichs-projekte	143	45 056 550	8,6	260 276	7,9
Kultur	52	13 232 100	2,5	87 046	2,7
Bildung	160	81 068 651	15,5	473 834	14,4
Gesundheit	60	63 794 090	12,2	474 691	14,4
Versorgung, Entsorgung	546	120 037 036	23,0	767 178	23,2
Erholung, Sport, Freizeit	301	100 458 886	19,2	644 788	19,6
Öffentliche Verwaltung	148	29 748 547	5,7	194 013	5,9
Verkehr	387	53 823 913	10,3	305 579	9,3
Konsummöglich-keiten	10	885 520	0,2	4 953	0,2
Schutz vor Elementar-schäden	103	14 731 267	2,8	75 913	2,3
Total	1 910	522 836 560	100,0	3 288 271	100,0

Quelle: BIGA/ZRW, Die Region 1/85

kelten Volkswirtschaften relativ *enge Grenzen* gesetzt sind. Grenzen werden aber auch durch gesamtwirtschaftliche Interessen gezogen, beispielsweise angesichts der weltwirtschaftlichen Probleme durch die Forderung nach Erhaltung und Verbesserung der internationalen Konkurrenzfähigkeit des Standortes Schweiz.

Als ein wichtiger Erfolg der bisherigen Regionalpolitik muss die Förderung des regionalen Problembewusstseins und der regionalen Zusammenarbeit im Berggebiet angesprochen werden.

5.5.3. Räumliche Disparitäten

a) **Begriff**

Eine zentrale – aber nicht alleinige – Aufgabe von Regionalpolitik und Raumplanung besteht im Abbau unerwünschter räumlicher Disparitäten. Unter *räumlichen Disparitäten* versteht man signifikante Unterschiede in der sozio-ökonomischen Entwicklung. Beim Abbau dieser Unterschiede geht es nicht um eine Nivellierung, sondern um eine Angleichung der Lebensbedingungen, ohne dadurch die positiven Aspekte der natürlichen, kulturellen sowie historisch gewachsenen Vielfalt und Eigenart der einzelnen Teilräume zu zerstören.

b) **Messgrössen** (Indikatoren)

Um räumliche Disparitäten messen zu können, muss der abstrakte Begriff «räumliche Disparitäten» durch wahrnehmbare und messbare Merkmale beschrieben, d.h. operationalisiert, werden. Solche messbaren Tatbestände werden Indikatoren genannt. Diese müssen Aufschluss geben über:

- Entwicklungsstand in einer Region
- Entwicklungsprozess in einer Region = Längsschnittanalyse
- Entwicklungsstand in mehreren Regionen = Querschnittanalyse
- Entwicklungsprozess in mehreren Regionen = kombinierte Längs-, Querschnittanalyse.

Die Indikatoren zur Messung räumlicher Disparitäten werden häufig unterteilt in:

- *Ökonomische Indikatoren:*
  Mit ihrer Hilfe werden die materiellen Komponenten, der Wohlstand gemessen, z.B. Bruttosozialprodukt, Bruttoinlandprodukt, Volkseinkommen.
- *Soziale, gesellschaftliche Indikatoren:*
  Mit ihrer Hilfe werden die immateriellen Komponenten, wie Wohlbefinden, subjektive Zufriedenheit, Lebensqualität, oder ganz allgemein die Wohlfahrt, gemessen.
  Das Bundesamt für Statistik veröffentlichte in der Reihe «Beiträge zur schweizerischen Statistik» (H.81–H.92) aus zwölf Bereichen Sozialindikatoren für die Schweiz:

  Band 1: Gesundheit   Band 7: Wohnen
  Band 2: Bildung   Band 8: Verkehr
  Band 3: Erwerbstätigkeit   Band 9: Natürliche Umwelt
  Band 4: Arbeitsbedingungen   Band 10: Familie und soziale Umwelt
  Band 5: Freizeit und Haushalt Band 11: Bürger und Staat
  Band 6: Einkommen und soziale Band 12: Energie.
           Sicherheit

Dabei wird oft zwischen sogenannten *objektiven Indikatoren* (z.B. Anteil der Bevölkerung mit Mittelschulabschluss) und sogenannten *subjektiven Indikatoren* (z.B. Anteil der Bevölkerung, welche mit ihrer Wohnsituation zufrieden ist) unterschieden.

c) **Kennziffern**

Es existieren zahlreiche Kennziffern, um räumliche Disparitäten zu messen. Gebräuchliche und einfach zu berechnende Kennziffern sind:

- *Variationsbreite:*
  Die Variationsbreite ist die Differenz zwischen der maximalen und minimalen Merkmalsausprägung in einer Datenreihe. Die Variationsbreite wird lediglich von den beiden Extremwerten der räumlichen Verteilung bestimmt, alle übrigen Werte bleiben unberücksichtigt. Ebenfalls nur auf die beiden Extremwerte stützt sich der Quotient zwischen dem Maximal- und Minimalwert ab. Die Aussagekraft dieser beiden Kennzahlen kann etwas erhöht werden, wenn auch noch der Mittelwert berücksichtigt wird.
- *Durchschnittliche Abweichung, Varianz, Standardabweichung und Variationskoeffizient:*
  Für die Berechnung dieser Kennziffern werden alle Werte und nicht nur die Extremwerte (und der Durchschnittswert) berücksichtigt:
  Die *durchschnittliche Abweichung* ist der arithmetische Durchschnitt aus den Absolutbeträgen der Differenz aller Werte von ihrem arithmetischen Mittelwert.
  Die *Varianz* (mittlere quadratische Abweichung) gibt den Durchschnitt der quadratischen Abweichungen der Werte von ihrem arithmetischen Mittel an.
  Die positive Quadratwurzel aus der Varianz heisst *Standardabweichung*. Sie ist eine

der gebräuchlichsten Kennziffern, um räumliche Disparitäten zu messen. Bei der Verwendung von Verhältniszahlen (z.B. Pro-Kopf-Einkommen) muss die gewogene Standardabweichung verwendet werden. Beim Vergleich von Verteilungen aus verschiedenen Erhebungen (z.B. unterschiedliche Zeitpunkte) wird der Variationskoeffizient verwendet. Der *Variationskoeffizient* ist dimensionslos und drückt die Standardabweichung in Prozenten des arithmetischen Mittels aus. Auch hier muss zwischen dem gewogenen und dem ungewogenen Variationskoeffizienten unterschieden werden. Im Falle einer Gleichverteilung ist der Variationskoeffizient Null. Je grösser der Variationskoeffizient ist, desto stärker ist die (räumliche) Konzentration. Der Variationskoeffizient ist kein normiertes Mass, d.h., er ist nach oben nicht begrenzt.

– *Lorenzkurve und Gini-Koeffizient:*
Gebräuchliche Kennziffern zur Messung relativer Konzentrationen, d.h. zum Vergleich der räumlichen Konzentration von zwei Merkmalen (z.B. Bevölkerung und Volkseinkommen), sind die Lorenzkurve und der davon ausgehende Gini-Koeffizient. Einfacher zu berechnen als der Gini-Koeffizient ist der *Hoover-Koeffizient,* bei welchem die Summe des Betrages der Differenz zwischen den regionalen Anteilen der beiden Merkmale gebildet wird.

– *Kennziffern im Bereich der Beschäftigung:*
Vor allem bei Untersuchungen räumlicher Disparitäten im Bereich der Beschäftigung finden folgende Kennziffern Verwendung:

Standortquotient:
Der Standortquotient gibt Auskunft darüber, ob eine bestimmte Branche in einem Teilgebiet – im Vergleich zum Gesamtgebiet – über- oder untervertreten ist. Ein Wert grösser als 1 bedeutet, dass die betreffende Branche stärker, ein Wert kleiner als 1, dass sie schwächer vertreten ist als im Gesamtraum. Eine Berechnung von Standortquotienten für sämtliche Industriebranchen lässt strukturelle Abweichungen zwischen Teilgebiet und Gesamtgebiet deutlich werden. Eine Zusammenfassung dieser Ergebnisse, d.h. Aussagen über den Grad der strukturellen Einseitigkeit einer Region, liefert der Spezialisierungskoeffizient.

Spezialisierungskoeffizient:
Ein Wert des Spezialisierungskoeffizienten von 0 bedeutet, dass das Teilgebiet und das Gesamtgebiet identische Branchenstrukturen aufweisen. Demgegenüber weisen Werte gegen 1 auf extreme Spezialisierung hin. Bei der Interpretation der Ergebnisse solcher Berechnungen ist zu beachten, dass die Grösse des Spezialisierungskoeffizienten in starkem Masse von der Einteilung des Gesamtgebietes in Teilgebiete sowie von der Einteilung der Industrie in die einzelnen Branchen abhängig ist. Ferner wird der regionale Spezialisierungsgrad immer an der Branchenstruktur des Gesamtgebietes gemessen.

Konzentrationskoeffizient:
Der Konzentrationskoeffizient ist das Spiegelbild des Spezialisierungskoeffizienten. Er gibt an, welche Industriebranche – im Vergleich zur gesamten Industrie – räumlich konzentriert und welche räumlich dezentralisiert vorkommt. Je näher der Wert bei 0 liegt, desto gleichmässiger ist die Branche über die Regionen verteilt. Je näher das Ergebnis bei 1 liegt, desto grösser ist die räumliche Konzentration der untersuchten Branche. Gleichmässigkeit bedeutet, dass die untersuchte Branche regional ebenso verteilt ist wie die gesamte Industrie.

Der Vergleich dieser Kennziffern zu verschiedenen Zeitpunkten vermittelt Hinweise auf die Veränderung räumlicher Disparitäten und Strukturen. Geeignete Kennziffern, um die räumliche Entwicklung von Beschäftigtenstrukturen zu erfassen, liefert die *Shift-Analyse:*

Der *Regionalfaktor* vergleicht die Beschäftigtenentwicklung in einem Teilraum mit derjenigen im Gesamtraum. Die Auswirkungen, welche Abweichungen der Branchenstruktur – vom Mittelwert des Gesamtraumes – auf die regionale Beschäftigtenentwicklung haben, werden im Strukturfaktor festgehalten. Der *Strukturfaktor* vermag rund die Hälfte der gesamten regionalen Abweichung zu erklären. Neben der strukturellen Komponente wird die regionale Entwicklung der Beschäftigten auch durch die Standortbesonderheiten bestimmt. Der *Standortfaktor* misst den isolierten Einfluss der standortbedingten regionalen Wachstumsunterschiede. Er vermag aber nicht die Standortgunst einer Region im herkömmlichen Sinne darzustellen, sondern er zeigt auf, wie gross die wachstumsfördernden oder -hemmenden Einflüsse – im Vergleich zum Durchschnitt – auf die regionale Entwicklung sind, die sich nicht durch die strukturelle Zusammensetzung erklären lassen.

Der *Regionaleffekt* gibt in absoluten Werten die Abweichungen der Beschäftigtenentwicklung in einem Teilraum von derjenigen im Gesamtraum wieder; oder anders ausgedrückt: der Regionaleffekt vergleicht die effektive Beschäftigtenzahl zum Endzeitpunkt mit einer fiktiven Beschäftigtenzahl, welche sich dann ergeben hätte, wenn sich der Teilraum gleich wie der Gesamtraum entwickelt hätte. Auch der Regionaleffekt kann in einen Struktureffekt und in einen Standorteffekt aufgeteilt werden.

Diese verschiedenen Kennziffern können in dreierlei Hinsicht verwendet werden:

- Zur Beschreibung von Zuständen und Entwicklungen im Rahmen der problemorientierten Lageanalyse: *Deskriptiver Einsatz.*
- Im Zusammenhang mit allgemeinen Theorien oder Hypothesen zur Erklärung und Prognose räumlicher Disparitäten. Disparitätenkennziffern können die räumliche Diagnose erleichtern helfen; sie ersetzen aber in keinem Fall die eigentlichen Erklärungsaufgaben: *Explikativer, d.h. diagnostischer und prognostischer, Einsatz.*
- Zur Operationalisierung raumordnungspolitischer Ziele: Allein können sie aber keine Normbegründung liefern, denn eine Norm kann nur unter Berufung auf politische Zielsetzungen und niemals unmittelbar aus einer Zustandsbeschreibung bestimmt werden: *Raumordnungspolitischer Einsatz.*

Kennziffern sind nützliche Hilfsmittel für die Raumplanung. Ihre Aussagekraft darf aber nicht überschätzt werden. Ihre Grösse ist in starkem Masse davon abhängig, welche Einteilungen gewählt worden sind, einerseits beim Untersuchungsgebiet (räumliche Erhebungseinheiten) und anderseits bei der Disaggregation des Untersuchungsobjektes (z.B. Brancheneinteilung). Bei Aussagen, wie «die räumlichen Disparitäten haben sich vergrössert» bzw. «verkleinert», muss angegeben werden, wie diese Disparitäten gemessen worden sind, auf welchen Zeitraum sich die Aussage bezieht und auf welcher räumlichen Einteilung eine solche Feststellung beruht; es ist durchaus denkbar, dass sich bei unterschiedlichen Messmethoden oder verschiedenen Raumeinteilungen die Tendenzen der Disparitätsentwicklung gegenläufig verhalten.

Bei der Verwendung von Kennziffern ist ferner zu bedenken, dass sich zahlreiche raumrelevante Faktoren nur schwer oder überhaupt nicht quantifizieren lassen; dies trifft insbesondere für Faktoren des sozio-kulturellen und politischen Bereichs zu. In der Raumplanung besteht die Gefahr, dass quantifizierbare Daten – im Vergleich zu nicht-quantifizierbaren – in ihrer Bedeutung überschätzt werden.

6. Raumplanung und Infrastruktur

6.1. Begriffe und Zusammenhänge

6.1.1. Funktion im Rahmen der Raumordnungspolitik

Die *Infrastrukturpolitik* gilt als *einer der wichtigsten Bestandteile der Raumordnungspolitik*. Der Grund liegt darin, dass Einrichtung und Betrieb von Infrastrukturanlagen weitgehend dem Staat obliegen. Zudem ist Infrastrukturpolitik relativ wettbewerbsneutral einsetzbar. Infrastrukturplanung und Raumplanung sind daher aufeinander abzustimmen.

6.1.2. Begriff der Infrastruktur

Eine vollständige, aber trotzdem einfache und allgemein gültige Umschreibung des Begriffes ist kaum möglich, weil der *Infrastrukturbegriff* – ausgehend von in den sechziger Jahren gängigen politischen Schlagworten – heute sehr verschieden angewandt, definiert und abgegrenzt wird. Allen Auslegungen ist indessen weitgehend gemeinsam, dass als Infrastruktur fast durchwegs Einrichtungen oder Anlagen bezeichnet werden, die eine «gemeinnützige» Basisfunktion aufweisen und deren Leistungsfähigkeit über den Marktprozess (Preismechanismus) nicht optimal gesteuert werden kann. Infrastrukturgüter sind somit Gemeingüter (Kollektivgüter), die den Individuen (natürliche Personen, Unternehmungen usw.) Entwicklung, Wohlstand und/oder Wohlfahrt ermöglichen sollen.

Nach den tatsächlichen oder möglichen, d.h. den effektiven oder potentiellen, Nutzniessern (Nutzniessergemeinschaft) wird die Infrastruktur häufig unterteilt oder qualifiziert. So wird etwa unterschieden zwischen:

- Unternehmensorientierte Infrastruktur (wirtschaftsorientierte, produktive Infrastruktur)
- haushaltorientierte Infrastruktur (konsumptive Infrastruktur).

Die *unternehmensorientierte Infrastruktur* erleichtert die Entwicklung von Unternehmen, insbesondere auch von Produktionsbetrieben.

Die *haushaltorientierte Infrastruktur* dient den Haushaltungen; sie wird primär von den Konsumenten und nicht von den Produzenten in Anspruch genommen. Weitere Gliederungen gemäss dem Kriterium «Nutzniesserkreis» sind denkbar und üblich. So unterscheidet man oft nach sektoralen Nutzniesserkreisen, z.B. landwirtschaftliche oder touristische Infrastruktur. Bei zusätzlicher Berücksichtigung von räumlichen Gesichtspunkten wird etwa von örtlicher oder überörtlicher Infrastruktur gesprochen.

6.1.3. Merkmale der Infrastruktur

Infrastruktureinrichtungen verfügen über wesentliche, aber nicht durchwegs notwendige technische Merkmale, welche auch für die Raumplanung von besonderer Wichtigkeit sind:
– Standortgebundenheit
– Unteilbarkeit der Anlagen
– Lange Lebensdauer
– Interdependenzen zwischen einzelnen Bestandteilen eines Infrastrukturbereiches (z.B. Bahn – Strasse), ebenso zwischen den Bereichen (z.B. Verkehrsinfrastruktur-Freizeitinfrastruktur).

Daneben sind auch ökonomische und institutionelle Merkmale der Infrastruktur von Bedeutung für die Raumplanung, z.B.:
– Kostendegression
– Sprungkosten
– Externe Effekte
– Nutzendiffusion
– Fehlen von Marktpreisen
– Vollständige oder teilweise Finanzierung über Steuern
– Staatliche Planung, Herstellung, Betriebsführung und/oder Kontrolle
– Politische (nicht-marktmässige) Entscheidungsprozesse.

Als Beispiel einer praxisorientierten Umschreibung der Infrastruktur sei Art. 2 der Verordnung über Investitionshilfe für Berggebiete vom 9. Juni 1975 (SR 901.11) zitiert (leicht modifiziert):

– Verkehr:
 Strassen, Parkplätze, Güter-, Wald- und Wanderwege, Eisenbahnlinien, Flughäfen (-plätze) und Flugsicherung, Anlagen der Nachrichtenübermittlung
– Öffentliche Versorgung:
 Elektrizität, Gas, Wasser

- Entsorgung:
  Gewässerschutz, Lufthygiene, Kehrichtbeseitigung
- Anlagen der schulischen und beruflichen Ausbildung
- Einrichtungen zur Förderung und Verbesserung des Gesundheitswesens, der Fürsorge und Pflege
- Anlagen für die Pflege der Kultur ⎫
- Sport- und Erholungsanlagen ⎬ Freizeitinfrastruktur
- Kurortsanlagen ⎭
- Einrichtungen zur Sicherstellung der Versorgung mit Gütern des täglichen Bedarfs
- Bauten und Anlagen zum Schutz vor Elementarschäden
- Anlagen der öffentlichen Verwaltung.

6.1.4. Wirkungen der Infrastruktur

Untersuchungen über die *Wirkungen der Infrastruktur auf das demographische und wirtschaftliche Wachstum von Regionen* kommen zu folgenden Ergebnissen:

- Die Infrastruktur ist zwar eine notwendige, aber keine hinreichende Bedingung für das Wachstum.
- Die Infrastrukturpolitik ist vor allem bei hohem Wirtschafts- und Bevölkerungswachstum wirksam:

		Bevölkerungswachstum	
		tief	hoch
Wirtschafts-wachstum	tief	Infrastrukturpolitik relativ unwirksam	vor allem haushaltorientierte Infrastruktur wichtig
	hoch	vor allem unternehmensorientierte Infrastruktur wichtig	Infrastrukturpolitik relativ wirksam

- Viele Infrastrukturen zählen heute zur regionalen Mindestausstattung, d.h., sie haben ubiquitären Charakter. Ihr Fehlen wirkt sich auf Entwicklungsmöglichkeiten negativ, ihr Vorhandensein dagegen nicht positiv aus.
- Die Infrastruktur gehört in hochentwickelten Volkswirtschaften nicht mehr zu den Haupt-Standortfaktoren der Industrie.
- Die Wohn- und Standortentscheidungen werden nicht durch einzelne Infrastrukturbereiche, sondern durch ein Bündel von aufeinander abgestimmten Infrastrukturleistungen beeinflusst.
  (Nach Frey René L., Die Infrastruktur als Mittel der Regionalpolitik, Bern und Stuttgart 1979).

6.2. Ausgewählte Daten zur Infrastruktur

Die Daten wurden, sofern nicht anders vermerkt, dem Statistischen Jahrbuch der Schweiz 1985 entnommen.

6.2.1. Verkehr

Abb. 17   Personenwagen 1930 - 1980

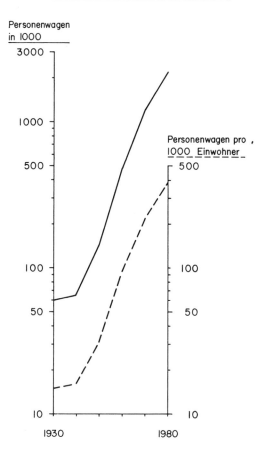

Daten : Stat. Jb. der Schweiz 1982

Raumplanung und Infrastruktur 147

Tabelle 44: *Strassenlängen 1982*

Gemeindestrassen	50 382 km
Kantonsstrassen	19 079 km
Nationalstrassen	1 288 km
Total	70 749 km

Tabelle 45: *Strassenaufwendungen 1982 (Angaben in Mio.)*

Gemeindestrassen	1 685 Fr.
National- und Kantonalstrassen	2 784 Fr.
Total	4 469 Fr.
– Neubau, Ausbau	2 833 Fr.
– Unterhalt (inkl. Verwaltung)	1 269 Fr.
– Verkehrssignalisation und -regelung	367 Fr.

Quelle: Strassenrechnung 1982

Tabelle 46: *Motorisierungsgrad 1984*

Auf 1000 Einwohner entfielen:				
Personenwagen	392 ⎫			
andere Motorwagen	58 ⎭	450 ⎫		
Motorräder	31		481 ⎫	
Motorfahrräder	101			582
Fahrräder	351			

Tabelle 47: *Fahrzeugbestand 1974–1984 (Angaben in 1000)*

Kategorie	1974	1984
Motorwagen	1900	2920
– Personenwagen	1723	2552
– Busse	10	11
– Lieferwagen	86	145
– Lastwagen und Sattelschlepper	50	48
– Traktoren, Motorkarren u.ä.		164
Motorräder		199
– Kleinmotorräder		44
Motorfahrzeuge total	2011	3119
Motorfahrräder	658	647
Fahrräder	1526	2285

148 Lebensraum als Objekt der Raumplanung

Tabelle 48: *Länge der öffentlichen Landverkehrsmittel 1983*

Bahnen des allgemeinen Verkehrs	5 002 km
– Normalspur	3 628 km
– Schmalspur	1 374 km
Spezialbahnen	889 km
– Zahnradbahnen	97 km
– Standseilbahnen	57 km
– Luftseilbahnen	735 km
Nahverkehrsmittel	2 053 km
– Tram	168 km
– Trolleybus	312 km
– Autobus	1 573 km
Autoreisepost	8 006 km
Konzessionierte Automobilunternehmungen (Überlandlinien)	3 748 km

Abb. 18 Netzlängen der öffentlichen Landverkehrsmittel 1955 – 1980

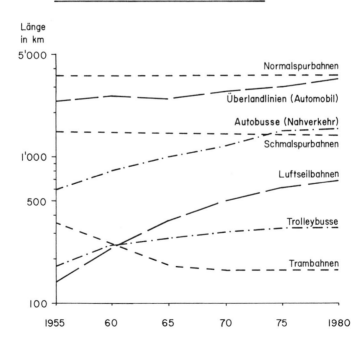

Daten : Stat. Jb. der Schweiz 1982

Tabelle 49: *Flughäfen 1984 (Angaben in 1000)*

Flughäfen	Flugzeugbewegungen		Passagiere			
	a	b	Eigenverkehr		Transit	
			a	b	a	b
Zürich	112	12	7 487	1 188	340	24
Genève	66	5	3 825	563	563	33
Basel	23	5	695	237	3	19

a = Linienverkehr; b = Nicht-Linienverkehr

Tabelle 50: *Reise- und Güterverkehr 1983 (Angaben in Mio.)*

Bahnen des allgemeinen Verkehrs	
− Reisende	314
− Personenkilometer	10 340
− Güter	53 t
− Tonnenkilometer	6 759
Spezialbahnen	
− Reisende	33
− Güter	0,07 t
Luftseilbahnen	
− Personen Sommer	17
− Personen Winter	83
− Personen total	99
Skilifte	
− Personen	95
Nahverkehrsmittel	
− Personen	684
Konzessionierte Automobilunternehmungen (1980)	
− Personen	102
Schiffahrt	
− auf Seen, Personen	9
− Basler Rheinhafen (1981)	
· Ankunft	8 t
· Abgang	0,3 t
Ölleitungen	
− Güter	13 t
− Tonnenkilometer	1 163

150 Lebensraum als Objekt der Raumplanung

Tabelle 51: *Verkehrsverteilung nach Verkehrsträgern 1950–1980*

	1950	1960	1970	1980
Personenverkehr in Mio.				
– Personen	1 151	2 276	4 690	6 730
– Personenkilometer	14 877	32 078	64 123	88 460
Anteil der Verkehrsträger in ‰				
– Schiene				
· Personen	522	287	143	102
· Personenkilometer	507	285	163	132
– Strasse				
· Personen	471	708	853	895
· Personenkilometer	483	704	821	851
Güterverkehr in Mio.				
– Tonnen	91	157	328	368
– Tonnenkilometer	3 189	6 028	12 578	15 118
Anteil der Verkehrsträger in ‰				
– Schiene				
· Tonnen	203	189	144	130
· Tonnenkilometer	699	721	559	516
– Strasse				
· Tonnen	727	741	769	794
· Tonnenkilometer	283	263	331	398

Abb. 19 Verkehrsteilung nach Verkehrsträgern 1950–1980

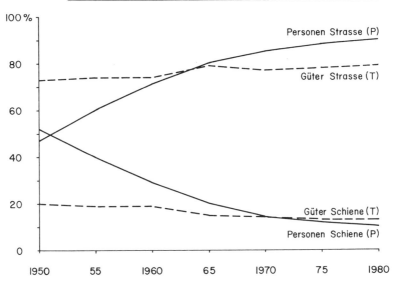

6.2.2. Nachrichtenwesen

Tabelle 52: *Nachrichtenwesen 1984*

Anzahl Poststellen	3 881
Anzahl Telephonzentralen	938
Gespräche (taxpflichtig)	
– Inlandverkehr (Mio. Anzahl)	2 535,4
· Ortsgespräche	1 381,5
· Ferngespräche	1 153,9
– Auslandverkehr (Mio. Taxminuten)	1 275,7
· Ausgang	675,7
· Eingang	600,0
Anzahl Telegraphenstellen	3 796
Telegramme (in Tausend)	2 278
– Inland	1 065
– Ausland	1 213
Fernschreibanschlüsse	40 021
Telexverkehr (in Mio. Minuten)	220,8
– Inland	77,1
– Ausland	143,7
Datenübertragungseinrichtungen	
– Anschlüsse auf dem Telephonwählnetz	12 838
– Anschlüsse auf Mietleitungen	23 413
Anzahl Radiokonzessionen (in Tausend)	2 423
Anzahl Fernsehkonzessionen (in Tausend)	2 140

Quelle: Stat. Jb. der PTT 1984

6.2.3. Energieversorgung

– Begriffe:
Primärenergie (Rohenergie):
Die Energieform, wie sie in der Natur zur Verfügung steht, z.B. Rohöl, Erdgas, Kohle, Wasserkraft, Spaltstoffe (Uran), Sonnenstrahlung
Endenergie (Endverbrauch):
Energie, die der Endverbraucher konsumiert, z.B. Elektrizität, Erdgas, Benzin, Heizöl
Nutzenergie:
Jene Energieform, die der Endverbraucher entsprechend seinen Bedürfnissen aus der Endenergie erzeugt, z.B. Licht, Wärme, mechanische Arbeit.
– Masseinheiten:
· für Leistung:
1000 Watt (W) = 1 Kilowatt (kW) = 1,36 PS (1 PS = 0,736 kW)
1 Megawatt (MW) = 1000 kW = 1 000 000 W
· für Arbeit (Energie):
1 Joule (J) = 1 Wattsekunde (Ws) = 0,239 Kalorien (cal) (1 cal = 4,187 J)
1 Wattstunde (Wh) = 3600 J

152 Lebensraum als Objekt der Raumplanung

1 Kilowattstunde (kWh) = 1000 Wh
1 Gigawattstunde (GWh) = 1 000 000 kWh
- Abkürzungen:
  k = Kilo = Tausend = 10^3 T = Tera = Billion = 10^{12}
  M = Mega = Million = 10^6 P = Peta = Billiarde = 10^{15}
  G = Giga = Milliarde = 10^9 E = Exa = Trillion = 10^{18}

Tabelle 53: *Endenergie – Energieträger und Nachfrager 1980*
(Angaben in PJ)

Energieträger	Nachfrager				
	Haushalte	Landwirtschaft, Gewerbe, Dienstleistungen	Industrie	Verkehr	Total
Erdölprodukte	164,4 ± 7,9	58,0 ± 8,1	98,1 ± 6,6	167,1 ± 4,5	487,4 ± 8,3
Elektrizität	36,6 ± 1,5	30,0 ± 1,6	50,4 ± 1,8	9,9 ± 0,5	126,9 ± 0,5
Gas	11,9 ± 0,8	3,0 ± 0,7	19,1 ± 1,0	–	34,0 ± 0,5
Kohle	3,4 ± 0,4	0,1 ± 0,1	10,0 ± 0,4	–	13,5 ± 0,4
Holz	8,1 ± 0,4	1,0 ± 0,3	0,9 ± 0,2	–	10,0 ± 0,4
Fernwärme	2,8 ± 0,3	3,5 ± 0,5	1,3 ± 0,2	–	7,6 ± 0,3
Müll	–	–	4,6 ± 1,1	–	4,6 ± 1,0
Umgebungswärme	0,6 ± 0,2	0,3 ± 0,2	0,3 ± 0,2	–	1,2 ± 0,3
Total	227,7 ± 8,2	95,9 ± 8,3	184,6 ± 7,5	177,0 ± 2,0	685,2 ± 8,5

Quelle: Huber Jakob u.a., Perspektiven des Energiewesens in der Schweiz und räumliche Konsequenzen, ORL-Bericht Nr. 47, 1984

Tabelle 54: *Endenergie – Verwendungszwecke 1980*
(Angaben in PJ)

Raumwärme	284,0 (± 10,0)	41,6 (± 1,5)%
Warmwasser, Prozesswärme, Kraft, Licht	224,2 (± 9,0)	32,5 (± 1,4)%
– Haushalte	41,0 (± 2,0)	
– Unternehmungen	183,2 (± 9,0)	
Verkehr, Transport	177,0 (± 2,1)	25,9 (± 0,3)%
– Individualverkehr	133,3 (± 2,0)	
– Öffentlicher Verkehr	9,0 (± 0,5)	
– Flugverkehr	32,2 (± 0,6)	
– Verkehrsinfrastruktur	2,5 (± 0,4)	
Total	685,2 (± 8,5)	100%

Berechnungen: Zängerle Ruedi, ORL-Institut ETH Zürich, 1984

6.2.4. Wasserversorgung

Tabelle 55: *Wassergewinnung 1980*

Quellwasser		472,9 Mio. m³	43%
Grundwasser		449,3	41%
Seewasser		181,2	16%
	Total	1 103,4	100%

Quelle: Schweiz. Verein des Gas- und Wasserfachs, Zürich, Statistische Erhebungen Wasserversorgungen in der Schweiz 1980

Tabelle 56: *Wasserabgabe 1980*

Haushalte und Kleingewerbe		532,5 Mio. m³	48%
Gewerbe und Industrie		274,7	25%
Öffentliche Zwecke und Brunnen		74,3	7%
Selbstverbrauch		31,5	3%
Verluste		190,4	17%
	Total	1 103,4	100%
Mittlerer Bedarf pro Einwohner und Tag (1980)		475 Liter	
Maximaler mittlerer Bedarf pro Einwohner und Tag (1980)		645 Liter, mit Schwankungen der Spitze zwischen 300 und 3000 Litern	
Eigenförderung der Industrie (ohne thermische Kraftwerke) ca. 520 Mio. m³/Jahr			

Quelle: Schweiz. Verein des Gas- und Wasserfachs, Zürich, Statistische Erhebungen der Wasserversorgungen in der Schweiz 1980

6.2.5. Entsorgung

Tabelle 57: *Abwasserreinigung*

Schmutzwasseranfall ~ Wasserverbrauch
Abwasseranfall = Schmutzwasser + Regenwasser
Spezifischer Abwasseranfall: Trockenwetter 1–5 l/s pro ha befestigte Fläche Regen 400 l/s pro ha befestigte Fläche
Sammlung und Abteilung im Misch- und Trennsystem
Trockengewicht der Schmutzstoffe im häuslichen Abwasser 250 g/E/Tag
Schmutzstoffanfall 75 g/E/Tag
Frischschlammanfall (Mittel, mech.-biolog. Kläranlage) 2,5 l/E/Tag
Reinigung des verschmutzten Wassers in mechanisch-biologischen Anlagen, nötigenfalls 3. und 4. Reinigungsstufe (Fällung; Flockungsfiltration)
Flächenbedarf für Kläranlagen mit mechanisch-biologischer Reinigung: bei 1 000 Einwohnern 1,8 m²/E bei 10 000 Einwohnern 0,8 m²/E bei 100 000 Einwohnern 0,5 m²/E

Quelle: Bundesamt für Umweltschutz, zit. nach Lendi Martin (Herausgeber), Raumplanung Vademecum, ORL-Institut ETH Zürich, Zürich 1985

Tabelle 58: *Stand der Abwasserreinigung 1983*
Kommunale Anlagen (Stand 1.1.1983)

	Anlagen		
	in Betrieb	im Bau	baureife Projekte
Anzahl Anlagen	837	43	21
Anzahl Gemeinden	1 885	342	50
Anteil Einwohner innerhalb Kanalisationsbereich	88%	4%	1%

Quelle: Bundesamt für Umweltschutz (Hrsg.), Abwasserreinigung und Gewässerzustand, Stand am 1. Januar 1983

Tabelle 59: *Stand der Abfallbeseitigung 1980*

Art der Behandlung	Anzahl Anlagen in Betrieb 1.1.80	Insgesamt angelieferte Siedlungsabfälle 1979		Anschliessbare Einwohner (Ende 1979)		kg pro Einwohner und Jahr (Einwohner im Einzugsgebiet)	Anzahl Gemeinden im Bereich der öffentlichen Abfuhr
		1000 t	%	1000	%		
Verbrennung mit Wärmeverwertung	19	1234	54	3294	52	375	862
Verbrennung ohne Wärmeverwertung	21	359	16	1106	17	325	712
Kombinierte Kompostierungs-/Verbrennungsanlage ohne Wärmeverwertung	8[2]	204	9	629	10	324	186
Kompostierung allein	2	21	1	81	1	259	20
Geordnete Deponien	25[3]	361	16	973	16	371	796
Total	75	2179	96	6083[1]	96	358	2576
Annahme Rest	–	80	4	305	4	262	518
Schweiz	–	2259	100	6388[1]	100	353	3088

[1] davon Ausland: D, F, FL, I, rund 75000 E
[2] davon eine Anlage mit Wärmeverwertung
[3] ohne Schlackendeponien

Quelle: Bundesamt für Umweltschutz und Stat. Jb. der Schweiz 1983

6.2.6. Schulwesen

Tabelle 60: *Schüler- und Studentenzahlen 1983/84*

Vorschule	119 261
Obligatorische Schule	771 155
– davon Primarstufe	398 931
– davon Sekundarstufe I	339 342
Sekundarstufe II	320 850
– davon Maturitätsschulen	55 918
– davon Berufsausbildung	241 132
Tertiärstufe	95 661
– davon universitär	69 839

6.2.7. Gesundheitswesen

Tabelle 61: *Krankenhäuser 1983*

Krankenhäuser	432
Krankenbetten	72 605
Hospitalisierte	944 286
Pflegetage (in 1000)	22 126
Bettenbesetzung (in %)	80,8

Tabelle 62: *Ärzte, Zahnärzte und Apotheken nach Kantonen 1984*

Kantone	Prakti-zierende Ärzte	Einwohner auf einen prakt. Arzt	Zahnärzte 1983	Einwohner auf einen Zahnarzt 1983	Apotheken
Zürich	1748	648	624	1803	195
Bern	1270	730	474	1942	148
Luzern	345	881	136	2208	29
Uri	29	1169	14	2400	3
Schwyz	79	1285	31	3222	9
Obwalden	20	1380	10	2690	2
Nidwalden	29	1048	11	2709	1
Glarus	39	944	13	2784	4
Zug	101	784	41	1900	11
Fribourg	218	875	68	2777	49
Solothurn	246	889	85	2562	21
Basel-Stadt	477	418	154	1294	61
Basel-Landschaft	262	853	92	2415	24
Schaffhausen	95	737	30	2323	12
Appenzell A. Rh.	45	1091	3	16200	3
Appenzell I. Rh.	10	1320	6	2183	1
St. Gallen	434	923	127	3123	46
Graubünden	232	742	63	2683	29
Aargau	431	1081	168	2750	75
Thurgau	172	1104	51	3682	18
Ticino	387	716	133	2046	128
Vaud	946	575	302	1775	174
Valais	299	779	90	2518	70
Neuchâtel	235	663	71	2180	49
Genève	785	464	228	1569	129
Jura	75	864	13	4953	11
Schweiz	9009	722	3038	2118	1302

158 Lebensraum als Objekt der Raumplanung

7. Raumplanung und Siedlung

7.1. Funktion der Siedlung

Siedlungen zählen zu den wichtigsten Elementen des Lebensraumes des Menschen. Ihr Zweck ist, die Daseinsgrundfunktionen des Menschen und der Gesellschaft zu befriedigen. Dazu zählen: Wohnen, Arbeiten, Versorgung, Bildung, Erholung, welche durch die beiden Funktionen Verkehr und Kommunikation miteinander verbunden sind. Unter den siedlungsbildenden Funktionen ist das Bedürfnis nach Wohnen an erster Stelle zu nennen.

1980 zählte man in der Schweiz 1 097 800 *Gebäude* mit Wohnungen; davon waren 48% Einfamilienhäuser. Die Zahl der Wochenend- und Ferienhäuser betrug 92 628. Rund die Hälfte aller Ferien- und Wochenendhäuser liegen in den drei Kantonen Tessin, Wallis und Bern. 1980 betrug die Zahl der *Wohnungen* 2 722 432; davon waren 239 446 *Zweit-*

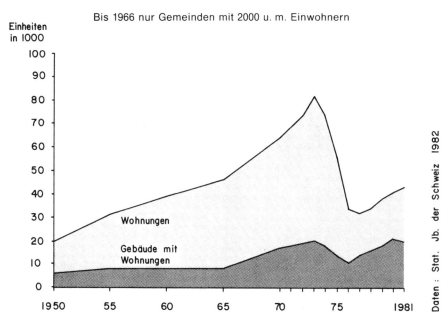

Abb. 20 Neuerstellte Gebäude und Wohnungen 1950-1981

Bis 1966 nur Gemeinden mit 2000 u. m. Einwohnern

wohnungen. Am grössten ist die Zahl der Zweitwohnungen in den Kantonen Wallis, Graubünden und Tessin; in diesen drei Kantonen beträgt der Anteil der Zweitwohnungen am Gesamtbestand der Wohnungen rund einen Drittel. Zwei Drittel aller Wohnungen sind Mieter- und Genossenschafterwohnungen. Die *Eigentumsquote* (1980: 30%) liegt, international betrachtet, ausserordentlich tief.

Zwischen 1974 und 1984 nahm der Gesamtwohnungsbestand um 15% zu (Bevölkerungszunahme 3%). Die Zahl der neuerstellten Wohnungen war grossen konjunkturellen Schwankungen unterworfen (vgl. Abb. 20).

Abb. 21   Gesamtwohnungsbestand 1974 - 1981

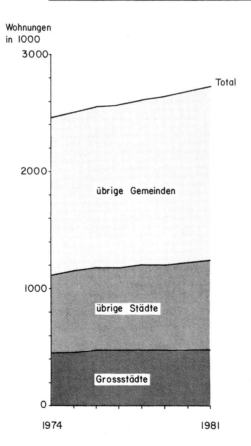

7.2. Siedlung, Siedlungsraum, Siedlungsfläche

7.2.1. Begriff und Funktion der Siedlung

Von der Grösse her erstreckt sich eine Siedlung vom einzelnen Haus bis zur städtischen Agglomeration und Grossstadt. Behausungen stellen das kleinste Element der Siedlung dar. Die Stadtgebiete führen mit ihren komplizierten inneren Strukturen und ihren funktionalen Differenzierungen zu spezifischen raumplanerischen Problemen und Fragestellungen. Innerhalb der Siedlungsplanung nimmt deshalb die *Stadtplanung* mit ihren eigenen Aufgaben und Methoden eine Sonderstellung ein.

Zwischen den tatsächlichen und den möglichen (potentiellen) Grenzen des Siedlungsraumes bestehen Unterschiede. Ob letztere erreicht werden oder nicht, hängt aber nicht allein von natürlichen Faktoren wie Klima, Höhenlage, Topographie u. a. ab, sondern auch vom Bevölkerungsdruck, von ökonomischen Fakten, von den technischen Möglichkeiten, von historischen und politischen Gegebenheiten. *Siedlungsgrenzen* sind im Laufe der Geschichte dauernden Veränderungen unterworfen. Während weltweit die potentiellen Grenzen des Siedlungsraumes – vor allem in dünnbesiedelten Gebieten – nicht überall erreicht sind, ist in Europa und insbesondere in der Schweiz der Unterschied zwischen tatsächlichen und potentiellen Grenzen des Siedlungsraumes meist gering.

7.2.2. Siedlungsflächen

a) Abgrenzung besiedeltes/nicht-besiedeltes Gebiet

Eine der wichtigen Aufgaben der Raumplanung ist die Abgrenzung von besiedelten und nicht-besiedelten Gebieten, d. h. von Siedlung und Landschaft. Massgebend für die Bestimmung des *Siedlungsflächenbedarfs* ist die *Nettosiedlungsfläche (NSF)*. Die NSF setzt sich aus folgenden Flächenkategorien zusammen:

- Nettobaufläche (NBF)
- Verkehrsfläche (VF)
- Fläche für öffentliche Bauten und Anlagen (FÖBA).

b) Begriffe

Die Flächenarten sind folgendermassen definiert:

- *Nettobaufläche:*
  Die für das Erstellen von Bauten für Wohnen und Arbeiten ausgeschiedenen Flächen ohne die Verkehrsflächen und die zusätzlich für die öffentlichen Bauten und Anlagen notwendigen Flächen.
- *Verkehrsfläche:*
  Alle für den Verkehr notwendigen Flächen mit Ausnahme der privaten Autoabstellplätze und der für den Unterhalt der Verkehrsanlagen notwendigen Bauten und Anlagen.
- *Fläche für öffentliche Bauten:*
  Flächen, die für die Erfüllung der öffentlichen Bedürfnisse benötigt werden, soweit damit grössere Bauten verbunden sind (Schulen, Spitäler, Pflegeheime, Verwaltungen, Kirchen u. ä.).
- *Fläche für öffentliche Anlagen:*
  Flächen, die für die Erfüllung der öffentlichen Bedürfnisse benötigt werden, soweit damit keine grösseren Bauten verbunden sind (Spielplätze, Sportanlagen, Bäder, Familiengärten, Grünanlagen, Parks, Friedhöfe u.ä.).

Unter der *Bruttogeschossfläche* (BGF) versteht man die Summe aller ober- und unterirdischen Geschossflächen einschliesslich der Mauer- und Wandquerschnitte, abzüglich aller dem Wohnen und dem Arbeiten nicht dienenden und hierfür nicht verwendbaren Flächen.

Das Verhältnis zwischen der anrechenbaren Bruttogeschossfläche und der anrechenbaren Landfläche (massgebliche Grundfläche) heisst *Ausnützungsziffer:* a = BGF / ALF.

Unter *Ausbaugrad* (ag) versteht man das in Prozenten ausgedrückte Verhältnis zwischen den vorhandenen und den rechtlich möglichen Bruttogeschossflächen.

Die *Nettosiedlungsfläche pro Einwohner* beträgt in der Schweiz rund 300 m²; sie setzt sich folgendermassen zusammen (vgl. Tab. 29 und Abb. 22):

- 160 m² Nettobaufläche
- 110 m² Verkehrsfläche
- 30 m² Fläche für öffentliche Bauten und Anlagen.

7.3. Siedlungstypologie

Die Siedlungen können für raumplanerische Zwecke nach verschiedenen Merkmalen oder Merkmalskombinationen gegliedert werden. Als wichtigste *Merkmale* seien genannt:

- Sozio-ökonomische Funktionen und Strukturen, einschliesslich der Zentralitätsmerkmale
- Entstehungsgeschichte

Abb. 22

Entwicklung der Nettobaufläche und Bruttogeschossfläche 1950 – 2000

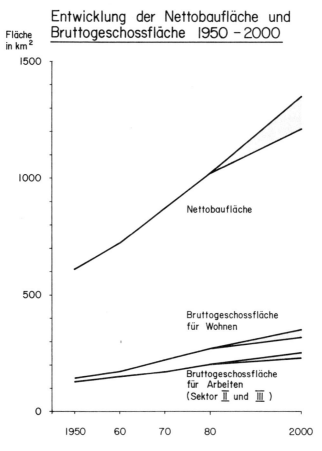

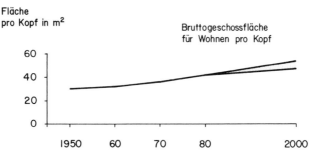

Daten: P. A. Rumley 1984

- Lage der Siedlung
- Siedlungsarten
- Siedlungsgrössen (meist gemessen an der Einwohnerzahl)
- Physiognomie.

Für die typologische Bezeichnung wird in der Regel eine dominante Erscheinung oder Funktion hervorgehoben, beispielsweise Haufendorf, Strassendorf, Weinbauerndorf usw. Eine auch in der Raumplanung häufig verwendete Typologie der Siedlungen erfolgt aufgrund der *Siedlungsstruktur,* d.h. der räumlichen Anordnung einer Siedlungseinheit oder eines Siedlungsverbandes:

- Disperse Anordnung:
  Einzelhof
  Streusiedlung
  Moderne Streubauweise bei ungeordnetem Siedlungswachstum
- Flächige Anordnung:
  Raster (Schachbrettmuster)
  Ungeordnet
- Lineare, bandartige Anordnung:
  Strassendorf
  Siedlungen längs Verkehrs- und Versorgungsachsen
- Konzentrische Anordnung:
  Haufendorf
  Ringstrukturen.

In der Realität findet sich oft eine Kombination von verschiedenen Siedlungsstrukturtypen.

Eine der auch für die Raumplanung wichtigsten Gliederungen der Siedlungen ist diejenige in städtische und ländliche Siedlungen: Form und Bild ländlicher Siedlungen müssen immer im Zusammenhang mit der Gliederung ihrer Wirtschaftsfläche, d.h. mit der Flur, betrachtet werden. Die *Siedlungsplanung im ländlichen Raum* befasst sich deshalb nicht allein mit raumplanerischen Problemen der Siedlung als solcher, sondern auch mit den Beziehungen der Siedlung zu ihrem Umland, insbesondere zu ihrem Wirtschaftsraum.

7.4. Städtische Siedlungen

7.4.1. Wesensmerkmale

Bei den städtischen Siedlungen handelt es sich um denjenigen Teil des Lebensraumes, welcher am stärksten durch die wirtschaftlichen und kulturellen Tätigkeiten des Menschen geprägt wird. Wie gross anthropogene Veränderungen des Landschaftshaushaltes in städtischen Siedlungsräumen sind, erkennt man besonders deutlich am Stadtklima. Ein Wesensmerkmal der Stadt ist eine weit fortgeschrittene räumliche Differenzierung in funktionaler wie auch in physiognomischer, d. h. baulicher, Hinsicht. Von innen nach aussen kann man häufig – sehr stark vereinfacht – unterscheiden zwischen:

- City
- Citynahe Wohn- und Gewerbeviertel
- Aussenzone
- Umland.

7.4.2. Zur Abgrenzung von Stadtgebieten

Im Zusammenhang mit der zunehmenden Verstädterung beschäftigt sich die Raumplanung vermehrt mit der Frage der Abgrenzung von Stadtgebieten gegenüber dem Umland und mit der Erfassung und Steuerung des Wachstums von Städten. Probleme der Raumplanung entstehen, weil die öffentlichrechtliche Abgrenzung meist nicht mehr mit den funktionalen und formalen Grenzen der städtischen Siedlung übereinstimmt; meistens reicht die überbaute Stadtfläche weit über die rechtlichen Stadtgrenzen (Gemeindegrenzen) hinaus. Dabei wird vom Kern und Ring städtischer Gebiete gesprochen. Diese Unterscheidung ist wichtig, weil die Entwicklungen (Bevölkerung, Arbeitsplätze) in Kern und Ring unterschiedlich verlaufen. Bei einem starken Wachstum des Kerns und einem geringen Wachstum des Rings, ev. Stagnation oder gar Abnahme, spricht man von Urbanisation; im umgekehrten Fall hat sich der Begriff «Suburbanisation» eingebürgert. Setzt sich der Prozess im Rahmen der Agglomeration fort, so kommt es zu einer Desurbanisation.

Allgemein gültige Methoden zur Stadtabgrenzung und grössenmässigen Erfassung existieren nicht. An möglichen *Methoden* können genannt werden:

- Die *formale Abgrenzung* einer Stadt, d. h. die Bestimmung der Gebiete mit hoher Überbauungsdichte, bereitet meistens keine Schwierigkeiten; sie kann anhand von Karten, Plänen oder Luftbildern bestimmt werden.

- Die *Einwohnerzahl* gibt einen guten Eindruck über die Grösse einer Stadt; allerdings stellt sich dabei das Problem der Bezugseinheit (öffentlichrechtliche Grenzen oder tatsächlich überbaute Gebiete).
- Die *Bevölkerungsdichte* wird oft zur Abgrenzung von Stadtgebieten verwendet, wobei allerdings die Grenzwerte (z. B. 500 E/km²) stark variieren können. Aufgrund einer Bevölkerungsstatistik, welche auf möglichst kleinen Einheiten beruht (Baublöcke, Raster), lassen sich Dichtekarten erstellen. Dichteunterschiede können allerdings durch die täglichen Pendelwanderungen verwischt werden; allenfalls müssen die Arbeitsbevölkerung und die Wohnbevölkerung gesondert erfasst werden. Kleinräumige Dichtewerte vermitteln einen ersten Eindruck von der innerstädtischen Gliederung.

In diesem Zusammenhang muss auf das Dichtemodell von C. Clark hingewiesen werden: Dieses zeigt die Beziehungen zwischen der Dichte einer Nutzung, z. B. Wohnen, und der Distanz vom Zentrum der Stadt. Die Formel lautet:

$d_x = d_o \cdot e^{-bx}$; $\ln d_x = \ln d_o - bx$

d_x = Bevölkerungsdichte in der Distanz x vom Stadtzentrum
d_o = hypothetische Bevölkerungsdichte im Stadtzentrum (Problem: Verdrängung der Nutzung «Wohnen» durch andere Nutzungsarten im Stadtzentrum)
x = Distanz zum Stadtzentrum
b = Neigungskoeffizient der Dichtekurve; empirisch festzustellender Parameter; je grösser b, desto steiler ist die Dichtekurve
e = Basis des natürlichen Logarithmus
ln = natürlicher Logarithmus.

7.4.3. Zur innerstädtischen Gliederung

a) Merkmale

Die städtische Siedlungsplanung interessiert sich nicht nur für Probleme im Zusammenhang mit der Abgrenzung zwischen Stadt und Umland, sondern auch für die innerstädtische Gliederung. Bei einer derartigen Gliederung geht es darum, das Stadtgebiet aufgrund der unterschiedlichen räumlichen Verteilung von bestimmten Merkmalen oder Merkmalskombinationen in verschiedene Teilgebiete (Bereiche) zu unterteilen. Im folgenden wird auf die Unterteilung mit Hilfe von drei verschiedenen Merkmalsgruppen (formale, funktionale und soziale Merkmale) eingegangen.

Die Grundlage für eine raumplanungsrelevante Gliederung einer Stadt bildet eine möglichst kleinräumige Erfassung der zu berücksichtigenden Merkmale. Es ist daher von seiten der Stadtplanung wünschenswert, wenn die statistischen Ämter kleinräumig aufgeschlüsseltes Datenmaterial zur Verfügung stellen.

b) Formale Strukturen

Die Erfassung der Physiognomie einer Stadt bildet die Grundlage für die Gliederung nach formalen Gesichtspunkten. Dabei interessieren folgende Merkmale:
- Gebäudegrundriss
- Aufriss
- Geschosszahl
- Baualter
- Baustil
- Sozialer Habitus.

Erhebungen der formalen Struktur sind vor allem auch im Hinblick auf die Erhaltung von schützenswerten Stadtgebieten von Bedeutung. Formale Strukturen verändern sich meist wesentlich langsamer als funktionale und soziale. Die räumliche Gestaltung, wie z. B. die Anordnung einer Häuserzeile, der Verlauf einer Strassenführung, eine bauliche Akzentsetzung, kann alle anderen Faktoren, wie wirtschaftliche, gesellschaftliche, technische, rechtliche Verhältnisse, zeitlich überdauern. Der Gestaltung kommt bei der Siedlungsplanung und beim Städtebau besonderes Gewicht und Verantwortung zu.

c) Funktionale Strukturen

Um das komplexe Gefüge einer Stadt und deren Probleme besser zu erkennen und einer Lösung näherzubringen, muss neben der morphologischen Analyse auch eine Untersuchung der funktionalen Strukturen durchgeführt werden. Eine Stadt lässt sich in verschiedene funktionale Zonen (Nutzungszonen) unterteilen, z. B. Geschäftsgebiete, verschiedene sozial gestaffelte Wohngebiete, Industriegebiete, Erholungsgebiete u. a. Klassische Modellvorstellungen über die Nutzungsverteilung sind:
- Modell konzentrischer Zonen (E.W. Burgess)
- Sektorenmodell (H. Hoyt)
- Mehrkernmodell (C.D. Harris und E.L. Ullman)
- Kombinationen dieser drei Modelle.

Die funktionalen Erscheinungen müssen mit anderen Methoden als jenen der Stadtmorphologie untersucht werden. Die funktionale Gliederung ist meist nicht direkt sichtbar, obwohl vielfach auch Zusammenhänge zwischen der Physiognomie und der Funktion bestehen. Funktionale Strukturen lassen sich also – im Gegensatz zu formalen – nicht einfach aus Stadtplänen, Karten oder Luftbildern erfassen, sondern müssen meist an Ort und Stelle erhoben resp. erfragt werden.

d) Soziale Strukturen

Im Zusammenhang mit formalen und funktionalen Untersuchungen interessiert auch die Ausscheidung von sozial bestimmten Stadtvierteln, d. h., man versucht, die hinter dem äusseren Erscheinungsbild verborgenen sozialen Gruppen zu erfassen. Schwierigkeiten bereitet dabei vor allem die Frage des sozialen Status. Im Gegensatz zur festgefügten Klassengesellschaft früherer Zeiten ist es schwer, in der heutigen Industrie- und Dienstleistungsgesellschaft geeignete Kriterien für die soziale Stellung des Einzelnen zu finden, häufig werden z. B. Einkommen und berufliche Stellung verwendet.

Vielfach begnügt man sich aber heute nicht mehr mit dem Aufzeigen der räumlichen Verteilung der einzelnen sozialen Gruppen, sondern man versucht, die für die Raumplanung wichtigen Fragen zu ergründen, welche Lebensäusserungen, welche Bedürfnisse oder Verhaltensweisen für bestimmte Gruppen typisch sind und welche räumlichen Veränderungen sie bewirken.

7.5. Siedlungs- und Stadtplanung

7.5.1. Besondere Aufgaben

Für die Planung und Gestaltung des Siedlungsbereiches ergeben sich unterschiedliche Aufgaben, wie

- *Gestaltung des Siedlungsbildes* (Stadtbildes) in seiner inneren und äusseren Erscheinung
- *Ausbildung von Stadt- und Quartierzentren* verschiedener hierarchischer Ordnung
- *Planung auf Quartierebene* mit den Zielen der Erhaltung und Erhöhung der Wohnqualität, des Immissionsschutzes, der Sicherstellung der Versorgung, der Erhaltung des quartiereigenen Charakters.

Die Aufgabenstellungen der Siedlungs- und Stadtplanung können ferner nach den Zielrichtungen der Erweiterung und der Erneuerung gegliedert werden.

7.5.2. Siedlungserweiterungen

Siedlungserweiterungen bezwecken die Vergrösserung der Siedlungsflächen und deren Gestaltung. Dabei wird unterschieden zwischen einer inneren und einer äusseren Siedlungserweiterung. Unter *innerer Siedlungserweiterung* ist die bauliche und nutzungsmässige Verdichtung der bestehenden Siedlung zu verstehen: Vermehrung der Bruttogeschossflächen durch Erhöhung der Dichte innerhalb gegebener Grenzen. Unter *äusserer Erweiterung* versteht man die bauliche und nutzungsmässige Ausdehnung der Siedlung über ihre bestehenden Grenzen hinaus (welche im Agglomerationsgebiet oft nicht mit politischen Grenzen zusammenfallen). Dabei wird häufig zwischen folgenden idealtypischen Modellvorstellungen unterschieden:

- *Konzentrische Erweiterung* durch Anfügen weiterer Aussenquartiere, wobei meist der Kern mit Dienstleistungen und tertiären Arbeitsplätzen vergrössert und die Wohnfunktion nach aussen verdrängt wird.
- *Ausbildung von Entwicklungsachsen* in Band-, Stern- oder Fingerform.
- *Trabanten- oder Satellitenstädte* als selbständige, mit eigenen Arbeitsplätzen ausgestattete Siedlungen. Ein bekanntes Beispiel sind die englischen New Towns. In der Schweiz wurde dieses Konzept im Zusammenhang mit einer neuen Stadt im zürcherischen Furttal (Otelfingen) diskutiert, jedoch nie realisiert.
- *Neue Wohnquartiere* (sog. Schlafstädte) im Agglomerationsgebiet mit dem Ziel, dank Ausnützung günstiger Bodenpreise und Rationalisierung der Bauweise ein relativ günstiges Angebot an Wohnraum zu schaffen.

7.5.3. Siedlungserneuerungen und -sanierungen

Siedlungserneuerungen haben zum Ziel, die bebauten Gebiete qualitativ zu verbessern und an neue Bedürfnisse anzupassen. Unter Sanierung wird die Substanzerhaltung oder die Erneuerung verbunden mit Abbruch, Umstrukturierung, Wiederaufbau verstanden. Die Stadterneuerung erfolgt hauptsächlich auf der Ebene der Stadtteile, der Quartiere. Je nach Grad des Eingriffes wird dabei unterschieden zwischen:

- *Kontinuierlicher Planungsprozess:*
Quartierpflege: Erhaltung von Qualitäten und Schutz vor negativen Entwicklungen.

Quartierverbesserung: Behebung von Mängeln und teilweise Erneuerung sowie Verbesserung bestehender Strukturen.
- *Finale Planung:*
Quartier-Teilerneuerung: Durchgreifende Erneuerung einzelner Teile oder Strukturen des Quartiers (im Extremfall unter grundlegender Veränderung des Bestehenden).
Quartier-Gesamterneuerung (Flächensanierung): Abbruch, Umstrukturierung, Neuordnung und Wiederaufbau ganzer Quartiere.

Unter Ortsbildpflege versteht man die Erfassung, Erforschung, Erhaltung, Erneuerung und Gestaltung der Elemente, die das einheitlich geplante oder historisch gewachsene Erscheinungsbild einer Siedlung oder eines Siedlungsteiles (Weiler, Dorf, Altstadt, Quartier), d.h. das Ortsbild, prägen.

Das Ziel von Massnahmen zur Erhöhung der Wohnlichkeit der Städte ist – wie die Siedlungs- und Stadterneuerung zeigt – nicht die Erhaltung und Konservierung von alten und teilweise überholten Strukturen. Vielmehr gilt es, die städtischen Entwicklungen zu steuern, zu gestalten und zu kontrollieren, damit die Stadt ihre Funktionen als Wohn-, Arbeits-, Versorgungs-, Erholungs-, Bildungs- und Kulturplatz des Menschen in bestmöglicher Weise erfüllen kann.

7.5.4. Stadtentwicklungspolitik

Die gegenwärtige Stadtentwicklungspolitik ist mit zahlreichen Problemen konfrontiert: Bei einem nur noch geringen nationalen Bevölkerungswachstum verzeichnen insbesondere die Grossstädte einen Bevölkerungsrückgang, der von bedeutenden Änderungen in der Bevölkerungsstruktur begleitet ist. Neben den Problemen der städtischen Wohnungsmärkte gewinnen die Fragen der städtischen Arbeitsmärkte, beispielsweise durch die Verlagerungen arbeitsintensiver Industriebranchen, zunehmend an Bedeutung. Die gesamte Stadtentwicklung wird immer weniger durch den industriellen Sektor, sondern durch die *Entwicklungen im Dienstleistungssektor* bestimmt. Zusätzlich sind die Stadtgemeinden mit grossen finanziellen Problemen konfrontiert. Das *hohe infrastrukturelle Ausstattungsniveau der Städte,* wovon nicht nur die Stadtbewohner, sondern die Einwohner der gesamten Stadtregion, resp. der Agglomeration profitieren, bringt *erhebliche Erstellungs- und Betriebskosten mit sich, die mehrheitlich von der Stadt getragen werden müssen* (vgl. Tab. 35). Dies führt zu *überdurchschnittlich hohen Steuerbelastungen in den Städten,* welche einen Grund für den Wegzug (steuerkräftiger) natürlicher und juristischer Personen bilden; dadurch verschlechtert sich die Finanzlage der Städte weiter. Während es in den fünfziger, sechziger und frühen siebziger Jahren eher darum ging, das (allzu) starke Wachstum der Städte zu steuern oder gar – im Sinne einer nationalen Ausgleichspolitik – zu bremsen, wurden durch die wirtschaftlichen und demographischen Probleme *neue Prioritäten für die Stadtentwicklung* gesetzt. Neben der Verbesserung der Wohn- und Lebensqualität, beispielsweise mit Massnahmen der Stadterneuerung resp. -sanierung, gewinnen *Massnahmen zur Wirtschaftsförderung und zur Schaffung von Arbeitsplätzen* auch in den Städten zunehmend an Bedeutung. Diese Probleme können aber von der öffentlichen Hand nicht allein gelöst werden; dazu bedarf es des *Zusammenwirkens von öffentlichem und privatem Sektor*. Eine Stadtpolitik darf somit nicht nur eine Strukturerhaltungs- und Strukturanpassungspolitik sein, sondern muss als eine Strukturgestaltungspolitik angegangen werden. Eine solche Politik kann nicht losgelöst von den Problemen und Entwicklungen in den nicht-städtischen, in den ländlichen Räumen betrieben werden. Das bedeutet, dass eine Stadt- und Agglomerationspolitik in den übergeordneten Rahmen der umfassenden Raumplanung und Raumordnungspolitik eingebettet werden soll.

7.6. Zentrale Orte – Wachstumszentren

Die in der Theorie der Raumplanung wohl bekannteste siedlungs- und stadtgeographische Untersuchung ist die bereits vor 50 Jahren entstandene Abhandlung von W. Christaller über die zentralen Orte Süddeutschlands. *Christallers Modell* kann folgendermassen charakterisiert werden:

> Gewisse Orte erzeugen Güter und bieten Dienstleistungen an, die über den Eigenbedarf der Einwohner hinausgehen. Dieser relative Überschuss verleiht ihnen einen gewissen Zentralitätsgrad und macht sie zu zentralen Orten innerhalb eines weiteren Bereichs. Die Funktionen der zentralen Orte sind entsprechend der Grösse ihrer Einzugsgebiete abgestuft, d. h., es ergibt sich eine Hierarchie der zentralen Orte. Dieses Modell hat in sehr vielen Ländern und Regionen, auch in der Schweiz, eine breite Anwendung in der Raumplanung und Raumordnungspolitik erfahren.

Gegen Christallers Modell und seine Verwendung in der Raumplanung bestehen jedoch zahlreiche Bedenken. Die Kritik bezieht sich vor allem auf die Anwendung von Christallers Methoden der Zentralitätserfassung, auf die mangelnde Berücksichtigung des zeitlichen Wandels und auf die empirischen Erfahrungen sowie auch auf den theoretischen Ansatz.

Häufig wird – gerade auch in der Raumplanung und Raumordnungspolitik – zuwenig zwischen zentralen Orten und Wachstumszentren unterschieden: Ein *zentraler Ort* zeichnet sich durch die Versorgung seines Ergänzungsgebietes mit zentralen Gütern aus; demgegenüber ist ein *Wachstumszentrum* durch seine Fähigkeit, ökonomische Entwicklung zu stimulieren und in seine unmittelbare regionale Umgebung weiterzugeben, charakterisiert. Ein zentraler Ort ist ein Standort tertiärer Aktivitäten, deren Güter bzw. Dienstleistungen am Ort ihres Entstehens, d. h. im zentralen Ort, nachgefragt werden. Beim Wachstumszentrum spielen die industriellen Aktivitäten eine wichtige Rolle, deren Produkte zentral, d. h. im Wachstumszentrum, aber ebenso dispers nachgefragt werden.

In der Praxis – beispielsweise bei der Berggebietsförderung – sind den meisten Regionalzentren unterschiedlicher hierarchischer Ordnung beide Aufgaben zugedacht, nämlich die von zentralen Orten, um die Versorgung der Bevölkerung zu verbessern, und jene von Wachstumszentren, um die Entwicklung der regionalen Wirtschaft zu fördern.

7.7. Zur schweizerischen Siedlungsstruktur

Trotz der räumlichen Konzentration der Städte und Agglomerationen und damit von Bevölkerung, Arbeitsplätzen, Dienstleistungsbetrieben, Infrastruktureinrichtungen usw. zwischen Genfer- und Bodensee darf im internationalen Vergleich die *Siedlungsstruktur der Schweiz* als *relativ ausgeglichen* bezeichnet werden. Dies äussert sich u. a. darin, dass die grösseren Schweizer Städte und Agglomerationen recht gut der Rang-Grössen-Regel entsprechen (vgl. Abb. 23 und 24). Diese sagt, dass die Stadt mit dem Rang n eine Bevölkerungszahl B_n besitzt, die n-mal kleiner ist als diejenige der grössten Stadt mit der Bevölkerungszahl B_1:

$$B_n = \frac{B_1}{n}$$

Der Gegensatz zur Rang-Grössen-Verteilung der Städte ist eine *Primat-Verteilung*, d. h. eine Verteilung, bei welcher eine Stadt alle andern Städte grössenmässig (und auch bedeutungsmässig) sehr stark überragt, wie z. B. Wien in Österreich oder Kopenhagen in Dänemark. Auch die räumlichen und zeitlichen Distanzen zu den Haupt- und Mittelzentren mit ihrem Arbeitsplatz- und Dienstleistungsangebot sind relativ gering.

Aus europäischer Sicht ist für das schweizerische Städtegefüge wichtig, dass die entsprechend der Topographie von SW nach NE verlaufende Hauptsiedlungsachse jenseits der Landesgrenzen keine

Abb. 23   Rang – Grössen – Ordnung der zehn grössten Schweizer Städte 1880, 1930 und 1980

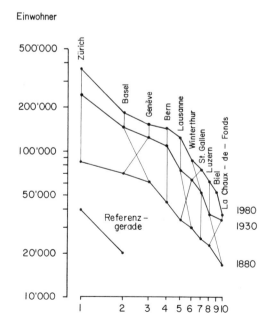

Daten : Stat. Jb. der Schweiz 1983

direkte Fortsetzung findet. Anderseits endet eine der grossen kontinentalen Hauptsiedlungsachsen entlang des Rheins im Süden von Basel. Die Verlagerungen vom sekundären zum tertiären Wirtschaftssektor werden sich in Zukunft fortsetzen. Dies wird zu einer *zusätzlichen Konzentration von Bevölkerung und Arbeitsplätzen auf die grossstädtischen Agglomerationen* führen, während sich die Entwicklungschancen der Mittel- und Kleinstädte, soweit sie durch den sekundären, industriellen Wirtschaftssektor geprägt werden, voraussichtlich vermindern werden.

Abb. 24 Rang – Grössen – Ordnung der 48 städtischen Gebiete in der Schweiz 1982

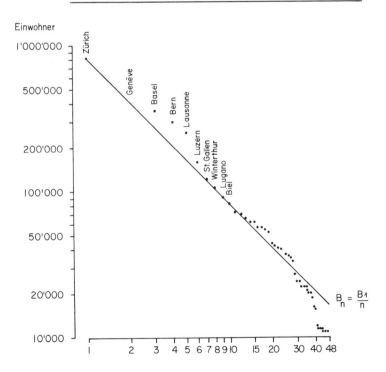

Daten: Die Volkswirtschaft H. 7 1983

7.8. Siedlungen als Erlebnisräume und Kulturträger

Städte und Dörfer sind nicht nur Konzentrationen von Bevölkerung und Arbeitsplätzen, getragen von einer technischen Infrastruktur und organisiert durch soziale Institutionen. Sie sind in erster Linie ein gewachsener und gestalteter, erlebbarer Lebensraum, der aus sich heraus und in Verbindung mit dem pulsierenden Leben zum Erlebnis wird. *Das Antlitz der Städte und Dörfer ist Ausdruck ihrer Geschichte und Spiegelbild des sich in der Gegenwart und in die Zukunft hinein wandelnden Selbstverständnisses.* Jede Siedlungseinheit hat ihren eigenen Charakter, auch wenn sie dem einen oder anderen Typus (Haufendorf, Bandstadt usw.) zugerechnet werden kann. Er ist von Menschen in der Begegnung mit ihrer näheren und weiteren Umgebung, also mit der Landschaft, geprägt. Der Baustil, die Baufluchten, die Strassen, die Plätze wirken ein, genauso wie sie Zeugen ihrer Zeit sind. Altes und Neues verbinden oder stören sich – letztlich aber nicht als Bauten oder gar als Denkmäler, sondern immer in der Art, wie Menschen die Siedlung erleben.

Mindestens so wichtig wie die Siedlung als Erlebnisraum ist ihre Funktion für das kulturelle Leben. Dort, wo Menschen zusammenkommen, schimmert sehr rasch durch, ob sie von Werten leben, miteinander Werte schöpfen oder an ihnen vorbeileben. Die Siedlung hat neben dem äusserlich erkennbaren Gesicht immer auch die *Potenz des kulturellen Lebens* in sich. Bringt sie diese zum Tragen?

Die für die Schweiz typische kulturelle Vielfalt schlägt sich im äussern Siedlungsbild nieder. Die Siedlungsplanung hat diese Eigenart zu wahren, nicht künstlich, aber doch im Hinhören und sorgfältigen Beachten aufgrund von intensiven Beobachtungen. Die Bauästhetik, das Ortsbild, die äusseren Möglichkeiten der Entfaltung des kulturellen Lebens sowie die Verbindung von kulturellem Bewusstsein und planerischer Verantwortung machen einen wesentlichen Teil der Siedlungsplanung im Rahmen der örtlichen und überörtlichen Planung aus. Dabei wird die Planung Zurückhaltung üben, da sie die Grenzen gegenüber der Lebenskraft des Kulturellen respektiert. Sie sorgt vordringlich für Freiräume, geistig und im Siedlungsgefüge.

Kapitel III: Raumplanung als öffentliche Aufgabe

1. Ordnungs- und Steuerungsfunktion des Staates

1.1. Ansprüche an den Lebensraum

Der eine, unteilbare und nicht vermehrbare Lebensraum hat vielen Ansprüchen zu genügen. Sie kommen zu einem wesentlichen Teil von der privaten resp. privatwirtschaftlichen Seite, die zur Deckung ihrer Bedürfnisse den Lebensraum beansprucht. So müssen die Wohn- und Ernährungsbedürfnisse, aber auch die Möglichkeiten der wirtschaftlichen Betätigung in einem konkreten Lebensraum verwirklicht werden können. Deutlich sichtbar wird die privatwirtschaftliche und private Nutzung des Lebensraumes bei der Bodennutzung. Sie nimmt dort differenzierte Formen an, die vom baulichen Eigenbedarf über die landwirtschaftliche Nutzung bis zur Kapitalanlage reichen.

Neben die privatwirtschaftliche Nutzung des Lebensraumes tritt die öffentliche. Sie ist von steigender Bedeutung. Der moderne Staat, dessen Verwaltung nicht nur Ordnungsfunktionen erfüllt, sondern Leistungen aller Art erbringt, stellt erhebliche Ansprüche an den Raum und damit auch an den Boden. So errichtet die staatliche Verwaltung Verkehrsanlagen des privaten und des öffentlichen Verkehrs, sie lässt Anlagen der Energieproduktion projektieren und betreiben, oder sie benötigt Raum für Waffenplätze. Neben solche Werke tritt noch eine weitere Kategorie der öffentlichen Raumansprüche. Der Staat hat die allgemeinen Interessen am Lebensraum zu wahren. In diesem Sinne sorgt er für die Erhaltung von Schutzgebieten, von Erholungslandschaften, von Seen, Ufern usw. Er wahrt die Gemeinschaftsbedürfnisse am Lebensraum. Wir haben es dementsprechend mit einer *dreifachen Raumbeanspruchung* zu tun:

– Raumbeanspruchung durch Private resp. Privatwirtschaft
– Raumbeanspruchung durch Werke der öffentlichen Leistungsverwaltung
– Raumbeanspruchung zur Wahrung von Gemeinschaftsinteressen.

Die Gegenüberstellung dieser Raumansprüche macht aus sich heraus deutlich, dass *Konflikte* unvermeidbar sind. Die übliche Betrachtungsweise beschränkt sich darauf, die Überschneidungen zwischen privaten und öffentlichen Interessen zu betonen. Dies genügt heute nicht mehr. Der Umfang und die Intensität der Raumbeanspruchung durch die öffentliche Hand führen zu zahlreichen Konflikten zwischen den Raumansprüchen im öffentlichen Interesse. *In diesem Sinne ist von konkurrierenden öffentlichen sowie vom Konflikt zwischen privaten und öffentlichen Interessen zu sprechen.* Die Konkurrenz öffentlicher Interessen ist von erheblicher Bedeutung geworden. Sie prägt im steigenden Masse die Raumplanung, welche eine ihrer zentralen Aufgaben darin sieht, die konkurrierenden Interessen unter Beachtung der Ziele und der Raumplanungsgrundsätze zu koordinieren.

1.2. Raumwirksame Tätigkeiten der öffentlichen Hand

Mit dem Hinweis auf die vielseitige und nutzungsstarke Raumbeanspruchung durch die öffentliche Hand ist es nicht getan. Neben die unmittelbare Raum- und Bodenbeanspruchung treten zahlreiche öffentliche Tätigkeiten, die sich auf den Raum und das räumliche Geschehen auswirken. Es handelt sich gleichsam um *indirekte Faktoren der Raumbeanspruchung.* Als Beispiel kann das Abgaberecht dienen. Begünstigt beispielsweise die Steuergesetzgebung den Bau von Einfamilienhäusern, so ist von dieser Seite her mit einer starken Raumbeanspruchung und Bodennutzung zu rechnen. Anhaltende Inflation, die nicht durch eine entsprechende Konjunkturpolitik (Geldmengenpolitik) korrigiert wird, lädt zur Flucht in die Sachwerte ein, was beispielsweise den Zweitwohnungsbau unterstützt. Die Zahl der Beispiele lässt sich beliebig vermehren. Es geht um die Wirtschaftspolitik, welche die Entwicklung zugunsten des dritten Wirtschaftssektors begünstigt oder die Landwirtschaft schützt, um die Verkehrspolitik, welche die Einführung der Telekommunikation erleichtert oder verzögert, um die Bildungspolitik, welche die Errichtung von Hochschulen und Berufsschulen in den Mittelpunkt rückt, um die Regionalpolitik, die Umweltschutzpolitik, die Sozialpolitik – und hier vor allem um die berufliche Altersvorsorge mit ihren Kapitalanlagebedürfnissen. Aus all diesen Politikbereichen fliessen öffentliche Tätigkeiten, die sich direkt und vor allem auch indirekt auf die räumlichen Prozesse auswirken. In diesem Sinne gilt die Aussage: *Die meisten der staatlichen Tätigkeiten sind raumrelevant.* Dies ist der Fall, weil sie nach ihrem territorialen Geltungsbereich auf das zugehörige Staatsgebiet ausgerichtet sind und ihre Wirkung in diesem Lebensraum entfalten sollen. *Staatliche Tätigkeiten haben also neben ihrem Sach-, Zeit- sowie Finanzbezug immer einen Raumbezug.* Allerdings sind nicht alle raumrelevanten Tätigkeiten von erheblicher Raumwirksamkeit. Es lässt sich deshalb vertreten, zwischen *raumrelevanten und raumwirksamen Tätigkeiten des Staates* zu unterscheiden. Der Begriff der raumwirksamen Tätigkeiten darf jedoch nicht zu sehr eingeengt werden. Er umfasst auf alle Fälle neben den direkt auch die indirekt raumwirksamen Tätigkeiten. Die indirekt sich auswirkenden sind langfristig oft bedeutsamer als die direkten.

1.3. Verantwortung für den Lebensraum

Angesichts der konkurrierenden Ansprüche und der vielseitigen raumwirksamen Tätigkeiten des Staates, die alle untereinander konkurrieren oder konfligieren, stellt sich die Frage nach der *Verantwortung für die Ordnungs- und Steuerungsfunktionen.* Die frühere Auffassung, auf das Regelspiel der freien Kräfte zu verweisen und die Wahrung der öffentlichen Interessen durch unterstützende Massnahmen wie die Gewährung des Expropriationsrechtes und die Möglichkeit der Beschränkung des Eigentums sicherzustellen, genügt seit längerer Zeit nicht mehr. Der Grund liegt in der Neigung zur Überbeanspruchung des Lebensraumes und in der Konflikt- und Konkurrenzdichte. Dahinter steht eine Problemkomplexität, die ihren Ausdruck in der Verflechtung der Aufgabenstellungen findet. Die Verantwortung des haushälterischen Umganges mit dem Lebensraum wurde damit zu einer *öffentlichen Aufgabe,* also zu einer Aufgabe des Staates.

In der ersten Phase der jüngeren Raumplanungsgeschichte trat die *Ordnungsfunktion* in den Vordergrund. Sie beschränkte sich im wesentlichen darauf, die konfligierenden und konkurrierenden Raumansprüche unter dem Gesichtspunkt des Interessenausgleichs zu ordnen. Beispiel dafür ist der Zonenplan (Rahmennutzungsplan), welcher die Nutzungsansprüche an den Boden einer konkreten Ordnung für ein bestimmtes Plangebiet unterstellt und die unterschiedlichen Nutzungsmöglichkeiten lokalisiert, dimensioniert sowie nach der Intensität abstuft. In der Zwischenzeit sind die Ansprüche an den Lebensraum grösser geworden. Es musste die Frage nach der Zweckmässigkeit der Nutzungsansprüche – gemessen an der Aufgabe der Erhaltung und Gestaltung des Lebensraumes – aufgenommen werden. Daraus entstand die *Steuerungsfunktion,* die dem Staat die Verantwortung für eine vorteilhafte Entwicklung durch massvolle Lenkung auferlegt. Sie tritt neben die Ordnungsfunktion.

Die Verantwortung des Staates für den Lebensraum liegt letztlich in seiner Verpflichtung gegenüber der *Erhaltung der Lebensvoraussetzungen.* Das von ihm zu wahrende öffentliche Interesse ist von diesem Gesichtspunkt her zu interpretieren. Er erfüllt diese Aufgabe, indem er die öffentlichen Raumansprüche sowie die raumwirksamen öffentlichen und privaten Tätigkeiten ordnend und steuernd lenkt. Das wesentliche Instrument des Ordnens, des Steuerns, des Koordinierens und des Abstimmens ist der *Plan.* Die auf ihn zugehende und von ihm ausgehende Tätigkeit heisst *Planung.*

1.4. Raumplanung als Rechts- und politische Funktion

Will sich die Raumplanung nicht in Hinweisen erschöpfen, so muss sie verbindlich und von daher durchsetzbar werden. Diese Verbindlichkeit schafft das *Recht.* Die Raumplanung bedarf deshalb der rechtlichen Grundlagen. Die Vorteile liegen in der Erzwingbarkeit und Durchsetzbarkeit, aber auch in der Rechtssicherheit, die vor allem für die Investoren – die privaten und die öffentlichen – bedeutsam ist; sie müssen sich während geraumer Zeit auf die Planung verlassen können. Ausserdem verschafft die Planung Einsicht in die Absichten der Behörden, was die Nachvollziehbarkeit und die Kritisierbarkeit – und damit die Partizipation – begünstigt. Im demokratischen Rechtsstaat erlangt die Raumplanung durch die rechtliche Einbindung *Legitimität,* die auf einer zustimmenden Mehrheit basiert. Die mit dem Recht verbundene *Legalität* der Raumplanung schafft die Grundlagen des Vertrauens in die kompetenzgemässe und materiell rechtmässige Behandlung von Planungsfragen mit Einschluss der Möglichkeit einer Überprüfung auf Recht- und/oder Zweckmässigkeit. Die Nachteile einer rechtlich erfassten Raumplanung liegen im *Spannungsfeld zwischen den dynamischen Anforderungen der prozessorientierten Raumplanung und der auf Beständigkeit angelegten Rechtsordnung.* Ausserdem beschränkt das Recht das

Ziel-, Instrumentarium- und Massnahmenspektrum der Raumplanung auf das rechtlich Erfasste und Geregelte. Nicht nachteilig für die Raumplanung ist die Ausrichtung auf die dem Recht immanente Wertordnung. Zwar können sich auch darin Spannungsfelder abzeichnen – so zwischen Raumplanung und Rechtsgleichheit –, doch hebt die Wertorientierung die Raumplanung über eine rein zweckrationale Ordnung hinaus und integriert sie in die verfasste Grundordnung des Staates.

Als öffentliche Aufgabe ist die Raumplanung notwendigerweise in den *politischen Willensbildungs- und Entscheidungsprozess* einbezogen. Dies geschieht vorweg auf dem Weg über die Rechtsetzung und die Rechtsanwendung, soweit dieser für die Raumplanung bestimmend ist. Zusätzlich unterstehen der Planerlass resp. die Planfestsetzung, aber auch die Planverwirklichung politischen Einflüssen. Darüber hinaus ist Raumplanung ein Instrument der Führung des Gemeinwesens bezüglich der Erhaltung und Gestaltung des Lebensraumes und in diesem Sinne eine *politische Aufgabe*. Dadurch, dass sie sich den öffentlichen Belangen und damit den anstehenden öffentlichen Problemen, mindestens hinsichtlich ihrer räumlichen Dimension, öffnet, trägt sie zur «gemeinsamen Bewältigung gemeinsamer Aufgaben» bei und ist auch in diesem Sinne Politik. Die Raumplanung kann und muss unter diesen und weiteren Aspekten als *politische Funktion* verstanden werden. Als solche ist sie den Einflüssen ausgesetzt, wie sie für alle Politikbereiche relevant sind. So sieht sie sich mit der öffentlichen Meinung, mit Verbandsinteressen aller Art, mit Stellungnahmen der verschiedenen Gebietskörperschaften (Bund, Kantone, Gemeinden) und den einzelnen Verwaltungseinheiten konfrontiert. Sie steht in Konkurrenz mit andern öffentlichen Aufgaben und ringt mit ihnen um die Definition und Wahrung ihres *politischen und sachlichen Stellenwertes*. Einen leicht erhöhten Stellenwert erlangt sie aus der Sache heraus, weil sie diejenige unter den staatlichen Aufgabenplanungen ist, die – als Querschnittsplanung – für alle staatlichen Tätigkeiten die räumlichen Auswirkungen zu verantworten hat, wie dies die Finanzplanung für die Finanzen tut. Auf der andern Seite leidet sie unter der fehlenden Unterstützung direkt interessierter Verbände, zumal am Lebensraum zwar alle Menschen interessiert sind, aber nur wenige formierte Gruppierungen im Sinne intermediärer Gewalten die Raumplanung politisch unterstützen.

2. Rechtsgrundlagen der Raumplanung

2.1. Nominales und funktionales Raumplanungsrecht

Um die Raumordnung zu beeinflussen, genügt es nicht, auf das Recht zurückzugreifen, das unter dem Titel der Raumplanung erlassen wurde. Neben dem Raumplanungsrecht im nominalen Sinne (Raumplanungsrecht im engern Sinne) steht das funktionale Raumplanungsrecht (Raumplanungsrecht im weitern Sinne), von dem erhebliche räumliche Wirkungen ausgehen, ohne dass es als Raumplanungsrecht deklariert wäre. Zum Raumplanungsrecht im nominalen Sinne zählt beispielsweise das Bundesgesetz über die Raumplanung (RPG) vom 22. Juni 1979 (SR 700), zum Raumplanungsrecht im funktionalen Sinne – um nur ein Beispiel hervorzuheben – das Wohnbau- und Eigentumsförderungsgesetz (WEG) vom 4. Oktober 1974 (SR 843). *Das nominale Raumplanungsrecht umfasst diejenigen Rechtsnormen, die durch den Gesetzgeber als Normen des Raumplanungsrechts erlassen worden sind. Das funktionale ist gleich der Summe aller Rechtsnormen, die in ihrer Anwendung der Herbeiführung einer angestrebten oder anzustrebenden Raumordnung dienen.* Während das nominale Raumplanungsrecht abschliessend aufgezählt werden kann, ist dies für das funktionale nicht der Fall. Auf kantonaler Ebene fällt auf, dass das nominale Raumplanungsrecht mit einem wichtigen Teilgebiet des funktionalen Raumplanungsrechts verbunden ist, nämlich mit dem *Baurecht.* Die kantonalen Raumplanungsgesetze erfassen in der Regel auch das öffentliche Baurecht.

2.2. Nominales Raumplanungsrecht

2.2.1. Nominales Raumplanungsrecht des Bundes

a) Verfassungsstufe

Im Vordergrund steht die *verfassungsrechtliche Grundlegung der*

Raumplanung. Sie findet sich in Art. 22^{quater} der Schweizerischen Bundesverfassung (BV). Die Bestimmung hat folgenden Wortlaut:

Art. 22^{quater} BV
¹Der Bund stellt auf dem Wege der Gesetzgebung Grundsätze auf für eine durch die Kantone zu schaffende, der zweckmässigen Nutzung des Bodens und der geordneten Besiedlung des Landes dienende Raumplanung.
²Er fördert und koordiniert die Bestrebungen der Kantone und arbeitet mit ihnen zusammen.
³Er berücksichtigt in Erfüllung seiner Aufgaben die Erfordernisse der Landes-, Regional- und Ortsplanung.

Diese Bestimmung ist zunächst eine Kompetenznorm. Sie überträgt dem Bund die Aufgabe der *Grundsatzgesetzgebung* sowie eine Förderungs- und Koordinationskompetenz. Entsprechend der Kompetenzausscheidung zwischen Bund und Kantonen liegt die *Verantwortung für die Raumplanung vorweg bei den Kantonen.* Dies gilt für die materielle Raumplanung und die Gesetzgebung. Ausserdem legt die Verfassungsbestimmung den *Zweck der Raumplanung* fest: zweckmässige Nutzung des Bodens und geordnete Besiedlung des Landes. Hinter dieser Formulierung steht der Auftrag zur Nutzungsplanung und zu einer den ganzen Raum umfassenden konzeptionellen und programmatischen Planung, die mit dem Ziel «geordnete Besiedlung» angesprochen wird. Die Verfassungsbestimmung enthält sodann in Abs. 3 eine Verhaltensanweisung an die Bundesbehörden. Diese haben in Erfüllung ihrer Aufgaben die Erfordernisse der Landes-, Regional- und Ortsplanung zu berücksichtigen. Diese Bestimmung verweist indirekt auf die Notwendigkeit der *durchgehenden Planung.* Aus der Geschichte der Verfassungsbestimmung des Art. 22^{quater}, die am 14. September 1969 – zusammen mit dem Verfassungsartikel über die Eigentumsgarantie – erlassen wurde, geht hervor, dass bewusst der *Begriff der Raumplanung* verwendet wurde. Die einseitige Ausrichtung auf die Nutzungsplanung im Sinne der Zonenplanung wurde ausdrücklich fallengelassen.

Neben dem Verfassungsartikel 22^{quater} ist derjenige über die *Eigentumsgarantie* bedeutsam. Er wurde gleichzeitig mit der Bestimmung über die Raumplanung – als sogenannte neue Bodenrechtsartikel – erlassen.

Art. 22ter BV
¹Das Eigentum ist gewährleistet.
²Bund und Kantone können im Rahmen ihrer verfassungsmässigen Befugnisse auf dem Wege der Gesetzgebung im öffentlichen Interesse die Enteignung und Eigentumsbeschränkungen vorsehen.
³Bei Enteignungen und bei Eigentumsbeschränkungen, die einer Enteignung gleichkommen, ist volle Entschädigung zu leisten.

Der verfassungsmässige Schutz des Eigentums, wie er in Art. 22ter BV umschrieben ist, erstreckt sich sowohl auf die *vermögenswerten Rechte des Privatrechts,* wie vor allem auf das Grundeigentum, das Fahrniseigentum, die beschränkten dinglichen Rechte (Dienstbarkeiten, Grundlasten, Grundpfand), als auch auf die sogenannten *wohlerworbenen Rechte des öffentlichen Rechts* (z.B. Ansprüche aus Konzessionen und öffentlichrechtlichen Verträgen, vorbestandene Rechte, vermögensrechtliche Ansprüche von Beamten gegen den Staat).

Als *Institutsgarantie* schützt die Eigentumsgarantie das Institut des Eigentums als eine fundamentale Einrichtung der schweizerischen Rechtsordnung gegen Eingriffe des Gesetzgebers in ihren Wesensgehalt. Ein Verstoss gegen die Institutsgarantie liegt dann vor, wenn ein Eingriff die für das Eigentum wesentliche Verfügungs- und Nutzungsfreiheit vollständig beseitigt oder so einschränkt, dass die verbleibenden Restbefugnisse nicht mehr als Eigentum bezeichnet werden können. Mit der Institutsgarantie nicht vereinbar wären deshalb: die Verstaatlichung des privaten Grundeigentums, die Umwandlung des Grundeigentums in ein reines Nutzungsrecht, ein uneingeschränktes Vorkaufsrecht des Gemeinwesens, eine konfiskatorische Besteuerung usw.

Als *Bestandesgarantie* schützt die Eigentumsgarantie die konkreten, individuellen Eigentumsrechte vor staatlichen Eingriffen. Öffentlichrechtliche Beschränkungen des Eigentums – etwa durch raumplanerische Massnahmen – sind mit der Bestandesgarantie nur vereinbar, wenn sie auf gesetzlicher Grundlage beruhen, durch ein ausreichendes öffentliches Interesse gedeckt sind und den Grundsatz der Verhältnismässigkeit wahren (Art. 22ter Abs. 2 BV). Das Erfordernis der *gesetzlichen Grundlage* verlangt im allgemeinen nicht ein Gesetz im formellen Sinne, sondern es genügt, wenn die Eigentumsbeschränkung in einem Gesetz im materiellen Sinne, d.h. in einer generell-abstrakten Norm, enthalten ist. Ob die Rechtsgrundlage genügend ist, prüft das Bundesgericht nur unter dem beschränkten Gesichtswinkel der Willkür, es sei denn, es liege ein besonders schwerer Eingriff in die Eigentumsgarantie vor, in welchem Falle das Erfordernis der klaren gesetzlichen Grundlage verlangt wird, was vom Bundesgericht frei überprüft wird. Ebenfalls nach der Rechtsprechung des Bundesgerichts ist grundsätzlich jedes *öffentliche Interesse,* das nicht gegen anderweitige Verfassungsnormen verstösst, nicht rein fiskalischer Natur ist und gegenüber entgegenstehenden privaten Interessen überwiegt, geeignet, einen Eingriff in die Eigentumsgarantie zu rechtfertigen. Als wichtige öffentliche Interessen gelten in diesem Sinne die in der Bundesverfassung verankerten Anliegen der Raumplanung, des Umweltschutzes, des Gewässerschutzes und des Natur- und Heimatschutzes. Schliesslich darf nach Massgabe des *Grundsatzes der Verhältnismässigkeit* ein Eingriff des Staates ins Eigentum nicht weiter gehen, als es das öffentliche Interesse erfordert. Der Eingriff muss das richtige Mittel zur Erreichung des Zieles darstellen – also geeignet sein –, und die eingesetzten Mittel dürfen nicht über das zur Erreichung des Zweckes Erforderliche hinausgehen (Verhältnismässigkeit im engeren Sinne).

Als *Wert- oder Vermögenswertgarantie* verlangt die Eigentumsgarantie, dass bei (formellen) Enteignungen und bei Eigentumsbeschränkungen, die einer solchen gleichkommen, also im Falle einer sogenannten materiellen Enteignung, volle Entschädigung zu leisten ist (Art. 22ter Abs. 3 BV). Bei der *formellen Enteignung* wird das durch die Eigentumsgarantie geschützte Recht – beispielsweise das Grundeigentum – durch einen hoheitlichen Akt dem Enteigneten entzogen und auf den Enteigner – gewöhnlich das Gemeinwesen – übertragen. Bei der *materiellen Enteignung* fehlt es an einer solchen Übertragung von Rechten auf einen Enteigner. Der Eingriff besteht vielmehr darin, dass das Gemeinwesen bzw. ein berechtigter Dritter die Eigentumsrechte durch allgemeinverbindliche Erlasse (Gesetze, Verordnungen), raumplanerische Massnahmen (vorweg Nutzungspläne) oder Verfügungen (Verwaltungsakte) einschränkt. Das Hauptbeispiel einer materiellen Enteignung ist die Auferlegung eines Bauverbotes auf baureife Grundstücke. Wichtig ist, und dies hat die materielle Enteignung mit der formellen gemeinsam, dass sie eine volle Entschädigungspflicht des Staates entstehen lässt. Viel schwieriger als die Abgrenzung zwischen formeller und materieller Enteignung ist die Grenzziehung zwischen der materiellen Enteignung und öffentlichrechtlichen Eigentumsbeschränkungen, die entschädigungslos hinzunehmen sind. Da weder in der Bundesverfassung noch in einem Gesetz die Voraussetzungen der materiellen Enteignung definiert sind, hat das Bundesgericht eine Formel entwickelt, die es seit dem Entscheid Barret (BGE 91 I 339) in konstanter Praxis für die Abgrenzung entschädigungslos hinzunehmender und entschädigungspflichtiger Eigentumsbeschränkungen verwendet.

Für die Raumplanungspraxis ist festzuhalten:

- Das Eigentum ist durch die Bundesverfassung gewährleistet. Der Inhalt des Eigentums wird durch Normen des öffentlichen und Privatrechts bestimmt.
- Öffentlichrechtliche Eigentumsbeschränkungen und Enteignungen sind zulässig, vorausgesetzt sie beruhen auf einer gesetzlichen Grundlage, liegen im öffentlichen Interesse und wahren den Grundsatz der Verhältnismässigkeit.
- Im Falle der formellen und materiellen Enteignung ist volle Entschädigung zu leisten.
- Massnahmen der Raumplanung erreichen sehr oft nicht die Eingriffsschwere, um eine staatliche Entschädigungspflicht auszulösen.
- Die Eigentumsgarantie ist kein Hinderungsgrund für eine wirksame Raumplanung.

b) **Gesetzesstufe**

Hier steht das *Bundesgesetz über die Raumplanung (RPG) vom 22. Juni 1979* (SR 700) in Frage. Dieses handelt in der Einleitung von Zielen, der Planungspflicht, den Planungsgrundsätzen, der Information und Mitwirkung sowie dem Ausgleich und der Entschädigung. Der zweite Titel befasst sich mit den Massnahmen, zutreffender mit den Instrumenten der Raumplanung. Es geht um die Richtpläne der Kantone sowie um die Nutzungspläne. Ausserdem werden die Sachpläne des Bundes angesprochen. Der dritte Titel ist den Bundesbeiträgen gewidmet, während der vierte die Organisation behandelt. Im fünften Titel geht es um den Rechtsschutz, und der letzte regelt die Schlussbestimmungen. Da es sich um ein Grundsatzgesetz (Rahmengesetz) handelt, ist es relativ knapp formuliert. Es umfasst nur 39 Artikel.

Die tragenden Prinzipien des Bundesgesetzes über die Raumplanung können in folgenden Aussagen zusammengefasst werden:

- Die Raumplanung ist eine *durchgehende Aufgabe* des Bundes, der Kantone und der Gemeinden. Dies bedingt eine vertikale (Bund/Kantone/Gemeinden) und eine horizontale (Kantone/Kantone, Gemeinden/Gemeinden) Koordination (Art. 2 RPG). Sie bezieht auch das Ausland ein (Art. 7 Abs. 3 RPG). Dementsprechend gilt nach dem Raumplanungsgesetz weder das Prinzip der Planung von oben nach unten, noch dasjenige von unten nach oben. Die Planungen – und damit auch die Pläne – sind untereinander abzustimmen. Man kann letztlich nicht von einer Planhierarchie im Sinne der Normenhierarchie sprechen. Die Pläne der höheren Staatsebene gehen jenen der untern nicht in der gleichen Art vor. Im Vordergrund steht die *Planabstimmung,* nicht die Plankonkurrenz (Art. 2 Abs. 1 RPG).
- Die Raumplanung ist einerseits eine *Prozessplanung* und anderseits auf ein gewisses Mass an *Rechtssicherheit* bedacht. Der Aspekt der Rechtssicherheit tritt in den grundeigentumsverbindlichen Nutzungsplänen stärker hervor; sie können nur geändert werden, wenn sich die Verhältnisse erheblich geändert haben (Art. 21 Abs. 2 RPG). Der Prozesscharakter der Planung kommt in der Richtplanung akzentuierter zum Ausdruck. Die Änderung der Richtpläne ist erleichtert möglich (Art. 9 Abs. 2 RPG). So oder so erwachsen die Pläne nicht in materielle Rechtskraft, d. h., sie sind inhaltlich nicht unabänderbar.
- Die Raumplanung erfasst den *ganzen Raum*. In den älteren Planungsgesetzen der Kantone befasst sich die Planung vor allem mit dem überbauten oder zu überbauenden Gebiet, also mit dem Siedlungsgebiet. Man sprach von der Bauzonenplanung. Das Nicht-Baugebiet wurde als «Übriges Gebiet» planerisch vernachlässigt. Das Raumplanungsgesetz erfasst demgegenüber den Raum als Gan-

zes. Besonders deutlich wird dies an der Ausscheidung von Bauzonen und Landwirtschaftszonen sowie (ergänzt oder überlagert) von Schutzzonen (Art. 15/16/17 RPG).

- Die Raumplanung versucht, *alle raumwirksamen Tätigkeiten* planerisch einzubeziehen. Das Bundesgesetz über die Raumplanung bringt dies mehrfach zum Ausdruck (Art. 2 Abs. 1 und 2, Art. 7 Abs. 2, Art. 8, Art. 13 Abs. 1 RPG). Mit dem Richtplan stellt es das Instrument zur Verfügung, das steuernd und lenkend die raumwirksamen Tätigkeiten des nominalen und des funktionalen Raumplanungsrechts erfassen soll. Dabei versteht es sich von selbst, dass nicht alle raumbedeutsamen Tätigkeiten von gleicher Bedeutung sind. Zu den raumwirksamen Tätigkeiten zählt insbesondere die Nutzungsplanung. Insofern ist der Richtplan immer auch ein Instrument der Lenkung und Steuerung der Nutzungsplanung (Art. 8 RPG).

- Materiell geht es dem Bundesgesetz über die Raumplanung um die *Erhaltung und Gestaltung des Lebensraumes.* Zu diesem Zweck gibt es Ziele vor und legt Planungsgrundsätze (Art. 1 und 3 RPG) fest. Diese sind Rechtssätze, die unmittelbar angewandt werden können und müssen. Als *finale Rechtssätze* umschreiben sie ein anzustrebendes Ziel. Sie sind vor ihrer Anwendung untereinander und gegeneinander abzuwägen. Im Bereich der Nutzungsplanung liegt eine wesentliche bodenpolitische Zielsetzung darin, den *landwirtschaftlichen Bodenmarkt* vom *Baulandmarkt* zu trennen. Zu diesem Zweck sind Bau- und Landwirtschaftszonen auszuscheiden (Art. 14/15/16 RPG). Das Bauen ausserhalb der Bauzonen ist nur in Ausnahmefällen möglich (Art. 24 RPG). Innerhalb der Bauzonen wird über die Erschliessungspflicht zulasten des Gemeinwesens dafür gesorgt, dass *genügend baureifes Land* verfügbar ist (Art. 19 Abs. 2 RPG).

- Das *Plansystem* ist im Bundesgesetz über die Raumplanung nicht abschliessend geregelt. Die Kantone sind in dessen Ausgestaltung im Rahmen der Bundesgesetzgebung frei. Vorgeschrieben sind die Instrumente des (kantonalen) Richtplans (Art. 6 ff. RPG) und des Nutzungsplans (Art. 14 ff. RPG). Der *Richtplan* ist ein behördenverbindlicher Plan (Art. 9 Abs. 1 RPG). Er verpflichtet die mit raumwirksamen Aufgaben betrauten Behörden – im Rahmen des ihnen zustehenden Ermessens –, die Anforderungen der Raumplanung gemäss den Aussagen des Richtplans zu erwägen und abstimmend zu berücksichtigen. Der Inhalt ist konzeptioneller und programmatischer Art (Art. 8 RPG).

Art. 8 RPG Mindestinhalt der Richtpläne
Richtpläne zeigen mindestens
a. wie die raumwirksamen Tätigkeiten im Hinblick auf die anzustrebende Entwicklung aufeinander abgestimmt werden;
b. in welcher zeitlichen Folge und mit welchen Mitteln vorgesehen ist, die Aufgaben zu erfüllen.

Als konzeptioneller Plan zeigt der Richtplan auf, wie die raumwirksamen Tätigkeiten aufeinander abzustimmen sind. Als programmatischer Plan führt er aus, in welcher zeitlichen Abfolge und mit welchen Mitteln vorgesehen ist, die Aufgabe zu erfüllen. Den Kantonen steht es frei, den Richtplan auf regionaler und/oder kommunaler Ebene einzuführen. Der *Nutzungsplan* ist der grundeigentumsverbindliche Plan (Art. 14/21 Abs. 1 RPG). Er ordnet die zulässige Nutzung des Bodens.

Art. 14 RPG Begriff
¹Nutzungspläne ordnen die zulässige Nutzung des Bodens.
²Sie unterscheiden vorab Bau-, Landwirtschafts- und Schutzzonen.

Art. 15 RPG Bauzonen
Bauzonen umfassen Land, das sich für die Überbauung eignet und
a. weitgehend überbaut ist oder
b. voraussichtlich innert 15 Jahren benötigt und erschlossen wird.

Art. 16 RPG Landwirtschaftszonen
¹Landwirtschaftszonen umfassen Land, das
a. sich für die landwirtschaftliche Nutzung oder den Gartenbau eignet oder
b. im Gesamtinteresse landwirtschaftlich genutzt werden soll.
²Soweit möglich werden grössere zusammenhängende Flächen ausgeschieden.

Im kantonalen Recht hat der Nutzungsplan eine differenzierte Ausgestaltung erfahren. Im Vordergrund steht der Zonenplan. Dieser lokalisiert und dimensioniert die gesetzlich zulässigen Nutzungsarten und variiert sie nach Nutzungsintensitäten. Daneben gibt es nach Massgabe des kantonalen Rechts Überbauungspläne, Gestaltungspläne usw. Im Bundesgesetz über die Raumplanung ist vorweg der Nutzungsplan im Sinne des Zonenplans angesprochen. Er kann als *Rahmennutzungsplan* bezeichnet werden. Die weiteren grundeigentumsverbindlichen Pläne sind demgegenüber als *Sondernutzungspläne* zu verstehen. Die wichtigsten Zonenarten sind durch das Bundesgesetz über die Raumplanung vorgeschrieben. Dies gilt insbesondere für die Bau- und Landwirtschaftszonen. *Bauzonen* umfassen Land, das sich für die Überbauung eignet und weitgehend überbaut ist oder das voraussichtlich innert 15 Jahren benötigt und erschlossen wird (Art. 15 RPG). *Landwirtschaftszonen* umfassen Land, das sich für die landwirtschaftliche Nutzung eignet oder im Gesamtinteresse landwirtschaftlich genutzt werden soll (Art. 16 RPG). Bauzonen und Landwirtschaftszonen sind Begriffe des Bundesrechts und bedürfen keiner kantonalen Ausführungsgesetzgebung. Ausserdem schafft das Raumplanungsgesetz (Art. 17 RPG) die Rechtsgrundlagen für *Schutzzonen* (Gewässer und ihre Ufer, wertvolle Landschaften, bedeutende Ortsbilder, Natur- und Kulturdenkmäler usw.). Das kantonale Recht kann weitere Nutzungszonen vorsehen (Art. 18 RPG). Den eidgenössischen *Sachplänen* und Konzepten kommt nur dann Verbindlichkeit zu, wenn das Sachrecht dies vorsieht (Art. 13 RPG).

– Die *Massnahmen* der Raumplanung gehen nur zum kleineren Teil aus dem nominalen Raumplanungsrecht hervor. Die Mehrzahl ist dem funktionalen zu entnehmen (Abgabenrecht, Natur- und Heimatschutzrecht usw.). Das Bundesgesetz über die Raumplanung betrachtet als besondere Massnahmen die Baubewilligung (Art. 22 RPG), die Bewilligung für Bauten ausserhalb der Bauzonen (Art. 24 RPG), die Erschliessung (Art. 19 RPG) und die Landumlegung (Art. 20 RPG). Bauten und Anlagen dürfen nur mit behördlicher Bewilligung – Baubewilligung – errichtet oder geändert werden. Voraussetzung einer Baubewilligung sind Zonenkonformität und Erschliessung (Art. 22 RPG). Ausserhalb der Bauzonen können Bewilligungen erteilt werden, wenn der Zweck der Bauten einen Standort ausserhalb der Bauzonen erfordert und keine überwiegenden Interessen entgegenstehen. Das kantonale Recht kann gestatten, Bauten und Anlagen zu erneuern, teilweise zu ändern oder wieder aufzubauen, wenn dies mit den wichtigen Anliegen der Raumplanung vereinbar ist (Art. 24 RPG). Die *Erschliessung* wird definiert durch die hinreichende Zufahrt und die Heranführung der erforderlichen Wasser-, Energie- sowie Abwasserleitungen (Art. 19 RPG). Keine Erschliessungsvoraussetzungen bilden die Kehrichtbeseitigung, die Ausstattung eines Gebietes mit lebensnotwendigen Einrichtungen wie Arztpraxen, Altersheimen, Schulen, Einkaufsmöglichkeiten usw. Das gleiche gilt für die sog. Grunderschliessung und damit insbesondere auch für Anlagen des öffentlichen Verkehrs. Die entsprechenden Aufwendungen fallen dem Gemeinwesen als Folgekosten an. Für die *Landumlegung* legt das Raumplanungsgesetz fest, dass sie von Amtes wegen angeordnet und durchgeführt werden kann (Art. 20 RPG). Sie kann also unabhängig von der Zustimmung der Grundeigentümer resp. der durch sie vertretenen Flächen veranlasst und realisiert werden. Eine Massnahme besonderer Art stellen die *Planungszone* (Art. 27 RPG) und das Institut der Bausperre dar. Die bundesrechtliche Planungszone wie die kantonsrechtliche Bausperre dienen der Verhinderung der Planung negativ präjudizierender Bauten und Anlagen. So kann die Planungszone verfügt werden, wenn Nutzungspläne angepasst oder neu erlassen werden müssen. Sie gelten für ein genau begrenztes Gebiet. Innerhalb der Planungszonen darf nichts unternommen werden, was die Nutzungsplanung erschweren könnte. Planungszonen dürfen für längstens fünf Jahre bestimmt werden. Sie stellen eine Eigentumsbeschränkung dar. Die Befristung schliesst den Tatbestand der materiellen Enteignung – in der Regel – aus.

c) **Verordnungsstufe**

Die Verordnung über die Raumplanung vom 26. August 1981 (SR 700.1) bringt eine detaillierte Regelung der Umschreibung der raumwirksamen Tätigkeiten und der Ausgestaltung der Richtpläne. Diese beiden Punkte sind zu Recht auf Verordnungsstufe näher ausgeführt, da sich die Auffassungen zu diesen Problemkreisen relativ rasch ändern können.

Der *Begriff der raumwirksamen Tätigkeiten* wird in Art. 1 der zit. Verordnung umschrieben. Danach sind Tätigkeiten raumwirksam, wenn sie die Nutzung des Bodens oder die Besiedlung des Landes verändern oder bestimmt sind, diese zu erhalten. Diese Umschreibung ist zu eng ausgefallen. Die Steuergesetzgebung, welche die Verkehrswertbesteuerung von erschlossenem Bauland vorsieht, wäre nach der vorgeschlagenen Formulierung wohl kaum als raumwirksam zu qualifizieren. Dies gilt auch für die Gesetzgebung über den interkommunalen oder interkantonalen Finanzausgleich, da diese Massnahmen nicht (unmittelbar) der Veränderung oder Erhaltung der Bodennutzung resp. der Besiedlung des Landes dienen. Sie sind aber raumwirksam und müssen deshalb durch die Richtpläne erfasst und in die Raumplanung einbezogen werden können.

Die Umschreibung des *Inhaltes der Richtpläne,* wie sie in Art. 3 der Verordnung festgeschrieben ist, bleibt hinter Art. 8 des Bundesgesetzes über die Raumplanung zurück. Der Richtplan zeigt – gemäss der Umschreibung in der Verordnung – in Karte und Text die im Hinblick auf die anzustrebende räumliche Entwicklung wesentlichen Ergebnisse der Planung und Koordination im Kanton und der Koordination mit Bund und Nachbarkantonen. Zu verdeutlichen wäre der konzeptionelle und programmatische Inhalt gewesen, wie er als Mindestinhalt durch das Gesetz normiert ist (Art. 8 lit. a und lit. b RPG). Die Problematik des Auseinanderklaffens des Zeithorizontes der konzeptionellen und der programmatischen Planung wird nicht angegangen.

Die *Gliederung des Inhaltes der Richtpläne,* wie sie in Art. 4 der Verordnung umschrieben wird, versucht, die Flexibilität der Raumplanung sicherzustellen. Es ist zwischen Abstimmungsergebnissen im Sinne von Festsetzungen, Zwischenergebnissen und Vororientierungen zu unterscheiden. Offen ist, ob sowohl die Festsetzungen als auch die Zwischenergebnisse wie die Vororientierungen in gleicher Art und Weise verbindlich sind. Wird dies bejaht, so hält die Verordnung vor dem Gesetz stand. Wird dies verneint, dann ist die Differenzierung gesetzwidrig. Die Praxis hat die Gliederung des Inhaltes der Richtpläne gemäss Verordnung weitgehend übernommen.

In die Zukunft hinein wird zu überlegen sein, ob die Richtpläne noch einfacher gestaltet werden müssen. Danach wäre der Inhalt auf die Aussagen zu beschränken, die aus der Sache heraus behördenverbindlich erklärt werden können. Alles andere ist der «rollenden» Planung vorzubehalten. Im übrigen geht es bei der Richtplanung weniger um Festsetzungen, Zwischenergebnisse und Vororientierungen als um die *räumlichen Zusammenhänge*. Der Richtplan genügt dann als Koordinationsinstrument, wenn er die innern sachlichen Gründe der anzustrebenden Raumordnung sichtbar zu machen vermag. Die konkreten Entscheidungen sind weniger auf die unmittelbaren Aussagen des Richtplans als vielmehr auf den raumplanerisch-zweckrationalen Sinnzusammenhang abzustellen.

Die Verordnung über die Raumplanung wird revidiert. Sie wird den Schutz der landwirtschaftlichen Vorranggebiete (Fruchtfolgeflächen) betonen.

d) **Rechtsprechung**

Im Vordergrund steht die Rechtsprechung des Bundesgerichts. Diese behandelt Fragen der Raumplanung im Zusammenhang mit der *Staatsrechtlichen Beschwerde* wegen Verletzung verfassungsmässiger Rechte und der eidgenössischen *Verwaltungsgerichtsbeschwerde* wegen Verletzung von Bundes(verwaltungs)recht. Unter dem Titel der staatsrechtlichen Rechtsprechung sind die Entscheidungen aus dem Problembereich der Rechtsgleichheit (Art. 4 BV), der Eigentumsgarantie (Art. 22ter BV), der Handels- und Gewerbefreiheit (Art. 31 BV) und der Gemeindeautonomie von besonderer Bedeutung. Aus der verwaltungsgerichtlichen Rechtsprechung sind Fragen des nominalen und des funktionalen Raumplanungsrechts hervorzuheben. Das Bundesgesetz über die Raumplanung lässt die Verwaltungsgerichtsbeschwerde gegen Entscheide letzter kantonaler Instanzen über Entschädigungen als Folge von Eigentumsbeschränkungen (Art. 5 RPG) und der Bewilligungen für Bauten ausserhalb der Bauzonen (Art. 24 RPG) zu (Art. 34 Abs. 1 RPG). Innerhalb des funktionalen Raumplanungsrechts treten das Forstrecht, das Gewässerschutzrecht und das Natur- und Heimatschutzrecht hervor, die Gegenstand verwaltungsgerichtlicher Beschwerden sein können. Im Zusammenhang mit der Rechtsprechung zur Eigentumsgarantie werden u.a. alle Fragen, die sich auf Eigentumsbeschränkungen beziehen, behandelt, also beispielsweise solche der Erschliessungsvoraussetzungen, der Auszonung, der Beständigkeit von Plänen (Plangewährleistung) usw.

Das Bundesgericht hat in seiner bisherigen Rechtsprechung einige wesentliche Grundaussagen zur Raumplanung verdeutlicht, auf die wie folgt verwiesen werden kann:

- Die Rechtsgleichheit hat für die Raumplanung eine abgeschwächte Bedeutung. Planungen dürfen zweckrationalen Überlegungen folgen, sie müssen aber sachlich begründet sein (BGE 107 Ib 339 E. 4a; 105 Ia 326 E. 2c mit Verweisungen).
- Die Planungsgrundsätze gemäss Art. 3 RPG stellen unmittelbar anwendbares Recht dar (BGE 108 Ib 370 ff.; 107 Ia 242 E. 3a).
- Die Richtpläne der Kantone sind als behördenverbindlich nicht anfechtbar (BGE 107 Ia 80 E. 1).
- Beschränkungen des Eigentums müssen stets den Kerngehalt der Eigentumsgarantie respektieren. Greifen sie diesen an, so sind sie nur zulässig, wenn die qualifizierten Voraussetzungen der Enteignung erfüllt sind. Sie führen alsdann zur vollen Entschädigung (BGE 105 Ia 139 ff.; 103 Ia 418 f. mit Verweisungen).
- Die Beschränkungen des Eigentums gehen nicht nur auf ein Dulden oder Unterlassen. Sie können in einer Pflicht zu einem Tun bestehen (BGE 99 Ia 614 E. 4; 97 I 795 E. 2c).
- Auszonungen aus dem Baugebiet stellen Eigentumsbeschränkungen dar. Sie sind vom Bundesrecht gefordert. Als solche müssen sie sachgerechten Erwägungen folgen (BGE 110 Ia 33 ff.; 107 Ia 35 ff.; 107 Ia 242 E. 3a mit Verweisungen; 107 Ib 335 ff.).
- Die finanziellen Folgen einer Eigentumsbeschränkung sind gebundene Ausgaben. Allenfalls können die Eigentumsbeschränkungen mit erheblichen Entschädigungsfolgen zurückgenommen werden, doch nur wenn sie das Gemeinwesen «notstandsähnlich» treffen (BGE 107 Ia 240 ff.).
- Bauten ausserhalb der Bauzonen müssen vorweg auf ihre Zonenkonformität überprüft werden. Wird sie verneint, so stellt sich die Frage nach der Ausnahmebewilligung (BGE 110 Ib 142 ff.; 110 Ib 265 f.; 109 Ib 126 ff.; 108 Ib 132 E. 1a, 108 Ib 366).
- Die Standortfestlegung für grössere Einkaufszentren in einem Nutzungsplan verstösst nicht gegen die Handels- und Gewerbefreiheit (BGE 109 Ia 264 ff.; 102 Ia 104 ff.).
- Die Planänderung verlangt nach einer Interessensabwägung zwischen dem Interesse an der Beständigkeit des Plans und demjenigen an der Planfortschreibung (BGE 109 Ia 114 f.; 107 Ia 36 E. 3; 107 Ib 336 E. 2c; 106 Ia 329 ff.; 105 Ia 317 E. 2b mit Verweisungen; 104 Ia 126 E. 2a; 102 Ia 333 ff.).

Die Rechtsprechung des Bundesgerichts ist für die Behandlung von

Entschädigungsforderungen wegen *materieller Enteignung* von grösster Bedeutung, da der Gesetzgeber von einer gesetzlichen, präzisierenden Umschreibung der verfassungsrechtlichen Aussage (Art. 22ter Abs. 3 BV) abgesehen hat. Nach ihr liegt eine materielle Enteignung vor,

Definition der materiellen Enteignung
«wenn einem Eigentümer der bisherige oder ein voraussehbarer künftiger Gebrauch seiner Sache untersagt oder in einer Weise eingeschränkt wird, die besonders schwer wiegt, weil dem Eigentümer eine wesentliche, aus dem Eigentum fliessende Befugnis entzogen wird. Geht der Eingriff weniger weit, so wird gleichwohl eine materielle Enteignung angenommen, falls ein einziger oder einzelne Grundeigentümer so betroffen werden, dass ihr Opfer gegenüber der Allgemeinheit unzumutbar erschiene und es mit der Rechtsgleichheit nicht vereinbar wäre, wenn hierfür keine Entschädigung geleistet würde. In beiden Fällen ist die Möglichkeit einer zukünftigen besseren Nutzung der Sache indessen nur zu berücksichtigen, wenn im massgebenden Zeitpunkt anzunehmen war, sie lasse sich mit hoher Wahrscheinlichkeit in naher Zukunft verwirklichen. Unter besserer Nutzung eines Grundstücks ist in der Regel die Möglichkeit seiner Überbauung zu verstehen.» (BGE 109 Ib 15 E. 2)

In diesem Sinne ist die Rechtsprechung rekapituliert in: BGE 110 Ib 32 E. 4; 109 Ib 15 E. 2; 108 Ib 354 E. 4; 106 Ia 372 E. 2a. Vgl. ferner BGE 107 Ib 222 E. 2; 106 Ia 264 E. 2a; 105 Ia 339 E. 4a mit Verweisungen. Sie gilt seit dem Entscheid Barret, BGE 91 I 329, 338/339. Das Hauptbeispiel einer materiellen Enteignung liegt in der Umzonung einer erschlossenen (baureifen) Parzelle aus der Bauzone in eine Bauverbotszone.

Die Rechtsprechung des Bundesgerichts zur materiellen Enteignung baut auf der sogenannten *Dreistufentheorie* auf. Darnach sind Eigentumsbeschränkungen in der Regel entschädigungslos. Eine Entschädigung ist geschuldet, wenn die Eigentumsbeschränkung in ihrer Wirkung einer formellen Enteignung gleichkommt und dementsprechend auf einem schweren Eingriff beruht. Dazu kommt das Sonderopfer, das eine Entschädigung vorsieht, wenn der Eingriff zwar weniger schwer ist, aber ein einziger oder einzelne Grundeigentümer besonders hart betroffen werden. In die Zukunft hinein ist damit zu rechnen, dass das sog. Sonderopfer eines einzigen oder einzelner Grundeigentümer auf Art. 4 BV und nicht auf Art. 22ter Abs. 3 BV gestützt wird. Zum Sonderopfer vgl. insbesondere BGE 110 Ib 32 E. 4.

2.2.2. Nominales Raumplanungsrecht der Kantone

Alle Kantone verfügen über kantonales Raumplanungsrecht. Das Planungsrecht ist in der Regel mit dem Baurecht verbunden. Dementsprechend nennen sich die Planungsgesetze häufig Bau- und Planungsgesetz, so das Gesetz über die Raumplanung und das öffentliche Baurecht des Kantons Zürich vom 7. September 1975/20. Mai 1984, das abgekürzt als Planungs- und Baugesetz zitiert wird. Andere Kantone sprechen vereinfachend vom Baugesetz. Weite Bereiche des funktionalen Raumplanungsrechts bezieht vor allem das Baugesetz des Kantons Aargau vom 2. Februar 1971 ein. Es handelt neben dem Planungs-, Bau- und Natur- und Heimatschutzrecht insbesondere auch vom Strassenrecht, vom Gewässerschutz, dem Recht der öffentlichen Bauten und Anlagen usw.

Tabelle 63: *Kantonale Bau- und Planungsgesetze*

Kanton	Gesetz
Zürich	Gesetz über die Raumplanung und das öffentliche Baurecht (Planungs- und Baugesetz) vom 7. September 1975/20. Mai 1984
Bern	Baugesetz vom 9. Juni 1985
Luzern	Baugesetz des Kantons Luzern vom 15. September 1970
Uri	Baugesetz des Kantons Uri vom 10. Mai 1970/5. April 1981
Schwyz	Baugesetz vom 30. April 1970
Obwalden	Baugesetz vom 4. Juni 1972
Nidwalden	Baugesetz vom 30. April 1961
Glarus	Baugesetz für den Kanton Glarus vom 4. Mai 1952
Zug	Baugesetz für den Kanton Zug vom 18. Mai 1967
Fribourg	Raumplanungs- und Baugesetz vom 9. Mai 1983
Solothurn	Baugesetz vom 3. Dezember 1978
Basel-Stadt	Hochbautengesetz des Kantons Basel-Stadt vom 11. Mai 1939 mit Anhang (Zonenvorschriften)

Basel-Landschaft	Baugesetz vom 15. Juni 1967
Schaffhausen	Baugesetz für den Kanton Schaffhausen vom 9. November 1964
Appenzell-Ausserrhoden	Gesetz über die Einführung des Bundesgesetzes über die Raumplanung vom 28. April 1985
Appenzell-Innerrhoden	Baugesetz vom 28. April 1985
St. Gallen	Gesetz über die Raumplanung und das öffentliche Baurecht (Baugesetz) vom 6. Juni 1972/6. Januar 1983
Graubünden	Raumplanungsgesetz für den Kanton Graubünden vom 20. Mai 1973
Aargau	Baugesetz des Kantons Aargau vom 2. Februar 1971
Thurgau	Baugesetz vom 28. April 1977
Ticino	Legge edilizia cantonale del 19 febbraio 1973
Vaud	Loi sur l'aménagement du territoire et les constructions du 4 décembre 1985
Valais	Loi sur les constructions du 19 mai 1924
Neuchâtel	Loi sur les constructions du 12 février 1957
Genève	Loi sur les constructions et les installations diverses du 25 mars 1961
Jura	Loi sur les constructions du 26 octobre 1978

Die meisten der älteren kantonalen Bau- und Planungsgesetze befinden sich in Revision. Sie werden an das Bundesgesetz über die Raumplanung vom 22. Juni 1979 angepasst.

Das kantonale Recht, das mehrheitlich vor Inkrafttreten des Bundesgesetzes über die Raumplanung erlassen wurde, ist dadurch gekennzeichnet, dass es die Richtplanung in einen unmittelbaren Zusammenhang mit der Nutzungsplanung bringt. Der Akzent liegt für es auf der Nutzungsplanung. Mehrere Kantone kennen die *Planungsebene der Region,* ohne dieser den Charakter einer Gebietskörperschaft zu verleihen. Die Gemeinden verfügen über einen mehr oder minder grossen Bereich autonomer Planungsgestaltung, wobei allerdings dieser Bereich in den neueren Gesetzen tendenziell eher kleiner wird. Das innerkantonale *Plansystem* baut auf der Unterscheidung von Richt- und Nutzungsplänen auf. Das Recht, Richtpläne zu erlassen, ist in der Regel nicht dem Kanton vorbehalten, sondern wird auch den Gemeinden zugestanden. Dort, wo Regionen als Planungsträger agieren, können diese zum Erlass oder zur Ausarbeitung von Richtplänen zuständig sein. Der kommunale Richtplan ist vor allem für die Erschliessungsplanung bedeutsam. Er stellt aber auch den Zusammenhang zur kommunalen Finanzplanung her.

2.2.3. Nominales Raumplanungsrecht der Gemeinden

Das nominale Raumplanungsrecht der Gemeinden ist in der Regel in einem *Baureglement* enthalten. Dieses wird auch Bauordnung genannt; im Kanton Graubünden wird es als (kommunales) Baugesetz bezeichnet. In der Bauordnung finden sich Vorschriften über die Raumplanung, insbesondere über den Zonenplan, dann aber auch Baupolizeivorschriften, die allgemein gelten oder differenziert für die einzelnen Bauzonenarten ausformuliert sind. Im kommunalen Baureglement begegnen sich also erneut Vorschriften des nominalen Raumplanungsrechts mit solchen des funktionalen, vorweg des Baupolizei- und Erschliessungsrechts. Das Baureglement wird ergänzt durch den *Zonenplan* im Sinne eines Rahmennutzungsplans, welcher die im kantonalen Recht vorgesehenen Nutzungsarten nach planerisch-zweckrationalen Gesichtspunkten auf das Gemeindegebiet überträgt. Dazu kommen in jeder Gemeinde *Überbauungspläne, Gestaltungspläne, Erschliessungspläne* usw. Der Erlass eines *kommunalen Richtplans* kann kantonalrechtlich vorgeschrieben sein. Dies ist zweckmässig. Er erlaubt, die öffentlichen Aufgaben der Gemeinde, soweit sie raumwirksam sind, auf die Zonen- und Bauplanung abzustimmen. Insbesondere trägt er zu einer Koordination von Finanzplanung, Erschliessungsplanung usw. bei. Das kommunale Raumplanungsrecht darf nie isoliert betrachtet und interpretiert werden. Es beruht auf der kantonalen Planungs- und Baugesetzgebung, zumal dieses Gesetz für den Bereich der Raumplanung den Autonomiegrad bestimmt und die Grundlagen für Eigentumsbeschränkungen enthält, also insbesondere die zulässigen Zonenarten umschreibt.

2.3. Funktionales Raumplanungsrecht

2.3.1. Übersicht

Das räumliche Geschehen kann durch die Anwendung des nominalen Raumplanungsrechts erheblich, aber nicht abschliessend beeinflusst werden. Die wichtigsten Massnahmen von nachhaltiger räumlicher Wirkung gehen vom Sachrecht aus, das in seiner Anwendung die Raumordnung beeinflusst, also vom funktionalen Raumplanungsrecht.

Die Hauptaufgabe des nominalen Raumplanungsrechts liegt in der Bezeichnung der Planungsträger, der Planungsinstrumente und der Planungsverfahren sowie der Festschreibung der materiellen Planungsgrundsätze. Die *konkreten Massnahmen,* die zu ergreifen sind, gehen demgegenüber aus dem funktionalen Raumplanungsrecht hervor. Das nominale kennt nur einige wenige, beispielsweise die Baubewilligung mit den Anforderungen der Zonenkonformität und der Erschliessung (Art. 22 RPG) sowie die Ausnahmen für Bauten ausserhalb der Bauzonen (Art. 24 RPG). Die Raumplanung kommt deshalb ohne den Rückgriff auf das Verwaltungsrecht, das in seiner Anwendung die räumliche Ordnung resp. Entwicklung beeinflusst, nicht aus.

Die *Steuerung der Anwendung des funktionalen Raumplanungsrechts* hin auf die anzustrebende Raumordnung geschieht über den *Richtplan* der kantonalen resp. kommunalen Ebene. Das geltende schweizerische Recht macht die Möglichkeit der Berücksichtigung raumplanerischer Gesichtspunkte bei der Anwendung von materiellem Verwaltungsrecht nicht von einem gesetzesinternen Vorbehalt abhängig. Dieses System der sog. Raumordnungsklauseln ist dem geltenden Recht fremd, auch wenn sich in dem einen oder andern Gesetz ein Hinweis auf die Beachtung der Anforderungen der Raumplanung findet. Der Verzicht auf das Institut der Raumordnungsklauseln ist letztlich in Art. 22^{quater} Abs. 3 BV begründet, der vom Bund verlangt, dass er bei der Erfüllung seiner Aufgaben die Erfordernisse der Landes-, Regional- und Ortsplanung zu beachten hat, d.h. ohne besonderen Auftrag in der Spezialgesetzgebung. Auf der andern Seite können sich im funktionalen Raumplanungsrecht ausdrücklich oder stillschweigend Klauseln finden, welche die vorbehaltlose Berücksichtigung der Raumplanungsgesetzgebung ausschliessen. Dies trifft beispielsweise auf das Bundesgesetz über die Militärorganisation vom 12. April 1907 (SR 510.10) zu. Gemäss Art. 164 Abs. 3 leg. cit. unterliegen Arbeiten, die der Landesverteidigung dienen, keiner Bewilligungspflicht, also auch nicht der Baubewilligungspflicht gemäss Raumplanungsrecht.

Eine abschliessende Aufzählung des funktionalen Raumplanungsrechts ist nicht möglich. Die nachstehende Tab. 64 will einen Hinweis geben:

Tabelle 64: *Funktionales Raumplanungsrecht*

Sachbereich	Kompetenzverteilung		Wichtigste Rechtsgrundlagen
	Bund	Kantone	
Bauordnung (Baupolizei)	Fragmentarische Kompetenz	Umfassende Kompetenz	– Art. 22quater BV – BG über die Raumplanung (SR 700) – Kantonale Planungs- und Baugesetze
Erschliessung	Umfassende Kompetenz	Ergänzende Kompetenzen unter Vorbehalt des Bundesrechts	– Art. 22quater und 34sexies BV – BG über die Raumplanung (SR 700) – Wohnbau- und Eigentumsförderungsgesetz (SR 843) – Kantonale Planungs- und Baugesetze – Kantonale Strassenbaugesetze
Öffentliche Bauten und Anlagen	Teils umfassende Kompetenz, teils fragmentarische Kompetenz	Umfassende Kompetenz unter Vorbehalt des Bundesrechts	– Art. 22quater und 23 BV – BG über die Raumplanung (SR 700) – BG über die Enteignung (SR 711) – BG über die Nationalstrassen (SR 725.11) – Verordnung über das Bauwesen des Bundes (SR 172.057.20) – Kantonale Planungs- und Baugesetze – Kantonale Enteignungsgesetze – Kantonale Strassenbaugesetze
Bodenrecht	Teils umfassende Kompetenz, teils Grundsatzgesetzgebungskompetenz	Ergänzende Kompetenzen unter Vorbehalt des Bundesrechts	– Art. 22quater, 31bis und 64 BV – Schweizerisches Zivilgesetzbuch (SR 210) – BG über die Erhaltung des bäuerlichen Grundbesitzes (SR 211.412.11) – BG über die Entschuldung landwirtschaftlicher Heimwesen (SR 211.412.12) – BG über den Erwerb von Grundstücken durch Personen im Ausland (SR 211.412.41) – BG über die Raumplanung (SR 700)

Sachbereich	Kompetenzverteilung		Wichtigste Rechtsgrundlagen
	Bund	Kantone	
Forstpolizei	Oberaufsichtskompetenz	Ergänzende Kompetenzen unter Vorbehalt des Bundesrechts; Vollzug	– BG über die Förderung der Landwirtschaft und die Erhaltung des Bauernstandes (Landwirtschaftsgesetz) (SR 910.1) – Kantonale Planungs- und Baugesetze – Art. 24 BV – BG betreffend die eidgenössische Oberaufsicht über die Forstpolizei (SR 921.0) – Kantonale Forstpolizeigesetze
Natur- und Heimatschutz	Fragmentarische Kompetenz	Umfassende Kompetenz	– Art. 24sexies BV – BG über den Natur- und Heimatschutz (SR 451) – BB betreffend die Förderung der Denkmalpflege (SR 445.1) – Kantonale Gesetze oder Verordnungen über den Natur- und Heimatschutz bzw. Abschnitte der Planungs- und Baugesetze
Wasserwirtschaft und Gewässerschutz	Teils umfassende Kompetenz, teils Grundsatzgesetzgebungskompetenz	Ergänzende Kompetenzen; Vollzug	– Art. 24 und 24bis BV – BG über die Wasserbaupolizei (SR 721.10) – BG über die Nutzbarmachung der Wasserkräfte (SR 721.80) – BG über den Schutz der Gewässer gegen Verunreinigung (Gewässerschutzgesetz) (SR 814.20) – Kantonale Wasserbaupolizeigesetze – Kantonale Einführungsgesetze zum BG über den Gewässerschutz
Umweltschutz	Umfassende Gesetzgebungskompetenz	Ergänzende Kompetenzen; Vollzug	– Art. 24septies BV – BG über den Umweltschutz (Umweltschutzgesetz) (SR 814.01)

Rechtsgrundlagen der Raumplanung 201

Strassenverkehr	Umfassende Gesetzgebungskompetenz	Vollzug	– BG über die Raumplanung (SR 700) – Art. 684 ZGB – Kantonale Lärm-, Gesundheits- und Hygienegesetze – Allg. Polizeiverordnungen – Art. 37 und 37bis BV – BG über den Strassenverkehr (SR 741.01) – diverse Vollziehungsverordnungen
Strassenbau- und -planung	Teils umfassende Kompetenz (Nationalstrassen)	Teils umfassende Kompetenz (Kantonsstrassen)	– Art. 36bis und 37 BV – BG über die Nationalstrassen (SR 725.11) – BB über das Nationalstrassennetz (SR 725.113.11) – Kantonale Strassenbaugesetze (Strassengesetze) – Kantonale Planungs- und Baugesetze (einzelne Abschnitte)
Strassenfinanzierung	Umfassende Gesetzgebungskompetenz hinsichtlich der Verwendung der Treibstoffzölle	Umfassende Kompetenz hinsichtlich der Besteuerung der Motorfahrzeuge	– Art. 36ter und Art. 37 BV – Treibstoffzollgesetz vom 22. März 1985 (SR 725.116.2) – V über nicht werkgebundene Beiträge aus den Treibstoffzöllen (in Vorbereitung) – V über Beiträge an die Aufhebung von Niveauübergängen und andere Massnahmen zur Trennung von öffentlichem und privatem Verkehr (in Vorbereitung) – V über Beiträge an den Bau von Parkplätzen bei Bahnhöfen (in Vorbereitung) – Kantonale Strassengesetze – Kantonale Gesetze über die Verkehrsabgaben

Sachbereich	Kompetenzverteilung		Wichtigste Rechtsgrundlagen
	Bund	Kantone	
Eisenbahnen	Umfassende Kompetenz (Monopolcharakter)		– Art. 26 BV – Eisenbahngesetz (SR 742.101) – BG über die SBB (SR 742.31) – Verordnung über die Förderung des kombinierten Verkehrs und des Transportes begleiteter Motorfahrzeuge (SR 742.149)
Schiffahrt	Umfassende Kompetenz (Monopolcharakter)		– Art. 24ter BV – BG über die Binnenschiffahrt (SR 747.201) – BG über die Seeschiffahrt unter der Schweizerflagge (Seeschiffahrtsgesetz) (SR 747.30) – Kantonale Gesetze soweit der Bund seine Kompetenz nicht wahrnam
Luftseilbahnen	Umfassende Kompetenz (Monopolcharakter)		– Art. 36 BV – Postverkehrsgesetz (SR 783.0) – Verordnung über die Konzessionierung von Luftseilbahnen (Luftseilbahnkonzessionsverordnung) (SR 743.11) – Verordnung über Bau und Betrieb von eidgenössisch konzessionierten Seilbahnen (Seilbahnverordnung) (SR 743.12) – Verordnung über Luftseilbahnen mit Personenbeförderung ohne Bundeskonzession und über die Skilifte (SR 743.21)
Luftschiffahrt	Umfassende Kompetenz (Monopolcharakter)		– Art. 37ter BV – BG über die Luftfahrt (Luftfahrtgesetz) (SR 748.0)

Rechtsgrundlagen der Raumplanung 203

		– Verordnung über die Luftfahrt (Luftfahrtverordnung) (SR 748.01) – diverse internationale Abkommen (vgl. SR 0.748)
Fuss- und Wanderwege	Grundsatzgesetzgebungskompetenz	– Art. 37quater BV – BG über Fuss- und Wanderwege (in Vorbereitung) – Kantonale Strassengesetze
Rohrleitungen	Umfassende Kompetenz (Monopolcharakter)	– Art. 26bis BV – BG über Rohrleitungsanlagen zur Beförderung flüssiger oder gasförmiger Brenn- oder Treibstoffe (Rohrleitungsgesetz) (SR 746.1)
Automobil- und Transportunternehmen	Umfassende Kompetenz (Monopolcharakter)	– Art. 36 BV – Postverkehrsgesetz (SR 783.0) – Vollziehungsverordnung II zum BG betreffend den Postverkehr (Automobilkonzessionsverordnung) (SR 744.11) – BG über die Trolleybusunternehmungen (SR 744.21) – BG über den Transport im öffentlichen Verkehr (Transportgesetz) – Kantonale Gesetze über die Förderung des öffentlichen Verkehrs
Post- und Fernmeldeverkehr	Umfassende Kompetenz (Monopolcharakter)	– Art. 36 BV – PTT-Organisationsgesetz (SR 781.0) – Postverkehrsgesetz (SR 783.0) – BG betreffend den Telegrafen- und Telefonverkehr (SR 784.10)
Radio und Fernsehen	Umfassende Kompetenz	– Art. 36 und 55bis BV – BG betreffend den Telegrafen- und Telefonverkehr (SR 784.10) – Verordnung über lokale Rundfunkversuche (SR 784.401)

Umfassende Kompetenz unter Vorbehalt des Bundesrechts

Sachbereich	Kompetenzverteilung		Wichtigste Rechtsgrundlagen
	Bund	Kantone	
Wirtschaftspolitik (Wirtschaftsförderung)	Enumeration der einzelnen Kompetenzen	Einzelermächtigungen und kantonale Regale	– Art. 31, 31bis, 31ter, 31quinquies BV – BG über die Heimarbeit (Heimarbeitsgesetz) (SR 822.31) – BG über die Vorbereitung der Krisenbekämpfung und Arbeitsbeschaffung (SR 823.31) – BG über die Exportrisikogarantie (SR 946.11) – BG über die Förderung des Hotel- und Kurortkredites (SR 935.12) – Kantonale Wirtschaftsförderungsgesetze
Berggebietsförderung	Umfassende Kompetenz	Ergänzende Kompetenzen unter Vorbehalt des Bundesrechts	– Art. 22quater und 31bis Abs. 3 lit. c BV – BG über Investitionshilfe für Berggebiete (SR 901.1) – BG über die Bürgschaftsgewährung in Berggebieten (SR 901.2) – BG über Bewirtschaftungsbeiträge an die Landwirtschaft mit erschwerten Produktionsbedingungen (SR 910.2) – Verordnung über den landwirtschaftlichen Produktionskataster und über die Abgrenzung des Berggebietes sowie der voralpinen Hügelzone (SR 912.1) – BG über Kostenbeiträge an Viehhalter im Berggebiet und in der voralpinen Hügelzone (SR 916.313) – BG über die Verbesserung der Wohnverhältnisse in Berggebieten (SR 844) – Kantonale Wirtschaftsförderungsgesetze

Rechtsgrundlagen der Raumplanung 205

Förderung wirtschaftlich bedrohter Regionen	Umfassende Kompetenz Ergänzende Kompetenz unter Vorbehalt des Bundesrechts	– Art. 31bis Abs. 3 lit. c BV – BB über Finanzierungsbeihilfen zugunsten wirtschaftlich bedrohter Regionen (SR 951.93) – Kantonale Wirtschaftsförderungsgesetze
Landwirtschaft	Umfassende Kompetenz Ergänzende Kompetenzen unter Vorbehalt des Bundesrechts	– Art. 23bis und 31bis BV – BG über die Förderung der Landwirtschaft und die Erhaltung des Bauernstandes (Landwirtschaftsgesetz) (SR 910.1) – BG über Bewirtschaftungsbeiträge an die Landwirtschaft mit erschwerten Produktionsbedingungen (SR 910.2) – Verordnung über den landwirtschaftlichen Produktionskataster und über die Abgrenzung des Berggebietes sowie der voralpinen Hügelzone (SR 912.1) – Verordnung über die Unterstützung von Bodenverbesserungen und landwirtschaftlichen Hochbauten (Bodenverbesserungs-Verordnung) (SR 913.1) – BG über Investitionskredite und Betriebshilfe in der Landwirtschaft (SR 914.1) – BG über Kostenbeiträge an Viehhalter im Berggebiet und in der voralpinen Hügelzone (SR 916.313) – BG über die Erhaltung des bäuerlichen Grundbesitzes (SR 211.412.11) – BG über die Entschuldung landwirtschaftlicher Heimwesen (SR 211.412.12) – Kantonale Landwirtschaftsgesetze

206 Raumplanung als öffentliche Aufgabe

Sachbereich	Kompetenzverteilung		Wichtigste Rechtsgrundlagen
	Bund	Kantone	
Finanzausgleich	Umfassende Kompetenz (für die Bundesebene)		– Art. 41ter Abs. 5, 42ter und 42quater BV – BG über den Finanzausgleich unter den Kantonen (SR 613.1) – Verordnung über die Abstufung der Bundesbeiträge nach der Finanzkraft der Kantone (SR 613.12) – Kantonale Finanzausgleichsgesetze
Wohnbau- und Eigentumsförderung	Umfassende Kompetenz	Ergänzende Kompetenzen unter Vorbehalt des Bundesrechts	– Art. 34sexies BV – BG über Massnahmen zur Förderung des Wohnungsbaues (SR 842) – Wohnbau- und Eigentumsförderungsgesetz (SR 843) – BG über die Verbesserung der Wohnverhältnisse in Berggebieten (SR 844) – Kantonale Wohnerhaltungsgesetze
Kernenergie	Umfassende Kompetenz (Monopolcharakter)		– Art. 24quinquies BV – BG über die friedliche Verwendung der Atomenergie und den Strahlenschutz (SR 732.0) – BB zum Atomgesetz (SR 732.01) – Kernenergiehaftpflichtgesetz (SR 732.44)
Elektrizität	Teils umfassende Kompetenz, teils fragmentarische Kompetenz	Ergänzende Kompetenzen unter Vorbehalt des Bundesrechts	– Art. 24quater BV – BG betreffend die elektrischen Schwach- und Starkstromanlagen (SR 734.0) – Schwachstromverordnung (SR 734.1) – Starkstromverordnung (SR 734.2) – Kantonale Gesetze über die Elektrizitätsversorgung

Rechtsgrundlagen der Raumplanung 207

Gesundheit	Fragmentarische Kompetenz	Umfassende Kompetenz
		– Art. 27quinquies, 34bis, 34quater, 69 und 69bis BV
		– BG über die Bekämpfung übertragbarer Krankheiten des Menschen (Epidemiengesetz) (SR 818.101)
		– BG betreffend den Verkehr mit Lebensmitteln und Gebrauchsgegenständen (SR 817.0)
		– Kantonale Gesundheitsgesetze
		– Kantonale Gesetze über die Krankenhäuser
		– Kantonale Gesetze über die Wohnhygiene
Bildung	Teils umfassende Kompetenz, teils fragmentarische Kompetenz	Umfassende Kompetenz unter Vorbehalt des Bundesrechts
		– Art. 27, 27quater, 27sexies und 34ter Abs. 1 lit. g BV
		– BG über die Berufsbildung (SR 412.10)
		– BG betreffend die Errichtung einer eidgenössischen polytechnischen Schule (SR 414.110)
		– BB über die Eidgenössischen Technischen Hochschulen (Übergangsregelung) (SR 414.110.2)
		– BG über die Hochschulförderung (SR 414.20)
		– BG über die Forschung (Forschungsgesetz) (SR 420.1)
		– Kantonale Schulgesetze
		– Kantonale Hochschulgesetze
		– Kantonale Kulturförderungsgesetze

An zwei *Beispielen* soll die Bedeutung des funktionalen Raumplanungsrechts verdeutlicht werden. Wird in einer Gemeinde ein *Zonenplan* erlassen, so ist damit gesagt, auf welchen Flächen welche Nutzungen künftig zulässig sind. Der Zonenplan ist ein Instrument der sog. Negativplanung, d.h., er auferlegt Beschränkungen. Er führt also letztlich aus, wo was nicht getan werden darf. Bestehende zonenfremde Bauten und Anlagen dürfen weiterhin benutzt und unterhalten werden. Sie geniessen den Schutz der Bestandesgarantie. Soll nun aber die Planung verwirklicht werden, so muss aktiv dafür gesorgt werden, dass in der Landwirtschaftszone unter günstigen Bedingungen Landwirtschaft betrieben, in der Industriezone Industrien angesiedelt und in der Wohnzone Wohnbauten errichtet werden können. Dies bedingt Güterzusammenlegungen, Aussiedlungen, landwirtschaftliche Subventionen, Erschliessungsanlagen, Wohnbauförderungsmassnahmen usw. Alle diese Massnahmen gehen aus dem funktionalen Raumplanungsrecht hervor. Sie werden – unter Beachtung des Zonenplans – durch den kommunalen und kantonalen Richtplan gesteuert. In der Regel muss die Gemeinde mit dem Kanton und allenfalls sogar mit Bundesbehörden zusammenarbeiten, da die Kompetenzordnung des funktionalen Raumplanungsrechts nicht mit der Zuständigkeitsordnung in der Raumplanung übereinstimmt. Die *Probleme einer Stadt* – das zweite Beispiel – können kaum mit den klassischen Instrumenten der Raumplanung gelöst werden. Es braucht den Einsatz zahlreicher Massnahmen, die aus dem funktionalen Raumplanungsrecht stammen, beispielsweise solche des Finanzausgleichs, der Erschliessung durch den öffentlichen Verkehr, der Kulturpolitik usw. Die beiden Beispiele dürften die Bedeutung des Richtplans unterstreichen. Er ist dazu bestimmt, die raumwirksamen Massnahmen des funktionalen Raumplanungsrechts konzeptionell und programmatisch der Aufgabe der Raumplanung dienstbar zu machen.

2.3.2. Besondere Rechtsgebiete

Innerhalb des funktionalen Raumplanungsrechts stechen einzelne Rechtsgebiete hervor, die *von besonderer Bedeutung* sind. Für den Bereich der Nutzungsplanung sind es vor allem das Baurecht, das Erschliessungsrecht, das Parzellarordnungsrecht, das Natur- und Heimatschutzrecht usw. Auf der Stufe der kantonalen Richtplanung treten das Wirtschafts-, Verkehrs- und Infrastrukturrecht, das Landwirtschaftsrecht usw. hervor. Relevante Aussagen sowohl für die Nutzungs- als auch für die Richtplanung enthält das Umweltschutzrecht.

a) **Baurecht**

Das Baurecht umfasst die Vorschriften, welche die Errichtung, den Bestand, die Veränderung sowie die Nutzung von Bauten und baulichen Anlagen betreffen. Es ist zwischen dem *privaten* und dem *öffentlichen Baurecht* zu unterscheiden. Für die Raumplanung steht das öffentliche im Vordergrund. Dieses hat sich von einem eng verstandenen Baupolizeirecht im Dienst der Gefahrenabwehr zu einem differenzierten Recht entwickelt, das auch Gestaltungsfragen einschliesst und mit dem Raumplanungsrecht eng verbunden ist. Neben die Gefahrenabwehr ist die Ordnungs-Gestaltungsfunktion getreten. Innerhalb des Baurechts regeln die *materiellen* Vorschriften das Verhalten der an Bauwerken beteiligten Personen und die Anforderungen an Bauten. Die *formellen* Normen sind organisatorisch-verfahrensmässiger Natur und betreffen beispielsweise die Baubewilligungsbehörden und das Baubewilligungsverfahren.

Das Baurecht ist im wesentlichen *kantonales Recht*. Der Bund verfügt nicht über die Kompetenz zum Erlass eines Bundesbaugesetzes. Hingegen finden sich in mehreren eidgenössischen Gesetzen baurechtliche Bestimmungen, so in den Verkehrsgesetzen, vorab aber im *Bundesgesetz über die Raumplanung*. Dieses schreibt insbesondere vor,

---

Art. 22 RPG Baubewilligung
[1] Bauten und Anlagen dürfen nur mit behördlicher Bewilligung errichtet oder geändert werden.
[2] Voraussetzung einer Bewilligung ist, dass
   a. die Bauten und Anlagen dem Zweck der Nutzungszone entsprechen und
   b. das Land erschlossen ist.
[3] Die übrigen Voraussetzungen des Bundesrechts und des kantonalen Rechts bleiben vorbehalten.

dass Bauten und Anlagen nur mit behördlicher Bewilligung errichtet oder geändert werden dürfen. Voraussetzung einer Baubewilligung ist von Bundesrechts wegen, dass die Bauten und Anlagen dem Zweck der Nutzungszone entsprechen und das Land erschlossen ist (Art. 22 RPG). Zonenkonformität und Erschliessung als Bauvoraussetzungen bilden das Scharnier zwischen Raumplanung und Baurecht.

Damit ist der Zusammenhang zwischen dem Raumplanungs- und Baurecht hergestellt, der auf kantonaler Ebene differenziert ausgestaltet ist. Die Kantone regeln das Baurecht, soweit es nicht den Gemeinden übertragen ist, im Zusammenhang mit der Raumplanungsgesetzgebung. Neben zonenunabhängigen Bauvorschriften gibt es besondere, welche den Anforderungen der Zonenart entsprechen. Üblicherweise finden sie sich im kommunalen Baureglement. Soweit sie allgemein gehalten sind, resultiert daraus die *Regelbauweise*. Abweichungen davon werden im Rahmen von Sondernutzungsplänen umschrieben. Im Einzelfall können *Ausnahmebewilligungen* erteilt werden, aber nur dann, wenn das Gesetz dieses Institut kennt, ein Einzelfall vorliegt und es darum geht, eine baurechtliche Härte zu vermeiden. Die *Gestaltungs- und Sicherheitsvorschriften* sind knapp gefasst und reich an unbestimmten Rechtsbegriffen. Eingehender geregelt ist die *Intensität der baulichen Nutzung*. Diese wird durch Ausnützungsziffern, Überbauungsziffern und Freihalteziffern sowie weitere Institute erfasst. Es geht dabei um das Verhältnis der anrechenbaren Bruttogeschossfläche zur massgeblichen Grundfläche. Die Abstände von Bauten und Anlagen werden durch Rechtsnormen über Grenz- und Gebäudeabstände erfasst. Weitere Vorschriften betreffen die Höhe der Bauten, mit Angaben über die Gebäude- und Firsthöhe sowie die Stockwerkzahl. Hochhäuser unterstehen in der Regel besonderen Vorschriften. Das Verhältnis zwischen Bauten und Verkehrsanlagen, öffentlichen Gewässern und Wäldern wird durch Baulinien und Abstandsnormen bestimmt.

b) **Bodenrecht**

Das Bodenrecht ist kein in sich geschlossenes Rechtsgebiet. Neben der grundsätzlichen Ordnung des Eigentums (Art. 22ter BV und Art. 641 ZGB) umfasst es alle Rechtsnormen, welche die Verfügung (Erwerb, Veräusserung) über den Boden und dessen Nutzung betreffen. Es schliesst also sowohl Normen des Privat- als auch des öffentlichen

Rechts ein. Im Vordergrund steht die grundsätzliche Ordnung, die den Eigentümer einer Sache und damit auch eines Grundstücks (Liegenschaft) ermächtigt, in den Schranken der Rechtsordnung über sie nach seinem Belieben zu verfügen (Art. 641 ZGB).

Art. 641 ZGB
[1] Wer Eigentümer einer Sache ist, kann in den Schranken der Rechtsordnung über sie nach seinem Belieben verfügen.
[2] Er hat das Recht, sie von jedem, der sie ihm vorenthält, herauszuverlangen und jede ungerechtfertigte Einwirkung abzuwehren.

Das Institut des Eigentums ist durch die Bundesverfassung gewährleistet (Art. 22ter Abs. 1 BV).

Die *Verfügungsfreiheit* als Teil des Eigentums ist von mehreren Seiten her eingeschränkt. Im bäuerlichen Erbrecht (Art. 616 ff. ZGB) ist beispielsweise festgehalten, dass ein landwirtschaftliches Gewerbe, das eine wirtschaftliche Einheit bildet und eine landwirtschaftliche Existenz anbietet, demjenigen Erben zu übertragen ist, der es übernehmen will und dazu geeignet ist. Die Übertragung hat zum Ertragswert zu erfolgen. Landwirtschaftliche Grundstücke sind – im Zusammenhang mit dem Erbrecht – ganz allgemein zum Ertragswert zu schätzen. Das Bundesgesetz über die Erhaltung des bäuerlichen Grundbesitzes vom 12. Juni 1951 (SR 211.412.11) regelt insbesondere das Vorkaufsrecht der Nachkommen, des Ehegatten und der Eltern des Verkäufers eines landwirtschaftlichen Gewerbes. Die Kantone können das Vorkaufsrecht auf den Pächter ausdehnen. Entschuldete landwirtschaftliche Heimwesen unterliegen gemäss dem Bundesgesetz über die Entschuldung landwirtschaftlicher Heimwesen vom 12. Dezember 1940 (SR 211.412.12) einer Veräusserungsbegrenzung. Wichtige Verfügungsbeschränkungen finden sich im Bundesgesetz über den Erwerb von Grundstücken durch Personen im Ausland (BewG) vom 16. Dezember 1983 (SR 211.412.41); dieses sieht eine Bewilligungspflicht vor und kennt Verweigerungsgründe, einzelne sind zwingend.

Die Beschränkungen der *Nutzungsfreiheit* sind ebenfalls teils dem öffentlichen, teils dem Privatrecht zu entnehmen. Im Vordergrund steht das Raumplanungsrecht mit seinen Zonierungsvorschriften, die zonenfremde Nutzungen untersagen und in Einzelfällen eine Nutzung positiv vorschreiben. Im Bereich des Privatrechts gehen Nutzungsbeschränkungen aus dem Nachbarrecht hervor (Art. 684 ff. ZGB).

Art. 684 ZGB

[1] Jedermann ist verpflichtet, bei der Ausübung seines Eigentums, wie namentlich bei dem Betrieb eines Gewerbes auf seinem Grundstück, sich aller übermässigen Einwirkung auf das Eigentum der Nachbarn zu enthalten.

[2] Verboten sind insbesondere alle schädlichen und nach Lage und Beschaffenheit der Grundstücke oder nach Ortsgebrauch nicht gerechtfertigten Einwirkungen durch Rauch oder Russ, lästige Dünste, Lärm oder Erschütterung.

---

c) **Erschliessungsrecht**

An der Nahtstelle von Raumplanungsrecht und öffentlichem Baurecht steht das Erschliessungsrecht. Sachlich ist zwischen der *Grund- (Basis)-, Grob- und Feinerschliessung* zu unterscheiden. Die Grunderschliessung dient der Aufschliessung eines grösseren, zusammenhängenden Gebietes mit öffentlichen Strassen, Abwasseranlagen, Einrichtungen des öffentlichen Verkehrs usw. Die Groberschliessung dient der Versorgung eines zu überbauenden Gebietes mit den Hauptsträngen der Erschliessungsanlagen, namentlich Wasser-, Energieversorgungs- und Abwasserleitungen sowie Strassen und Wegen, die unmittelbar für das zu erschliessende Gebiet bestimmt sind. Die Feinerschliessung umfasst den Anschluss der einzelnen Grundstücke an die Hauptstränge der Erschliessungsanlagen mit Einschluss von öffentlich zugänglichen Quartierstrassen und öffentlichen Leitungen. Von der Erschliessung zu unterscheiden ist die *Ausstattung* eines Gebietes mit lebensnotwendigen Einrichtungen wie Schulen, Altersheimen, Einkaufsgelegenheiten usw.

Das geltende Bundesgesetz über die Raumplanung macht die Überbauung von der Erschliessung des Landes abhängig (Art. 22 Abs. 2

RPG). Die Erschliessung ist Bauvoraussetzung. Land ist erschlossen, wenn die für die betreffende Nutzung hinreichende Zufahrt besteht und die erforderlichen Wasser-, Energie- und Abwasserleitungen so nahe heranführen, dass ein Anschluss ohne erheblichen Aufwand möglich ist (Art. 19 RPG).

Art. 19 RPG Erschliessung
[1]Land ist erschlossen, wenn die für die betreffende Nutzung hinreichende Zufahrt besteht und die erforderlichen Wasser-, Energie- sowie Abwasserleitungen so nahe heranführen, dass ein Anschluss ohne erheblichen Aufwand möglich ist.
[2]Bauzonen werden durch das Gemeinwesen zeitgerecht erschlossen. Das kantonale Recht regelt die Beiträge der Grundeigentümer.
[3]Das kantonale Recht kann vorsehen, dass die Grundeigentümer ihr Land nach den vom Gemeinwesen genehmigten Plänen selber erschliessen.

Das kantonale Recht kann die Bauvoraussetzungen erweitern. Dies geschieht in Richtung auf die Baureife. Darnach tritt neben die Erschliessung auch die Eignung eines Grundstückes nach Lage und Form als Bauvoraussetzung. Die sog. *planungsrechtliche Baureife* verlangt das Bestehen aller erforderlichen planungsrechtlichen Festlegungen und dass keine davon in Änderung begriffen ist (so das zürcherische Bau- und Planungsgesetz § 234). Entscheidend ist, dass ein Grundstück, auf dem gebaut werden soll, grob erschlossen ist. Keine Bauvoraussetzung bilden die Grunderschliessung und die Ausstattung. Sie können aber über die kantonale, allenfalls regionale und kommunale Richtplanung gesteuert werden.

Die Bauzonen sind durch das Gemeinwesen zeitgerecht zu erschliessen, d.h., es sind die erschliessungsrechtlichen Bauvoraussetzungen zu schaffen (Art. 19 Abs. 1 RPG). Das Wohnbau- und Eigentumsförderungsgesetz (WEG) vom 4. Oktober 1974 (SR 843) verdeutlicht, dass die Erschliessung (von Wohnbauzonen) entsprechend dem Bedarf in angemessenen Etappen innerhalb von 10 bis 15 Jahren durchzuführen ist (Art. 5 Abs. 1 WEG). Dies ergibt sich auch aus Art. 15 RPG. Die

Erschliessungspflicht obliegt dem Gemeinwesen. Allerdings wird die Feinerschliessung – in der Regel – den Grundeigentümern überbunden. Diese haben nach vorherrschender Lehre keinen Rechtsanspruch auf Erschliessung.

Art. 4 WEG Begriff
[1]Unter Groberschliessung wird die Versorgung eines zu überbauenden Gebiets mit den Hauptsträngen der Erschliessungsanlagen verstanden, namentlich Wasser-, Energieversorgungs- und Abwasserleitungen sowie Strassen und Wege, die unmittelbar dem zu erschliessenden Gebiet dienen.
[2]Die Feinerschliessung umfasst den Anschluss der einzelnen Grundstücke an die Hauptstränge der Erschliessungsanlagen mit Einschluss von öffentlich zugänglichen Quartierstrassen und öffentlichen Leitungen.

Art. 5 WEG Erschliessungspflicht
[1]Die Grob- und Feinerschliessung der für den Wohnungsbau bestimmten Bauzonen ist entsprechend dem Bedarf in angemessenen Etappen innerhalb von 10 bis 15 Jahren durchzuführen.
[2]Das kantonale Recht bezeichnet die für die Erschliessung verantwortlichen öffentlichrechtlichen Körperschaften. Es kann die Feinerschliessung den Eigentümern überbinden und hat in diesem Fall die Ersatzvornahme durch die öffentlichrechtlichen Körperschaften vorzusehen.

Art. 6 WEG Erschliessungsbeiträge
[1]Die nach kantonalem Recht zuständigen öffentlichrechtlichen Körperschaften erheben von den Grundeigentümern angemessene Beiträge an die Kosten der Groberschliessung; die Beiträge werden kurz nach Fertigstellung der Anlagen fällig.
[2]Die Kosten der Feinerschliessung sind ganz oder zum überwiegenden Teil den Grundeigentümern zu überbinden.
[3]Der Bundesrat erlässt Rahmenbestimmungen, insbesondere über Höhe und Fälligkeit der Beitragsleistungen. Er trägt dabei Härtefällen und besonderen Verhältnissen Rechnung.

Die Kosten für die Erschliessung werden teils von der öffentlichen Hand, teils von den Grundeigentümern getragen. Die Aufwendungen der Grunderschliessung gehen zulasten des Gemeinwesens. An die Kosten der Groberschliessung haben die Grundeigentümer – nach Massgabe des kantonalen Rechts (Art. 19 Abs. 2 RPG) – Beiträge zu leisten, und zwar in Form von sog. Vorzugslasten und Gebühren. Die finanziellen Folgen der Feinerschliessung gehen zulasten der Grundeigentümer. Bei den *Vorzugslasten* (Beiträge im engeren Sinne) handelt es sich um öffentliche Abgaben im Sinne von Kausalabgaben, die aufgrund der Gesamtaufwendungen und des wirtschaftlichen Sondervorteils, der einem Grundeigentümer zufällt, ermittelt werden. Es gelten das sog. Kostendeckungs- und das Äquivalenzprinzip: Die Summe der Beiträge (Vorzugslasten) darf nicht grösser sein als der Gesamtaufwand, und der einzelne Beitrag soll dem wirtschaftlichen Sondervorteil entsprechen. Die *Gebühren* sind das Entgelt für die Benutzung einer Anlage. Sie werden als Abgeltung der tatsächlichen Aufwendungen berechnet. Die Kosten einer Kläranlage und des Kanalisationsnetzes können beispielsweise durch Steuern sowie Grundeigentümerbeiträge im Sinne von Vorzugslasten und ferner durch Benutzungsgebühren gedeckt werden. Für Strassen können keine Benutzungsgebühren erhoben werden (Art. 37 Abs. 2 BV). Die Vorzugslasten werden in der Regel durch eine Belastungsumgrenzung mit Abstufungen (Perimeter) relativ schematisch ermittelt.

Die *Grundlagen des Erschliessungsrechts* finden sich im Bundesgesetz über die Raumplanung (RPG), im Wohnbau- und Eigentumsförderungsgesetz (WEG) sowie in der kantonalen Bau- und Planungsgesetzgebung, allenfalls in besonderen Gesetzen und Verordnungen über die Erhebung von Grundeigentümerbeiträgen.

d) **Parzellarordnungsrecht**

Die Parzellarordnung wird in ihrer Grundstruktur durch das Institut des Eigentums bestimmt (Art. 641 ZGB), das durch die Bundesverfassung gewährleistet ist (Art. 22ter Abs. 1 BV). Darnach kann der Eigentümer einer Sache, und damit auch eines Grundstückes, in den Schranken der Rechtsordnung nach seinem Belieben über sie verfügen. Es steht ihm die *Nutzungs- und Verfügungsfreiheit* zu. Wesentlich ist, dass das Eigentum nicht schrankenlos gewährleistet ist. Es untersteht privatrechtlichen und öffentlichrechtlichen Schranken, die als *Eigentumsbeschränkungen* angesprochen werden. Es handelt sich dabei nicht nur um äussere Schranken. Sie wirken sich auch auf den Inhalt aus. Aus raumplanerischen Gründen kann es notwendig werden, die Parzellarordnungsverhältnisse so zu ändern, dass Bodenverbesserungen und eine optimale Nutzung landwirtschaftlicher Gebiete, eine zweckmässige bauliche Nutzung des Bodens und eine Sanierung überbauter Gebiete möglich werden. Ähnliche Probleme können sich für Wälder und Rebgebiete stellen. Die Massnahmen zur Verbesserung der Parzellarordnung stützen sich auf Art. 703 ZGB, Art. 77 ff. Landwirtschaftsgesetz vom 3. Oktober 1951 (SR 910.1), Art. 3 und 7 ff. Wohnbau- und Eigentumsförderungsgesetz vom 4. Oktober 1974 (SR 843), Art. 26 ff. Forstpolizeigesetz vom 11. Oktober 1902 (SR 921.0), Art. 30 ff. Nationalstrassengesetz vom 8. März 1960 (SR 725.11) sowie Art. 20 Raumplanungsgesetz vom 22. Juni 1979 (SR 700). Die letztere Bestimmung legt fest, dass die *Landumlegung von Amtes wegen angeordnet und durchgeführt werden kann, wenn Nutzungspläne dies erfordern.*

Bei der bundesrechtlichen Regelung handelt es sich in all ihren Ausformungen im wesentlichen um Grundsatznormen. Die Kantone müssen die Voraussetzungen, besondere Massnahmen und Verfahren detailliert regeln. Dies geschieht teils in der Raumplanungsgesetzgebung, teils in den Meliorationsgesetzen und teils in besonderen Gesetzen. Lückenhaft geblieben ist die Regelung der Parzellarordnung für überbaute Gebiete. Üblicherweise wird zwischen landwirtschaftlicher Güterzusammenlegung, Entflechtungszusammenlegung (Ausscheidung Bau-Landwirtschaftsgebiet), Baulandumlegung, Sanierungsumlegung und Grenzbereinigung unterschieden.

e) **Verkehrsrecht**

Die Unterscheidung zwischen öffentlichem und privatem (Individual-) Verkehr ist positivrechtlich nicht festgehalten. Sie geht aber aus dem geltenden Verkehrsrecht hervor. Der Privatverkehr fällt unter die Handels- und Gewerbefreiheit, während der öffentliche Verkehr weitgehend monopolisiert ist und in der Regel fünf Grundpflichten untersteht: Bau-, Betriebs-, Tarif-, Fahrplan- und Beförderungspflicht.

Das Verkehrsrecht ist vorweg *Bundesrecht.* Lediglich das Strassenplanungs-, Strassenbau-, Strassenunterhalts- und das Strassenbenutzungsrecht gehören – unter Vorbehalt der Gesetzgebung über die Nationalstrassen (Art. 36bis BV), die eidgenössische Oberaufsicht über die Strassen und Brücken (Art. 37 BV), die Fuss- und Wanderwege (Art. 37^{quater} BV) und den Strassenverkehr (Art. 37bis BV) sowie der Finanzierungsvorschriften (Art. 36ter BV) – zum Recht der kantonalen Ebene. Das geltende Verkehrsrecht ist sektoral ausgestaltet: Eisenbahn- (Art. 26 BV), Rohrleitungs- (Art. 26bis BV), Luftverkehrs- (Art. 37ter BV), Schiffahrtsgesetzgebung (Art. 24ter BV) usw. stehen nebeneinander. Eine begrenzt übergreifende Funktion versieht das Postmonopol (Art. 36 BV). Dieses umfasst nicht nur den traditionellen Postverkehr für Briefe und Pakete (bis 5 kg), sondern auch den regelmässigen und gewerbsmässigen Personenverkehr, soweit er nicht durch eine besondere Gesetzgebung erfasst ist. Auf das Postmonopol stützen sich beispielsweise die Konzessionierung der Luftseilbahnen und der Bussysteme. Ferner schliesst das Post- und Telegraphenwesen die technische Seite der Informations- und Nachrichtenübermittlung (Radio, Fernsehen, Telekommunikation) ein, nicht hingegen die Regelung der Informations- und Programminhalte. Der Verkehrsteilnehmer ist in der Wahl des ihm zusagenden Verkehrsmittels frei. Einen Benutzungszwang gibt es nur für den Brief- und Paketverkehr (bis 5 kg).

Der öffentliche Verkehr stützt sich vor allem auf die Bus- und Eisenbahnlinien. *Buslinien* bedürfen einer Konzession gemäss der Vollziehungsverordnung II zum Postverkehrsgesetz (PVG) vom 2. Oktober 1924 (SR 783.0) (Automobilkonzessionsverordnung vom 4. Januar 1960, SR 744.11). Der *schienengebundene Verkehr* (mit Einschluss von Strassenbahnen) wird in Ausführung der Eisenbahngesetzgebung konzessioniert und betrieben (Eisenbahngesetz vom 20. Dezember 1957, SR 742.101). Die Schweizerischen Bundesbahnen (SBB) gründen auf einer besonderen Gesetzgebung (Bundesgesetz über die Schweizerischen Bundesbahnen vom 23. Juni 1944, SR 742.31). Bei den sogenannten Privatbahnen handelt es sich um konzessionierte Bahnen im Gegensatz zu den in den SBB zusammengefassten Linien. Der öffentliche Verkehr wird durch die Technische Privatbahnhilfe, durch die Abgeltung gemeinwirtschaftlicher Leistungen und durch Tarifannäherungen unterstützt.

Für die örtliche und überörtliche Raumplanung sind insbesondere die kantonalen Strassengesetze von Bedeutung. Sie enthalten unter anderem Bestimmungen über das *Verhältnis zwischen den Strassen als öffentliche Sachen im Gemeingebrauch und dem angrenzenden Gebiet.* Das wichtigste Instrument der Abgrenzung bildet die Baulinie, die als Eigentumsbeschränkung auf das Grundeigentum gelegt wird. Sie verfolgt als Strassen-, Baubegrenzungs-, Baugestaltungs-, Arkaden-, Niveaulinie usw. einen unterschiedlichen Zweck, doch handelt es sich immer um eine Eigentumsbeschränkung, die einer gesetzlichen Grundlage bedarf, im öffentlichen Interesse liegen und den Anforderungen des Verhältnismässigkeitsprinzips entsprechen muss. Die Baulinie kann eine materielle Enteignung bewirken, doch ist dies nur selten der Fall. Die Planung der Strassen erfolgt abgestimmt auf die Richtpläne der Kantone und Gemeinden. Die Projektierung wird üblicherweise in die Phasen der generellen und der Ausführungsprojektierung unterschieden. Das generelle Projekt ist gleichsam das politisch relevante Projekt, das der Vernehmlassung unterstellt wird. Das Ausführungsprojekt wird öffentlich aufgelegt. Gegen dieses kann ein Rechtsmittel erhoben werden. Die Sicherung des künftigen Landbedarfs erfolgt durch Projektierungszonen und Baulinien.

Die zukünftige Entwicklung des Verkehrsrechts wird durch eine zusammenfassende Ordnung geprägt sein, welche die Begünstigungen des Privatverkehrs zugunsten des öffentlichen Verkehrs relativiert.

f) Enteignungsrecht

Im Zusammenhang mit der Verwirklichung von öffentlichen Aufgaben (mit Einschluss der Nutzungsplanung) stellt sich oft die Frage nach der zwangsweisen Übertragung von Eigentum Privater an die öffentliche Hand. Es geht um das Institut der *formellen Enteignung.* Dieses unterscheidet sich von der materiellen Enteignung dadurch, dass es zu einer Eigentumsübertragung kommt. Es werden durch die Eigentumsgarantie geschützte Rechte – in der Regel Grundeigentum – durch einen Hoheitsakt entzogen und auf einen Dritten – vorweg das Gemeinwesen – übertragen. Gemäss Art. 22ter BV kann die formelle Enteignung unter den Voraussetzungen der gesetzlichen Grundlagen, des öffentlichen Interesses und der Verhältnismässigkeit sowie der Beachtung der Institutsgarantie und der Gewährung voller Entschädigung vorgesehen werden. Dementsprechend kennen Bund und Kantone Enteignungsgesetze. Auf Bundesebene handelt es sich um das Bundesgesetz über die Enteignung vom 20. Juni 1930 (SR 711). Gesetzliche

Enteignungstatbestände sind aber auch ausserhalb der besonderen Enteignungsgesetze zu finden, beispielsweise im kantonalen Raumplanungsrecht, wenn die Möglichkeit der Enteignung von Land in Grünzonen und in Zonen für öffentliche Bauten und Anlagen vorgesehen ist oder wenn es im Zusammenhang mit Landumlegungsmassnahmen Enteignungstatbestände kennt.

Im *Enteignungsverfahren* kann der Akt der Enteignung und/oder die Höhe der *Entschädigung* umstritten sein. Dazu können Einsprachen in der Sache kommen, die auf eine Plan- resp. Projektänderung zielen. Über Einsprachen gegen die Enteignung resp. gegen den Plan oder das Projekt entscheiden die in der Sache zuständigen Verwaltungsstellen. Über die strittige Entschädigung befindet (in der Regel) eine im Enteignungsgesetz vorgesehene Schätzungskommission. Die Entscheidungen sind anfechtbar. Massgebend für die Bemessung der Enteignungsentschädigung ist nach dem Bundesgesetz über die Enteignung der Verkehrswert im Zeitpunkt der Einigungsverhandlung (Art. 19bis Bundesgesetz über die Enteignung). Im Verfahren, wie es für die formelle Enteignung vorgesehen ist, wird auch über Ansprüche aus materieller Enteignung entschieden.

g) Natur- und Heimatschutzrecht

Der Natur- und Heimatschutz ist *grundsätzlich Sache der Kantone*. Der Bund hat seinerseits in Erfüllung seiner Aufgaben das heimatliche Landschafts- und Ortsbild, geschichtliche Stätten sowie Natur- und Kunstdenkmäler zu schützen (Art. 24[sexies] BV). Die Kantone regeln den Natur- und Heimatschutz normalerweise im Zusammenhang mit dem Bau- und Planungsrecht. Das Bundesgesetz über den Natur- und Heimatschutz vom 1. Juli 1966 (SR 451) befasst sich mit der Beachtung des Natur- und Heimatschutzes bei der Erfüllung von Bundesaufgaben sowie mit Unterstützungsmassnahmen. Da sich der Aufgabenbereich des Bundes erheblich ausgeweitet hat, ist die eidgenössische Natur- und Heimatschutzgesetzgebung von praktischer Relevanz. Die Bundesbehörden sind verpflichtet, eigene *Bauten und Anlagen* entsprechend den Anforderungen des Natur-und Heimatschutzes zu gestalten oder gänzlich auf ihre Errichtung zu verzichten, *Konzessionen* und Bewilligungen nur unter Bedingungen oder Auflagen zu erteilen oder aber zu verweigern und *Subventionen* (Beiträge) nur bedingt zu gewähren oder abzulehnen. Der Bund stellt ein *Inventar* von Objekten nationaler Bedeutung auf. Wird ein solches Objekt bedroht, so führt dies zu einer Begutachtung durch die Eidgenössische Natur- und Heimatschutzkommission oder die Eidgenössische Kommission für Denkmalpflege.

Auf kantonaler Ebene wird die Schutzfunktion in erster Linie durch Massnahmen des Raumplanungsrechts erfüllt. Schutzmassnahmen, die ein grösseres Gebiet erfassen und für Zonen oder eine Mehrzahl von Grundstücken gelten, werden durch *Verordnungen* erlassen (Schutzverordnung für den Greifensee usw.). In den übrigen Fällen werden *Verfügungen* getroffen, soweit nicht besondere Zonen (Schutzzonen im Sinne von Art. 17 RPG) oder privatrechtliche Massnahmen (Kauf, Personaldienstbarkeit zugunsten des Gemeinwesens) angebracht sind. Das Schutzobjekt wird in der Regel sehr breit verstanden und reicht vom Landschaftsbild bis zu Einzelobjekten, wie geschichtlichen Stätten, Bäumen sowie Tieren und Pflanzen. Wichtig ist vor allem, dass Massnahmen des Objektschutzes mit solchen des Umgebungsschutzes verbunden werden können.

Der Denkmalschutz ist meist in die Gesetzgebung über den Natur- und Heimatschutz einbezogen. Auf Bundesebene erfolgt seine finanzielle Unterstützung aufgrund eines besonderen Bundesbeschlusses betreffend die Förderung der Denkmalpflege vom 14. März 1958 (SR 445.1).

h) **Umweltschutzrecht**

Für den Schutz des Menschen und seiner natürlichen Umwelt kommt neben dem nominalen Raumplanungsrecht dem Umweltschutzrecht

---

Art. 24^{septies} BV
¹Der Bund erlässt Vorschriften über den Schutz des Menschen und seiner natürlichen Umwelt gegen schädliche oder lästige Einwirkungen. Er bekämpft insbesondere die Luftverunreinigung und den Lärm.
²Der Vollzug der Vorschriften wird, soweit das Gesetz ihn nicht dem Bunde vorbehält, den Kantonen übertragen.

eine wachsende Bedeutung zu. Im Sinne von Art. 24^{septies} BV dient der Umweltschutz dem *Schutz des Menschen und seiner natürlichen Umwelt gegen schädliche oder lästige Einwirkungen,* wie Luftverunreinigung und Lärm. Er umfasst auch den Schutz des Bodens. An die Qualität der Bauzonen stellt er erhöhte Anforderungen.

Das Bundesgesetz über den Umweltschutz (USG) vom 7. Oktober 1983 (SR 814.01) umschreibt vorweg die grundlegenden Prinzipien: Vorsorgeprinzip, Verursacherprinzip, Prinzip der ganzheitlichen Betrachtungsweise. Dazu kommt das Verhältnismässigkeitsprinzip, das sich unmittelbar auf Art. 4 BV stützt. Es definiert sodann die Einwirkungen und institutionalisiert die Umweltverträglichkeitsprüfung. Die Massnahmen zielen auf eine Minderung und Begrenzung der Umweltbelastung durch *Emissionsbegrenzungen* und die Einhaltung von *Immissionsgrenzwerten.* Es sieht die Sanierungspflicht für Anlagen vor, die den Anforderungen nicht entsprechen. *Baubewilligungen für neue Gebäude,* die dem längeren Aufenthalt von Personen dienen, werden nur erteilt, wenn die Immissionsgrenzwerte nicht überschritten werden. Für die *Planung neuer Bauzonen* und für den Schutz vor neuen lärmigen ortsfesten Anlagen werden Planungswerte für den Lärm festgelegt. Diese liegen unter den Immissionsgrenzwerten. Neue Bauzonen für Wohngebäude oder andere Gebäude, die dem längeren Aufenthalt von Personen dienen, dürfen nur in Gebieten vorgesehen werden, in denen die Lärmimmissionen die Planungswerte nicht überschreiten oder in denen diese Werte durch planerische, gestalterische oder bauliche Massnahmen eingehalten werden können. Besondere Vorschriften gelten den umweltgefährdenden Stoffen und Abfällen sowie der Bodenbelastung.

Von qualifizierter Bedeutung für die Raumplanung ist die *Umweltverträglichkeitsprüfung* (Art. 9 USG). Bevor eine Behörde über die Planung, Errichtung oder Änderung von Anlagen, welche die Umwelt erheblich belasten können, entscheidet, prüft sie die Umweltverträglichkeit. Es wird ein Bericht erstattet, der den Ausgangszustand, das Vorhaben, die voraussichtlich bleibende Belastung der Umwelt sowie die Massnahmen darlegt, die eine weitere Verminderung der Umweltbelastung ermöglichen. Die institutionalisierte Umweltverträglichkeitsprüfung steht neben der «Raumverträglichkeitsprüfung», die anhand der Richt- und der Nutzungspläne im Rahmen des Baubewilligungsverfahrens vorzunehmen ist.

Die Immissionsproblematik wird im übrigen im Rahmen des *Privatrechts* in Anwendung von Art. 684 ZGB behandelt. Darnach ist jedermann verpflichtet, sich bei der Ausübung seines Eigentums aller übermässigen Einwirkungen auf das Eigentum des Nachbarn zu enthalten. Im Rahmen des *Planungs- und Baurechts* wird einerseits bei der Umschreibung der Zonenarten auf die Intensität der Immissionen Rücksicht genommen. Anderseits enthält das kantonale Bau- und Planungsrecht (wie auch die meisten kommunalen Baureglemente) eine Bestimmung über den (öffentlichrechtlichen) Immissionsschutz. Jedermann ist verpflichtet, bei der Eigentums- und Besitzesausübung alle zumutbaren baulichen und betrieblichen Massnahmen zu treffen, um Einwirkungen auf die Umgebung möglichst geringzuhalten; er hat diese Vorkehren in zeitlich und sachlich angemessener Weise den technischen Entwicklungen anzupassen. Dieser Umgebungsschutz gilt sowohl für die Ausführung von Bauarbeiten als auch für die Benützung von Bauten und Anlagen.

i) **Wirtschaftsförderungsrecht**

Einen wichtigen Beitrag an die Gestaltung der Raumordnung leistet die Wirtschaftsgesetzgebung. Das Wirtschaftsrecht wird geprägt durch die Handels- und Gewerbefreiheit (Art. 31 BV). Der Bund kann *wirtschaftspolitische* Massnahmen ergreifen, soweit ihn die Bundesverfassung dazu ermächtigt, so zugunsten der Konjunktur-, Arbeitsmarkt-, Beschäftigungs-, Infrastruktur-, Landwirtschafts- und Regionalwirtschaftspolitik. Die Kantone dürfen keine wirtschaftspolitischen Massnahmen vorsehen. Sie sind auf *wirtschaftspolizeiliche* Massnahmen verwiesen, doch sind sie im Rahmen der Finanz- und Steuerpolitik sowie der Infrastruktur- wie auch der Bodenpolitik innerhalb der gegebenen Kompetenzen ermächtigt, wirtschaftsfördernde Massnahmen zu ergreifen, die allerdings wettbewerbsneutral sein müssen.

Im Vordergrund der Wirtschaftsförderungsgesetzgebung stehen auf Bundesebene das Bundesgesetz über Investitionshilfe für Berggebiete (IHG) vom 28. Juli 1974 (SR 901.1) sowie der Bundesbeschluss über Finanzierungsbeihilfen zugunsten wirtschaftlich bedrohter Regionen vom 6. Oktober 1978 (SR 951.93). Daneben darf aber die Gesetzgebung der konjunkturellen Entwicklung, zur Unterstützung einzelner Wirtschaftszweige, zur Förderung des Aussenhandels, der Heimarbeit, der

Krisenbekämpfung und Arbeitsbeschaffung, der Wohnverhältnisse usw. nicht unbeachtet bleiben.

> *Art. 31 Abs. 1 BV*
> Die Handels- und Gewerbefreiheit ist im ganzen Umfange der Eidgenossenschaft gewährleistet, soweit sie nicht durch die Bundesverfassung und die auf ihr beruhende Gesetzgebung eingeschränkt ist.

k) **Finanzausgleichsrecht**

Das raumordnungspolitische Ziel des Abbaus räumlicher Disparitäten wird unter anderem über das Instrument des Finanzausgleichs verfolgt. Es geht dabei um die interkantonale (bundesstaatliche) und die intrakantonale Ebene. Der *interkantonale Finanzausgleich* stützt sich auf Art. 41ter, 42ter und 42^{quater} BV. Gemäss dem Bundesgesetz über den Finanzausgleich unter den Kantonen vom 19. Juni 1959 (SR 613.1) werden die Bundesbeiträge an die Kantone nach ihrer Finanzkraft abgestuft. Zur Bemessung der Finanzkraft der Kantone wird vorweg auf die Steuerkraft und ihre Ausschöpfung sowie auf die andern Finanzquellen abgestellt. Von den Kantonsanteilen an der direkten Bundessteuer wird ein Viertel für den Finanzausgleich unter den Kantonen verwendet.

Innerhalb der Kantone spielt ein ähnliches Verhältnis zwischen *Kanton und Gemeinden*. Kantonale Beiträge werden nach der Finanzkraft der Gemeinden abgestuft. Daneben kann ein direkter Finanzausgleich zwischen finanzstarken und finanzschwachen Gemeinden im Sinne eines interkommunalen Finanzausgleichs oder als (relativer) Ausgleich der Steuerbelastung vorgesehen sein. Für die finanzielle Entlastung der Städte, insbesondere zur Finanzierung ihrer zentralörtlichen Aufgaben, sind zusätzliche Massnahmen angezeigt, die in direkter Absprache zwischen den Städten und den Agglomerationsgemeinden (interkommunale Vereinbarungen) oder im Rahmen der Regionalplanung oder aufgrund eines kantonalen Gesetzes verfügt werden können. Es handelt sich vorweg um Beitragsleistungen an kulturelle Einrichtungen und Verkehrsbetriebe.

3. Planungsebenen

3.1. Gebietskörperschaften

Da die Raumplanung als öffentliche Aufgabe in der Verantwortung des Staates liegt, drängen sich die Gebietskörperschaften als *Planungsträger* auf. Andere Rechtssubjekte können nur dann die Planung als hoheitliche Aufgabe versehen, wenn sie durch Gesetz beauftragt sind. Dies gilt insbesondere für die Planungsebenen der Region und des Quartiers. Die hoheitliche Planung der Regionen und der Quartiere bleibt aber fragwürdig, weil sie nicht über ausreichende Sachkompetenzen des funktionalen Raumplanungsrechts verfügen, die eine substantiierte Raumordnungspolitik erlauben. Werden Region und Quartier nicht als staatsrechtlich konzipierte Gebietskörperschaften eingefügt, so müssen sie sich als öffentlichrechtliche oder privatrechtliche Zweckverbände konstituieren. Weder der öffentlichrechtliche noch der privatrechtliche Zweckverband sind in der Lage, über die Planvorbereitung resp., soweit dies das Gesetz vorsieht, über den Planerlass hinaus zu einer sachlich breit abgestützten Raumordnungspolitik vorzustossen. Die Verantwortung dafür bleibt bei den Gebietskörperschaften der Gemeinden, der Kantone und des Bundes.

Im Bundesstaat sind die Planungsträger vorgegeben: *Bund, Kantone und Gemeinden* (Art. 2 Abs. 1 RPG). Der Stellenwert der einzelnen Planungsebene wird weitgehend durch das Staatsrecht vorgezeichnet. In jenen Kantonen, in denen die Gemeindeautonomie ausgeprägt ist, findet sich der Bereich der Raumplanungsverantwortung der Gemeinden breiter abgesteckt. Offen sind zwei Fragen: Welche der Gebietskörperschaften soll die koordinierende Verantwortung für die nationale Raumplanung übernehmen, und wie verhalten sich die Planungen dieser Ebenen zueinander? Die geltende Bundesverfassung (Art. 22^{quater} Abs. 1 BV) hat die erste – und indirekt die zweite – Frage entschieden. Die Verantwortung für die Raumplanung liegt bei den *Kantonen*. Sie bilden gleichsam die Planungsebene, auf welcher die grundlegenden Entscheidungen fallen. Die Kantone sind dementsprechend auch für die Entfaltung einer aktiven Raumordnungspolitik verantwortlich. Insbesondere müssen sie dafür besorgt sein, dass die

Aussagen der eidgenössischen Sachplanungen in die kantonale Raumplanung einfliessen, genauso wie sie dafür verantwortlich zeichnen, dass die kommunalen Planungen auf die kantonale Planung (und umgekehrt) abgestimmt sind. Dem *Bund* verbleibt die Aufgabe, die Koordination der kantonalen Planungen unter sich, gegenüber dem Ausland und hinsichtlich der Berücksichtigung der Bundesaufgaben sicherzustellen. Planung und Realisierung liegen auf der Ebene der *Gemeinden* besonders nah beieinander.

3.2. Planungsebenen und Plansysteme

3.2.1. Richtpläne, Nutzungspläne und Sachpläne

Ungeachtet der denkbaren Vielzahl an Planarten hat das geltende Raumplanungsrecht ein betont einfaches Instrumentarium entwickelt. Es stellt dem Grundsatz nach zwei Planarten zur Verfügung: die Richtpläne und die Nutzungspläne. Dazu kommen die Sachpläne.

3.2.2. Richtpläne

Der Richtplan ist ein *konzeptionell-programmatischer, behördenverbindlicher Plan* (Art. 8 RPG). Als konzeptioneller Plan entwirft er die Siedlungs-, Landschafts- und Transport-/Versorgungsstruktur aus den Zusammenhängen von Problemen, Zielen und Massnahmen und bringt damit die räumlichen Bezüge zum Ausdruck. Der programmatische Teil legt fest, in welcher zeitlichen Abfolge und mit welchem finanziellen Aufwand die einzelnen Massnahmen gemäss dem konzeptionellen Teil ergriffen werden sollen. Als behördenverbindlicher Plan wendet sich der Richtplan an alle hoheitlich tätigen staatlichen und parastaatlichen Organe, die raumwirksame Aufgaben zu erfüllen haben (Art. 9 Abs. 1 RPG). Diese sind an den Richtplan in dem Sinne gebunden, als sie im Rahmen ihres Ermessens die Aussagen des Richtplans erwägen und berücksichtigen müssen. Der Richtplan ist durch das Bundesgesetz über die Raumplanung für die kantonale Ebene vorgeschrieben. Die Kantone sind frei, innerkantonal das Richtplansystem durch einen kommunalen oder allenfalls auch durch einen regionalen Richtplan zu ergänzen. Ein Richtplan der Bundesebene ist nicht vorgesehen.

3.2.3. Nutzungspläne

Die Nutzungspläne *lokalisieren und dimensionieren die gesetzlich zulässige Nutzung nach Art und Intensität. Sie sind für jedermann verbindlich, insbesondere grundeigentumsverbindlich* (Art. 14/21 RPG).

In der Zuordnung der Kompetenzen zum Erlass von Nutzungsplänen sind die Kantone frei. In der Regel ist die Festsetzung von Rahmennutzungs- und Sondernutzungsplänen den Gemeinden übertragen. Der Bund erlässt keine Nutzungspläne, soweit nicht die Sachgesetzgebung dies vorsieht (Luftverkehrsrecht/Gewässerschutzrecht).

a) **Rahmennutzungsplan**

Im Vordergrund steht der Zonenplan als Rahmennutzungsplan. Es handelt sich um einen grundeigentumsverbindlichen Flächenwidmungsplan, der das ganze Planungsbezugsgebiet umfasst – üblicherweise das Gemeindegebiet. Die Funktion besteht darin, die Flächenwidmung für das Gemeindegebiet in einem den ganzen Raum, d. h. das ganze Gemeindeterritorium, umschliessenden Plan zu erfassen. Im Rahmennutzungsplan (Zonenplan) werden vorweg Bauzonen und Landwirtschaftszonen ausgeschieden, die bundesrechtlich definiert sind (Art. 15/16 RPG). Die einzelnen Bauzonen werden kantonalrechtlich differenziert, beispielsweise in Wohn-, Gewerbe-, Industrie- und Zentrumszonen, wobei Mischformen entwickelt werden. Die Unterscheidung erfolgt in erster Linie nach raumfunktionalen Gesichtspunkten und sodann nach Immissionsaspekten. Die zulässigen Immissionsgrenzwerte – für Luftverunreinigungen, Lärm und Erschütterungen – sind der Umweltschutzgesetzgebung zu entnehmen. Den einzelnen Zonenarten werden die zonenadäquaten Bauvorschriften beigefügt. In der kommunalen Bauordnung werden für jede Bauzonenart die entsprechenden Regelbauvorschriften (Normalbauvorschriften) aufgestellt: Grenz- und Gebäudeabstände, Gebäudelänge, Gebäudehöhe, Stockwerkzahl, Ausnützungsziffer usw.

b) **Sondernutzungspläne**

Neben dem Rahmennutzungsplan (Zonenplan) kennt das kantonale Recht Sondernutzungspläne, die unterschiedlich ausgestaltet sind, in der Regel als Überbauungspläne, Gestaltungspläne usw. Als Sondernutzungspläne sind auch jene Flächenwidmungspläne zu betrachten, welche einzelne Zonenarten lokalisieren, beispielsweise Schutzzonen oder Landwirtschaftszonen.

Die Sondernutzungspläne enthalten vor allem Vorschriften über die Erschliessung und die besondere Bauweise in einem genau umgrenzten Gebiet. Die intensivste Regelung findet sich in den Gestaltungsplänen, die neben Vorschriften über die Erschliessung und die bauliche Gestaltung sogar Nutzungsanweisungen festlegen können. Der einfachste Sondernutzungsplan ist der Baulinienplan, welcher das Verhältnis zwischen öffentlichen Sachen (Strassen, Gewässer) sowie Wald einerseits und der Überbauung anderseits regelt.

3.2.4. Sachpläne

Bund, Kantone und Gemeinden können gestützt auf ihre Sachgesetzgebung Sachpläne erlassen. Üblicherweise werden vorgängig rechtlich unverbindliche Konzepte aufgestellt (Gesamtverkehrskonzept, Gesamtenergiekonzept). Konzepte und Sachpläne des Bundes werden den Kantonen rechtzeitig bekanntgegeben, damit die Aussagen in die kantonalen Richtpläne einfliessen können (Art. 13 RPG). Auf kantonaler Ebene spielen vor allem die Strassen- und Hochbauprogramme sowie die Finanzpläne eine bedeutende Rolle als Sachpläne.

3.3. Gegenstromprinzip und Planabstimmung

Im Verhältnis zwischen den planenden Gebietskörperschaften sind – im Ansatz – zwei Prinzipien denkbar. Das eine instradiert die Planung von oben nach unten, also vom Bund über die Kantone zu den Gemeinden. Daraus geht eine Planhierarchie hervor, begleitet vom sog. Derogationsprinzip, wonach die Bundespläne den kantonalen und diese den kommunalen vorgehen. Das gegenteilige Prinzip bejaht die Planung von unten nach oben und misst den kommunalen Plänen gegenüber den kantonalen einen erhöhten Stellenwert bei. Diese Prinzipien entsprechen nicht den Anforderungen einer durchgehenden und dynamischen Planung. Sie verlangt nach dem sogenannten Gegenstromprinzip und nach der Planabstimmung.

Das *Gegenstromprinzip* besagt, dass von unten nach oben und von oben nach unten geplant wird, und zwar gleichzeitig. Es lehnt also die Planung von oben nach unten und das umgekehrte Prinzip ab. Das Gebot der *Planabstimmung* verwirft die Planhierarchie und fordert die gegenseitige Entsprechung der Pläne, nicht im Sinne der Widerspruchsfreiheit, aber doch in dem einer übereinstimmenden, ganzheitlichen Betrachtung der Raumordnungsaufgabe. Das Bundesgesetz über die Raumplanung spricht in Art. 2 Abs. 1 (RPG) von der Planabstimmung: «Bund, Kantone und Gemeinden erarbeiten die für ihre raumwirksamen Aufgaben nötigen Planungen und stimmen sie aufeinander ab.» Das Gegenstromprinzip ist noch nicht in alle kantonalen Gesetze eingeflossen. Das zürcherische Bau- und Planungsgesetz spricht beispielsweise der Planung von oben nach unten das Wort.

Instrumente der Planabstimmung bilden von Bundesrechts wegen die Genehmigungspflicht für (kommunale) Nutzungspläne (Erlass und Anpassung) durch eine kantonale Behörde (Art. 26 RPG). Sie umfasst die Recht- und Zweckmässigkeitsprüfung, mit dem Ziel, diese mit dem kantonalen Richtplan in Übereinstimmung zu bringen. In die gleiche Richtung wirkt das bundesrechtlich vorgesehene Rechtsmittel gegen Verfügungen und Nutzungspläne, die sich auf das Bundesgesetz über die Raumplanung und seine kantonalen und eidgenössischen Ausführungsbestimmungen stützen (Art. 33 RPG). Auf Bundesebene unterliegen die kantonalen Richtpläne der Genehmigung des Bundesrates (Art. 11/12 RPG). Dies gilt auch für die Anpassungen. Können die kantonalen Richtpläne nicht genehmigt werden, so wird eine Einigungsverhandlung durchgeführt. Ihre Funktion und Zielsetzung liegt in der Planabstimmung.

3.4. Kantone als Planungsträger

Die zentrale Aufgabe der Kantone besteht darin, die notwendigen Planungen für ihre raumwirksamen Aufgaben aufzustellen und die raumwirksamen Tätigkeiten zu koordinieren und zu steuern. Im Vordergrund steht für die Kantone der *Erlass der Richtpläne*. Mindestens so wichtig ist aber für sie der Auftrag – gestützt auf die Richtpläne –, eine entsprechende *Raumordnungspolitik* zu entfalten und dafür besorgt zu sein, dass die räumliche Entwicklung in geordnete Bahnen gelenkt wird. Sie tragen eine qualifizierte Verantwortung für die Nutzungspläne der Gemeinden und für die Koordination der kantonalen Richtpläne mit denjenigen der Gemeinden, im Verhältnis zu den Nachbarkantonen, zum benachbarten Ausland und gegenüber den Bundesaufgaben. Die rechtliche Grundlage bilden das Bundesgesetz über die Raumplanung und die kantonale Planungsgesetzgebung, ergänzt durch das funktionale Raumplanungsrecht. Das kantonale Raumplanungsgesetz legt insbesondere die Träger, die Instrumente und die speziellen Massnahmen der Raumplanung fest. Es kann ergänzend zu den Planungsgrundsätzen des Bundes seinerseits Planungsgrundsätze aufstellen. Der Erlass des kantonalen Richtplans muss nicht auf dem Wege der Gesetzgebung erfolgen. In der Regel untersteht dieser einer besonderen Zuständigkeits- und Verfahrensordnung, da der Richtplan nicht als Gesetz oder Verwaltungsverordnung qualifiziert wird. Eine denkbare Regelung besteht darin, den Richtplan dem kantonalen Parlament zur Genehmigung oder zum Erlass zu unterbreiten, wobei vorgängig – zur Wahrung der Mitwirkungsrechte – ein nicht förmliches Einspracheverfahren durchgeführt wird. Da der Richtplan behördenverbindlich ist, kann er von den Grundeigentümern nicht mit einem Rechtsmittel angefochten werden. Dies bedingt allerdings, dass die Richtpläne so ausgestaltet werden, dass sie den Grundeigentümer nicht in seinen vermögenswerten Rechten treffen.

3.5. Gemeinden als Planungsträger

Das Bundesgesetz über die Raumplanung spricht sich nicht über die Aufgaben der Gemeinden aus, da es sich an die Kantone wendet. Allerdings bezieht es diese in den Planabstimmungsprozess der durchgehenden Planung ein (Art. 1/2/26 RPG). Es ist das kantonale Planungsrecht, welches die Verantwortlichkeiten der Gemeinden umschreibt (Art. 25 RPG). Da es grosse Unterschiede zwischen Stadt-, Agglomerations- und Gemeinden im ländlichen Raum gibt, ist eine einheitliche Aussage nicht sinnvoll.

In der Regel obliegt den Gemeinden der Erlass eines Baureglements (Bauordnung) und des Rahmennutzungsplans (Zonenplan) sowie von Sondernutzungsplänen nach Massgabe der kantonalen Gesetzgebung. Gestützt darauf wird ein *Erschliessungsplan* entwickelt, der als behördenverbindlicher Richtplan ausgestaltet sein kann. Er legt die Erschliessungsordnung und insbesondere auch die Etappen der Erschliessung fest. Daraus resultiert die Erschliessungsetappierung. Da die Bauzonen gemäss Bundesgesetz über die Raumplanung zeitgerecht erschlossen werden müssen und diese auf 15 Jahre angelegt werden, hat sich die Etappierung auf diesen Zeithorizont auszurichten (Art. 15/19 RPG). Soll das Baugebiet etappiert werden, so kann eine Gemeinde, sofern das kantonale Recht die entsprechende Zonenart kennt, Gebiete als *Bauentwicklungsgebiete* bezeichnen, die im Falle einer Vergrösserung der Bauzone in erster Priorität berücksichtigt werden sollen. Bis zu diesem Zeitpunkt unterstehen sie einem Bauverbot. Ein wichtiges Instrument stellen die Massnahmen der *Parzellarordnung* dar (Art. 20 RPG). In Frage stehen die landwirtschaftliche, die Entflechtungs- und die Bauland-(Sanierungs-)umlegung. Sie werden ergänzt durch die Grenzbereinigung. Die Kontrolle über die Bautätigkeit wird vorweg durch die Überprüfung der *Zonenkonformität* erreicht. Baubewilligungen dürfen nur erteilt werden, wenn die Bauten und Anlagen dem Zweck der Nutzungszone entsprechen und das Land erschlossen ist (Art. 22 RPG). Ausnahmebewilligungen für Bauten innerhalb der Bauzonen werden nach kantonalem Recht erteilt (Art. 23 RPG). *Bauten ausserhalb der Bauzonen* können, sofern sie zonenfremd sind, nur erstellt werden, wenn der Zweck der Bauten und Anlagen einen Standort ausserhalb der Bauzonen erfordert und keine überwiegenden Interessen entgegenstehen. Das kantonale Recht kann gestatten, Bauten und Anlagen zu erneuern, teilweise zu ändern oder wieder aufzubauen, wenn dies mit wichtigen Anliegen der Raumplanung vereinbar ist (Art. 24 Abs. 2 RPG).

Neben die Zonen- und Erschliessungsplanung tritt in der Regel die *Finanzplanung,* doch ist sie nur ausnahmsweise im Zusammenhang des Raumplanungsrechts vorgeschrieben. Sinnvollerweise wird auf kommunaler Ebene der *Richtplan* eingesetzt, welcher die Erschliessungsplanung, die Finanzplanung und alle weiteren Sachplanungen, die für eine Gemeinde gemäss ihrer besonderen Problemlage erforderlich sind, zusammenfasst.

3.6. Bund als Planungsträger

Die Aufgaben des Bundes auf dem Gebiet der Raumplanung sind vorweg in der Bundesverfassung (Art. 22^{quater} BV) umschrieben. Danach hat er ein *Grundsatzgesetz* zu erlassen (Bundesgesetz über die Raumplanung vom 22. Juni 1979, SR 700), mit den Kantonen zusammenzuarbeiten, ihre Bestrebungen zu koordinieren und zu fördern *(Kooperations-, Koordinations- und Förderungskompetenz)*. Ausserdem hat er bei der Erfüllung seiner Aufgaben die Erfordernisse der Raumplanung aller Staatsebenen zu berücksichtigen. Die Kompetenz, einen Bundesraumplan zu erlassen, steht ihm nicht zu. Hingegen hat er über den Erlass von *Planungsgrundsätzen* im Rahmen des Bundesgesetzes über die Raumplanung die Möglichkeit, materiell auf die Raumplanung aller Staats- und Planungsebenen Einfluss zu nehmen. Dies geschieht sodann im Rahmen der *Genehmigung der kantonalen Richtpläne* und ausserdem über seine *Sachpläne* der zahlreichen raumwirksamen Bundesaufgaben, die in die kantonalen Richtpläne einfliessen. Der Bund muss also dafür besorgt sein, dass seine Verwaltung die notwendigen Sachplanungen erstellt und diese den Kantonen übermittelt. Um diese Sachplanungsaufgaben raumbezogen erfüllen und seinen Koordinations-, Kooperations- und Förderungsfunktionen gerecht werden zu können, kommt er nicht darum herum, die *räumliche Entwicklung laufend zu beobachten und Vorstellungen über eine nationale Raumordnung zu erarbeiten*. Dies heisst nicht, dass er diese Vorstellungen als Plan erlassen muss. Dazu fehlt ihm die Kompetenz. Sie fliessen aber in seine Tätigkeiten ein und stellen einen wichtigen Beitrag an die politische Gesamtplanung (Richtlinien der Regierungstätigkeit) dar. Von daher wird es ihm auch möglich, eine kohärente nationale Raumordnungspolitik zu initiieren. Eine wichtige Funktion erfüllt der Bund in der täglichen Kleinarbeit bei *raumwirksamen* Entscheidungen, so bei Rodungsbewilligungen, Genehmigung von Strassenprojekten, Konzessionierung von Luftseilbahnen usw. Diese Aufgabe wird durch die Vorgabe nationaler Raumordnungsvorstellungen erleichtert.

4. Internationale Raumplanung

4.1. Nachbarprobleme und Einflüsse internationaler Organisationen

Die schweizerische Raumplanung kann nicht ohne Rücksicht auf die räumlichen Probleme und Entwicklungen in Europa durchgeführt werden. Auch ohne grosse ausländische Ballungsgebiete in unmittelbarer Grenznähe setzt das Ausland wirtschaftliche, soziale und infrastrukturelle Randbedingungen, welche die räumliche Ordnung in der Schweiz beeinflussen. Der Einfluss der Schweiz auf die räumliche Ordnung des benachbarten Auslandes dürfte seinerseits relativ gross sein (Basel, Genf, Südtessin). Es ist aber nicht nur der Sonderfall Basel (Regio Basiliensis), der die Notwendigkeit der Beachtung internationaler Probleme in der Raumplanung aufgezeigt hat. Die Mehrzahl der Kantone berührt die Landesgrenze. Sie sind deshalb auf die *Abstimmung der Kantonal- und Regionalplanungen mit den entsprechenden Planungen des benachbarten Auslandes* angewiesen. Unzählige Gemeinden stehen direkt oder indirekt in Berührung mit den Planungen jenseits der Landesgrenze. Zahlreiche Reflexwirkungen gehen von der Wirtschafts- und Verkehrspolitik der *Europäischen Gemeinschaften* (EG) auf unser Land aus (Landwirtschaft, Industriestandorte, Transitverkehr usw.).

Internationale Probleme der Raumplanung werden einerseits in bilateraler (ev. trilateraler), anderseits in multilateraler Zusammenarbeit behandelt.

4.2. Organisationen

Auf multinationaler Ebene befassen sich vor allem die internationalen Organisationen mit raumordnungspolitischen Fragen:

4.2.1. Völkerrechtliche Organisationen

a) **Vereinte Nationen, Wirtschaftskommission für Europa (UN/ECE)**

Die Wirtschaftskommission für Europa, in der sowohl Staaten des

Ostblocks wie des Westens vertreten sind, widmet sich hauptsächlich den folgenden Themen: Integrierte Raumordnungspolitik – langfristige Siedlungstendenzen; Stadtplanung, städtische Siedlungen, Wohnungs- und Bauwesen; Energiepropleme und Raumplanung. Die ECE unterhält ein ständiges Netz von nationalen Kontaktinstituten (focal points) für die internationale Zusammenarbeit in Stadt- und Regionalforschung.

b) **Organisation für wirtschaftliche Zusammenarbeit und Entwicklung (OECD)**

Im Rahmen dieser Organisation arbeiten vierundzwanzig Industriestaaten (inkl. Japan, USA und Kanada) zusammen, mit dem Ziel, das Wirtschaftswachstum in den Mitgliedstaaten zu fördern. Die Arbeitsschwerpunkte der OECD bilden die Bereiche Bevölkerungswanderungen, Wachstumsbeschränkungen von Ballungsräumen, Regionalpolitik und Regionalentwicklung unter Berücksichtigung von Wirtschaft, Verkehr und Umwelt.

c) **Europarat, Konferenz der Europäischen Raumordnungsminister**

Der einundzwanzig europäische Mitgliedstaaten umfassende Europarat befasst sich im Rahmen des Ausschusses «Raumordnung und Kommunalpolitik» mit Raumordnung, Regionalentwicklung, Verkehr, Stadtentwicklung und Umweltschutz in Europa. Wichtigste zwischenstaatliche Institution auf dem Gebiet der Raumordnung ist die Europäische Raumordnungsministerkonferenz. Sie ist dem Europarat zugeordnet. Die Ergebnisse der Konferenz haben entweder Studiencharakter und dienen der allgemeinen Information, oder sie sind politischer Natur mit empfehlender Wirkung.

d) **Europäische Gemeinschaften (EG), EG-Kommission**

Im Rahmen der EG wird eine eigene EG-Regionalpolitik betrieben. Ihr kommt für die europäische Raumordnung zentrale Bedeutung zu. Die EG finanzieren in erster Linie Regionalentwicklungsprojekte und versuchen, über die Grundsätze für die EG-Regionalpolitik die bisherigen raumbedeutsamen Aktivitäten der Agrar-, Energie-, Verkehrs-, Sozial- und Umweltschutzpolitik hinsichtlich ihrer Zielsetzungen zu koordinieren.

e) Europäische Verkehrsministerkonferenz (CEMT)

In ihr sind achtzehn Länder vertreten; USA, Kanada und Japan sind assoziiert. Ihr Ziel ist die Organisation der politischen und wirtschaftlichen Zusammenarbeit zwecks gemeinsamer Lösung verkehrswirtschaftlicher und -technischer Fragen sowie die Koordination der Arbeit der internationalen Organisationen, die sich mit Verkehrsfragen befassen.

f) Europäische Freihandelsassoziation (EFTA)

Die EFTA ist ein Zusammenschluss von sieben europäischen Ländern, mit dem Ziel, ein Freihandelssystem durch den Abbau von Zöllen zu entwickeln. In Ergänzung zu den Arbeiten anderer Organisationen widmet sich der Ausschuss für Wirtschaftsentwicklung insbesondere dem Fremdenverkehrspotential in bestimmten Gebieten, den Hafenproblemen, den Wachstumspolen, den Industrieansiedlungen und der industriellen Mobilität in der EFTA sowie den Siedlungsstrukturen und -strategien.

4.2.2. Nicht-völkerrechtliche Organisationen (Auswahl)

a) Rat der Gemeinden Europas (RGE)

Mitglieder sind etwa 40 000 Gemeinden Westeuropas. Der RGE verfolgt besonders die Regionalpolitik der Europäischen Gemeinschaften.

b) Arbeitsgemeinschaft Alpenländer (Arge-Alp)

In diesem Zusammenschluss von acht Regionen bzw. Bundesländern des zentralen Alpenraumes werden besonders Fragen des transalpinen Strassen- und Schienenverkehrs, der Berglandwirtschaft, des Umwelt- und Landschaftsschutzes sowie der kulturellen Beziehungen behandelt.

c) Arbeitsgemeinschaft Europäischer Grenzregionen (AGEG)

Sie setzt sich aus den Grenzregionen Westeuropas zusammen und fördert den Erfahrungsaustausch unter Grenzregionen, mit dem Ziel, aus der Vielfalt der grenzüberschreitenden Probleme die gemeinsamen Interessen zu formulieren und zu koordinieren.

4.2.3. Stellung der Schweiz

Für die Schweiz als Nichtmitglied der Europäischen Gemeinschaften bilden der *Europarat* und in dessen Rahmen die *Europäische Raumordnungsministerkonferenz* die wichtigsten internationalen Organisationen, die sich mit Fragen der Raumordnung beschäftigen. Die Europäische Raumordnungsministerkonferenz ist eine Fachministerkonferenz. Sie steht im Mittelpunkt aller Raumordnungsarbeiten des Europarates und nimmt für sich die Führungsrolle bei der Erarbeitung einer (west-) europäischen Raumordnung in Anspruch. 1983 hat sie die europäische Raumordnungscharta (Torremolinos Charta) verabschiedet, welche die wichtigsten Ziele und Grundsätze einer europäischen Raumordnung enthält (siehe Anhang). Ihre Tätigkeit wirkt sich auch auf die Raumordnungspolitik der Europäischen Gemeinschaften aus. Die Schweiz ist auf diesen Einfluss angewiesen, weil die Reflexwirkungen der Sachpolitiken der Europäischen Gemeinschaften auf die Schweiz erheblich sind, so beispielsweise in den Bereichen der Landwirtschaft und des Verkehrs. Das Abkommen zwischen der Schweizerischen Eidgenossenschaft und den Europäischen Gemeinschaften bietet zuwenig Einflussmöglichkeiten, da die Schweiz lediglich in einem Assoziierungsverhältnis steht (BBl 1972 II 653 ff.).

4.3. Bilaterale Zusammenarbeit

Nach dem Raumplanungsgesetz sind die Grenzkantone zu demselben kooperationsfreundlichen Verhalten mit dem benachbarten Ausland verpflichtet wie im Verhältnis zu den Nachbarkantonen und zum Bund (Art. 7 Abs. 3 RPG). Auf intergouvernementaler Ebene besteht eine Vielfalt offiziell bestimmter Kommissionen, die sich mit Grenzfragen und nachbarschaftlichen Problemen befassen. Diese Kommissionen behandeln vor allem Teilaspekte der Raumplanung wie Immissionsschutz, Grenzverkehr, Grenzgänger, Strassenführung u. ä. Sie besitzen also sektoriell begrenzte, genau umschriebene Aufgaben, welche z. T. in völkerrechtlichen Verträgen vorgesehen sind. Am weitesten fortgeschritten sind die Arbeiten im Raume der Grenzregionen des Elsasses, Baden-Württembergs und der Nordwestschweiz, d. h. in der Regio Basiliensis.

Als Beispiel einer für Raumplanungsfragen zuständigen inernationalen Kommission ist die im Jahre 1973 gebildete deutsch-schweizerische Raumordnungskommission zu nennen: Ihre Aufgabe ist es, beide Staaten berührende Fragen der Raumordnung gemeinsam zu beraten und darüber Empfehlungen abzugeben. Die Beratungen sollen in erster Linie dazu dienen, die raumbedeutsamen Planungen und Massnahmen, so vor allem die Landesentwicklungs- und Regionalpläne sowie die raumbedeutsamen Fachplanungen, aufeinander abzustimmen und Leitvorstellungen für die Entwicklung der Grenzräume zu erarbeiten.

Im weiteren bestehen zahlreiche Ansätze, welche die regionale, grenzüberschreitende Planung auf dem Wege von privaten Vereinigungen fördern. Zu den Aufgaben, die sich solche Vereinigungen stellen, gehören Untersuchungen über gemeinsame Probleme der Zusammenarbeit, die Erarbeitung gemeinsamer raumplanerischer Ziele und Massnahmen (-Kataloge) sowie die Mitwirkung in bilateralen gouvernementalen Kommissionen.

Für die rechtliche Ordnung der bilateralen, allenfalls auch multilateralen Zusammenarbeit bildet das Europäische Rahmenübereinkommen über die grenzüberschreitende Zusammenarbeit zwischen Gebietskörperschaften vom 21. Mai 1980, für die Schweiz in Kraft seit 4. Juni 1982 (SR 0.131.1), die massgebende Grundlage.

5. Politik der Raumplanung

5.1. Raumordnungspolitik und Raumplanungsrecht

Das Raumplanungsrecht ist nicht Selbstzweck. Es steht im Dienst der Raumplanung als einer öffentlichen Aufgabe. Ihre Bewältigung ist Politik. *Das Raumplanungsrecht mündet in den Auftrag, Raumordnungspolitik zu betreiben,* und zwar im Rahmen des geltenden Raumplanungsrechts. Damit hat es aber nicht sein Bewenden. Die Raumordnungspolitik kann und muss sich auch der Aufgabe stellen, die notwendigen Rechtsgrundlagen für eine wirksame Raumplanung zu schaffen. Insofern ist die Raumordnungspolitik nicht nur in Anwendung des nominalen und funktionalen Raumplanungsrechts zu entfalten, sondern auch im Hinblick auf die Rechtsetzung. Ihre Hauptaufgabe liegt im Erkennen, Aufnehmen und Lösen von räumlichen Problemen. In einer allgemeinen Formulierung kann die *Raumordnungspolitik als die laufende Bewältigung räumlicher Probleme durch das politische System* umschrieben werden. Sie schliesst Fragen de lege lata und de lege ferenda ein. Das geltende Raumplanungsrecht schafft günstige Voraussetzungen für eine aktive Raumordnungspolitik. Es stellt die notwendigen Planungsträger (Bund, Kantone, Gemeinden), Planungsinstrumente (Pläne) und die Massnahmen im Rahmen des nominalen und funktionalen Raumplanungsrechts zur Verfügung. Insbesondere das *Instrument des Richtplans* erlaubt – im Zuge der vorbereitenden und realisierenden Richtplanung –, räumliche Probleme anzusprechen, Ziele zu formulieren und Massnahmen zur Bewältigung der Probleme sach- und zeitgerecht einzusetzen und nötigenfalls auch gegenüber dem Gesetzgeber zu initiieren. Er steht mitten im Spannungsfeld von Raumplanungsrecht und Raumordnungspolitik.

5.2. Materielle Ausrichtung der Raumordnungspolitik

Die Beschreibung der Raumordnungspolitik als Aufgabe der Bewältigung räumlicher Probleme durch das politische System ist eher formaler Art. Sie kann auch materiell definiert werden. Beispielsweise wird die Raumordnungspolitik oft als Aufgabe des Abbaus räumlicher Disparitäten (räumlicher Ungleichgewichte) bezeichnet oder umfassender als räumliche Gestaltungsaufgabe im Gegensatz zur negativ abwehrenden Restriktionsplanung verstanden. Die in der Lehre zu findende Zusammenfassung von (positiver) Regionalpolitik und (negativer) Bodennutzungsplanung zur Raumordnungspolitik verkennt den umfassenden Auftrag der Raumplanung, den Lebensraum mit Einschluss der Lebensgrundlagen und seiner Bezüge zum politischen, wirtschaftlichen und gesellschaftlichen Leben zu gestalten und zu erhalten. Materielle Umschreibungen haben den Nachteil einer Einengung durch einseitige Akzentuierung. Bestimmend für die Raumplanung sind der relativ offene Zweck und die Ausrichtung auf das politische System. Raumordnungspolitik kann letztlich nur von den staatlichen Organen betrieben werden, da nur sie auf die staatlichen Leistungs- und Zwangsmassnahmen zurückgreifen können. Sodann muss der Zweck, wie bereits hervorgehoben, relativ offen bleiben. Die sichtbare Notwendigkeit, den Umweltschutz und die räumliche Wirtschaftspolitik (Regionalwirtschaftspolitik) in die Aufgabe der Raumplanung und von daher in die Raumordnungspolitik einzubeziehen, zeigt, wie fragwürdig es wäre, lediglich Disparitätsprobleme oder Bodennutzungskonflikte als Grundaspekte der Raumordnungspolitik hervorzuheben.

5.3. Träger der Raumordnungspolitik

Auf das räumliche Geschehen wirken viele Kräfte ein. Ihre Träger können in einem sehr weiten Sinne als Akteure der Raumordnungspolitik bezeichnet werden. Im Kern liegt die *Verantwortung für die Raumordnungspolitik bei den staatlichen Organen*. Soweit es sich bei der Politik um eine Führungsaufgabe handelt, stehen die Träger der *Regierungsfunktion* im Vordergrund. Geht es um eine demokratisch legitimierte Aufgabe im Sinne der gemeinsamen Bewältigung gemeinsamer Aufgaben auf der Basis von Macht, so sind *alle staatlichen Organe einbezogen, die zur Legitimierung beitragen können*. Die Aufgabe der Raumordnungspolitik fällt in diesem Sinne in den Aufgabenbereich des Bundes, der Kantone und der Gemeinden und innerhalb dieser Gebietskörperschaften in den Zuständigkeitsbereich einerseits der Regierung und anderseits des Parlamentes und des Volkes. Weitere Träger, wie die Region oder das Quartier, können durch die Gesetzgebung mit Planungsaufgaben betraut werden, doch verfügen diese in der Regel nicht über die Kompetenzen und Verfahren, um die Führungs- resp. Legitimierungsfunktion wahrzunehmen, wie sie auch nicht in der Lage sind, auf das Massnahmenspektrum des funktionalen Raumplanungsrechts zurückzugreifen. Region und Quartier handeln weitgehend ausserhalb des Rechts, sofern sie nicht mit Kompetenzen ausgestattet sind.

5.4. Raumplanung – Sachplanung – Politische Planung

Das Verständnis der Raumplanung als politische Aufgabe führt zur Frage, wie sich die Raumordnungspolitik zu andern Politikbereichen verhalte. Die Raumplanung ist zunächst eine *Sachplanung* wie jede andere auch. Sie sieht sich der Verkehrsplanung, der Energieplanung, der Finanzplanung usw. gegenübergestellt. Hinter jeder Sachplanung steht ein entsprechender Politikbereich. Die Planung der Politikbereiche für sich und im gegenseitigen Zusammenhang ist *Politische Planung*. Ihr Gegenstand ist die Planung der Politik resp. der Politikbereiche. Insofern ist die *Raumplanung als Raumordnungspolitik Teil und Gegenstand der Politischen Planung*. Dort, wo sich eine Regierung oder ein Parlament der Politischen Planung zuwenden, werden sie immer auch Fragen der Raumplanung behandeln müssen, da es die Auswirkungen auf den Lebensraum eines Staates zu bedenken gilt. Auf Bundesebene wird die Raumplanung und mit ihr die Raumordnungspolitik vom Instrument der Politischen Planung, nämlich den Richtlinien der Regierungspolitik, welche jeweils für eine Legislaturperiode vorgelegt werden, erfasst. Auch auf kantonaler Ebene ist die Raumordnungspolitik Gegenstand der Politischen Planung – und zwar unabhängig davon, ob diese über ein besonderes Instrument verfüge oder nicht. Die Verknüpfung von Raumplanung und Politischer Planung nimmt in dem Masse an Bedeutung zu, als erkannt wird, wie breit das Spektrum raumwirksamer Massnahmen ist.

Im Zusammenspiel zwischen Raumplanung und Sachplanungen hat die Raumplanung keine rechtlich qualifizierte Sonderstellung. Sie steht *gleichwertig neben den andern Sachplanungen*. Aus ihrer Funktion heraus drängt sich allerdings eine Akzentuierung auf. Alle Sachplanungen haben neben ihrem «hauseigenen» Sachbezug einen Finanz-, einen Raum- und einen Zeitbezug. Die Finanzplanung kommt deshalb, wie allgemein bekannt ist, nicht darum herum, sich mit allen Sachplanungen zu befassen. Dies gilt in ähnlicher Art und Weise für die Raumplanung. Sie wird darum zu Recht zusammen mit der Finanzplanung nicht nur als Sachplanung, sondern auch als *Querschnittsplanung* bezeichnet. Darin erfüllt sie eine wesentliche Aufgabe. Allerdings ist die Querschnittsfunktion nicht einfach zu handhaben, da die Sachplanungen auf maximale oder doch optimale Problemlösungen drängen und die Querschnittsplanungen als Störungen empfinden. Die Raumplanung muss dieser Schwierigkeit durch *Vorleistungen* begegnen, indem sie materielle Hilfestellungen zur Problemlösung anbietet, so – auf kantonaler Ebene – durch die konzeptionellen und programmatischen Richtpläne mit den entsprechenden Grundlagenarbeiten und – auf Bundesebene – mit einem gesamtschweizerischen – unverbindlichen – Raumordnungskonzept, das die nationalen Anforderungen der Raumstruktur sichtbar macht.

5.5. Organisation der Raumplanung

Innerhalb der staatlichen Ebenen stellt sich die Frage, wer die Aufgabe der Raumplanung bearbeiten soll. Im Vordergrund steht die Lösung der *Einsetzung eines Amtes* (Linienorgan) (Art. 31/32 RPG). Dieser Weg wurde auf Bundesebene und in der Mehrzahl der Kantone gewählt. Es wäre aber denkbar, die Raumplanungsaufgabe statt einem Amt einem *Stabsorgan* zu übertragen, das eng mit der politischen Planung zusammenarbeitet. Ist dies nicht möglich, so müssen die Nachteile, die einem Linienorgan innerhalb des Departementalsystems anhaften, durch erhöhte Koordinationsanstrengungen wettgemacht werden. Eine Hilfe stellt die Einsetzung einer *interdepartementalen Kommission* dar. Ob und wieweit die Amtstätigkeit durch eine *Fachkommission* begleitet werden soll, hängt davon ab, wie stark die sachliche und politische Legitimierung akzentuiert wird.

Wesentlich ist, dass die Fachstelle für Raumplanung sich darum bemüht, die ihr übertragenen Aufgaben immer wieder zu einem Thema der Politik zu machen. Die *Berichterstattung* an Regierung und Parlament ist ein möglicher Weg. Auf kantonaler Ebene ist zu entscheiden, ob der Erlass des Richtplans der Regierung oder dem Parlament oder sogar dem Wege der formellen Gesetzgebung anvertraut werden soll. Auf Bundesebene sieht das Bundesgesetz keine obligatorische Berichterstattung an das Parlament vor. Sie kann jedoch im Rahmen des Instrumentes der Politischen Planung oder in einem separaten Bericht erfolgen.

5.6. Sonderprobleme der Mitwirkung

Der Einbezug der Öffentlichkeit und der Betroffenen in die Raumplanung ist ein grundlegendes Anliegen (Art. 4 RPG). Der Legitimationsbedarf verlangt darnach. Es stehen verschiedene Wege offen. Die Wahrung berechtigter Einzelinteressen muss über den *Rechtsschutz* mit Rechtsmitteln erfolgen. Daneben ist die Mitwirkung der Öffentlichkeit erwünscht. Im demokratisch verfassten Staat ist die Planfestsetzung in der Regel in die Verantwortung (Kompetenz) genau bezeichneter Organe gelegt. Auf kommunaler Ebene sind die Voraussetzungen dort besonders günstig, wo der *Planerlass in die Zuständigkeit der Bürger resp. der Bürgerversammlung* fällt. In diesem Fall bleibt für eine weitergehende Mitwirkung vor allem noch der Weg über die *Einsetzung von vorbereitenden Kommissionen* offen. Liegt die abschliessende Zuständigkeit für den Planerlass und damit auch für die Planerarbeitung beim Parlament oder bei der Regierung, so sind weitere Formen der Partizipation zu erwägen, beispielsweise durch die Schaffung von nicht förmlichen *Einsprachemöglichkeiten,* die Einsetzung von Kommissionen und die Durchführung von *Vernehmlassungsverfahren.* Auch kann das Mittel der Meinungsumfrage eingesetzt werden. Im wesentlichen geht es um eine Öffnung des Verfahrens.

Die *Problematik der Partizipation* in Planungsfragen liegt einerseits in der Gefahr partikularistischer Interessenvertretung – ein Quartier oder eine Region betrachten nur ihre eigenen Anliegen – und andererseits im fehlenden Vermögen, in Generationen zu denken. Die Planungsbeteiligten sind eben sehr oft nicht identisch mit den Betroffenen, da die Planung in die Zukunft ausgreift. Der Vorteil der Partizipation liegt im Mitdenken einer breiteren Öffentlichkeit über Zukunftsfragen. Daraus kann eine Stärkung der Zukunftsverantwortung folgen.

5.7. Vollzugsprobleme

Die Raumplanung läuft Gefahr, sich in wissenschaftliche Fragestellungen zu verlieren. Erfahrungsgemäss fördert sie die Ressort- und angewandte Forschung Dritter, weil sie glaubt, auf diesem Weg der Probleme Herr zu werden. Bei diesem Bemühen verliert sie den Kontakt zur Praxis und vergisst, die geltenden Gesetze und die verfügbaren Problemlösungsverfahren anzuwenden. Sie gerät in der Erwartung noch kräftiger greifender Instrumente und Verfahren und der noch besseren Kenntnisse der sachlichen Zusammenhänge in eine *andauernde Vollzugskrise*. So bereitet die Erarbeitung der kantonalen und kommunalen Richtpläne und ihre Nachführung erhebliche Schwierigkeiten. Auch die Ausrichtung der kommunalen Nutzungspläne auf die Anforderungen der geltenden Gesetzgebung ist im Rückstand. Sogar die Anpassung des geltenden kantonalen Raumplanungsrechts an das inhaltlich neu konzipierte Raumplanungsverständnis des Bundesgesetzes über die Raumplanung stockt. Die Lösung kann nur darin bestehen, dass sich die verantwortlichen Organe bewusst und nachhaltig dem Vollzug widmen. Sie müssen die neu aufkommenden Probleme im Rahmen der abrufbaren Verfahren sowie mit den Instrumenten und Massnahmen des geltenden Rechts zu bewältigen versuchen. *Der Weg über die Forschung und die Neuschaffung von Recht dauert – erfahrungsgemäss – zu lang*. Er darf deshalb nur ausnahmsweise beschritten werden. Die Gründe für die Vollzugshemmungen sind ausserdem in den Schwierigkeiten zu suchen, die sich der Raumplanung in der sektoralisierten Verwaltung, in der Auseinandersetzung mit den anzuhörenden Gruppen und in langwierigen Rechtsschutzverfahren entgegenstellen. Der Raumplanung und der Raumordnungspolitik muss deshalb ein Zeitrahmen für die Problembewältigung zur Verfügung gestellt werden, der nicht zu knapp bemessen sein darf. Gelingt es der Raumplanung, *Vertrauen in ihre Problemlösungsfähigkeit zu gewinnen,* so geht der Widerstand zurück und die Vollzugsproblematik wird beherrschbar.

KAPITEL IV Raumplanung als Problemlösungsverfahren

1. Allgemeines

Die Aufgaben der Raumplanung sind meist komplex und von zahlreichen Randbedingungen abhängig. Jede Planung bedarf eines *systematischen Vorgehens*. Dadurch soll garantiert werden, dass alle wichtigen Probleme erfasst, die Randbedingungen berücksichtigt und unter den möglichen Lösungen die besten ausgewählt werden. Nur ein systematisches Vorgehen gewährleistet, dass die Planung und die einzelnen Planungsschritte überschaubar bleiben, was sowohl zur fachlich-wissenschaftlichen Prüfung als auch für die politische Entscheidung und Kontrolle eine unabdingbare Voraussetzung darstellt.

Es existiert eine *Vielzahl von Planungsverfahren* mit zahlreichen Modifikationen, welche aber meist die gleichen Hauptelemente und Hauptschritte enthalten, unabhängig von der konkreten Problemsituation und von der Massstabsebene. Grundsätzlich besteht die Raumplanung – wie jede andere Planung – aus *drei Hauptelementen:*

- Die *Lageanalyse* (Problemanalyse, problemorientierte Lageanalyse) gibt Aufschluss über den gegenwärtigen Zustand und seine Probleme.
- Aus der Beurteilung der Probleme des gegenwärtigen Zustandes sowie deren Entwicklungen werden *Zielsetzungen* für eine künftige, wünschbare Entwicklung festgelegt.
- Aus der Gegenüberstellung von Lage und Zielsetzungen ergibt sich die Aufgabe, geeignete *Lenkungsmassnahmen* zu finden.

In der Praxis ist es nicht immer möglich, Raumplanung derart zu betreiben, dass sich diese drei Schritte – Lage, Zielsetzung, Massnahmen – in klarer sachlicher und zeitlicher Abgrenzung folgen. *Raumplanung ist vielmehr eine Daueraufgabe. Lageanalyse, Zielfestlegung und Massnahmeneinsatz sind gegenseitig eng miteinander verbunden und müssen stets aufeinander abgestimmt werden.* Dafür können folgende Gründe aufgeführt werden:

- Die Lageanalyse (Problemanalyse) wird wesentlich von den geltenden Zielsetzungen beeinflusst; Lageanalysen und Prognosen sind zeitraubend und aufwendig. Es ist wenig sinnvoll, Lageanalysen und Prognosen zu erarbeiten, welche zur späteren Festlegung der Ziele zu umfassend oder zu detailliert sind. Zweckmässigerweise werden diese daher dort vorangetrieben, wo zumindest intuitiv eine Festlegung politischer Ziele dringlich erscheint.

- Die Zielfestlegung ist abhängig von den vorhandenen Massnahmen: Verbindliche Zielsetzungen sind nur dann sinnvoll, wenn Gewähr dafür besteht, dass die gesetzten Ziele auch erreichbar, d.h., dass genügend Massnahmen bekannt und einsetzbar sind. Daher ist es von Vorteil, wenn vor der verbindlichen Zielfestlegung unterschiedliche, alternative Ziel-Massnahmen-Kataloge bekannt sind.
- Die räumliche Ordnung und damit die räumlichen Probleme sind auch während des Planungsvorganges ständig in Bewegung und Veränderungen unterworfen: Neue, unvorhergesehene Entwicklungen bahnen sich an und führen zu einer Veränderung des Spannungsverhältnisses zwischen Wunsch und Wirklichkeit.

Die Vorstellung der linearen Abfolge der Lösung von Problemen der räumlichen Ordnung geht an der Wirklichkeit vorbei.

Bei einer detaillierteren Darstellung des Planungsprozesses lassen sich folgende Elemente, die im nachstehenden Text näher dargestellt werden, unterscheiden:

- Problemerkennung und Problemannahme ⎫
- Problemanalyse (Raumanalyse)   ⎬ Bestandesaufnahme
- Prognose   ⎭
- Zielbestimmung
- Evaluation von Massnahmen
- Realisierung (Vollzug der Planung)
- (Erfolgs-)Kontrolle.

Der materielle Inhalt, der Umfang und der Detaillierungsgrad der einzelnen Planungsphasen können sich von Fall zu Fall unterscheiden. Zwischen diesen einzelnen Phasen bestehen zahlreiche Rückkoppelungen.

Abb. 25 Der Planungsprozess

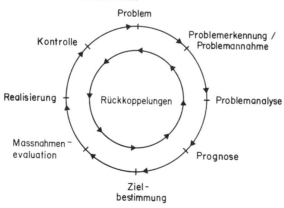

2. Analyse

Ausgangspunkt jeder raumplanerischen Tätigkeit sind Kenntnisse über die Probleme im Planungsgebiet. Dessen Analyse hat deshalb *problem- und massnahmenorientiert* zu erfolgen; es geht dabei nicht um eine umfassende, deskriptive Lageanalyse. Vorstufen einer solch problemorientierten Raumanalyse sind die *Problemerkennung* sowie die *Problemannahme,* d.h. die Bereitschaft, sich mit den erkannten Problemen (auch politisch) auseinanderzusetzen und sie einer Lösung näherzubringen.

Im Rahmen der Analyse der raumbedeutsamen Probleme im Planungsgebiet muss unterschieden werden zwischen:

— Datengewinnung (Datenerfassung)
— Datenspeicherung
— Datenauswertung.

Die Qualität der Analyseergebnisse hängt nicht nur von den in der Datenauswertung angewandten Methoden und Techniken ab, sondern ebensosehr von der Gewinnung der Daten und deren zweckmässigen Speicherung.

2.1. Datengewinnung

2.1.1. Datenquellen

Wichtige Quellen für die Raumanalysen sind:

— Statistiken (amtliche, nicht-amtliche; veröffentlichte, unveröffentlichte)
— Karten (thematische, topographische; verschiedene Massstäbe)
— Luftbilder
— Berichte und Dokumente (veröffentlichte, unveröffentlichte).

Liegen für die Analyse des Problems weder Statistiken noch andere Daten vor oder sind die vorhandenen Daten und Informationen ungenügend, z.B. zuwenig detailliert oder veraltet, so ergibt sich die Notwendigkeit eigener Datenerhebungen *(Feldarbeit).* Dazu zählen:

Analyse 247

- Beobachtungen
- Zählungen
- Kartierungen
- Befragungen:
  mündliche Befragungen (Interviews) und
  schriftliche Befragungen (Fragebogen).

Bei der Datenerfassung muss ferner zwischen *Totalerhebungen* und *Teilerhebungen* unterschieden werden. Um eine repräsentative Teilerhebung durchführen zu können, ist die Konstruktion einer Stichprobe notwendig. Unter einer *Stichprobe* versteht man eine Auswahl von Einheiten aus der Gesamtmasse, welche deren Merkmale vergröbert, aber nicht verfälscht wiedergibt. Die Stichprobe muss durch Zufall aus der Grundgesamtheit gezogen werden. Ihre Grösse (Stichprobenumfang) ist abhängig von der Streuung des zu untersuchenden Merkmales und von der Irrtumswahrscheinlichkeit (z.B. 10%, 5%, 1%), welche man in Kauf nimmt. Eine Stichprobe ohne Fehlerrisiko gibt es nicht. Man unterscheidet zwischen folgenden Stichprobe-Auswahlverfahren:

- Einfache Stichprobe
- Geschichtete Stichprobe
- Klumpenauswahlverfahren
- Mehrstufige Verfahren.

2.1.2. Statistiken

Die für die Raumplanung benötigten Daten liegen häufig in Form von Statistiken vor. Dabei kann zwischen amtlichen und nicht-amtlichen Statistiken unterschieden werden: Unter *amtlichen Statistiken* versteht man Statistiken, welche von einer Amtsstelle herausgegeben werden. Dabei kann es sich um Statistische Ämter, aber auch um andere Amtsstellen handeln (z.B. Bundesamt für Umweltschutz, Bundesamt für Industrie, Gewerbe und Arbeit (BIGA) u.a.). Neben dem Bundesamt für Statistik existieren in den meisten Kantonen sowie in den grösseren Städten Statistische Ämter bzw. entsprechende Fachstellen.

Die Daten der *veröffentlichten Statistiken* liegen meist nur in aggregierter Form vor, z.B. nur kantonale Angaben. Räumlich und sachlich feingliedrig disaggregierte Daten müssen normalerweise *unveröffentlichten Statistiken*, die bei den entsprechenden Amsstellen vorhanden sind, entnommen werden. Dabei kann sich das Problem der Geheimhaltung stellen, damit nicht von Einzeldaten auf Einzelpersonen und einzelne Betriebe Rückschlüsse gezogen werden können.

Neben den amtlichen Statistiken gibt es eine Vielzahl für die Raumplanung wichtiger *nicht-amtlicher Statistiken*, welche von (grösseren) Unternehmen, Verbänden und anderen Organisationen, teilweise in Zusammenarbeit mit der amtlichen Statistik, herausgegeben werden.

Einen Überblick über die Veröffentlichungen des Bundesamtes für Statistik vermittelt:

Bundesamt für Statistik: Verzeichnis der Veröffentlichungen 1860–1975. Bern 1976; zu diesem Verzeichnis erscheinen unter dem Titel «Statistische Neuerscheinungen» laufend Nachträge.

Wichtige, periodisch erscheinende amtliche statistische Übersichten sind:

- Bundesamt für Statistik (Hrsg.), Statistisches Jahrbuch der Schweiz, Basel (jährlich)
- Eidg. Volkswirtschaftsdepartement (Hrsg.), Die Volkswirtschaft – Wirtschaftliche und sozialstatistische Mitteilungen, Bern (monatlich)
- Bundesamt für Statistik, Wirtschaftsspiegel, Bern (11mal jährlich).

2.1.3. Karten

a) Thematische und Grundlagenkarten

Üblich ist die Unterteilung der Karten in *topographische und thematische Karten*. Eine scharfe Abgrenzung ist allerdings unmöglich, denn auch die Topographie stellt im Grunde genommen bereits ein Thema dar.

Das Vorhandensein von topographischen Karten und Plänen – unter Plänen versteht man in der Sprache der Kartographie und Vermessung grossmassstäbliche Karten (1:10 000 und grösser) – ist für die Raumplanung von Bedeutung. Ohne Kenntnisse der topographischen Gegebenheiten des Planungsraumes und ohne Kartierungsgrundlage kann keine Raumplanung durchgeführt werden. Die topographischen Kartengrundlagen sind in zweifacher Hinsicht wichtig für die Raumplanung:

- Orientierungs- und Auskunftsmittel für den zu bearbeitenden Planungsraum
- Grundlage für die räumlich bezogene Forschung: Kartierungsgrundlage bei der Feldarbeit; Basis für die Eintragung von Planungsergebnissen.

Im Rahmen der Raumplanung ergeben sich für die thematischen Karten zwei verschiedene Aufgabenbereiche:

- Herausarbeitung von raumplanungsrelevanten räumlichen Problemen, Strukturen, Entwicklungstendenzen mit Hilfe kartographischer Methoden

– Kartenmässige Darstellung von Entwicklungszielen in Raumordnungsplänen.

Im ersten Fall handelt es sich um die Herstellung von Planungsgrundlagenkarten, im zweiten Fall um die Schaffung von Plänen in den verschiedenen Teilbereichen der Planung, z.B. Landschaftspläne, Siedlungspläne, Pläne der öffentlichen Bauten und Anlagen, Verkehrs- und Versorgungspläne usw.

Unter einer *Planungsgrundlagenkarte* versteht man eine für die Bedürfnisse des Planers bereits interpretierte bzw. umgeformte Zustandskarte. Bekannte Beispiele sind *Eignungs- und Risikenkarten*.

Aus der Sicht der Raumplanung, die bei der Beschaffung von Grundlagen auf zahlreiche Fachbereiche angewiesen ist, wäre es wünschenswert, wenn diese nicht nur Zustandskarten, sondern bereits interpretierte Karten schaffen würden, welche vom Planer direkt als Arbeitsmaterial verwendet werden könnten. Pläne und Planungsgrundkarten dienen in der Raumplanung als wichtige *Kommunikationsmittel*.

b) **Für die Raumplanung wichtige Kartenwerke**

- *Landeskarten der Schweiz:*
  1: 25 000   249 Blätter
  1: 50 000   78 Blätter
  1: 100 000   24 Blätter
  1: 200 000   4 Blätter
  1: 300 000
  1: 500 000
- *Übersichtspläne und Grundbuchpläne:*
  Vor allem für Kommunal- und Quartierplanungen
- *Atlas der Schweiz:*
  Dieses umfassendste gesamtschweizerische thematische Kartenwerk umfasst über 100 Tafeln. Seit 1981 erscheinen die Serien der 2. Ausgabe. Diese bringt Nachführungen und Ergänzungen zur 1. Ausgabe.
- *Klimaatlas der Schweiz:*
  Im Aufbau begriffen, 1. Lieferung 1982
- *Karten des Bundesamtes für Raumplanung:*
  Klimaeignungskarte für die Landwirtschaft in der Schweiz 1:200 000 sowie Zusatzkarten 1:500 000 (1977).
  Wärmegliederung der Schweiz 1:200 000 sowie Zusatzkarte 1:500 000 (1977)
  Bodeneignungskarte der Schweiz 1:200 000 sowie Zusatzkarten 1:50 000 und 1:25 000 (1980)
  Landwirtschaftliche Bodeneignungskarte der Schweiz 1:300 000 mit separatem Legendenblatt (1975).

2.1.4. Luftaufnahmen

a) Funktionen

Luftaufnahmen erlauben, zu einem genau bestimmten Zeitpunkt einen Ausschnitt der Erdoberfläche bildhaft zu erfassen. Sie zeigen dabei ein objektives Bild eines Gebietes mit allen vom Aufnahmestandort aus erkennbaren Einzelheiten. Je nach der gewählten Aufnahmehöhe können Bilder erstellt werden, die nur einen kleinen Ausschnitt eines Gebietes erfassen, dafür aber sehr viele Details zeigen, z.B. Dachlandschaft einer Stadt, oder es können Übersichtsaufnahmen aus grösserer Höhe aufgenommen werden, welche die ganze Stadt mit ihrem Umland zeigen. Periodische Wiederholungen von Aufnahmen ermöglichen Aussagen über Veränderungen im Raum über eine bestimmte Zeit hinweg. Die stereoskopische Betrachtung von Luftbildern erlaubt es, an einem verkleinerten Geländemodell zu arbeiten.

b) Anwendungsmöglichkeiten

Dank ihres hohen Informationsgehaltes sind Luftbilder ein wertvolles Hilfsmittel für verschiedenste raumplanerische Tätigkeiten:

- *Allgemeine Anwendungsmöglichkeiten:*
  Verwendung als Ersatz für nicht vorhandene Karten und Pläne, z.B. in Form von Orthophotos oder Orthophotoplänen
  Vorbereitung von Geländebegehungen
  Verwendung als Kartierungsgrundlagen im Gelände
  Verwendung als Demonstrations- und Illustrationsmittel für Besprechungen und Versammlungen. Luftaufnahmen sind ein ausssagekräftiges Kommunikationsmittel zwischen den Planungsbeteiligten und -betroffenen. Auswirkungen von raumplanerischen und baulichen Vorhaben können gut veranschaulicht werden.
  Objektives Dokument für die Rekonstruktion ehemaliger Zustände bei Streitfällen, z.B. bei widerrechtlichen Rodungen
  Hilfsmittel bei der Ausarbeitung von Stellungnahmen zu Projekten und Baugesuchen.
- *Siedlungsplanung:*
  Nutzungsplanung:
  Erfassen von verschiedenen Nutzungsarten (Wohngebiete, Industriegebiete, Grünflächen usw.)
  Untersuchung der Gliederung des Siedlungsgebietes mit Grünflächen
  Feststellen der Überbauungsverhältnisse von Zonen und Gebieten
  Feststellen des Überbauungsgrades von Bauzonen
  Beurteilung der Lage der Bauzonen zur gewachsenen Siedlung
  Feststellung der äusseren Grenzen der Bauzonen und der Grenzen zwischen den einzelnen Nutzungsarten.

Gestaltungsplanung:
Untersuchung der Siedlungsanlage (Lage der Siedlung in der Landschaft)
Untersuchung der Siedlungsstruktur (Haufensiedlung, axiale Siedlung; Gliederung durch Plätze, Höfe, Gärten, Grünflächen)
Feststellen von verschiedenen Entwicklungsphasen
Differenzierung der Bausubstanz (Häusergruppen, markante Einzelbauten, Stellung der Bauten)
Analyse der Dachlandschaft (Firstrichtung, Dachmaterial, Dachgestaltung)
Bestimmung von Geschosszahlen
Ausscheidung von Gestaltungszonen
Festlegung von Freihaltegebieten (äusserer und innerer Ortsbildschutz).

– *Verkehrsplanung:*
Allgemeines:
Angaben über Anlage und Aufbau des Strassennetzes
Untersuchung des strassen- und bahnmässigen Erschliessungsgrades, Lage der Parkplätze
Beurteilung von Umfahrungsstrassen, neuen Linienführungen und Sanierungen von Ortsdurchfahrten
Durchführung von Verkehrsanalysen (mit Hilfe von Luftbildern, welche in kurzen zeitlichen Abständen aufgenommen wurden):
Anteile von ruhendem und fliessendem Verkehr
Angaben über die Verkehrsdichte
Ausmass und Ursachen von Verkehrsstockungen
Auslastung von Parkplätzen
Angaben über Fahrzeiten und -geschwindigkeiten.

– *Landschaftsplanung:*
Allgemeine Grundlagen:
Erfassung von Reliefformen, z.B. nicht in Karten dargestelltes Mikrorelief
Erfassung der Oberflächenbedeckung und der Landnutzung, z.B. Wiesen, Weiden, Äcker, Rebland, Intensivobstbau, Schrebergärten; Fels, Schutthalden, Gewässer usw.
Abgrenzung von Landschaftsräumen, bzw. Landschaftstypen.
Erfassung von Landschaftsschäden:
Lawinenschäden, Lawinenzüge
Überschwemmungen
Bodenerosion, Rutschungen
Gewässerverschmutzung
Vegetations- und Baumschäden
Formal nicht in die Landschaft eingegliederte Objekte, z.B. Kiesgruben, wilde Ablagerungen usw.
Inventarisierung von erhaltenswerten Naturobjekten und Landschaften:
Gesteinsaufschlüsse, ausgeprägte geomorphologische Oberflächenformen
Einzelbäume, Hecken, Gebüsche, Nassstandorte; Baumkataster in städtischen Gebieten
Kulturhistorisch oder ästhetisch wertvolle Landschaften und Siedlungsformen
Ökologisch wertvolle Landschaften.
Erholung:
Inventarisierung bestehender Erholungsanlagen, z.B. Pärke, Sportplätze, Kleingärten, Campingplätze

Beurteilung der Erholungseignung, z.B. Begehbarkeit, Zugänglichkeit, landschaftliche Vielfalt usw.
Erhebung über die Belastungen von Erholungsräumen, z.B. Dichte von Skifahrern, Zählung von Booten auf Seen usw.
Vorstudien für Skigebietsplanungen (Ausscheidung potentieller Skigebiete anhand von Winteraufnahmen).

Landwirtschaft:
Inventarisierung der landwirtschaftlich genutzten Flächen, z.B. Art der Nutzung, Parzellierungsgrad
Inventarisierung von landwirtschaftlich nicht mehr genutzten Flächen (Brachland)
Hilfsmittel für landwirtschaftliche Eignungsbewertungen, z.B. Grundlage für die Erstellung von Bodenkarten, Beurteilung des Mikroreliefs.

Forstwirtschaft:
Forstliche Bestandeskartierung
Kartierung von Waldschäden mit Hilfe von Infrarot-Farbaufnahmen.

Die professionelle Herstellung von grossformatigen Luftbildern erfolgt in der Schweiz in erster Linie durch folgende Stellen:

- Bundesamt für Landestopographie, Bern
- Eidgenössische Vermessungsdirektion, Bern
- SWISSAIR-Photo + Vermessungen AG, Zürich.

Diese drei Stellen veröffentlichen seit 1981 jährlich eine tabellarische und kartographische Zusammenstellung der aufgenommenen Luftbilder, welche bei der Eidgenössischen Vermessungsdirektion bezogen werden kann. Das Bundesamt für Landestopographie und die Firma SWISSAIR-Photo + Vermessungen AG verfügen über umfangreiche Bildarchive, wo die Luftbilder eingesehen werden können. Die Firma Comet-Photo, Zürich, ist spezialisiert auf die Herstellung von Schrägaufnahmen.

2.2. Datenspeicherung

2.2.1. Datenbanken

Zur Speicherung, Nachführung und Weiterverarbeitung der gewonnenen Daten bedient man sich heute immer mehr des Computers. Die mit seiner Hilfe geordneten und gespeicherten, zweckbestimmten Daten bezeichnet man als *Datenbank*. Datenbanken bilden eine wichtige Voraussetzung zur problemgerechten Auswertung der Daten.

2.2.2. Informationsraster

Informationsraster heisst eine Datenbank des Bundesamtes für Statistik, in der eine Vielzahl raumbezogener Daten gespeichert sind. Der Informationsraster wurde in den siebziger Jahren im Rahmen eines

Forschungsprojektes am ORL-Institut ETH Zürich geschaffen, mit dem Ziel, Grunddaten für die Raumforschung und Raumplanung auf nationaler Ebene zu sammeln und sie mit einem leistungsfähigen elektronischen Datenverarbeitungssystem zu versehen, um den Zugriff zu den Daten für die Benützer, d.h. auch für die in der Praxis tätigen Raumplaner, zu erleichtern. Der Informationsraster besteht im Prinzip aus dem Datenverarbeitungssystem und drei Dateien (objektbezogene Individualdaten): Gemeindedatei, Aggregatdatei und Flächendatei. Diese Dateien werden laufend ausgebaut und verbessert sowie den Bedürfnissen der Raumplanung angepasst.

a) **Gemeindedatei**

In der Gemeindedatei sind für jede politische Gemeinde der Schweiz rund 500 Angaben gespeichert. Diese stammen im wesentlichen aus den folgenden Erhebungen:

Volkszählung
Wohnungszählung
Betriebszählung
Fremdenverkehrsstatistik
Industriestatistik
Arealstatistik
Motorfahrzeugstatistik.

b) **Aggregatdatei**

Ein (Gemeinde-)Aggregat ist eine beliebig zusammengesetzte Gruppe von politischen Gemeinden, die als solche eine neue Bezugseinheit bilden. Als Standard-Aggregate kennt der Informationsraster folgende Einheiten:

Kantone
Bezirke
Raumplanungsregionen (Regionen der Regionalplanungen und IHG-Berggebietsregionen)
Agglomerationen (Abgrenzung, Stand 1970 und Stand 1983)
Basiselemente CK-73 (Raumplanerisches Leitbild CK-73)
Arbeitsmarkt-Subregionen (ORL-Industriestandortstudie und Landesplanerische Leitbilder)
GVK-Regionen (Gesamtverkehrskonzeption).

Die Daten der Aggregatdatei entstammen vollumfänglich der Gemeindedatei.

c) Flächendatei (Hektarraster)

Die Bezugsgrösse in der Flächendatei ist eine Rasterfläche von 100 m × 100 m, eine Hektare. Für jede Hektare sind gegenwärtig 14 Merkmale verfügbar, die Aussagen liefern über:

Bodennutzung (dominierende Nutzungsart)
Geländeneigung und -exposition; Höhe ü. M.
Gemeindezugehörigkeit
Schutzgebiete
Ausgewählte Resultate der Volkszählung 1970 (nur für einen Teil der Schweiz verfügbar).

Zur Bodennnutzung: Die Daten beruhen auf den topographischen Karten 1:25 000 und 1:50 000. Die Anwendung des Dominanzprinzips führt zu einer systematischen Unterdrückung von kleinflächigen und linienförmigen Nutzungen wie Flüssen, Verkehrsflächen, Hecken, Einzelgebäuden. Das Alter der Daten entspricht einem durchschnittlichen Stand von 1965. Nachführungen wurden seither keine gemacht. Dies führt dazu, dass die Flächendatei mehr und mehr an Bedeutung für die Raumplanung verliert. Die Daten sind in Form von Tabellen oder als Printer- und Plotterkarten erhältlich.

2.3. Datenauswertung

Ein erster Schritt bei der Datenauswertung ist die Datenaufbereitung, d.h. die Überprüfung der Erhebung auf ihre richtige technische Durchführung, und bei maschineller Auszählung die Verschlüsselung (Codierung) der Daten.

Die eigentliche problemorientierte Datenauswertung kann in unterschiedlicher Form erfolgen:

- Graphische Auswertung
- Kartographische Auswertung
- Statistische Auswertung
- Verbale Auswertung.

Welche Formen bzw. welche Kombinationen gewählt werden, hängt nicht allein vom Problem und den zur Problemlösung gesammelten Daten ab, sondern auch vom Adressaten. In der Raumplanung werden Daten, bzw. Informationen, in zweierlei Hinsicht verwendet:

- Als Eingabe für den Planungsprozess (Daten für den Planer) und
- als Ausgabe des Planungsprozesses (Daten für den Politiker und die Öffentlichkeit).

2.4. Datenfortschreibung, Raumbeobachtung

Durch die permanente Fortschreibung der Raumbestandesaufnahme gelangt man zur Raumbeobachtung. Die Aufgaben der *Raumbeobachtung* bestehen darin, fortlaufend alle wesentlichen quantitativen und qualitativen Veränderungen in einem Planungsgebiet zu verfolgen und problemorientiert sowie systematisch auszuwerten. Rechtzeitige Informationen über räumliche Probleme und Entwicklungen bilden eine unabdingbare Voraussetzung für eine aktive Raumordnungspolitik. Im Gegensatz zur Bestandesaufnahme handelt es sich dabei um eine *dynamische Betrachtungsweise*. Eine permanente, problemorientierte Beobachtung des Planungsraumes stellt besondere Anforderungen an Daten und Informationen:

- Sie müssen für die Veränderung der räumlichen Ordnung repräsentativ sein.
- Sie müssen in kurzen Zeitabständen erhoben werden können.
- Sie müssen zu verschiedenen räumlichen Aggregaten zusammengefasst werden können.
- Ihre Vergleichbarkeit in sachlicher, räumlicher und zeitlicher Hinsicht muss gewährleistet sein.

Die Raumbeobachtung ist ein wesentliches Hilfsmittel zum frühzeitigen Erkennen raumplanerischer Probleme (Frühwarnung) und zur rechtzeitigen Koordination entsprechender Massnahmen. Sie bildet ferner eine wichtige Grundlage der Erfolgskontrolle. Gegenwärtig sind an einigen Stellen in der Schweiz Raumbeobachtungssysteme in Abklärung und teilweise schon im Aufbau begriffen, z.B. Bundesamt für Raumplanung, Amt für Raumplanung des Kantons Zürich u.a.

Unter *Umweltüberwachung* versteht man die fortlaufende und systematische Beobachtung der Elemente der natürlichen Umwelt. Die dabei gewonnenen Informationen bilden eine wichtige Voraussetzung für die Umweltpolitik.

3. Prognosen

3.1. Zukunftsforschung

Planung setzt sich mit der Zukunft auseinander. Die systematische Auseinandersetzung mit der Zukunft wird als *Futurologie* bezeichnet. Dabei kann zwischen drei Aspekten, die allerdings eng miteinander verknüpft sind, unterschieden werden:

- Zukunftsforschung i.e.S.:   Prognosen u. ä. (Prognostik)
- Zukunftsgestaltung: Planung
- Zukunftsphilosophie: Ethische Probleme u. ä.

Nur über die Vergangenheit besteht sicheres Wissen; die Zukunft ist immer teilweise ungewiss.

3.2. Begriffe

Die Erfassung des Stellenwertes und der Funktion von Prognosen setzt einige begriffliche Abgrenzungen voraus:

Prophezeiungen («So wird es sein») besitzen keine wissenschaftliche Basis und sind nicht kausaltheoretisch fundiert; sie können optimistisch oder pessimistisch sein.

Utopien («So soll es sein») sind rational überlegte Zukunftsbilder; ihre Aussagen können sich auf Positives (Wünschenswertes) oder Negatives (Nicht-Wünschenswertes) beziehen.

Prognosen («So wird es unter gewissen, definierten Annahmen sein») versuchen, ein plausibles Bild der zukünftigen Entwicklung zu vermitteln.

Perspektiven («So könnte es unter verschiedenen Annahmen sein») sind Modelle mehrerer Zukunftsmöglichkeiten. Es handelt sich dabei um eine systematische und umfassende Analyse von Zukunftsalternativen, insbesondere auch im Hinblick auf das frühzeitige Erkennen von grundlegenden Problemen. Dabei werden sowohl autonome, d.h. nicht unmittelbar beeinflussbare, Bestimmungsgründe als auch instrumentelle, politische Bestimmungsfaktoren berücksichtigt.

Szenarien sind unterschiedliche, in sich geschlossene Gruppen von Randbedingungen (Zukunftsvorstellungen), innerhalb derer sich ein ausgewähltes Sachgebiet, z.B. Bevölkerungsentwicklung, bewegt. Szenarien geben also mögliche, denkbare Entwicklungen der Rahmenbedingungen an und beschreiben in diesem Zusammenhang einen «momentanen» Zustand. Extreme Szenarien in optimistischer oder pessimistischer Richtung dienen zum Aufzeigen eines Streubereiches, in dem sich eine Entwicklung abspielen kann.

3.3. Typisierung von Prognosen

3.3.1. Prognosen und Annahmen

Wesentlich zur Beurteilung und praktischen Verwendung von Prognosen sind in jedem Falle die Kenntnisse des Prognosetyps, im speziellen aber auch die den Prognosen zugrundegelegten Annahmen. Fehlen solche Informationen, so sind reine Zahlenwerte für die Planung meistens kaum brauchbar.

3.3.2. Prognosearten

Prognosen können nach verschiedenen Kriterien typisiert werden:

a) **Explorative und normative Prognosen**

In der Praxis müssen Prognosen zwei wichtige Aufgaben erfüllen:

- Aufzeigen der künftigen Entwicklungen und Zustände aufgrund bestehender Entwicklungstendenzen: *Explorative Prognosen, Statusquo-Prognosen.*
- Aufzeigen von zielgerichteten Entwicklungen auf bestimmte, gewünschte Zustände hin: *Normative Prognosen, Zielprognosen.*

Der *Vergleich zwischen einer erwarteten und der zielgerechten Entwicklung*, d.h. zwischen der explorativen und der normativen Prognose, bildet ein *wesentliches Element in jedem Planungsprozess.* Dieser Vergleich erlaubt, Massnahmen(bündel) zu schaffen, die notwendig sind, um die Entwicklung vom Trend weg in Richtung Erfüllung der

Zielvorstellungen zu steuern. In der Praxis zeigt sich allerdings, dass sich die (methodischen) Unterschiede zwischen diesen beiden Prognosetypen beim Einsatz ihrer Ergebnisse nicht immer einhalten lassen. Annahmen bezüglich Entwicklungstendenzen in der Status-quo-Prognose enthalten häufig Zielelemente, während Zielprognosen in der Regel nicht unbeeinflusst von Entwicklungstrends festgelegt werden. Zwischen diesen beiden Typen liegen jene Prognosen, denen bestimmte, neue Steuerungsmassnahmen zugrunde gelegt werden, ohne dass Gewähr dafür besteht, dass die Ziele mit diesen Massnahmen auch erreicht werden.

Abb. 26   Zielprognose und Status-quo-Prognose

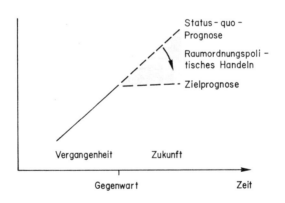

b) **Total- (Global-) und Partialprognosen**

Totalprognosen versuchen, die Gesamtentwicklung eines Raumes vorauszusagen; Partialprognosen betreffen nur einzelne Elemente, z.B. Bevölkerung, Siedlungsflächenbedarf usw. Zwischen Total- und Partialprognosen bestehen enge, wechselseitige Zusammenhänge: Häufig werden Totalprognosen benötigt, um die gewünschte Partialprognose zu erstellen. Anderseits bedarf es wiederum Voraussagen über die Entwicklung der wichtigsten Elemente, um die Gesamtentwicklung eines Gebietes prognostizieren zu können. Ebenso wichtig wie Prognosen über die Entwicklung einzelner Elemente sind solche über die Zusammenhänge zwischen diesen.

c) Objekte

Partialprognosen können nach den zu prognostizierenden Objekten gegliedert werden, z. B. Bevölkerungs-, Arbeitsplatz-, Verkehrsprognosen usw. Bei der Differenzierung in Total- und Partialprognosen sowie bei der weiteren Unterteilung der Partialprognosen spielt der Aggregationsgrad eine wichtige Rolle. Welcher Aggregationsgrad für eine bestimmte Prognose sinnvoll und nützlich ist, hängt vom vorliegenden Problem und vom Verwendungszweck der Untersuchungsergebnisse ab.

d) Zeitdauer

Allgemein eingebürgert hat sich eine Dreiteilung der Zukunft in eine nahe, mittlere und ferne Zukunft:

- Kurzfristige Prognosen   bis zu 1 Jahr
- Mittelfristige Prognosen   1 bis 5 Jahre
- Langfristige Prognosen   10 und mehr Jahre.

Das Schwergewicht von raumplanerischen Prognosen liegt im Bereich der mittleren und fernen Zukunft; konjunkturelle Aspekte bleiben eher ausgeklammert. Die Länge des sinnvollen Prognosezeitraumes muss im konkreten Fall durch Kausaluntersuchungen abgeklärt werden. Prognosen sind in irgendeinem Zeitpunkt überholt. Unvorhersehbare Ereignisse und Einflüsse können den Verlauf einer vorauszuplanenden und -berechnenden Entwicklung verändern. Prognosen müssen deshalb periodisch nachgeprüft werden.

e) Prognoseraum

Die Prognosemethode ist ferner abhängig von der Grösse des Prognoseraumes. Je grösser die räumliche Bezugseinheit ist und je weniger Beziehungen nach aussen bestehen, desto einfacher sind die Methoden und desto weniger unsicher die Ergebnisse, da viele kleinräumlich wirkende Bestimmungsfaktoren ausgeklammert werden können. Die Summe regionaler Teilprognosen muss mit der Prognose für den Gesamtraum übereinstimmen. Prognosen benachbarter Räume müssen aufeinander abgestimmt werden.

f) Quantitative und qualitative Prognosen

Quantitative Prognosen sind auf Zahlenmaterial aufgebaut und geben eher mengenmässige Aussichten an. Qualitative Prognosen befassen sich entweder mit der Qualität des Untersuchungsobjektes und seinen Verbesserungsmöglichkeiten oder umschreiben zukünftige Entwicklungen nur verbal. Massgebend für die Anforderungen an die Genauigkeit von Prognosen sind deren Zwecke. Für viele genügt schon die Bestimmung der Entwicklungsrichtung oder von ungefähren Angaben. Jede Prognose ist von Natur aus ungenau. Ferner gilt es zu berücksichtigen, dass die geforderte Genauigkeit oder Zuverlässigkeit und der Aufwand für die Herstellung einer Prognose in einem vernünftigen Verhältnis zueinander stehen sollen.

Diese verschiedenen Prognosetypen können miteinander kombiniert werden, z.B.:

	Verhältnis zur Zukunft	Zeitdauer	
		kurzfristig	langfristig
«Blickrichtung»	explorativ	so wird es sein	so könnte es sein
	normativ	(selten)	so muss es sein

Der Prognosetyp bestimmt neben anderen Faktoren wesentlich, welches Prognoseverfahren zweckmässigerweise gewählt wird.

3.4. Prognoseverfahren

Unter den zahlreichen Prognoseverfahren sind hervorzuheben:

3.4.1. Zeitreihenanalysen

Die Entwicklung in einer vergangenen Zeitperiode wird analysiert, aufgezeichnet und in die Zukunft verlängert (Trendextrapolation). Diese Analyse beruht auf der Grundannahme, dass die Entwicklung in Zukunft so fortschreiten werde wie in der Vergangenheit (zeitlicher Determinismus). Dabei stellen sich u.a. folgende Probleme: Länge des zu berücksichtigenden Zeitraumes? Ausscheiden einmaliger Ereignisse? Form der Trendkurve (linear, exponentiell, Sättigungskurve usw.)?

3.4.2. Kausalanalysen

Die Vorhersagen sind kausaltheoretisch fundiert. Sie basieren nicht auf reiner Zeitentwicklung, sondern auf Bestimmungsfaktoren und den Abhängigkeiten zwischen den untersuchten und zu prognostizierenden Variablen und ihren Bestimmungsfaktoren:

Einfachregression:
$y = f(x)$
Die Entwicklung einer Grösse wird in Abhängigkeit einer anderen vorausgesagt.

Multiple Regression:
$y = f(x_1, x_2, \ldots x_n)$
Verschiedene Beeinflussungsfaktoren werden gleichzeitig berücksichtigt.

Komponentenmethode:
Beispielsweise wird eine Bevölkerungsprognose aus Prognosen über die Geburten und Todesfälle (natürliche Bevölkerungsentwicklung) sowie aus den Prognosen über die Zu- und Abwanderer (Wanderung, Migration) zusammengesetzt. Zahlreiche zu prognostizierende Grössen setzen sich aus Komponenten zusammen, die unterschiedlichen Gesetzmässigkeiten gehorchen.

Stufenmethode:
Die Entwicklung in einem Raum wird nicht direkt geschätzt, sondern in Abhängigkeit von der Entwicklung in einem übergeordneten Gesamtraum oder in Abhängigkeit der Entwicklungen in untergeordneten Teilräumen.

Querschnittanalyse:
Die Entwicklungszustände und -richtungen, wie sie sich für mehrere Teilräume finden, können Anhaltspunkte für die Entwicklungstendenzen in einem einzelnen Teilraum ergeben.

Kausalanalysen laufen im wesentlichen auf eine Trendextrapolation hinaus. Der Vorteil gegenüber der Zeitreihenanalyse liegt in ihrer grösseren Ausdifferenzierung und der besseren Durchschaubarkeit der Faktoren und Zusammenhänge, die der Prognose zugrunde liegen.

3.4.3. Befragungsmethoden

a) Direkte Befragung

Eine repräsentative Gruppe (Stichprobe) wird befragt, die Interviews/Fragebogen werden statistisch ausgewertet und für die Grundgesamtheit hochgerechnet. Sie sind für kurz- und mittelfristige Prognosen geeignet, z.B. Konsum- und Konjunktur-Prognosen.

b) Experten-Befragung

Fachexperten werden systematisch über die Zukunftsaussichten auf ihren Fachgebieten befragt; Analyse der Fachexperten-Meinungen. Sie sind für mittel- und langfristige Prognosen auf eher technologischen Teilgebieten geeignet, z.B. technologische Trends, Investitionsgüterprognosen.

c) Delphi-Methode

Quantifizierung von qualitativen Tatbeständen mit Hilfe von Experten-Befragungen in mehreren Durchgängen mit jeweiliger Rückkoppelung der Auswertungsergebnisse unter Einsatz von Fragebogen. Aufgrund der ersten Befragungsrunde werden die Mittelwerte und Streuungen der Antworten errechnet; diese Ergebnisse werden in einer zweiten Runde den Befragten zur Stellungnahme vorgelegt; aufgrund der Korrekturen werden neue Mittelwerte und Streuungen berechnet; insgesamt finden drei bis vier Durchgänge statt. Feststellung und Abklärung des Dissenses zwischen den Befragungsrunden vermitteln neue Gesichtspunkte und gestatten eine bessere Unterscheidung zwischen eher sicheren und eher unsicheren Elementen.

4. Ziele, Instrumente und Massnahmen

4.1. Ziele

4.1.1. Begriff

Unter Zielen versteht man rational angenommene oder vorausgesetzte zukünftige Grössen, wie Werte, Verhaltensweisen, Zustände usw. Ziele beschreiben somit vorweggenommene Zustände.

4.1.2. Zielfindungsprozess

Bei der Zielfindung (Zielbildung) können vereinfacht zwei Vorgehensweisen unterschieden werden:

– *Problemorientiertes Vorgehen:*
Pragmatische Zielfindung der kleinen Schritte
– *Konzeptorientiertes Vorgehen:*
Zielfindung durch Konzepte.

Weder die problemorientierte Zielfindung allein noch die Zielfindung durch Konzepte allein führen zu einer hinreichenden Zielbestimmung in der Raumordnungspolitik. Diese beiden Vorgehensweisen müssen in der Praxis sinnvoll kombiniert werden.

4.1.3. Zielgliederung

Ziele können nach verschiedenen Kriterien gegliedert werden:

a) **Inhalt**

Nach Arten, z.B.:
– Bodenpolitische Ziele
– Raumstrukturelle Ziele
– Ökologische Ziele.

Nach Gebieten, z.B.:
- Ziele für Verdichtungsgebiete (Agglomerationen)
- Ziele für Städte
- Ziele für ländliche Gebiete
- Ziele für Berggebiete und periphere Gebiete.

Nach Problemverflechtungen, z.B.:
- Staatspolitische Ziele
- Wirtschaftspolitische Ziele
- Gesellschaftspolitische Ziele.

Nach Detaillierungsgrad:
Je tiefer ein Ziel in einem hierarchischen Zielsystem (Zielhierarchie) steht, um so präziser und detaillierter ist sein Vorstellungsinhalt, um so genauer fixiert sind die einzelnen Merkmale. Damit ist ein Ziel leichter operationalisierbar (messbar), d.h., es sind daraus müheloser Massnahmen abzuleiten. Oft werden in diesem Zusammenhang die Begriffe «*Zweck*» (umfassend, nicht operationalisierbar) und «*Ziel*» (weniger umfassend, eher operationalisierbar) auseinandergehalten.

b) **Verbindlichkeit**

- Rechtlich verbindliche Ziele
- Rechtlich unverbindliche Ziele.

Häufig reichen rechtlich unverbindliche Ziele zur Bewältigung raumplanerischer Probleme nicht aus, da in einem solchen Fall – in der Regel – auf keine gesetzlichen Massnahmen zurückgegriffen werden kann.

4.1.4. Zielkonflikte

Zwischen Zielen können Konflikte auftreten. Dabei lassen sich verschiedene Arten von Zielkonflikten unterscheiden. Zielkonflikte werden häufig in Form einer Konfliktmatrix dargestellt. Es ist eine wichtige Aufgabe der Raumplanung, solche Konflikte offenzulegen und Lösungsmöglichkeiten aufzuzeigen. Diese Überprüfung der Ziele auf ihre Vereinbarkeit wird auch (Ziel-)Konsistenzprüfung genannt.

a) **Logischer Zielkonflikt**

Die Aussagen bezüglich des Zieles A widersprechen den Aussagen bezüglich des Zieles B.

b) **Empirisch-theoretischer Zielkonflikt**

Absoluter Zielkonflikt:
Die Verwirklichung des Zieles A schliesst die Verwirklichung des Zieles B aus, weil es beispielsweise für eine Ressource nur eine Verwendung gibt.

Relativer (gradueller) Zielkonflikt:
Die Verwirklichung des Zieles A schliesst die Verwirklichung des Zieles B teilweise aus bzw. beeinträchtigt die Verwirklichung des Zieles B.

4.2. Instrumente

4.2.1. Begriff

Planen im Sinne des Koordinierens und Steuerns von Handlungsbeiträgen, um ein Problem zu lösen, benötigt Instrumente, welche erlauben, diese Koordinations- und Steuerungsfunktion wahrzunehmen. Ein solches Instrument der Planung ist der *Plan.*

Der Plan ist das Instrument der problemadäquaten, zielgerechten Koordination von Handlungsbeiträgen und ihrer Steuerung. Die kartographische Darstellung ist kein Begriffselement des Plans, d.h., Aussagen in einem Plan können, müssen aber nicht kartographisch dargestellt werden.

Der Anwendungsbereich des Planes als Instrument der Koordination und Steuerung ist ausgedehnt und beschränkt sich nicht auf die Raumplanung, wie das zahlreiche Beispiele aus dem persönlichen, dem privatwirtschaftlichen und dem politisch-administrativen Bereich belegen.

4.2.2. Raumpläne

Die Pläne der Raumplanung können als Raumpläne bezeichnet werden; Raumpläne sind die eigentlichen Instrumente der Raumplanung. Sie können nach sehr vielen Kriterien gegliedert werden; es lässt sich eine Vielzahl von Planarten unterscheiden. Die geltende Gesetzgebung beschränkt deren Zahl.

Tabelle 65: *Planarten*

Einteilungskriterium	Planart	
Territorialer Geltungsbereich	Bundesplan Kantonalplan Regionalplan Kommunalplan Quartierplan	} Nationalplan
Sachlicher Umfang	Gesamtplan Teilplan	
Gegenstand (im Verhältnis zur Verwaltungsaufgabe)	Projektplan Ressortplan Bereichsplan	
Funktion	Sachplan Querschnittsplan Gesamtplan	
Inhalt	Landschaftsplan Siedlungsplan Transportplan Versorgungsplan Rahmennutzungsplan (Zonenplan) Sondernutzungsplan – Baulinienplan – Überbauungsplan – Gestaltungsplan Erschliessungsplan Eignungsplan Inventarplan	
Zeitlich	Kurzfristiger Plan Mittelfristiger Plan Langfristiger Plan	
Stufe	Quartierplan Ortsplan Regionalplan Kantonalplan Bundesplan	} Nationalplan

Weisungsart	Verbotsplan (Restriktionsplan) Gebotsplan (Positivplan)
Verbindlichkeit	Unverbindlicher Plan (indikativer Plan) Verbindlicher Plan (imperativer Plan) – Behördenverbindlicher Plan (Richtplan) – Grundeigentumsverbindlicher Plan (Nutzungsplan)
Genauigkeit	Übersichtsplan Massstäblicher Plan Grobplan Feinplan
Phase im Planungsablauf	Planentwurf Geltender Plan Ausführungsplan Etappenplan

Die in der Fachsprache häufig genannten Leitbilder, Konzepte und Programme sind Pläne. Sie unterscheiden sich in der Akzentsetzung der Ziel-Massnahmen-Orientierung:

Begriff	*Inhalt* (Schwergewicht)
Leitbild Konzept Programm	Ziele Ziele und Massnahmen Ziele und Massnahmen und zeitlicher sowie finanzieller Rahmen (Etappierung)

4.2.3. Beispiele für Leitbilder, Konzepte und Programme

Für die Raumplanung wichtige neuere Leitbilder, Konzepte und Programme auf nationaler Ebene sind z.B.:

a) **Leitbilder**

Landesplanerische Leitbilder, 1971
Raumplanerisches Leitbild der Schweiz CK-73, 1973.

b) **Konzepte**

Gesamtwirtschaftliches Entwicklungskonzept für das Berggebiet
(Bericht Flückiger), 1970
Schweizerische Gesamtverkehrskonzeption (GVK-CH), 1977
Schweizerische Gesamtenergiekonzeption (GEK-CH), 1978
Schweizerisches Tourismuskonzept, 1979.

c) **Programme**

Regierungsrichtlinien (Regierungsprogramme)
Mehrjahresprogramm für zivile Bauten des Bundes
Mehrjahresprogramm für militärische Bauten und Anlagen.

4.2.4. Wichtigste Pläne

Die Koordinations- und Steuerungsaufgaben der Raumplanung beziehen sich im wesentlichen auf die raumwirksamen Tätigkeiten der öffentlichen Hand und auf die Bodennutzungsansprüche der öffentlichen Hand sowie der Privaten. Das Planungsinstrumentarium, das für diese beiden Aufgaben zur Verfügung steht, ist vielgestaltig, doch lässt es sich im Richtplan (konzeptionell-programmatischer Plan) einerseits und im Nutzungsplan anderseits zusammenfassen.

Der *Richtplan,* als konzeptionell-programmatischer Plan, steuert und koordiniert die raumwirksamen Tätigkeiten mit Einschluss der Nutzungsplanung. Er ist auf allen Staatsebenen denkbar; er wendet sich an die Behörden und ist deshalb als behördenverbindlich auszugestalten; im Verhältnis zu anderen Plänen der öffentlichen Hand handelt es sich um einen Sachplan mit Querschnittsfunktion, da er auf die anderen Sachaufgaben, soweit sie raumwirksam sind, Einfluss nimmt; er ist deshalb mit andern Sachplänen zu koordinieren.

Der *Nutzungsplan* steuert und koordiniert die Bodennutzungsansprüche durch die Lokalisierung der gesetzlich zulässigen Nutzungsarten und -intensitäten. Er wendet sich an die Grundeigentümer und ist deshalb als grundeigentumsverbindlicher Plan auszugestalten.

Unter *Sondernutzungsplänen* versteht man Pläne, welche Teilräume oder Teilaspekte der Nutzungsordnung behandeln.

4.3. Massnahmen

4.3.1. Begriff und Funktion

Die Pläne als Instrumente der Raumplanung bereiten die Verwirklichung einer erwünschten Raumordnung vor, doch tragen sie zumeist nur mittelbar dazu bei. So legt der Nutzungsplan die zulässigen Bodennutzungsarten räumlich fest, doch gewährleistet ein bestehender Nutzungsplan noch nicht, dass im Sinne des Nutzungsplanes gebaut, Landwirtschaft betrieben, Industrie angesiedelt usw. wird. Er ist ein negativer Plan, der sich der nutzungszonenfremden Verwendung des Bodens entgegenstellt. Die Verwirklichung der Raumplanung setzt erst mit der Durchführung von Handlungsbeiträgen ein. *Handlungsbeiträge, die willentlich zur Verwirklichung der Pläne ergriffen werden, werden als Massnahmen bezeichnet.*

4.3.2. Typisierung

Massnahmen im Dienste der räumlichen Ordnung können nach sehr unterschiedlichen Gesichtspunkten typisiert werden:

- *Raumplanerische Massnahmen i.e.S.:*
Diese stehen ausschliesslich im Dienste räumlicher Ziele (Beispiel: Bundesgesetz über Investitionshilfe für Berggebiete (IHG) vom 28. Juni 1974, SR 901.1)
- *Raumplanerische Massnahmen i.w.S.:*
Diese stehen im Dienste sowohl räumlicher als auch anderer Ziele (Beispiel: Räumlich differenzierte agrarpolitische Massnahmen)
- *Raumwirksame Massnahmen ohne raumordnungspolitischen Zielhintergrund:*
Die räumlichen Wirkungen sind nicht explizit beabsichtigt (Beispiel: Massnahmen im Bereich der Sozialversicherungen).

Raumplanerische Massnahmen werden häufig in restriktive und in positive Massnahmen (Förderungsmassnahmen) unterteilt. *Restriktive Massnahmen* (oft als «Negativplanung» bezeichnet) schränken den Entwicklungsspielraum ein, z.B. durch eine sehr restriktive Flächennutzungsplanung, oder sie belasten gewisse Aktivitäten finanziell. Demgegenüber werden durch *positive Massnahmen* (oft als «Entwicklungsplanung» bezeichnet) die Entwicklungsvoraussetzungen verbessert, beispielsweise durch den Ausbau der haushalts- und/oder unternehmensorientierten Infrastruktur. Beim gleichzeitigen Einsatz von Förderungs- und Restriktionsmassnahmen ist dafür zu sorgen, dass sich diese nicht gegenseitig aufheben, sondern unterstützen, um einen möglichst grossen Steuerungseffekt zu erreichen.

Eine zusätzliche Unterteilung bildet die Gliederung in *befristete (temporäre) und dauernde Massnahmen.* Beispiele für befristete Massnahmen sind: Bundesbeschluss über dringliche Massnahmen auf dem Gebiete der Raumplanung (BMR) vom 17. März 1972 (mit Verlängerungsbeschlüssen vom 20. Juni 1975 sowie vom 8. Oktober 1976, AS 1972 644) oder der Bundesbeschluss über Finanzierungsbeihilfen zugunsten wirtschaftlich bedrohter Regionen vom 6. Oktober 1978 (SR 951.93). Befristete Massnahmen werden vorzugsweise zur Erreichung nur temporär wichtiger Ziele, zur Einleitung einer später von selbst weiterlaufenden erwünschten Entwicklung sowie in Fällen eingesetzt, wo die Wirkung der Massnahmen noch sehr ungewiss ist.

Eine weitere Typisierungsmöglichkeit ist die Unterteilung der Massnahmen nach *Problembereichen,* z.B.:
- Bodenpolitische Massnahmen
- Raumstrukturelle Massnahmen
- Ökologische Massnahmen.

4.3.3. Besondere Massnahmen der Nutzungsplanung

An Massnahmen, welche zur Verwirklichung von Nutzungsplänen dienen, können genannt werden:
- Parzellarordnung:
  Landwirtschaftliche Güterzusammenlegung
  Baulandumlegung
  Sanierungsumlegung
  Entflechtungszusammenlegung
  Grenzbereinigung (Grenzregulierung)
- Erschliessung
- Baubewilligung
- Ausstattung mit lebensnotwendigen Einrichtungen
- Zonenexpropriation:
  Landerwerb zugunsten der öffentlichen Hand in Zonen der öffentlichen Bauten und Anlagen sowie in Grün-/Freihaltezone oder als Massnahme gegen die Landhortung, insbesondere in Bauzonen
- Nutzungszwang (z.B. Bewirtschaftungszwang).

4.3.4. Überprüfung von Massnahmen
Vor ihrem Einsatz müssen Massnahmen überprüft werden.

a) Zielkonformität

Ist die Massnahme aufgrund der theoretischen Kenntnisse und der empirischen Erfahrungen zur Erreichung des Zieles grundsätzlich geeignet?
Ist die Intensität der Massnahme, des Eingriffes dem Ziel angemessen?
Setzt die Massnahme am richtigen Punkt des (räumlichen) Beziehungsgefüges an?

b) Systemkonformität

Ist die Massnahme mit der im Zeitpunkt der Planung vorhandenen gesellschaftlichen, politischen und wirtschaftlichen Grundordnung vereinbar (z.B. Niederlassungsfreiheit, Handels- und Gewerbefreiheit usw.)?

5. Realisierung

Selbst durch ein geschicktes Aufstellen von Zielen und Massnahmen wie auch durch den Einsatz des Planungsinstrumentariums werden die Probleme nicht bewältigt. Das Planungsverfahren allein garantiert also keine Problemlösung. Ein Plan wird erst durch *Entscheide sowie Handlungen* realisiert, und zwar durch solche *der öffentlichen Hand und der privatwirtschaftlichen Unternehmungen wie auch der individuellen Investoren*. Die Raumplanung erfüllt ihre Funktion, wenn sie diese initiiert, an den Raumanforderungen (dargestellt in Plänen, Planungsgrundsätzen) misst und koordiniert. Die Raumplanung ist immer auch Raumordnungspolitik.

Die planenden Instanzen und insbesondere auch die von der öffentlichen Hand beauftragten Planer befassen sich vorweg mit vorbereitenden Arbeiten, doch darf sich ihre Tätigkeit nicht darauf beschränken. Da die Planung ein dauernder Vorgang ist und sich die Verwirklichung allenfalls über Jahre hinzieht, muss die Planrealisierung laufend verfolgt und immer wieder von neuem auf die Planadäquanz hin überprüft werden, insbesondere auch unter dem Gesichtspunkt der möglichen Auswirkungen des Vorhabens. Ergeben sich Anzeichen, welche auf die Notwendigkeit einer Planänderung hinweisen, so ist der Planungsvorgang neu einzuleiten. Er kann in eine *Planänderung* ausmünden. Wird der Plan den Verhältnissen nicht mehr gerecht, so drängt sich die Planänderung sogar auf. Dabei sind die Gesichtspunkte der Interessen an der Planänderung und der Rechtssicherheit gegeneinander – im Sinne der sogenannten *Plangewährleistung* – abzuwägen. Pläne sind nicht unabänderbar, doch darf der Gesichtspunkt der Rechtssicherheit nicht vernachlässigt werden. Bei grundeigentumsverbindlichen Plänen ist er von grösserer Bedeutung als bei behördenverbindlichen Richtplänen (Art. 9 Abs. 2/21 Abs. 2 RPG).

Um die Planrealisierung nach Sach-, Zeit- und Finanzaufwand koordinieren zu können, ist das Aufstellen eines *Programms* sinnvoll. Es handelt sich beim Programm um einen Plan zu ergreifender Massnahmen, welcher die Zeitkomponente besonders hervorhebt, verbunden mit der Frage nach der Verfügbarkeit der finanziellen Mittel und der Verarbeitungskapazität der öffentlichen Hand und der Wirtschaft. Nicht vernachlässigt werden darf zudem der zeitliche Aufwand für die politischen und unternehmerischen Entscheidungsprozesse. Dieser ist bei der öffentlichen Hand erheblich. Die Demokratie, die für die Raumplanung als Legitimitätsbasis wesentlich ist, setzt sachliche und zeitliche Grenzen. Da der Zonenplan als Rahmennutzungsplan im wesentlichen ein Plan der negativen Planung ist, welche anfallende Aktivitäten auffängt und planerisch einordnet, kommt den Realisierungsbemühungen im Rahmen einer Ortsplanung besondere Bedeutung zu. Fehlt es an Wohnbauaktivitäten, so muss sich eine Gemeinde veranlasst sehen, eine entsprechende Wohnbaupolitik auszulösen, um die Nutzungsplanung zu realisieren. Dies gilt in ähnlicher Art und Weise für die Arbeitsmarkt-/Beschäftigungspolitik als «Realisierung» der Industrie- und Gewerbezonen. Das Instrument der *Positivplanung,* welche den Realisierungsgedanken in den Vordergrund rückt, ist der Richtplan, der dazu anhält, die gesetzlichen Möglichkeiten staatlichen Handelns raumadäquat zu nutzen. Der Programmteil ist notwendiger Inhalt des Richtplans. In einer freien Wirtschaft mit einer relativ begrenzten Staatsquote (Verhältnis zwischen den Staatsausgaben und dem Bruttosozialprodukt, schweizerischer Durchschnitt 1973–1980: 27,3%) hängt sehr viel davon ab, ob die Privatwirtschaft Vertrauen in die Raumplanung zu setzen vermag. Nur so gelingt es, die raumplanerischen Intentionen mit den Zielsetzungen der Wirtschaft abzustimmen. Dies bedingt ein *Miteinander von Raumplanung und Wirtschaft.*

Spätestens bei der Realisierung – wird die Planung von Anfang an sorgfältig an die Hand genommen, so bereits zu Beginn – zeigt sich, dass selbst eine differenziert angegangene Planung nicht alle Konflikte aus der Welt schaffen kann. Es braucht deshalb im Rahmen der Realisierung immer wieder neue *Absprachen und Koordinationsanstrengungen,* wobei – im Rahmen des geltenden Rechts – Kompromisse konstruktiv sein können.

6. Kontrolle (Erfolgskontrolle)

6.1. Zweck

Erfolgskontrollen werden zu folgenden Zwecken durchgeführt:
- Rationale Beurteilung von Ziel-Massnahmen-Systemen
- Verbesserung des Einsatzes bestehender Massnahmen
- Auffinden neuer Massnahmen.

Entscheidend bei der Erfolgskontrolle ist die Auswahl der Indikatoren, mit deren Hilfe der Erfolg (oder Misserfolg) raumplanerischer Massnahmen gemessen wird, denn diese Auswahl entscheidet darüber, welche Effekte überprüft werden.

6.2. Verfahren und Kriterien

Die Verfahren zur Überprüfung von Wirkungen und Wirksamkeit von Massnahmen können nach folgenden Kriterien gegliedert werden:

6.2.1. Zeitpunkt

Ex-post-Überprüfungen untersuchen die Wirkungen und Wirksamkeit bereits eingesetzter Massnahmen, während bei der *Ex-ante-Überprüfung* künftige Folgen noch nicht erprobter Massnahmen abgeschätzt werden (prognostische Wirkungsforschung).

6.2.2. Umfang

Globalkontrollen untersuchen die Wirkungen ganzer Massnahmenbündel und Programme, während bei der *Partialkontrolle* die einzelne Massnahme und ihre Wirkungen interessieren. Die Globalkontrolle berücksichtigt vor allem die Tatsache, dass die einzelnen Massnahmen im Zusammenhang mit anderen wirken und deshalb zahlreiche interaktive Effekte erzeugen. Auf der anderen Seite sind aber auch Kenntnisse über die Effekte von Einzelmassnahmen notwendig.

6.2.3. Inhalt

Die *Vollzugskontrolle* untersucht, wo, von wem, in welchem Umfang und wann welche Massnahmen eingesetzt wurden, d.h., sie vergleicht den geplanten mit dem tatsächlichen Mitteleinsatz. Sie ist eine Voraussetzung jeder Erfolgskontrolle, die aber über die Wirkung und Wirksamkeit der Massnahmen noch keine Aussagen macht.

Die *Ziel-(erreichungs-)kontrolle* vergleicht die tatsächliche Entwicklung mit der geplanten Entwicklung. Die Zielerreichung bzw. deren Grad wird im Sinne einer Soll-Ist-Divergenz gemessen.

Die *Wirkungs- oder Effizienzkontrolle* untersucht, welchen Beitrag eine Massnahme oder ein Bündel von Massnahmen zur Zielerreichung leistet, d.h., es wird untersucht, wie weit der bei der Zielkontrolle festgestellte Zielerreichungsgrad kausal auf den Einsatz bestimmter Massnahmen zurückgeführt werden kann und welche Faktoren für die Restvarianz verantwortlich sind. Zusätzlich beschäftigt sich aber die Wirkungskontrolle auch mit den Nebeneffekten von Massnahmen. Als *Methoden der Wirkungskontrolle* sind hervorzuheben:
- Ökonometrische Modelle
- Empirische Erhebungen, z.B. Umfrage bei Unternehmen und Haushalten über die Berücksichtigung von Förderungsmassnahmen bei ihren Standort- und Wohnortentscheiden
- Referenzanalysen, z.B. Vergleich der Entwicklung in ähnlich gelagerten Räumen, wobei in einem Raum ein Massnahmeneinsatz erfolgt ist, in den andern Räumen aber nicht; Vergleich der Entwicklung in einem Teilraum mit Massnahmeneinsatz mit derjenigen des Gesamtraumes ohne Massnahmeneinsatz (Shift-Analyse).

KAPITEL V: Auftrag der Raumplanung

1. Problembewältigung

1.1. Raumplanung als Problembewältigung

Raumplanung «als vorwegnehmende Koordination von Handlungsbeiträgen und deren Steuerung über längere Zeit» ist nicht Selbstzweck. Sie steht wie jede Art von Planung im Dienst einer Sachaufgabe. Bei der Raumplanung geht es um die Erhaltung und Gestaltung des Lebensraumes. Dessen zunehmende Beanspruchung durch konkurrierende Forderungen, die auf verschiedenen privaten und öffentlichen Interessen beruhen, zwingen zur Prioritätensetzung und zur Hervorhebung von Präferenzen. Da der Lebensraum in seiner Veränderung nicht ein in sich geschlossenes, greifbares Ganzes ist, kann sich die Raumplanung nicht damit begnügen, sich mit dem Lebensraum als solchem auseinanderzusetzen: Sie muss die *Probleme, die anfallen oder voraussehbar aufkommen werden, erkennen und aufnehmen.*

Die Raumplanung als Koordinations- und Steuerungsaufgabe hat sich in der Auseinandersetzung mit den aktuellen und potentiellen Problemen zu bewähren, selbstverständlich immer ausgerichtet auf die Gesamtaufgabe, den konkreten Lebensraum eines Quartiers, einer Gemeinde, einer Region, eines Kantons, eines Landes oder sogar von übernationalen Gebieten im Auge zu behalten. Die Problemlösung ist im Einzelfall auf den übergeordneten Rahmen abzustimmen und in Verantwortung gegenüber dem Lebensraum zu treffen. Es stehen sich also die Auseinandersetzung mit aktuellen Problemen und die Strukturierung des vorgegebenen Raumes durch eine räumliche Konzeption gegenüber. Sie sind gegenseitig bedingt. Der einseitige Zutritt über zu eng verstandene Konzeptionen, wie Leitbilder oder Szenarien, führt an den konkreten Aufgaben vorbei, wie umgekehrt die Auseinandersetzung mit sektoralen räumlichen Problemen zusammenhangslos wird, wenn eine funktionelle und strukturelle, ganzheitliche Betrachtungsweise fehlt. Der *Mangel der heutigen Raumplanung liegt aber weniger im Bereich der konzeptionellen Vorgaben als vielmehr auf der Seite der Problemerkenntnis, der Problemaufnahme und der Problembewältigung.* Auf alle Fälle reüssiert die Raumplanung nur, wenn sie Probleme anzugehen vermag und nicht an ihnen vorbeiplant. Die Fähigkeit, mit ihnen umzugehen, ist deshalb nicht nur eine Frage der Methodik der Raumplanung, sondern auch an ihre politische Glaubwürdigkeit.

1.2. Problemerkenntnis als politische Verpflichtung

Das Aufspüren und das aktualisierende Beschreiben der räumlichen Probleme ist eine heikle Aufgabe. Die Politik – und teilweise auch die Planung – neigt dazu, diesen Schritt zu überspringen und Ziele zu proklamieren. Geht sie überschnell den nächsten Schritt des Aufstellens von Massnahmen an, so entsteht die grosse Gefahr, dass diese nicht greifen und an der Sache vorbeigehen. Sie sind ziellastig und nicht problemorientiert. Es kann deshalb nicht genug betont werden, wie wichtig es ist, die wesentlichen Probleme für sich und in ihrem Zusammenhang zu erkennen. Ist dieser Schritt geleistet, so wird *die Politik* als *Raumordnungspolitik fähig, Probleme anzugehen und mit operablen Zielen und Massnahmen zu agieren.* Sie vermag unter diesen Voraussetzungen ihrem Auftrag zu entsprechen, in einem umfassenden Vorgang die anfallenden raumrelevanten Probleme im Rahmen der Handlungsdisponibilität des politischen Systems zu bewältigen. Allerdings: Die Raumplanung als Sachplanung kann und darf sich nicht auf das Entwickeln von Visionen, Szenarien oder Konzeptionen beschränken. Sie muss jene Punkte auf die Traktandenliste der Politik setzen, die einer Lösung harren. In der Regel sind dies nicht «abstrakte Raumprobleme», sondern ganz konkrete öffentliche Aufgaben, die so oder so behandelt werden müssen oder müssten, deren Bedeutung für den Lebensraum, weil der Sachaspekt im Vordergrund steht, in der Regel verkannt wird. Die *Problemerkenntnis und -aufnahme ist für die staatlichen Organe der Raumplanung und das politische System aus verschiedenen Gründen schwierig.*

Im Vordergrund steht die *zweifache Dimension der räumlichen Probleme.* Sie fallen nämlich nicht nur gebiets- oder sogar flächenbezogen an. Oft sind es reine Sachprobleme, deren räumliche Bedeutung erst herausgearbeitet werden muss. Es geht also sowohl um gebiets- als auch um sachbezogene Probleme. Als Beispiel für ein gebietsbezogenes mag die Notwendigkeit erscheinen, landwirtschaftliche Vorranggebiete auszuscheiden und raumplanungsrechtlich mit dem Mittel der Landwirtschaftszone zu schützen. Als ein Sachproblem kann die Telekommunikation dienen, deren Raumbedeutsamkeit nicht auf der Hand liegt, sondern ermittelt werden muss. Der zweite Schwierigkeitsgrund liegt im *Faktor Zeit.* Die Politik neigt zur Zuwendung zu den aktuellen

Problemen, während die Raumplanung bereits aufkommende erkennen, auffangen resp. ihre Vor- und potentiellen Auswirkungen in die richtigen Bahnen lenken muss. Die Raumplanung wird deshalb immer Mühe bekunden, die wirklich raumbedeutsamen Probleme der Meisterung durch die Politik zu überantworten. Wenn sich die Politik mit der Förderung der Bauwirtschaft befassen muss, dann tut sie sich schwer, gleichzeitig jene Massnahmen zu diskutieren, die in die Zukunft hinein verhindern, dass am falschen Ort gebaut wird. Umgekehrt übersieht die Raumplanung zu oft, wie gross ihr Einfluss wäre, wenn sie bei anstehenden Entscheidungen, beispielsweise über Luftseilbahnkonzessionen, Verkehrswegefestlegungen für Hochleistungsstrassen und -eisenbahnen, die Raumbedeutsamkeit reklamieren würde. Den dritten Engpass bereitet die *Kapazität des politischen Systems*. Parlament, Regierung und Verwaltung sind dauernd überlastet. Sie bekunden zudem Mühe, der Problemerfassung die nötige Sorgfalt zu widmen. Ferner sind institutionelle Hemmungen auszumachen. Die Organe der Raumplanung müssen sich deshalb immer wieder zu Wort melden, damit in den politischen Organen die Zeit für grundsätzliche Problemdiskussionen frei wird.

1.3. Problemfelder

1.3.1. Ausmessen von Problemfeldern

Mit dem Hinweis auf Schwierigkeiten darf es nicht sein Bewenden haben. Es muss möglich werden, *die wichtigsten Problemfelder* für die Schweiz *abzustecken,* damit von diesem ersten Zutritt her die detaillierte Problemerfassung zeit- und sachgerecht zu meistern ist. Allerdings kann und darf es sich im Rahmen einer allgemeinen Darstellung nicht um eine detaillierte Problemerfassung handeln. Diese muss in der praktischen Planungsarbeit geleistet werden. Hier geht es im wesentlichen darum, einen Raster aufzuzeigen; auch dieser ist nur als Versuch zu werten. Es wird zwischen *Problemfeldern nach Gebieten und nach Sachkreisen* unterschieden. In einem nachfolgenden Schritt müssten die beiden Zutrittswege überlagert und vernetzt werden. Wird dies bereits beim Lesen – gedanklich – getan, so wird die andauernde

Aktualität der Raumplanung unabhängig vom Bedeutungswandel einzelner Faktoren, wie der wirtschaftlichen oder demographischen Entwicklung, sichtbar.

1.3.2. Problemfelder nach Gebieten

a) Städtischer Raum

Die Stadt als Wohnstätte steht zur Stadt als Arbeitsstätte in einem Spannungsverhältnis. Immer weniger Menschen wohnen in der Stadt, in der sie arbeiten. Daraus entstehen Pendlerströme mit Unkosten im Bereich des Menschlichen, des Kulturellen, des Energieverbrauchs und der Umweltbelastung. Die sinkende Einwohnerzahl der Städte schwächt deren Finanzkraft bei gleichbleibenden oder sogar anwachsenden Aufgaben. Die Städte zeigen Verödungserscheinungen, sei es im Bereich der Gestaltung, sei es im zwischenmenschlichen Vertrauen. Diese Entwicklung findet sich nicht nur bei den grösseren Städten, sondern auch bei solchen mittlerer Grösse. Selbst eine Stadt wie St. Gallen mit rund 70 000 Einwohnern zeigt – kleinmassstäblich – viele negative Symptome, mit denen sich die Stadtentwicklungspolitik befassen muss.

b) Agglomerationsraum

Rund um die Kernstädte bilden sich «Schlafgemeinden». Diffundieren in diese Unternehmen des zweiten und dritten Wirtschaftssektors, so werden diese zu Scheinstädten. Eine weitere Kette an Schlafgemeinden legt sich rund um die Kernstadt. Es entsteht eine Agglomeration mit 1–2 Gürteln und ausufernden Rändern sowie einer mindestens finanziell und nach Einwohnern geschwächten Kernstadt. Die Agglomeration ist weder eine politische noch eine kulturelle Einheit, mit der sich die Bewohner sozial und kulturell verschmelzen. Der Identitätsverlust erfasst die Kernstadt und die Agglomerationsgemeinden. Das unkontrollierte Wachstum bedrängt die Freiräume im Innern und in der Umgebung. Negative Symptome der Agglomerationsentwicklung sind nicht nur in den Räumen Zürich, Basel und Genf-Lausanne auszumachen; selbst um Luzern, St. Gallen, Aarau, Chur usw. sind Anzeichen deutlich erkennbar.

c) Ländlicher Raum

Der ländliche Raum, gekennzeichnet durch die Bedeutung des primären Wirtschaftssektors, also durch die Landwirtschaft, verliert zunehmend an Bevölkerung, soweit die Dörfer des ländlichen Raumes nicht bereits direkt oder indirekt in den Sog der Agglomerationseffekte geraten sind. Es besteht deshalb die Gefahr, dass diese Gebiete ihre kulturelle und soziale Eigenart verlieren und unter den Einfluss von Kräften kommen, die ihnen fremd sind. So ist beispielsweise festzustellen, wie mitten im ländlichen Raum an Verkehrswegekreuzungen Shoppingcenters, Lagerhallen, Anlagen des Autotransportgewerbes usw. entstehen, die keinen echten Bezug zum betreffenden Gebiet haben. Dabei wird gleichzeitig die landwirtschaftliche Nutzung fruchtbarer und leicht zu bewirtschaftender Böden beeinträchtigt.

d) Berggebiet

Das Berggebiet weist Charakteristiken des ländlichen Raumes auf, ist aber zusätzlich durch die Topographie, die periphere Lage und das Klima hinsichtlich der landwirtschaftlichen Nutzung benachteiligt und hinsichtlich des Tourismus begünstigt. Es neigt deshalb zur Abwanderung und zur Entwicklung der Monostruktur «Tourismus». Dazu kommt ein – subjektiv oder objektiv? – erhebliches Attraktivitätsgefälle gegenüber den städtischen Gebieten, was die interregionale Wanderung begünstigt. Die Zuwendung zu Berufen in Unternehmungen mit Entwicklungschancen sowie die Möglichkeit der beruflichen Weiterbildung ist im Berggebiet eingeschränkt. Rund zwei Drittel der Schweiz liegen in diesem Gebietstypus. Es besteht ein akutes Disparitätsproblem bei limitierten «endogenen» Kräften der Genesung.

e) Wirtschaftsempfindliches Gebiet

Als solche Gebiete müssen vor allem Regionen angesprochen werden, die wirtschaftlich von einer Monostruktur geprägt sind, sei es durch die Dominanz eines Branchensektors (Uhren, Textil, Tourismus usw.), sei es durch die einseitige Marktausrichtung, so auf den Binnenmarkt oder auf den Export. Die Beispiele der Uhren- und der traditionellen Textilregionen (Jura resp. Glarus, Zürcher Oberland und Teile des Kantons St. Gallen) liegen auf der Hand. Daraus entstehen vor allem wirtschaftlich bedingte räumliche Probleme.

1.3.3. Problemfelder nach Sachkreisen

a) **Lebensvoraussetzungen**

Wasser, Luft und fruchtbarer Boden sind qualitativ und quantitativ gefährdet. Die Ursache liegt in der Belastung der Umwelt mit Immissionen aller Art. Die Integrität des menschlichen Lebens kann sodann durch ungenügende Sicherheitsvorkehrungen gegenüber Erosionen, Lawinen, Wildbächen und technischen Werken gefährdet werden. Die Probleme der eingetretenen oder potentiellen Beeinträchtigungen der Lebensvoraussetzungen haben ihren Grund in einem veränderten Verhalten des Menschen – vor allem der wachsenden Ansprüche wegen – gegenüber der natürlichen Umwelt. Die Intensität der unmittelbaren Umweltbelastung variiert von Ort zu Ort, während die Auswirkungen durch die allgemeine Gefährdung des Ökosystems weiträumig zu tragen sind. Die Verknüpfung dieser Probleme mit räumlichen Fehlentwicklungen ist offenkundig. So ist die unvorteilhafte Siedlungsentwicklung in den Agglomerationsräumen für die Pendlerströme und somit für die damit verbundenen Umweltbelastungen mitverantwortlich. Massnahmen des Umweltschutzes beanspruchen, sofern sie nicht an der Quelle ergriffen werden können, ihrerseits Raum. Dies trifft beispielsweise auf Klär- und Kehrichtverbrennungsanlagen zu.

b) **Boden**

Das nicht vermehrbare Gut Boden dient verschiedenen Zwecken. Sie reichen von der landwirtschaftlichen Nutzung bis zur Kapitalmobilisierung und -sicherung im Dienste der Marktwirtschaft. Auf der einen Seite bedarf es eines funktionierenden Baulandmarktes, während auf der andern eine ausreichende Fläche der landwirtschaftlichen Nutzung zu erhalten sowie die offene Landschaft als ökologisch selbständiger Wert, als Frei- und Erholungsraum zu bewahren ist. Die Probleme haben eine nationale Dimension im Sinne einer Gesamtbilanz und eine regional und örtlich differenzierte, da die Nutzungsansprüche gebietsbezogen divergieren. Je nach der Bedeutung, die der Eigenernährungsbasis resp. der baulichen Entwicklung zugemessen wird, fällt die Gewichtung unterschiedlich aus.

c) **Energie**

Das Energieproblem ist ein Versorgungsproblem, das Raum beansprucht (Flächen für Werke der Energieproduktion, -verteilung usw.), ein Umweltproblem (zum Beispiel quantitativer und begrenzt qualitativer Gewässerschutz, Landschaftsschutz bei Wasser- und Sonnekraftwerken, Abgase von konventionellen thermischen Kraftwerken) sowie ein Standortproblem (Speicherseen, Kühlmöglichkeiten usw.). Die Errichtung grosser Werke mit hoher Leistung an einzelnen Standorten ist in der Gesamtbilanz vorteilhaft, schliesst aber örtliche oder regionale Probleme nicht aus.

d) **Verkehr**

Die Verkehrsbedürfnisse nehmen trotz bestehendem hohem Motorisierungsgrad und stagnierender Bevölkerung mindestens zurzeit noch zu. Die Leistungen werden durch den öffentlichen und den Privatverkehr erbracht. Eine massive Verlagerung vom Individualverkehr auf den öffentlichen Verkehr bringt ebenfalls räumliche Probleme mit sich, genauso wie die Zunahme des Individualverkehrs erhebliche Verkehrsflächen beansprucht. Die Belastbarkeit der Umwelt setzt Grenzen, die an der Quelle zu lösen sind. Dass die Anforderungen an beide Arten des Verkehrs intensiv mit der Siedlungsentwicklung verbunden sind, versteht sich von selbst.

e) **Wohnungsbedarf**

Trotz der eher stagnierenden Bevölkerungszahl wächst der Bedarf an Wohnraum. Der relativ kleine Anteil an Hauseigentümern und die schleichende Inflation lassen eine anhaltende Zunahme des Wunsches nach einem Eigenheim erwarten. Ob und unter welchen Voraussetzungen Sättigungsgrenzen erreicht werden, ist ungewiss – auf alle Fälle werden sich regionale Unterschiede zeigen. Der Bedarf an Kapitalanlagen in Liegenschaften wächst in einem Land, das im dritten Wirtschaftssektor engagiert ist, zusehends.

f) **Wirtschaft**

Die Verlagerung in der Wirtschaft vom zweiten zum dritten Sektor könnte dazu führen, dass der Bedarf an Industrieland zurückgeht, doch ist ein unbegrenztes Wachstum des dritten Wirtschaftsfaktors angesichts der «Internationalisierung» nicht zu erwarten. Zudem zeigt sich immer deutlicher, dass «Beratung» und «Finanzierung» nur verkauft werden können, wenn eigene Leistungen erbracht werden. Die technologischen Entwicklungsschübe werden die langfristige Wirtschaftsentwicklung prägen. Wertschöpfungsanteile und Entwicklungspotentiale werden sich voraussichtlich unterschiedlich im Raum verteilen. Ob und wieweit die Telekommunikation den Arbeitsstandort als Raumfaktor aufheben wird, ist nicht auszumachen, da die relative Neutralisierung des Zwangs der Zusammenarbeit an einem Ort die Bedeutung anderer Standortfaktoren beleben könnte. Konjunktur und Rezession beeinflussen die räumliche Entwicklung unterschiedlich, wobei die Verzögerungs- und Verlagerungseffekte zu beachten sind. So entstanden beispielsweise die ausgedehnten Einfamilienhaussiedlungen weitgehend im Nachgang zur Hochkonjunktur, mit dem Ziel der Inflationssicherung in der Rezession. Zu beachten ist – längerfristig – die internationale Arbeitsteilung.

g) **Bevölkerung**

Die gegenwärtig feststellbare relative Stagnation des Bevölkerungswachstums kann den Druck auf die räumliche Entwicklung mindern. Auf der andern Seite besteht die akute Gefahr, dass die Massnahmen bei leicht nachlassendem Druck unverhältnismässig zurückgenommen werden, so dass sich die Raumprobleme letztlich nicht verringern, sondern erhöhen. Das demographische Auf und Ab darf zudem in einer langfristig angelegten Raumplanung nicht überbewertet werden; die Vielzahl der Faktoren relativiert den einzelnen.

2. Vertieftes Verständnis

Der Einblick in die Raumplanung mit ihren vielfältigen Bezügen in die Wissenschaft, die Politik, das wirtschaftliche und gesellschaftliche Leben dürfte gezeigt haben, wie schwer es fällt, sie zu erfassen und ihr gerecht zu werden. Die Raumplanung ist keine eingrenzbare und damit leicht überblickbare Aufgabe, die sich mit knappen Worten umschreiben lässt.

Der Staat kommt allerdings nicht darum herum, die Raumplanung gesetzlich zu erfassen, sie zu definieren und gegenüber anderen Aufgaben abzugrenzen. Dies hat auch der schweizerische Gesetzgeber getan. Er handelt von der Raumplanung, vom Umweltschutz, von der Regionalpolitik, der Wohnbaupolitik, der Energiepolitik. Die staatliche Verfassung ist darauf angelegt, die einzelnen Sachaufgaben gesetzlich sektoral zu regeln und in die Verantwortung einer Vielzahl von Ämtern zu legen; so musste auch die Raumplanung in dieser Art behandelt werden, obwohl sie – letztlich – diese einengende Betrachtung nicht erträgt. *Die Raumplanung lebt im Spannungsfeld von sektoral begrenzter Gesetzgebung und Ämtergliederung einerseits und dem umfassenden Grundauftrag der Erhaltung und Gestaltung des Lebensraumes anderseits.* Vieles, was auf den ersten Blick verwirrend und unter Umständen sogar unverständlich wirkt, hat seinen Grund in diesem Spannungsverhältnis. Wird es verworfen, so wird die Aufgabe der Raumplanung zwar überblickbar, doch fehlen ihr die sachlich notwendigen Querbezüge zu andern Bereichen, die für sie bestimmend sind. Der Raumplanung ist deshalb der Auftrag erteilt, einengenden Betrachtungsweisen abzuschwören und die Öffnung in Richtung auf alle Aspekte zu suchen, die für die Erfüllung des Auftrages der Erhaltung und Gestaltung des Lebensraumes ursächlich sind oder werden könnten.

Eine der üblichen – einengenden – Betrachtungsweisen beschränkt den Auftrag der Raumplanung auf die *Bodennutzungsplanung.* Sie erkennt auf der einen Seite, dass sich die Raumbeanspruchung auf die Bodennutzung auswirkt, verkennt aber auf der anderen Seite die Ursachen der Raumbeanspruchung und die Multipolarität der Kräfte, die das räumliche Geschehen beeinflussen. Sie übersieht gleichzeitig die Grundbedingungen der natürlichen Gegebenheiten, welche die Raumplanung akzeptieren und pflegen muss, will sie ihren Grundauftrag der Erhaltung und Gestaltung des Lebensraumes erfüllen. Die Raumplanung darf sich deshalb nicht auf die Bodennutzungsplanung beschränken. Sie knüpft zusätzlich an die raumwirksamen Tätigkeiten der öffentlichen Hand an und versucht, diese auf die Anforderungen der Ziele der Raumordnung abzustimmen. Sie ist in diesem Sinne *koordinative Raumplanung*. Als solche trägt sie die Verantwortung für die Abstimmung der räumlichen Auswirkungen der zahlreichen und vielgestaltigen Aktivitäten der öffentlichen Hand und der privaten Wirtschaft.

Die Raumplanung überschreitet ihren Pflichtenkreis nicht, wenn sie die *ökologische Planung* in ihren Wirkungskreis aufnimmt – im Gegenteil, sie erfüllt ihren Auftrag, wenn sie die natürlichen Lebensvoraussetzungen aufarbeitet und in die allgemeine Aufgabe einbezieht. Selbstverständlich wird sich die Raumplanung nicht mit den technischen Aspekten der Emissionsbegrenzungen usw. befassen, aber die Umweltvorsorgeplanung kann sie nicht ausser Betracht lassen. Raumplanung und Umweltplanung sind eng miteinander verbunden und letztlich in der Sache nicht trennbar.

Ähnliche Überlegungen gelten gegenüber der *räumlichen Wirtschaftspolitik* im Sinne der Regionalpolitik. Selbst in jenen Staaten, welche die Wirtschaftspolitik aus der Raumplanung – als Wesenselement – verbannen, wie dies für die Schweiz – zu Recht – zutrifft, bleibt das zweifache Faktum, dass raumplanerische Massnahmen Beschränkungen der Wirtschaftsfreiheit mit sich bringen sowie wirtschaftliche Reflexwirkungen erzeugen und dass die Raumplanung ihrem Auftrag besser gerecht wird, wenn sie sich der Bedeutung der Wirtschaft und der Wirtschaftspolitik für den Lebensraum bewusst ist. Sie kann deshalb wirtschaftliche Fragen, die für das räumliche Geschehen bis hinein in die Agglomerationsprozesse, die Entvölkerung der Berggebiete usw. von Bedeutung sind, nicht ausklammern.

Die grösste Breitenwirkung erzielt die Raumplanung dort, wo sie sich im Rahmen der *Politischen Planung* an der Vorbereitung und Durchführung der kommenden Aufgaben der öffentlichen Hand engagiert und am Gespräch über die zu ergreifende Staats-, Wirtschafts- und Gesellschaftspolitik beteiligt. Als Gesamtplanung koordiniert diese die zahlreichen Sachplanungen, von denen die meisten erhebliche räumliche Auswirkungen zeitigen. Die Raumplanung tut deshalb gut daran, sich als Teil der geplanten Politik zu verstehen. Selbst dort, wo es keine oder nur begrenzt wirksame Instrumente der Politischen Planung gibt, bleibt für sie die Aufgabe bestehen, die Formulierung der künftigen Politik zu beeinflussen, mindestens im Querschnittsbezug zu den Sachplanungen und den übergeordneten Zielsetzungen.

Etwas breiter angesprochen hat die Raumplanung in die Zukunft hinein den Auftrag, das *Gemeinwohl zu mehren.* Dieser Begriff ist nicht leicht zu verstehen, und er verlangt auch nicht nach einer inhaltlich präzisen Definition. Es geht aber um zwei wesentliche Dimensionen, nämlich um die *Wahrung der öffentlichen Interessen und die Zukunftsverantwortung.* Dabei muss allerdings bedacht werden, dass der Begriff des öffentlichen Interesses nicht vorgeformt ist und dass es *das* öffentliche Interesse nicht gibt. Dieses ist nämlich nicht mit dem «staatlichen» identisch, und es bleibt nach vielen Seiten hin offen und wandelbar. Eines der wohl wichtigsten öffentlichen Interessen besteht darin, dass private wahrgenommen werden können – ein Grundgedanke, welcher die Aufgabe der Raumplanung nicht einfacher macht, ihr aber erlaubt, zwischen öffentlichen und privaten Interessen – unter Anerkennung der Koexistenz beider Arten – abzuwägen. Die schöpferische Kraft liegt weitgehend bei der privaten Interessenwahrung. Die Raumplanung wird deshalb der *privatautonomen Lebensgestaltung* positiv gegenüberstehen: Sie bedarf eben der kreativen Impulse. Die *Zukunftsverantwortung* verpflichtet die Raumplanung, die *Zukunft,* die uns letztlich verschlossen ist, *nicht vorwegzunehmen.* Darin liegt eine Ablehnung der sogenannten finalen Planung, die zu wissen vorgibt, welches die «richtige» Lebensraumgestaltung auf alle Zeiten sein wird. Die Raumplanung schafft Freiräume für die künftigen Generationen, indem sie ihnen den Lebensraum (relativ) intakt in der klaren Voraussicht übergibt, dass auch sie für die Nachkommen *Erbfreiheit* zu schaffen haben. Eine so verstandene Raumplanung ist *reich an ethischem Gehalt,* der ihr den tiefsten Sinn gibt: Eine offene Zukunft braucht einen offenen Raum mit offenen, verantwortungsbewussten Menschen!

LITERATURVERZEICHNIS

1. Zeitschriften

Auswahl von wichtigen Fachzeitschriften für die Raumplanung. (Die angegebenen Zeitschriften sind in der Baubibliothek der ETH Zürich, ETH-Hönggerberg, 8093 Zürich, vorhanden):

1.1. Schweiz

Aktuelles Bauen – Das schweizerische Bau-, Architektur- und Planungsmagazin (seit 1984 mit Plan), Solothurn. 10 × jährlich

Anthos – Zeitschrift für Freiraumgestaltung, Grün- und Landschaftsplanung. Hrsg: Schweizer Garten- und Landschaftsarchitekten (BSG), Zürich. 4 × jährlich

Baurecht / Droit de la construction – Mitteilungen zum privaten und öffentlichen Baurecht. Seminar für schweizerisches Baurecht, Universität Freiburg, Solothurn. 4 × jährlich

Die Region. Hrsg.: Zentralstelle für regionale Wirtschaftsförderung, BIGA, Bern. 4 × jährlich

DISP (Dokumente und Informationen zur Schweizerischen Orts-, Regional- und Landesplanung). Hrsg.: ORL-Institut ETH Zürich. 4 × jährlich

Geographica Helvetica – Schweizerische Zeitschrift für Geographie und Völkerkunde. Hrsg.: Geographisch-Ethnographische Gesellschaft Zürich und Schweizerische Geographische Gesellschaft, Egg/ZH. 4 × jährlich

Heimatschutz / Sauvegarde / Salvaguardia. Hrsg.: Schweizer Heimatschutz, Olten. 6 × jährlich

Mitteilungsblatt für Konjunkturfragen. Hrsg.: Bundesamt für Konjunkturfragen, Bern. 4 × jährlich

Plan – Zeitschrift für Planen, Energie, Kommunalwesen und Umwelttechnik. Offizielles Organ der Schweizerischen Vereinigung für Landesplanung (VLP) (bis 1983; seit 1984 integriert in Aktuelles Bauen)

Raumplanung – Informationshefte. Hrsg.: Eidgenössisches Justiz- und Polizeidepartement/Bundesamt für Raumplanung, Bern. 4 × jährlich

Schweizerische Zeitschrift für Volkswirtschaft und Statistik. Hrsg.: Schweizerische Gesellschaft für Statistik und Volkswirtschaft, Bern. 4 × jährlich

Schweizerisches Zentralblatt für Staats- und Gemeindeverwaltung, Zürich. 12 × jährlich

Vermessung, Photogrammetrie, Kulturtechnik (VPK). Hrsg.: Schweizerischer Verein für Vermessungen und Kulturtechnik u.a., Baden. 12 × jährlich

Wirtschaft und Recht – Zeitschrift für Wirtschaftspolitik und Wirtschaftsrecht mit Einschluss des Sozial- und Arbeitsrechtes, Zürich. 4 × jährlich

1.2. Ausland

Berichte zur Raumforschung und Raumplanung. Hrsg.: Österreichische Gesellschaft für Raumforschung und Raumplanung, Wien. 6 × jährlich

Ciudad y Territorio – Revista de ciencia urbana. Hrsg.: Instituto de Estudios de Administración local, Madrid. 4 × jährlich

Dokumentation für Umweltschutz und Landespflege. Hrsg.: Bundesforschungsanstalt für Naturschutz und Landschaftsökologie, Bonn. 4× jährlich

Ekistics – The Problems and Science of Human Settlements. Hrsg.: Athens Center of Ekistics of the Athens Technological Organization, Athen. 6× jährlich

Futures – The Journal of Forecasting and Planning, London. 6× jährlich

Futuribles – Analyse, prévision, prospective. Hrsg.: Association Internationale Futuribles, Paris. 12× jährlich

Informationen zur Raumentwicklung. Hrsg.: Bundesforschungsanstalt für Landeskunde und Raumordnung, Bonn. 12× jährlich

JAPA, Journal of the American Planning Association. Hrsg.: American Planning Association, Washington D.C. (USA). 4× jährlich

Journal of Regional Science. Hrsg.: Regional Science Research Institute, Amherst (USA). 4× jährlich

Land Economics. Hrsg.: The University of Wisconsin Press, Madison (USA). 4× jährlich

Landscape Architecture – The Magazine of Landscape Planning, Design and Management. Hrsg.: American Society of Landscape Architects, Washington D.C. (USA). 6× jährlich

Landscape Planning – An International Journal of Landscape Ecology, Reclamation and Conservation, Outdoor Recreation and Land Use Management, Amsterdam. 4× jährlich

Landschaft + Stadt – Beiträge zur Landespflege und Landesentwicklung, Stuttgart. 4× jährlich

Natur und Landschaft – Zeitschrift für Umweltschutz und Landespflege. Hrsg.: Bundesforschungsanstalt für Naturschutz und Landschaftsökologie, Bonn. 12× jährlich

ÖIR-Mitteilungen – Mitteilungen des Österreichischen Instituts für Raumplanung. Hrsg.: ÖIR, Wien. 6× jährlich

Raumforschung und Raumordnung. Hrsg.: Bundesforschungsanstalt für Landeskunde und Raumordnung und Akademie für Raumforschung und Landesplanung, Köln/Bonn. 6× jährlich

Referateblatt zur Raumentwicklung. Hrsg.: Bundesforschungsanstalt für Landeskunde und Raumordnung, Bonn. 4× jährlich

Regional Science and Urban Economics, Amsterdam. 4× jährlich

Regional Studies – Journal of the Regional Studies Association, Cambridge (USA). 6× jährlich

Revue d'économie régionale et urbaine. Hrsg.: Association des directeurs d'instituts et des centres universitaires d'études économiques régionales, Bordeaux. 5× jährlich

SIR-Mitteilungen und Berichte. Hrsg.: Salzburger Institut für Raumforschung (SIR), Salzburg. 4× jährlich

The Planner – Journal of the Royal Town Planning Institute. Hrsg.: The Royal Town Planning Institute, London. 12× jährlich

Umwelt- und Planungsrecht – Zeitschrift für Wissenschaft und Praxis. Hrsg.: Fröhler Ludwig unter Mitwirkung von G. Feldhaus, M. Kloepfer, M. Lendi, E. Bobek, H. Sendler, F. Weyreuther, Alfeld. 12× jährlich

Urban Studies. Hrsg.: University of Glasgow, Glasgow. 4× jährlich

2. Literaturliste

2.1. Lehrbücher

Akademie für Raumforschung und Landesplanung (ARL), Daten der Raumplanung – Zahlen, Richtwerte, Übersichten, Teil A – Allgemeine Grundlagen und Gegebenheiten, Hannover 1981; Teil B – Überfachliche raumbedeutsame Planung, Hannover 1983

Akademie für Raumforschung und Landesplanung (ARL), Grundriss der Raumordnung, Hannover 1982

Akademie für Raumforschung und Landesplanung (ARL), Grundriss der Stadtplanung, Hannover 1983

Boesler Klaus-Achim, Raumordnung, Erträge der Forschung, Bd. 165, Darmstadt 1982

Bökemann Dieter, Theorie der Raumplanung – Regionalwissenschaftliche Grundlagen für die Stadt-, Regional- und Landesplanung, München 1982

Brösse Ulrich, Raumordnungspolitik, 2. Aufl., Berlin und New York 1982

Eidgenössisches Justiz- und Polizeidepartement/Bundesamt für Raumplanung, Erläuterungen zum Bundesgesetz über die Raumplanung, Bern 1981

Eidgenössisches Justiz- und Polizeidepartement/Bundesamt für Raumplanung (Hrsg.), Der Wettstreit um den Boden, Bern 1982

Huber Benedikt u.a., Raumplanung und Städtebau – Grundlagen und Materialien für den Unterricht in Raumplanung und Städtebau, ORL-Lehrmittel, 3. Aufl., ORL-Institut ETH Zürich, Zürich 1985

Lendi Martin, Recht und Politik der Raumplanung, ORL-Schriftenreihe Nr. 31, ORL-Institut ETH Zürich, Zürich 1984

Lendi Martin und *Jörg Silvio*, Rechtsfälle zum Raumplanungsrecht, Studienunterlage Nr. 54, ORL-Institut ETH Zürich, Zürich 1985

Maurer Jakob, Grundzüge einer Methodik der Raumplanung I, ORL-Schriftenreihe Nr. 14, ORL-Institut ETH Zürich, Zürich 1973

Meise Jörg und *Volwahsen Andreas*, Stadt- und Regionalplanung – Ein Methodenhandbuch, Braunschweig und Wiesbaden 1980

Moewes Winfried, Grundfragen der Lebensraumgestaltung – Raum und Mensch, Prognosen, «offene» Planung und Leitbild, Berlin und New York 1980

Schmid Willy A., Jacsman Janos u.a., Landschaftsplanung – Grundlagen und Materialien für den Unterricht in Landschaftsplanung, ORL-Lehrmittel, ORL-Institut ETH Zürich, Zürich 1982

Schürmann Leo, Bau- und Planungsrecht, 2. Aufl., Bern 1984

2.2. Weitere Literatur

Ämisegger Heinz, Leitfaden zum Raumplanungsgesetz, Schriftenfolge der Schweizerischen Vereinigung für Landesplanung (VLP) Nr. 25, Bern 1980

Ämisegger Heinz, Raumplanung und Entschädigungspflicht, Materielle Enteignung – Vertrauensschutz, Schriftenfolge der Schweizerischen Vereinigung für Landesplanung (VLP) Nr. 36, Bern 1983

Arbeitsgruppe Stocker, Grundlagen zu den Leitlinien für die Berggebietsförderung, Bern 1972

Arend Michal, Erfolgskontrolle in der Stadtentwicklungspolitik, ORL-Studienunterlagen Nr. 53, ORL-Institut ETH Zürich, Zürich 1982

Atteslander Peter, Methoden der empirischen Sozialforschung, Sammlung Göschen, Bd. 2100, 5. Aufl., Berlin und New York 1985

Aubert Jean-François und *Jagmetti Riccardo,* Rechtsgutachten zum Vorentwurf zu einem Bundesgesetz über die Raumplanung, Wirtschaft und Recht 23 (1971) und 24 (1972)

Bächtold Hans-Christoph, Die Entwicklung der Regionen, Agglomerationen und Städte der Schweiz (1950–1978), Diss. Basel, Zürich 1981

Bächtold Hans-Christoph, Entwicklung der schweizerischen Grossstädte 1970 bis 1980 mit dem Versuch einiger Kausalbestimmungen, DISP Nr. 71, 1983, S. 5 ff.

Bassand Michel, Villes, régions et sociétés, Collection «Villes, régions et société», Lausanne 1982

Bassand Michel et *Brulhardt Marie-Claude,* Mobilité spatiale – Bilan et analyse des recherches en Suisse, Veröffentlichungen im Rahmen der Nationalen Forschungsprogramme des SNF, Bd. 5, Saint-Saphorin 1980

Bassand Michel und *Hainard François,* Dynamique socio-culturelle régionale. Lausanne 1985

Béguin Georges, Questions juridiques concernant le plan d'aménagement national et régional, Zeitschrift für Schweizerisches Recht 66 (1947), S. 349a ff.

Behrens Carl-Christian, Allgemeine Standortbestimmungslehre, 2. Aufl., Opladen 1971

Bergier Jean-François, Die Wirtschaftsgeschichte der Schweiz – Von den Anfängen bis zur Gegenwart, Zürich und Köln 1983

Bericht des Bundesrates an die Bundesversammlung über die Lage der schweizerischen Landwirtschaft und die Agrarpolitik des Bundes, Sechster Landwirtschaftsbericht vom 1. Oktober 1984

Boustedt Olaf, Grundriss der empirischen Regionalforschung – Teil I–IV, Taschenbücher zur Raumplanung, Bd. 4–7, Hannover 1975

Brugger Ernst A., Furrer Gerhard, Messerli Bruno und *Messerli Paul* (Hrsg.), Umbruch im Berggebiet, Bern und Stuttgart 1984

Brugger Ernst A. und *Frey René L.,* Regionalpolitik Schweiz – Ziele, Probleme, Erfahrungen, Reformen, Bern 1985

Buchwald Konrad und *Engelhardt Wolfgang* (Hrsg.), Handbuch für Planung, Gestaltung und Schutz der Umwelt, 4 Bde., München, Bern und Wien 1978

Bückmann Walter (Lendi Martin, Walter Herbert und Weber Peter), Stadterneuerungsrecht in der Diskussion (Bundesrepublik Deutschland, Schweiz und Österreich), Frankfurt, Bern und New York 1985

Bund Schweizer Planer (Hrsg.), Aus- und Weiterbildung in der Raumplanung – Heutige Verhältnisse und Vorschläge für Verbesserungen, Bern 1981

Bundesamt für Industrie, Gewerbe und Arbeit (BIGA), Grundzüge und Probleme der schweizerischen Arbeitsmarktpolitik, 2 Bde., Bern 1980

Bundesamt für Raumplanung und Bundesamt für Forstwesen (Hrsg.), Landschaft und natürliche Lebensgrundlagen – Anregungen für die Ortsplanung, Bern 1984

Bundesamt für Statistik, Informationsraster – Benützerhandbuch, Arbeitsdokumente für die schweizerische Statistik H. 3, Bern 1980 (mit laufenden Ergänzungen)

Cottier Thomas, Die Rechtsnatur «unverbindlicher» Entwicklungspläne. Zum Recht der Regierungsrichtlinien, Finanzpläne, Rüstungsprogramme und Gesamtkonzeptionen im Bund, Zeitschrift für Schweizerisches Recht 103 (1985) I, 385 ff.

Dilger Peter, Raumplanungsrecht der Schweiz, Dietikon 1982

DISP Nr. 49/50, 1978 (Themaheft «Der öffentliche Verkehr»)
DISP Nr. 56, 1980 (Themaheft «Geschichte der Raumplanung» mit Beilage «Chronik der Schweizerischen Landesplanung»)
DISP Nr. 59/60, 1980 (Themaheft «Ökologie in der Raumplanung»)
DISP Nr. 69/70, 1983 (Themaheft «Nutzungsplanung»)
DISP Nr. 76, 1984 (Themaheft «Die Geographie in der Raumplanung»)
DISP Nr. 80/81, 1985 (Themaheft «Stadtentwicklung»)
Eidgenössisches Justiz- und Polizeidepartement/Bundesamt für Raumplanung, Überkommunale Industriezonen – Ideen und Möglichkeiten der Realisierung, Materialien zur Raumplanung, 2 Bde., Bern 1980
Elsasser Hans, Die Standortanforderungen der schweizerischen Industrie, ORL-Arbeitsbericht Nr. 10, 2. Aufl., ORL-Institut ETH Zürich, Zürich 1973
Elsasser Hans, Die Bedeutung der Regionen für die Raumplanung in der Schweiz, Verwaltungspraxis H. 8, 1976, S. 3 ff.
Elsasser Hans und *Wegelin Fritz,* Auswertung der Betriebszählung 1975 nach Regionen, Raumplanung Informationshefte Nr. 1, 1980, S. 10 ff.
Ernst Werner und *Hoppe Werner,* Das öffentliche Bau- und Bodenrecht, Raumplanungsrecht, 2. Aufl., München 1981
Evers Hans-Ulrich, Das Recht der Raumordnung, München 1973
Fischer Georges, Praxisorientierte Theorie der Regionalforschung, St. Galler wirtschaftswissenschaftliche Forschungen, Bd. 29, Tübingen 1973
Fischer Georges, Der Wohlstand der Kantone, Veröffentlichungen im Rahmen der Nationalen Forschungsprogramme des SNF, Bd. 3, Bern und Stuttgart 1980
Fischer Georges, Die Entwicklung der kantonalen Volkswirtschaften seit 1965, Veröffentlichungen im Rahmen der Nationalen Forschungsprogramme des SNF, Bd. 3 II, Bern und Stuttgart 1981
Fischer Georges, Räumliche Disparitäten in der Schweiz, Bern 1985
Fischer Georges (Hrsg.), Erfolgskontrolle raumwirksamer Politikbereiche, Nationales Forschungsprogramm «Regionalprobleme in der Schweiz», Themaheft der Programmleitung, Diessenhofen 1982
Fischer Georges, Resegatti Renato und *Baumeler Joseph,* Das persönlich verfügbare Einkommen der Haushalte nach Kantonen 1970, 1978 und 1980, Nationales Forschungsprogramm «Regionalprobleme in der Schweiz», Arbeitsbericht Nr. 29, Bern 1982
Flückiger Hans und *Muggli Christoph,* Siedlungsstrukturen – Voraussetzung und Ergebnis regionaler Entwicklung, Bern 1985
Frei Daniel und *Ruloff Dieter,* Handbuch der weltpolitischen Analyse – Methoden für die Praxis, Beratung und Forschung, Diessenhofen 1984
Frerich Johannes und *Pötzsch Rainer,* Tertiärer Sektor und Regionalpolitik, Kommission für wirtschaftlichen und sozialen Wandel, Bd. 62, Göttingen 1975
Frey René L., Die Infrastruktur als Mittel der Regionalpolitik, Veröffentlichungen im Rahmen der Nationalen Forschungsprogramme des SNF, Bd. 1, Bern und Stuttgart 1979
Frey René L., Regionalpolitik – Eine Evaluation, Bern 1985
Fröhler Ludwig und *Oberndorfer Peter,* Österreichisches Raumordnungsrecht, Linz 1975
Garner J.F. (Hrsg.), Planning Law in Western Europe, Amsterdam/Oxford/New York, 2. Aufl., 1986

Gaudard Gaston (ed.), Modèles et politiques de l'espace économique, Colloques économiques 8, 2 Bde., Fribourg 1979

Gawronski Vital, Landwirtschaft und Agrarpolitik in der Schweiz, Wirtschaftsförderung, Zürich 1981

Gehmacher Ernst, Methoden der Prognostik – Eine Einführung in die Probleme der Zukunftsforschung und Langfristplanung, Freiburg i. Br. 1971

Gfeller Matthias, Kias Ulrich und *Trachsler Heinz*, Berücksichtigung ökologischer Forderungen in der Raumplanung – Methodische Ansätze und Fallbeispiele, ORL-Bericht Nr. 46, ORL-Institut ETH Zürich, Zürich 1984

Grosjean Georges, Raumtypisierung nach geographischen Gesichtspunkten als Grundlage der Raumplanung, Geographica Bernensia P11, Geographisches Institut der Universität Bern, Bern 1974 (Neudruck 1975)

Guindani Silvio et *Bassand Michel*, Maldéveloppement régional et identité, Collection «Villes, régions et société», Lausanne 1982

Haag Franz, Wyss Marc und *Balazs Orban*, Interregionale Wanderungen in der Schweiz – Analyse der Volkszählung 1970, 2 Bde., ORL-Bericht Nr. 37 a/b, ORL-Institut ETH Zürich, Zürich 1978

Haller Walter, Raumplanung im demokratisch-föderalistischen Rechtsstaat, in: Menschenrechte, Föderalismus, Demokratie, Festschrift zum 70. Geburtstag von Werner Kägi, Zürich 1979, S. 161 ff.

Hanser Christian und *Huber Simon* (Hrsg.), Hat die traditionelle Infrastrukturförderung für periphere Regionen ausgedient? Nationales Forschungsprogramm «Regionalprobleme in der Schweiz», Themaheft, Diessenhofen 1972

Hantschel Roswitha und *Tharun Elke*, Anthropogeographische Arbeitsweisen, Das Geographische Seminar, Braunschweig 1980

Hauser Jürg, Bevölkerungslehre – für Politik, Wirtschaft und Verwaltung, Bern und Stuttgart 1982

Hess Walter, Regional- und raumordnungspolitische Ziele und Massnahmen von Bund und Kantonen, Veröffentlichungen im Rahmen der Nationalen Forschungsprogramme des SNF, Bd. 2, Bern und Stuttgart 1979

Imhof Eduard, Thematische Kartographie, Lehrbuch der Allgemeinen Geographie, Bd. X, Berlin und New York 1972

Kaspar Claude, Die Fremdenverkehrslehre im Grundriss, St. Galler Beiträge zum Fremdenverkehr und zur Verkehrswirtschaft, Reihe Fremdenverkehr, Bd. 1, 2. Aufl., Bern und Stuttgart 1983

Kölz Alfred und Müller-Stahel Hans-Ulrich (Hrsg.), Kommentar zum Umweltschutzgesetz, Zürich 1985

Krippendorf Jost und *Müller Peter*, Grundlagen des Fremdenverkehrs, Dokumentation zum Fremdenverkehrsstudium H. 1, Forschungsinstitut für Fremdenverkehr der Universität Bern 1980

Kuttler Alfred, Die Bodenverteuerung als Rechtsproblem, Zeitschrift für Schweizerisches Recht 83 (1964) II, S. 133 ff.

Kuttler Alfred, Raumordnung als Aufgabe des Rechtsstates, in: Der Staat als Aufgabe, Gedenkschrift für Max Imboden, Basel 1972, S. 211 ff.

Kuttler Alfred, Eigentumsbeschränkungen, die einer Enteignung gleichkommen (Art. 22ter Abs. 3 BV), in: Staatsorganisation und Staatsfunktionen im Wandel, Festschrift für Kurt Eichenberger zum 60. Geburtstag, Basel und Frankfurt am Main 1982, S. 645 ff.

Lauschmann Elisabeth, Grundlagen einer Theorie der Regionalpolitik, Taschenbücher zur Raumplanung, Bd. 2, 3. Aufl., Hannover 1976

Leibundgut Hans, Raumordnungspolitische Aspekte der Wirtschaftsförderung im schweizerischen Berggebiet, ORL-Schriftenreihe Nr. 27, ORL-Institut ETH Zürich, Zürich 1977

Lendi Martin, Materielle Grundsätze der Raumplanung, DISP Nr. 27, 1973, S. 5 ff.

Lendi Martin, Planungsrecht und Eigentum, Zeitschrift für Schweizerisches Recht 95 (1976) II, S. 1 ff.

Lendi Martin (Hrsg.), Der ländliche Raum – eine Aufgabe der Raumplanung, Festschrift für Theo Weidmann und Ernst Winkler, ORL-Schriftenreihe Nr. 28, ORL-Institut ETH Zürich, Zürich 1977

Lendi Martin, Ist die Stadtentwicklung lenkbar? DISP Nr. 67, 1982, S. 5 ff.

Lendi Martin, Schweizerische Regionalpolitik, Schweizerisches Zentralblatt für Staats- und Gemeindeverwaltung 84 (1983), S. 241 ff.

Lendi Martin (Hrsg.), Elemente zur Raumordnungspolitik, ORL-Schriftenreihe Nr. 30, ORL-Institut ETH Zürich, Zürich 1983

Lendi Martin, Zur Rechtsethik des Raumplanungs- und Umweltschutzrechts, Umwelt- und Planungsrecht 4/84, S. 105 ff.

Lendi Martin, Raumordnungspolitik: Schwerpunkte in den achtziger Jahren, Schweizerisches Zentralblatt für Staats- und Gemeindeverwaltung 85 (1984), S. 344 ff.

Lendi Martin, Raumplanung und Umweltschutz als Träger der Zukunftsverantwortung, DISP Nr. 78, 1985, S. 5 ff.

Lendi Martin, Skizze zu einem Bundesgesetz über die Raumplanung, ORL-Bericht Nr. 48, ORL-Institut ETH Zürich, Zürich 1984

Lendi Martin, Redimensionierung der Bauzonen – Rechtsgrundlagen und Vollzug, Schweizerisches Zentralblatt für Staats- und Gemeindeverwaltung 86 (1985), S. 377 ff.

Lendi Martin, Die Umweltverträglichkeitsprüfung nach schweizerischem Recht, in: Fröhler Ludwig (Hrsg.), Die Umweltverträglichkeitsprüfung, Linz 1985

Lendi Martin und *Leibundgut Hans,* Wirkungen der Europäischen Gemeinschaften auf die schweizerische Raumordnung, in: Ansätze einer europäischen Raumordnung, Akademie für Raumforschung und Landesplanung, Forschungs- und Sitzungsberichte Bd. 155, Hannover 1985

Lendi Martin und *Linder Wolf* (Hrsg.), Politische Planung in Theorie und Praxis, Res publica helvetica Nr. 12, Bern und Stuttgart 1979

Lendi Martin und *Nef Robert,* Staatsverfassung und Eigentumsordnung, Versuch einer Neuorientierung im Rahmen der Vorbereitung einer Totalrevision der schweizerischen Bundesverfassung, Schriftenreihe Nr. 55, Institut für Kommunalwissenschaften und Umweltschutz, Linz 1981

Lendi Martin und *Reith Wolf Juergen* (Hrsg.), Regionalentwicklung im Berggebiet. Schweiz-Österreich: Strategien im Vergleich, Schriftenreihe Nr. 1, Institut für Raumplanung und Agrarische Operationen, Universität für Bodenkultur Wien, Wien 1984

Lendi Martin und *Beeler Urs,* Texte zu Grundfragen der Raumplanung, ORL-Bericht Nr. 51, ORL-Institut ETH Zürich, Zürich 1984

Linder Wolf, Hotz Beat und *Werder Hans,* Planung in der schweizerischen Demokratie, Res publica helvetica Nr. 11, Bern und Stuttgart 1979

Maurer Jakob, Richtplanung, ORL-Schriftenreihe Nr. 35, ORL-Institut ETH Zürich, Zürich 1985

Meier-Dallach Hans-Peter u. a., Zwischen Zentren und Hinterland – Probleme, Interessen und Identität im Querschnitt durch die Regionstypen der Schweiz, Diessenhofen 1982

Messerli Bruno, Sozio-ökonomische Entwicklung und ökologische Belastbarkeit im Berggebiet – Der Beitrag des UNESCO-Programms MAB-6, Raumplanung Schweiz H. 3, 1978, S. 17 ff.

Meylan Jean, Gottraux Martial und *Dahinden Philippe*, Schweizer Gemeinden und Gemeindeautonomie, Lausanne 1972

Moor Pierre, Aménagement du territoire et propriété privée, Zeitschrift für schweizerisches Recht 95 (1976) II, S. 365 ff.

Müller Georg, Privateigentum heute, Zeitschrift für Schweizerisches Recht 100 (1981) II, S. 1 ff.

Müller J. Heinz, Methoden zur regionalen Analyse und Prognose, Taschenbücher der Raumplanung Bd. 1, Hannover 1973

Müller Peter, Rosenstock Peter, Wipfli Peter und *Zuppinger Werner*, Kommentar zum Zürcher Planungs- und Baugesetz vom 7. September 1975, Wädenswil 1985

Nef Robert, Organisations- und Finanzierungsmodelle zur Lösung regionaler und überkommunaler Aufgaben, DISP. Nr. 38, 1975, S. 16 ff.

Ossenbühl Fritz, Welche normativen Anforderungen stellt der Verfassungsgrundsatz des demokratischen Rechtsstaates an die planende staatliche Tätigkeit, dargestellt am Beispiel der Entwicklungsplanung? Gutachten B zum 50. Deutschen Juristentag, München 1980

Pernthaler Peter, Raumordnung und Verfassung, 2 Bde., Wien und New York 1975/1978

Popp Hans W., Die Erhaltung der Berglandwirtschaft – Gemeinsames Anliegen von Agrarpolitik und Raumplanung, DISP Nr. 66, 1982, S. 43 ff.

Reichlin Paul, Rechtsfragen der Landesplanung, Zeitschrift für Schweizerisches Recht 66 (1947), S. 171a ff.

Rey-Rojas Alfred, Regionalpolitik Schweiz – Untersuchung und Beurteilung von Massnahmen des Bundes zur Förderung der Berggebiete, Schriftenreihe der Schweizerischen Arbeitsgemeinschaft für die Bergbevölkerung (SAB) Nr. 113, Brugg 1983

Rhinow René A., Grundprobleme der schweizerischen Demokratie, Zeitschrift für Schweizerisches Recht 103 (1984) II, S. 111 ff.

Riedwyl Hans, Graphische Gestaltung von Zahlenmaterial, Bern und Stuttgart 1975

Rossi Angelo, Sviluppo urbano e politica urbana in Svizzera, Lugano-Porza 1979

Rossi Angelo, La décentralisation urbaine en Suisse, Collection «Villes, régions et société», Lausanne 1983

Rossi Angelo et *Tami Piero*, Développement urbain en Suisse et politique urbaine de la Confédération, DISP Nr. 52, S. 15 ff. et Nr. 53, 1979, S. 16 ff.

Rouiller Claude, Considérations sur la garantie de la propriété et sur l'expropriation matérielle, faites à partir de la jurisprudence du tribunal fédéral, Zeitschrift des Bernischen Juristenvereins 121 (1985), S. 1 ff.

Saladin Peter und *Stüdeli Rudolf* (Hrsg.), Das Bundesgesetz über die Raumplanung, Berner Tage für die juristische Praxis 1980, Bern 1980

Schätzl Ludwig, Wirtschaftsgeographie 1, Theorie, 2. Aufl., Paderborn 1981

Schätzl Ludwig, Wirtschaftsgeographie 2, Empirie, Paderborn 1981

Schmid Willy A., Kulturtechnik und Planung im ländlichen Raum, Schweizer Ingenieur und Architekt Nr. 23, 1979, S. 393 ff.

Schmid Willy A. und *Jacsman Janos* (Hrsg.), Ökologische Planung – Umweltökonomie, ORL-Schriftenreihe Nr. 34, ORL-Institut ETH Zürich, Zürich 1985

Schneider Sigfrid, Luftbild und Luftbildinterpretation, Lehrbuch der Allgemeinen Geographie, Bd. XI, Berlin und New York 1974

Schregenberger Johann W., Methodenbewusstes Problemlösen – Ein Beitrag zur Ausbildung von Konstrukteuren, Beratern und Führungskräften, Bern und Stuttgart 1982

Schuler Martin, Problematik der Regionalisierung in der Schweiz, Nationales Forschungsprogramm «Regionalprobleme in der Schweiz», Arbeitsbericht Nr. 14, Bern 1980

Schuler Martin, Abgrenzung der Agglomerationsräume in der Schweiz 1980, Beiträge zur Schweizerischen Statistik H. 105, Bundesamt für Statistik, Bern 1984

Schuler Martin et *Bassand Michel,* La Suisse – Une métropole mondiale? Rapport de recherche No 54, IREC EPF Lausanne 1985

Schuler Martin, Bopp Matthias, Brassel Kurt E. und *Brugger Ernst A.,* Struktuaratlas Schweiz, 2. Aufl., Zürich 1986

Schweizerische Studiengesellschaft für Raumordnungs- und Regionalpolitik (ROREP) (Hrsg.), Strategische Erörterungen zur Regional- und Strukturpolitik, Lugano-Porza 1981

Scolari Adelio, Commentario della legge edilizia del Cantone Ticino, Bellinzona 1976

St. Galler Zentrum für Zukunftsforschung (Hrsg.), Mitteilungen (laufend)

Tami Piero und *Leibundgut Hans,* Pendlerbeziehungen in der Schweiz 1970, ORL-Studienunterlage Nr. 37, ORL-Institut ETH Zürich, Zürich 1978

Trachsler Heinz, Grundlagen und Beispiele für die Anwendung von Luftaufnahmen in der Raumplanung, ORL-Bericht Nr. 41, 3. Aufl., ORL-Institut ETH Zürich, Zürich 1982

Trachsler Heinz, Kartographie und Raumplanung, DISP Nr. 37, 1974, S. 6 ff.

Trachsler Heinz und *Elsasser Hans,* Landnutzungsveränderungen in der Schweiz, Vermessung, Photogrammetrie, Kulturtechnik H. 2, 1983, S. 29 ff.

Weber Friedrich, Stand der Regionalisierung in der Schweiz anfangs 1981 – Verzeichnis der Regionalplanungsgruppen, Grundlagen für die Raumplanung, Eidgenössisches Justiz- und Polizeidepartement/Bundesamt für Raumplanung, Bern 1981

Weiss Richard, Häuser und Landschaften der Schweiz, Erlenbach 1959

Wemegah Monica, Administration fédérale et Aménagement du Territoire, Saint-Saphorin 1979

Winkler Ernst, Winkler Gabriela und *Lendi Martin,* Dokumente zur Geschichte der Schweizerischen Landesplanung, ORL-Schriftenreihe Nr. 1, ORL-Institut ETH Zürich, Zürich 1979

Witt Werner, Thematische Kartographie, Veröffentlichungen der Akademie für Raumforschung und Landesplanung (ARL), Bd. 49, 2. Aufl., Hannover 1970

Zaugg Aldo, Kommentar zum Baugesetz des Kantons Bern vom 7. Juni 1970, Bern 1971

Zimmerlin Erich, Baugesetz des Kantons Aargau vom 2. Februar 1971, Kommentar, Aarau 1977

2.3. Materialien

Botschaft des Bundesrates an die Bundesversammlung über die Ergänzung der Bundesverfassung durch die Art. 22ter und 22^{quater} vom 15. August 1967, BBl 1967 II, S. 133 ff.

Botschaft des Bundesrates an die Bundesversammlung zum Entwurf eines Bundesbeschlusses über dringliche Massnahmen auf dem Gebiete der Raumplanung vom 26. Februar 1972, BBl 1972 I, S. 501 ff.
Botschaft des Bundesrates an die Bundesversammlung zum Bundesgesetz über die Raumplanung vom 31. Mai 1972, BBl 1972 I, S. 1453 ff.
Botschaft des Bundesrates an die Bundesversammlung zu einem Bundesgesetz über die Raumplanung (RPG) vom 27. Februar 1978, BBl 1978 I, S. 1006 ff.

Eidg. Expertenkommission für Fragen der Landesplanung, Bericht vom 6. Oktober 1966, Bern 1967

Arbeitsgruppe des Bundes für die Raumplanung, Raumplanung Schweiz, Hauptbericht, Bern 1970

Flückiger Hans, Gesamtwirtschaftliches Entwicklungskonzept für das Berggebiet, Bern 1970

ORL-Institut, Landesplanerische Leitbilder, Bd. I–III und Plankassette, Schriftenreihe zur Orts-, Regional- und Landesplanung Nr. 10, ORL-Institut ETH Zürich, Zürich 1971

Studienkommission für Preis, Kosten- und Strukturfragen, Studien zur Regionalpolitik, Bern 1972

Delegierter für Raumplanung, Raumplanerisches Leitbild CK-73, Bern 1973

ORL-Institut, Raumordnungskonzept Schweiz gemäss den Randbedingungen der Chefbeamtenkonferenz, Studienunterlage zur Orts-, Regional- und Landesplanung Nr. 20, ORL-Institut ETH Zürich, Zürich 1974

Eidg. Kommission für die schweizerische Gesamtverkehrskonzeption, Schlussbericht GVK-CH 1977, Bern 1977

Eidg. Kommission für die Gesamtenergiekonzeption, Das schweizerische Energiekonzept, Bd. I und II sowie Zusammenfassung, Bern 1978

Beratende Kommission für Fremdenverkehr des Bundesrates, Das schweizerische Tourismuskonzept, Schlussbericht, Bern 1979

Eidg. Justiz- und Polizeidepartement/Bundesamt für Raumplanung, Grundlagen, Konzepte, Sachpläne und Bauvorhaben des Bundes (Art. 13 RPG), Übersicht, Bern 1980

Baudepartement des Kantons St. Gallen, Raumordnungskonzept 1983, Ausführliche Fassung, St. Gallen 1983

Baudirektion des Kantons Bern/Raumplanungsamt, Die raumwirksamen Aufgaben und Vorhaben der bernischen Staatsverwaltung, Bern 1983

Staatsrat des Kantons Wallis, Leitbild Wallis, Sion 1984

Richtplan des Kantons Zürich vom 10. Juli 1978 (4. März 1985, BR)
Richtplan des Kantons Graubünden vom 28. Juni 1982 (6. Dezember 1982, BR)
Richtplan des Kantons Solothurn, Koordinationsplan 1984 (15. Januar 1986, BR)
Richtplan des Kantons Uri vom 28. Januar 1985 (9. Dezember 1985, BR)

Anhang I

1. Bundesgesetz über die Raumplanung (RPG) vom 22. Juni 1979 300
2. Verordnung über die Raumplanung vom 26. August 1981 (ersetzt durch die Verordnung über die Raumplanung (RPV) vom 2. Oktober 1989, siehe Anhang II) 309
3. Charte européenne de l'aménagement du territoire adoptée le 20 mai 1983 313
4. Beispiele für das nominale Raumplanungsrecht 317
   - 4.1 Planungs- und Baugesetz (PBG) des Kantons Luzern vom 7. März 1989 (Auszug) 318
   - 4.2. Baureglement der Gemeinde Weinfelden (Kanton Thurgau) vom 30. Oktober 1990 (Auszug) 361
5. Beispiele für das funktionale Raumplanungsrecht 377
   - 5.1 Bundesgesetz über Investitionshilfe für Berggebiete (IHG) vom 28. Juni 1974 (Auszug) 377
   - 5.2. Wirtschaftsförderungsgesetz des Kantons Basel-Landschaft vom 28. Januar 1980 (Auszug) 382

Geographisches Institut
der Universität Kiel

Bundesgesetz über die Raumplanung (RPG)

700

vom 22. Juni 1979

Die Bundesversammlung der Schweizerischen Eidgenossenschaft,
gestützt auf Artikel 22^{quater} der Bundesverfassung [1],
nach Einsicht in eine Botschaft des Bundesrates vom 27. Februar 1978 [2],
beschliesst:

1. Titel: Einleitung

Art. 1 Ziele

¹ Bund, Kantone und Gemeinden sorgen dafür, dass der Boden haushälterisch genutzt wird. Sie stimmen ihre raumwirksamen Tätigkeiten aufeinander ab und verwirklichen eine auf die erwünschte Entwicklung des Landes ausgerichtete Ordnung der Besiedlung. Sie achten dabei auf die natürlichen Gegebenheiten sowie auf die Bedürfnisse von Bevölkerung und Wirtschaft.

² Sie unterstützen mit Massnahmen der Raumplanung insbesondere die Bestrebungen,
  a. die natürlichen Lebensgrundlagen wie Boden, Luft, Wasser, Wald und die Landschaft zu schützen;
  b. wohnliche Siedlungen und die räumlichen Voraussetzungen für die Wirtschaft zu schaffen und zu erhalten;
  c. das soziale, wirtschaftliche und kulturelle Leben in den einzelnen Landesteilen zu fördern und auf eine angemessene Dezentralisation der Besiedlung und der Wirtschaft hinzuwirken;
  d. die ausreichende Versorgungsbasis des Landes zu sichern;
  e. die Gesamtverteidigung zu gewährleisten.

Art. 2 Planungspflicht

¹ Bund, Kantone und Gemeinden erarbeiten die für ihre raumwirksamen Aufgaben nötigen Planungen und stimmen sie aufeinander ab.

² Sie berücksichtigen die räumlichen Auswirkungen ihrer übrigen Tätigkeit.

³ Die mit Planungsaufgaben betrauten Behörden achten darauf, den ihnen nachgeordneten Behörden den zur Erfüllung ihrer Aufgaben nötigen Ermessensspielraum zu lassen.

AS **1979** 1573
[1] SR **101**
[2] BBl **1978** I 1006

1. 1. 80 – 35

700 Landes-, Regional- und Ortsplanung

Art. 3 Planungsgrundsätze

¹ Die mit Planungsaufgaben betrauten Behörden achten auf die nachstehenden Grundsätze:

² Die Landschaft ist zu schonen. Insbesondere sollen
 a. der Landwirtschaft genügende Flächen geeigneten Kulturlandes erhalten bleiben;
 b. Siedlungen, Bauten und Anlagen sich in die Landschaft einordnen;
 c. See- und Flussufer freigehalten und öffentlicher Zugang und Begehung erleichtert werden;
 d. naturnahe Landschaften und Erholungsräume erhalten bleiben;
 e. die Wälder ihre Funktionen erfüllen können.

³ Die Siedlungen sind nach den Bedürfnissen der Bevölkerung zu gestalten und in ihrer Ausdehnung zu begrenzen. Insbesondere sollen
 a. Wohn- und Arbeitsgebiete einander zweckmässig zugeordnet und durch das öffentliche Verkehrsnetz hinreichend erschlossen sein;
 b. Wohngebiete vor schädlichen oder lästigen Einwirkungen wie Luftverschmutzung, Lärm und Erschütterungen möglichst verschont werden;
 c. Rad- und Fusswege erhalten und geschaffen werden;
 d. günstige Voraussetzungen für die Versorgung mit Gütern und Dienstleistungen sichergestellt sein;
 e. Siedlungen viele Grünflächen und Bäume enthalten.

⁴ Für die öffentlichen oder im öffentlichen Interesse liegenden Bauten und Anlagen sind sachgerechte Standorte zu bestimmen. Insbesondere sollen
 a. regionale Bedürfnisse berücksichtigt und störende Ungleichheiten abgebaut werden;
 b. Einrichtungen wie Schulen, Freizeitanlagen oder öffentliche Dienste für die Bevölkerung gut erreichbar sein;
 c. nachteilige Auswirkungen auf die natürlichen Lebensgrundlagen, die Bevölkerung und die Wirtschaft vermieden oder gesamthaft gering gehalten werden.

Art. 4 Information und Mitwirkung

¹ Die mit Planungsaufgaben betrauten Behörden unterrichten die Bevölkerung über Ziele und Ablauf der Planungen nach diesem Gesetz.

² Sie sorgen dafür, dass die Bevölkerung bei Planungen in geeigneter Weise mitwirken kann.

³ Die Pläne nach diesem Gesetz sind öffentlich.

Art. 5 Ausgleich und Entschädigung

¹ Das kantonale Recht regelt einen angemessenen Ausgleich für erhebliche Vor- und Nachteile, die durch Planungen nach diesem Gesetz entstehen.

Raumplanung – BG **700**

² Führen Planungen zu Eigentumsbeschränkungen, die einer Enteignung gleichkommen, so wird voll entschädigt.

³ Die Kantone können vorschreiben, dass die Auszahlung von Entschädigungen bei Eigentumsbeschränkungen im Grundbuch anzumerken ist.

2. Titel: Massnahmen der Raumplanung
1. Kapitel: Richtpläne der Kantone

Art. 6 Grundlagen

¹ Für die Erstellung ihrer Richtpläne bestimmen die Kantone in den Grundzügen, wie sich ihr Gebiet räumlich entwickeln soll.

² Sie stellen fest, welche Gebiete
  a. sich für die Landwirtschaft eignen;
  b. besonders schön, wertvoll, für die Erholung oder als natürliche Lebensgrundlage bedeutsam sind;
  c. durch Naturgefahren oder schädliche Einwirkungen erheblich bedroht sind.

³ Sie geben Aufschluss über den Stand und die anzustrebende Entwicklung
  a. der Besiedlung;
  b. des Verkehrs, der Versorgung sowie der öffentlichen Bauten und Anlagen.

⁴ Sie berücksichtigen die Konzepte und Sachpläne des Bundes, die Richtpläne der Nachbarkantone sowie regionale Entwicklungskonzepte und Pläne.

Art. 7 Zusammenarbeit der Behörden

¹ Die Kantone arbeiten mit den Behörden des Bundes und der Nachbarkantone zusammen, soweit ihre Aufgaben sich berühren.

² Einigen sich Kantone untereinander oder mit dem Bund nicht darüber, wie raumwirksame Tätigkeiten aufeinander abgestimmt werden, so kann das Bereinigungsverfahren (Art. 12) verlangt werden.

³ Die Grenzkantone suchen die Zusammenarbeit mit den regionalen Behörden des benachbarten Auslandes, soweit sich ihre Massnahmen über die Grenzen auswirken können.

Art. 8 Mindestinhalt der Richtpläne

Richtpläne zeigen mindestens
  a. wie die raumwirksamen Tätigkeiten im Hinblick auf die anzustrebende Entwicklung aufeinander abgestimmt werden;
  b. in welcher zeitlichen Folge und mit welchen Mitteln vorgesehen ist, die Aufgaben zu erfüllen.

1. 1. 80 – 35

Art. 9 Verbindlichkeit und Anpassung

¹ Richtpläne sind für die Behörden verbindlich.

² Haben sich die Verhältnisse geändert, stellen sich neue Aufgaben oder ist eine gesamthaft bessere Lösung möglich, so werden die Richtpläne überprüft und nötigenfalls angepasst.

³ Richtpläne werden in der Regel alle zehn Jahre gesamthaft überprüft und nötigenfalls überarbeitet.

Art. 10 Zuständigkeit und Verfahren

¹ Die Kantone ordnen Zuständigkeit und Verfahren.

² Sie regeln, wie die Gemeinden und andere Träger raumwirksamer Aufgaben beim Erarbeiten der Richtpläne mitwirken.

Art. 11 Genehmigung des Bundesrates

¹ Der Bundesrat genehmigt die Richtpläne und ihre Anpassungen, wenn sie diesem Gesetz entsprechen, namentlich die raumwirksamen Aufgaben des Bundes und der Nachbarkantone sachgerecht berücksichtigen.

² Für den Bund und die Nachbarkantone werden Richtpläne erst mit der Genehmigung durch den Bundesrat verbindlich.

Art. 12 Bereinigung

¹ Kann der Bundesrat Richtpläne oder Teile davon nicht genehmigen, so ordnet er nach Anhören der Beteiligten eine Einigungsverhandlung an.

² Für die Dauer der Einigungsverhandlung verfügt er, dass nichts unternommen wird, was ihren Ausgang nachteilig beeinflussen könnte.

³ Kommt keine Einigung zustande, so entscheidet der Bundesrat, spätestens drei Jahre nachdem er die Einigungsverhandlung angeordnet hat.

2. Kapitel: Besondere Massnahmen des Bundes

Art. 13 Konzepte und Sachpläne

¹ Der Bund erarbeitet Grundlagen, um seine raumwirksamen Aufgaben erfüllen zu können; er erstellt die nötigen Konzepte und Sachpläne und stimmt sie aufeinander ab.

² Er arbeitet mit den Kantonen zusammen und gibt ihnen seine Konzepte, Sachpläne und Bauvorhaben rechtzeitig bekannt.

3. Kapitel: Nutzungspläne
1. Abschnitt: Zweck und Inhalt

Art. 14 Begriff

¹ Nutzungspläne ordnen die zulässige Nutzung des Bodens.

² Sie unterscheiden vorab Bau-, Landwirtschafts- und Schutzzonen.

Art. 15 Bauzonen

Bauzonen umfassen Land, das sich für die Überbauung eignet und
a. weitgehend überbaut ist oder
b. voraussichtlich innert 15 Jahren benötigt und erschlossen wird.

Art. 16 Landwirtschaftszonen

¹ Landwirtschaftszonen umfassen Land, das
a. sich für die landwirtschaftliche Nutzung oder den Gartenbau eignet oder
b. im Gesamtinteresse landwirtschaftlich genutzt werden soll.

² Soweit möglich werden grössere zusammenhängende Flächen ausgeschieden.

Art. 17 Schutzzonen

¹ Schutzzonen umfassen
  a. Bäche, Flüsse, Seen und ihre Ufer;
  b. besonders schöne sowie naturkundlich oder kulturgeschichtlich wertvolle Landschaften;
  c. bedeutende Ortsbilder, geschichtliche Stätten sowie Natur- und Kulturdenkmäler;
  d. Lebensräume für schutzwürdige Tiere und Pflanzen.

² Statt Schutzzonen festzulegen, kann das kantonale Recht andere geeignete Massnahmen vorsehen.

Art. 18 Weitere Zonen und Gebiete

¹ Das kantonale Recht kann weitere Nutzungszonen vorsehen.

² Es kann Vorschriften enthalten über Gebiete, deren Nutzung noch nicht bestimmt ist oder in denen eine bestimmte Nutzung erst später zugelassen wird.

³ Das Waldareal ist durch die Forstgesetzgebung umschrieben und geschützt.

Art. 19 Erschliessung

¹ Land ist erschlossen, wenn die für die betreffende Nutzung hinreichende Zufahrt besteht und die erforderlichen Wasser-, Energie- sowie Abwasserleitungen so nahe heranführen, dass ein Anschluss ohne erheblichen Aufwand möglich ist.

1. 1. 80 – 35

² Bauzonen werden durch das Gemeinwesen zeitgerecht erschlossen. Das kantonale Recht regelt die Beiträge der Grundeigentümer.

³ Das kantonale Recht kann vorsehen, dass die Grundeigentümer ihr Land nach den vom Gemeinwesen genehmigten Plänen selber erschliessen.

Art. 20 Landumlegung

Die Landumlegung kann von Amtes wegen angeordnet und auch durchgeführt werden, wenn Nutzungspläne dies erfordern.

2. Abschnitt: Wirkungen

Art. 21 Verbindlichkeit und Anpassung

¹ Nutzungspläne sind für jedermann verbindlich.

² Haben sich die Verhältnisse erheblich geändert, so werden die Nutzungspläne überprüft und nötigenfalls angepasst.

Art. 22 Baubewilligung

¹ Bauten und Anlagen dürfen nur mit behördlicher Bewilligung errichtet oder geändert werden.

² Voraussetzung einer Bewilligung ist, dass
 a. die Bauten und Anlagen dem Zweck der Nutzungszone entsprechen und
 b. das Land erschlossen ist.

³ Die übrigen Voraussetzungen des Bundesrechts und des kantonalen Rechts bleiben vorbehalten.

Art. 23 Ausnahmen innerhalb der Bauzonen

Ausnahmen innerhalb der Bauzonen regelt das kantonale Recht.

Art. 24 Ausnahmen ausserhalb der Bauzonen

¹ Abweichend von Artikel 22 Absatz 2 Buchstabe a können Bewilligungen erteilt werden, Bauten und Anlagen zu errichten oder ihren Zweck zu ändern, wenn
 a. der Zweck der Bauten und Anlagen einen Standort ausserhalb der Bauzonen erfordert und
 b. keine überwiegenden Interessen entgegenstehen.

² Das kantonale Recht kann gestatten, Bauten und Anlagen zu erneuern, teilweise zu ändern oder wieder aufzubauen, wenn dies mit den wichtigen Anliegen der Raumplanung vereinbar ist.

Raumplanung – BG **700**

3. Abschnitt: Zuständigkeit und Verfahren

Art. 25 Kantonale Zuständigkeiten

¹ Die Kantone ordnen Zuständigkeiten und Verfahren.

² Ausnahmen nach Artikel 24 werden durch eine kantonale Behörde oder mit deren Zustimmung bewilligt.

Art. 26 Genehmigung der Nutzungspläne durch eine kantonale Behörde

¹ Eine kantonale Behörde genehmigt die Nutzungspläne und ihre Anpassungen.

² Sie prüft diese auf ihre Übereinstimmung mit den vom Bundesrat genehmigten kantonalen Richtplänen.

³ Mit der Genehmigung durch die kantonale Behörde werden die Nutzungspläne verbindlich.

Art. 27 Planungszonen

¹ Müssen Nutzungspläne angepasst werden oder liegen noch keine vor, so kann die zuständige Behörde für genau bezeichnete Gebiete Planungszonen bestimmen. Innerhalb der Planungszonen darf nichts unternommen werden, was die Nutzungsplanung erschweren könnte.

² Planungszonen dürfen für längstens fünf Jahre bestimmt werden; das kantonale Recht kann eine Verlängerung vorsehen.

3. Titel: Bundesbeiträge

Art. 28 Beiträge an Richtpläne

¹ Der Bund gewährt Beiträge bis zu 30 Prozent an die Kosten der Richtpläne.

² Die Bundesmittel werden in Form von Rahmenkrediten bewilligt.

Art. 29 Beiträge an Entschädigungen für Schutzmassnahmen

Der Bund kann an Entschädigungen für besonders bedeutsame Schutzmassnahmen nach Artikel 17 Beiträge leisten.

Art. 30 Voraussetzung für andere Beiträge

Der Bund macht die Leistung von Beiträgen an raumwirksame Massnahmen nach andern Bundesgesetzen davon abhängig, dass diese den genehmigten Richtplänen entsprechen.

4. Titel: Organisation

Art. 31 Kantonale Fachstellen

Die Kantone bezeichnen eine Fachstelle für Raumplanung.

1. 1. 80 – 35

700   Landes-, Regional- und Ortsplanung

Art. 32   Fachstelle des Bundes

Fachstelle des Bundes ist das Bundesamt für Raumplanung.

5. Titel: Rechtsschutz

Art. 33   Kantonales Recht

¹ Nutzungspläne werden öffentlich aufgelegt.

² Das kantonale Recht sieht wenigstens ein Rechtsmittel vor gegen Verfügungen und Nutzungspläne, die sich auf dieses Gesetz und seine kantonalen und eidgenössischen Ausführungsbestimmungen stützen.

³ Es gewährleistet
   a. die Legitimation mindestens im gleichen Umfang wie für die Verwaltungsgerichtsbeschwerde an das Bundesgericht;
   b. die volle Überprüfung durch wenigstens eine Beschwerdebehörde.

Art. 34   Bundesrecht

¹ Die Verwaltungsgerichtsbeschwerde an das Bundesgericht ist zulässig gegen Entscheide letzter kantonaler Instanzen über Entschädigungen als Folge von Eigentumsbeschränkungen (Art. 5) und über Bewilligungen im Sinne von Artikel 24.

² Kantone und Gemeinden sind zur Beschwerde berechtigt.

³ Andere Entscheide letzter kantonaler Instanzen sind endgültig; vorbehalten bleibt die staatsrechtliche Beschwerde an das Bundesgericht.

6. Titel: Schlussbestimmungen

Art. 35   Fristen für Richt- und Nutzungspläne

¹ Die Kantone sorgen dafür, dass
   a. die Richtpläne spätestens fünf Jahre nach Inkrafttreten dieses Gesetzes vorliegen;
   b. die Nutzungspläne rechtzeitig erstellt werden, spätestens jedoch acht Jahre nach Inkrafttreten dieses Gesetzes vorliegen.

² Der Bundesrat kann die Frist für Richtpläne ausnahmsweise verlängern.

³ Kantonale Richt- und Nutzungspläne, die beim Inkrafttreten dieses Gesetzes gültig sind, bleiben nach kantonalem Recht in Kraft bis zur Genehmigung durch die zuständige Behörde.

Art. 36   Einführende Massnahmen der Kantone

¹ Die Kantone erlassen die für die Anwendung dieses Gesetzes nötigen Vorschriften.

² Solange das kantonale Recht keine anderen Behörden bezeichnet, sind die Kantonsregierungen ermächtigt, vorläufige Regelungen zu treffen, insbesondere Planungszonen (Art. 27) zu bestimmen.

³ Solange keine Bauzonen bestehen und das kantonale Recht nichts anderes vorsieht, gilt das weitgehend überbaute Gebiet als vorläufige Bauzone.

Art. 37 Vorübergehende Nutzungszonen

¹ Sind besonders geeignete Landwirtschaftsgebiete, besonders bedeutsame Landschaften oder Stätten unmittelbar gefährdet und werden innerhalb einer vom Bundesrat festgesetzten Frist die erforderlichen Massnahmen nicht getroffen, so kann der Bundesrat vorübergehende Nutzungszonen bestimmen. Innerhalb solcher Zonen darf nichts unternommen werden, was die Nutzungsplanung nachteilig beeinflussen könnte.

² Sobald Nutzungspläne vorliegen, hebt der Bundesrat vorübergehende Nutzungszonen auf.

Art. 38 Änderung des Gewässerschutzgesetzes

Das Gewässerschutzgesetz vom 8. Oktober 1971[1)] wird wie folgt geändert:

Art. 19
...[2)]

Art. 20
...[2)]

Art. 39 Referendum und Inkrafttreten

¹ Dieses Gesetz untersteht dem fakultativen Referendum.

² Der Bundesrat bestimmt das Inkrafttreten.

Datum des Inkrafttretens: 1. Januar 1980[3)]

[1)] SR **814.20**
[2)] Text eingefügt im genannten BG.
[3)] BRB vom 14. Nov. 1979 (AS **1979** 1582)

Die nachstehende Verordnung ist heute nicht mehr in Kraft. Sie wurde durch die im Anhang II befindliche Verordnung über die Raumplanung (RPV) vom 2. Oktober 1989 ersetzt. Der Text nimmt jedoch an verschiedenen Stellen noch auf die alte Verordnung bezug.

Verordnung über die Raumplanung 700.1

vom 26. August 1981

Der Schweizerische Bundesrat,
gestützt auf Artikel 102 Ziffer 5 der Bundesverfassung[1],
verordnet:

1. Abschnitt: Einleitung

Art. 1 Raumwirksame Tätigkeiten

[1] Tätigkeiten sind raumwirksam, wenn sie die Nutzung des Bodens oder die Besiedlung des Landes verändern oder bestimmt sind, diese zu erhalten.

[2] Bund, Kantone und Gemeinden befassen sich namentlich mit raumwirksamen Tätigkeiten, wenn sie
 a. Richt- und Nutzungspläne, Konzepte und Sachpläne sowie dazu erforderliche Grundlagen erarbeiten oder genehmigen;
 b. öffentliche oder im öffentlichen Interesse liegende Bauten und Anlagen planen, errichten, verändern oder nutzen;
 c. Konzessionen oder Bewilligungen erteilen für Bauten und Anlagen sowie für Rodungen, Wasser-, Schürf-, Transport- oder andere Nutzungsrechte;
 d. Beiträge ausrichten an Bauten und Anlagen (insbesondere Gewässerschutz-, Verkehrs- und Versorgungsanlagen, Wohnungsbauten), Bodenverbesserungen, Gewässerkorrektionen oder Schutzmassnahmen.

Art. 2 Abstimmung raumwirksamer Tätigkeiten

[1] Die Behörden stellen fest, wie sich ihre raumwirksamen Tätigkeiten auswirken und unterrichten einander darüber rechtzeitig.

[2] Sie stimmen raumwirksame Tätigkeiten aufeinander ab, wenn diese einander ausschliessen, behindern, bedingen oder ergänzen.

AS **1981** 1410
[1] SR **101**

700.1

2. Abschnitt: Kantonaler Richtplan

Art. 3 Inhalt und Form

Der Richtplan zeigt in Karte und Text die im Hinblick auf die anzustrebende räumliche Entwicklung wesentlichen Ergebnisse der Planung und Koordination im Kanton und der Koordination mit Bund und Nachbarkantonen.

Art. 4 Gliederung des Inhalts

[1] Der Richtplan zeigt insbesondere, wie raumwirksame Tätigkeiten aufeinander abgestimmt sind (Festsetzungen).

[2] Er zeigt zudem, welche raumwirksamen Tätigkeiten
   a. noch nicht aufeinander abgestimmt sind und was vorzukehren ist, um eine zeitgerechte Abstimmung zu erreichen (Zwischenergebnisse);
   b. sich noch nicht in dem für die Abstimmung erforderlichen Mass umschreiben lassen, aber erhebliche Auswirkungen auf die Nutzung des Bodens haben können (Vororientierungen).

[3] Soweit es zum Verständnis der festgesetzten und angestrebten Abstimmung erforderlich ist, gibt der Richtplan auch Aufschluss über Ziele sowie räumliche und sachliche Zusammenhänge, insbesondere über bestehende Bauten und Anlagen und geltende Pläne und Vorschriften über die Nutzung des Bodens (Ausgangslage).

Art. 5 Zusammenarbeit

[1] Die Kantone orientieren das Bundesamt für Raumplanung (Bundesamt) periodisch über den Stand der Richtplanung; wollen sie ihre Richtpläne anpassen oder überarbeiten (Art. 9 Abs. 2 und 3 des BG vom 22. Juni 1979[1]) über die Raumplanung [RPG]), geben sie ihm dies bekannt.

[2] Das Bundesamt berät und unterstützt die Kantone bei der Erstellung ihrer Richtpläne.

[3] Es vermittelt die erforderlichen Informationen und Kontakte zwischen den Bundesstellen, die mit raumwirksamen Aufgaben betraut sind (Bundesstellen), und den Kantonen.

Art. 6 Prüfung

[1] Das Bundesamt leitet das Verfahren für die Prüfung des kantonalen Richtplanes und seiner Anpassungen, sowie die dazu notwendigen Verhandlungen mit dem Kanton und den Bundesstellen.

[2] Es erstellt den Prüfungsbericht.

[3] Der Kanton kann seinen Richtplan dem Bundesamt zu einer Vorprüfung unterbreiten.

---

[1] SR **700**

Verordnung **700.1**

Art. 7 Genehmigung

¹ Das Eidgenössische Justiz- und Polizeidepartement (Departement) beantragt dem Bundesrat nach Anhören des Kantons und der Nachbarkantone die Genehmigung des kantonalen Richtplans und seiner Anpassungen oder die Anordnung einer Einigungsverhandlung (Art. 12 RPG).

² Sind Anpassungen unbestritten, genehmigt sie das Departement.

Art. 8 Begehren um Anpassung

¹ Die Anpassung eines kantonalen Richtplanes (Art. 9 Abs. 2 RPG) kann von den Nachbarkantonen beim Kanton und von den Bundesstellen über das Departement verlangt werden.

² Entspricht der Kanton dem Begehren, wird das Verfahren für die Genehmigung (Art. 7) durchgeführt; lehnt er ab, beantragt das Departement dem Bundesrat, eine Einigungsverhandlung anzuordnen (Art. 12 RPG).

Art. 9 Begehren und Bereinigung

¹ Der Kanton, die Nachbarkantone und die Bundesstellen können jederzeit beim Departement das Bereinigungsverfahren (Art. 7 Abs. 2 und Art. 12 RPG) verlangen.

² Das Departement leitet das Begehren an den Bundesrat weiter und beantragt, wer an der Einigungsverhandlung teilnimmt und wie vorzugehen ist.

³ Kommt keine Einigung zustande, stellt das Departement dem Bundesrat Antrag zum Entscheid (Art. 12 Abs. 3 RPG).

3. Abschnitt: Konzepte, Sachpläne und Bauvorhaben des Bundes

Art. 10

¹ Der Bundesrat legt fest, welche Planungen des Bundes als Konzepte und Sachpläne gelten (Art. 6 Abs. 4 und Art. 13 RPG).

² Er gibt den Kantonen periodisch eine Übersicht über die Grundlagen, Konzepte und Sachpläne sowie die Bauvorhaben des Bundes.

4. Abschnitt: Vollzug und Inkrafttreten

Art. 11 Bundesamt

¹ Das Bundesamt nimmt zu raumwirksamen Vorhaben des Bundes Stellung.

² Es erarbeitet Grundlagen für die Abstimmung der raumwirksamen Tätigkeiten des Bundes, für die Zusammenarbeit mit den Kantonen und für die Förde-

rung der Raumplanung in den Kantonen und leitet das vom Bundesrat eingesetzte bundesinterne Koordinationsorgan.

[3] Es kann Verwaltungsgerichtsbeschwerde (Art. 34 Abs. 1 RPG) erheben.

Art. 12 Inkrafttreten

Diese Verordnung tritt am 1. Oktober 1981 in Kraft.

Charte européenne de l'aménagement du territoire

adoptée le 20 mai 1983

Préambule

1. Les Ministres européens responsables de l'Aménagement du Territoire, réunis dans le cadre de leur 6e Session organisée sous l'égide du Conseil de l'Europe, considérant que :

2. l'aménagement du territoire constitue un instrument important dans l'évolution de la société en Europe et que l'intensification de la coopération internationale dans ce domaine est une contribution substantielle au renforcement de l'identité européenne ;

3. la coopération dans ce domaine nécessite une analyse des conceptions nationales, régionales et locales en matière d'aménagement du territoire pour arriver à l'adoption de principes communs visant en particulier à réduire les disparités régionales et pour parvenir ainsi à une meilleure conception générale de l'utilisation et de l'organisation de l'espace, de la répartition des activités, de la protection de l'environnement et de l'amélioration de la qualité de la vie ;

4. les profondes modifications intervenues dans les structures économiques et sociales des pays européens et leurs relations avec d'autres parties du monde, exigent une remise en cause des principes régissant l'organisation de l'espace et des réseaux de communication, il doit contrôler la croissance des régions congestionnées ou de celles connaissant une évolution trop rapide, encourager le développement des régions présentant un certain retard, maintenir ou adapter les infrastructures indispensables pour un nouvel essor des régions en déclin ou menacées par de graves problèmes d'emploi, notamment par les migrations de main-d'œuvre au plan européen. Les régions périphériques qui ont des exigences spécifiques et disposent d'un potentiel structurel de rééquilibrage socio-économique doivent être mieux raccordées aux centres industriels et économiques de l'Europe.

Sa dimension européenne

10. L'aménagement du territoire contribue à une meilleure organisation du territoire européen et à la recherche des solutions aux problèmes dépassant le cadre national et vise ainsi à créer un sentiment d'identité commune en tenant compte des relations nord-sud et est-ouest.

Ses caractéristiques

11. L'homme et son bien-être ainsi que son interaction avec l'environnement sont au centre de toute préoccupation de l'aménagement du territoire, dont le but est de lui offrir un cadre et une qualité de vie assurant l'épanouissement de sa personnalité dans un environnement organisé à l'échelle humaine.

12. L'aménagement du territoire doit être démocratique, global, fonctionnel et prospectif :

- démocratique : il doit être conduit de manière à assurer la participation des populations concernées et de leurs représentants politiques,

- global : il vise à assurer la coordination des différentes politiques sectorielles et leur intégration dans une approche globale.

- fonctionnel : il doit tenir compte de l'existence des consciences régionales fondées sur des valeurs, une culture et

15. — **L'amélioration de la qualité de la vie**

Il favorise l'amélioration du cadre de vie quotidien, qu'il s'agisse du logement, du travail, de la culture, des loisirs ou encore des relations au sein des communautés humaines et l'accroissement du bien-être de chacun par la création d'emplois et d'équipements économiques, sociaux et culturels répondant aux aspirations des différentes couches de la population dont il assure, par le choix de leur localisation, une utilisation optimale.

16. — **La gestion responsable des ressources naturelles et la protection de l'environnement**

En promouvant des stratégies qui réduisent au maximum les conflits entre les besoins croissants en ressources naturelles et la nécessité de leur conservation, il vise à assurer une gestion responsable du afin d'éviter qu'ils soient entièrement déterminés par des objectifs économiques à court terme, sans prendre en considération de façon appropriée les aspects sociaux, culturels et ceux de l'environnement;

5. les objectifs de l'aménagement du territoire nécessitent des critères nouveaux d'orientation et d'utilisation du progrès technique, conformes aux exigences économiques et sociales;

6. tous les citoyens européens doivent avoir la possibilité de participer, dans un cadre institutionnel approprié, à la mise en place et à l'application de toutes mesures d'aménagement du territoire;

Adoptent la présente Charte

7. et la présentent à la population ainsi qu'aux responsables politiques aux niveaux local, régional, national et international.

La notion de l'aménagement du territoire

8. L'aménagement du territoire est l'expression spatiale des politiques économique, sociale, culturelle et écologique de toute société.

9. Il est à la fois une discipline scientifique, une technique administrative et une politique conçue comme une approche interdisciplinaire et globale tendant à un développement équilibré des régions et à l'organisation physique de l'espace selon une conception directrice.

des intérêts communs et ceci parfois au-delà des frontières administratives et territoriales, tout en tenant compte des réalités constitutionnelles des différents pays,

– prospectif: il doit analyser les tendances et les développements à long terme des phénomènes et interventions économiques, écologiques, sociaux, culturels et de l'environnement et en tenir compte dans son application.

Son application

13. L'aménagement du territoire doit prendre en considération l'existence d'une multitude de décideurs individuels et institutionnels influençant l'organisation du territoire, le caractère aléatoire de toute étude prospective, les contraintes du marché, les particularités des systèmes administratifs, la diversité des conditions socio-économiques et de l'environnement.

Il doit cependant viser à concilier ces influences de la façon la plus harmonieuse possible.

Les objectifs fondamentaux

L'aménagement du territoire poursuit parallèlement:

14. — **Le développement socio-économique équilibré des régions**

En tenant compte des processus économiques qui concernent l'Europe entière, des spécificités régionales et de l'importance du rôle des axes de développement

cadre naturel, des ressources du sol et du sous-sol, de l'air et des eaux, des ressources énergétiques, de la faune et de la flore, en accordant une attention particulière aux beautés naturelles et au patrimoine culturel et architectural.

17. — **L'utilisation rationnelle du territoire**

En poursuivant les objectifs définis ci-dessus, il vise à maîtriser en particulier l'implantation, l'organisation et le développement des grands complexes urbains et industriels, des grandes infrastructures et à assurer la protection des terres agricoles et forestières. Cet aménagement physique doit nécessairement s'accompagner d'une politique foncière afin de rendre possible la réalisation d'objectifs d'intérêt général.

Mise en oeuvre des objectifs de l'aménagement du territoire

18. La réalisation des objectifs de l'aménagement du territoire est essentiellement une tâche politique.

19. De nombreux organismes privés et publics contribuent à développer ou à modifier l'organisation de l'espace. L'aménagement du territoire traduit une volonté d'intégration et de coordination à caractère interdisciplinaire et de coopération entre les autorités concernées.

20. **Il assure la coordination entre les différents secteurs**

Cet effort de synthèse doit concerner

essentiellement la répartition de la population, des activités économiques, de l'habitat, des équipements collectifs et des sources d'énergie; les transports, l'approvisionnement en eau et l'assainissement des eaux usées; l'élimination des bruits et des déchets; la protection de l'environnement, des richesses et ressources naturelles, historiques et culturelles.

21. **Il organise la coordination et la coopération entre les divers niveaux de décision et la péréquation des moyens financiers**

Il convient de faire en sorte que les diverses autorités concernées par la politique de l'aménagement du territoire soient dotées de compétences de décision et d'exécution ainsi que des moyens budgétaires suffisants. En vue d'assurer une coordination optimale entre le niveau local, régional, national et européen, aussi en ce qui concerne la coopération transfrontalière, ces autorités doivent tenir compte dans leur action des mesures prises ou prévues à l'échelon inférieur ou supérieur et par conséquent s'informer réciproquement et de manière régulière.

Au niveau local: coordination des plans d'aménagement des pouvoirs locaux devant tenir compte des intérêts de l'aménagement régional et national;

Au niveau régional, cadre le mieux approprié pour la mise en oeuvre d'une politique d'aménagement du territoire: coordination entre les instances régionales elles-mêmes, les instances locales, nationales et entre régions de pays voisins;

Régionaux de l'Europe des rapports périodiques sur le progrès de la coopération européenne dans ce domaine.

— Outre l'organisation et l'intensification de la coopération entre des Etats, elle devra promouvoir la coopération dans les principaux secteurs techniques de l'aménagement du territoire, tels que la recherche prospective, les statistiques régionales, la cartographie et la terminologie. Elle devra se doter des instruments scientifiques, administratifs, techniques et financiers indispensables pour l'accomplissement de ses tâches et notamment pour l'établissement d'un Schéma européen d'aménagement du territoire.

24. Les Ministres demandent que toutes les institutions, administrations ou organisations traitant les problèmes d'aménagement du territoire tiennent compte, dans leurs travaux, du contenu de la Charte.

25. La Charte pourra être révisée en vue de l'adapter aux exigences de la société européenne.

26. Les Ministres s'engagent à recommander à leurs gouvernements de tenir compte des principes et objectifs énoncés dans la Charte et à développer la coopération internationale en vue d'un véritable aménagement du territoire européen.

Les objectifs particuliers

Tous les principes énoncés dans la présente Charte ont déjà été mis en lumière dans les travaux de la Conférence européenne des Ministres responsables de l'Aménagement du Territoire sur les régions rurales, urbaines, frontalières, de montagne, côtières et insulaires:

La mise en valeur du patrimoine architectural, des monuments et des sites doit être intégrée dans une politique générale d'aménagement du territoire et urbaine.

3. **Les régions frontalières** ont, plus que toutes autres, besoin d'une politique de coordination entre les Etats. Cette politique doit veiller à l'ouverture des frontières, à l'institution des procédures de consultation et de coopération transfrontalière et à l'utilisation commune des équipements d'infrastructure. Les Etats doivent faciliter les contacts directs entre les régions et les collectivités locales concernées en application de la Convention-cadre européenne sur la coopération transfrontalière des collectivités ou autorités territoriales afin de promouvoir des contacts de plus en plus étroits entre les populations concernées.

Dans les régions frontalières, aucun projet qui pourrait avoir des conséquences néfastes pour l'environnement des Etats voisins ne devrait être réalisé sans consultation préalable de ces Etats.

4. **Les régions de montagne:** étant donné l'importance des fonctions que les régions de montagne assurent au niveau écologique, économique, social, culturel, agricole et en tant que réserve de ressources naturelles ainsi que les multiples contraintes qu'elles subissent dans ces domaines, une place spécifique et adéquate doit être réservée dans la politique d'aménagement du territoire à la conservation et au développement de ces régions.

5. **Les régions présentant des faiblesses de structures** et dont les condi-

Au niveau national: coordination des différentes politiques d'aménagement du territoire et des aides aux régions et concertation entre les objectifs nationaux et régionaux;

Au niveau européen: coordination des politiques d'aménagement du territoire en vue de réaliser les objectifs d'importance européenne et un développement général équilibré.

22. **Participation de la population**

Toute politique d'aménagement du territoire quel que soit son niveau doit être basée sur la participation active du citoyen. Il est indispensable qu'il soit informé de manière claire et compréhensible à tous les stades du processus de planification et dans le cadre des structures et procédures institutionnelles.

Le renforcement de la coopération européenne

23. La Conférence Européenne des Ministres responsables de l'Aménagement du Territoire (CEMAT) constitue l'instrument politique privilégié de coopération et d'initiative au niveau de l'Europe.

— Elle intensifiera ses relations avec les instances du Conseil de l'Europe et de la Communauté Européenne, ainsi qu'avec les organisations intergouvernementales concernées. Elle présentera à l'Assemblée Parlementaire et à la Conférence Permanente des Pouvoirs Locaux et

1. **Les régions rurales** ayant une fonction agricole prioritaire ont un rôle important à accomplir. Il est indispensable de créer des conditions de vie acceptables à la campagne tant sur le plan économique, social, culturel, écologique qu'en matière d'infrastructures et d'équipements, tout en distinguant les régions rurales sous-développées et périphériques de celles situées à proximité des grandes concentrations urbaines.

   Dans ces zones, le développement de l'armature urbaine, des structures socio-économiques et des transports doit toutefois tenir compte, dans tous les domaines, de leurs fonctions particulières et notamment des mesures de conservation et d'aménagement du paysage.

2. **Les régions urbaines** participent particulièrement au développement de l'Europe et posent généralement le problème de la maîtrise de leur croissance.

   Une structure urbaine équilibrée nécessite la mise en œuvre méthodique de plans d'occupation des sols et d'application de mesures d'orientation du développement des activités économiques au bénéfice des conditions de vie des habitants des villes.

   Une attention particulière doit être portée à l'amélioration des conditions de vie, à la promotion des transports en commun ainsi qu'aux mesures freinant la fuite des habitants du centre vers la périphérie des villes.

tions de vie et de travail ont peu progressé notamment pour des raisons historiques ou qui risquent de rester en retard à la suite de changements de leur base économique ont besoin d'une aide particulière qui tienne compte des disparités qui existent entre les conditions de vie et de travail à l'intérieur des différents Etats.

6. **Les régions en déclin:** des politiques spécifiques doivent être développées en faveur des régions dont l'activité économique s'est fortement ralentie suite à la restructuration industrielle et au vieillissement des équipements, très souvent monostructurels et de leurs infrastructures, situation renforcée par la concurrence mondiale résultant de la nouvelle division internationale du travail.

7. **Les régions côtières et les îles:** le développement du tourisme de masse en Europe et des transports ainsi que l'industrialisation des zones côtières, des îles et de la mer nécessitent des politiques spécifiques pour ces régions en vue de leur assurer un développement équilibré et une urbanisation coordonnée en tenant compte des exigences dictées par la protection de l'environnement naturel et des caractéristiques régionales. Il doit être tenu compte du rôle et des fonctions particulières de ces régions dans le rapport mer-terre ainsi que des potentialités des liaisons du transport maritime.

Beispiele für das nominale Raumplanungsrecht:

- **Planungs- und Baugesetz des Kantons Luzern vom 7. März 1989 (PBG/LU)**
- **Baureglement der Munizipalgemeinde Weinfelden vom 5. Mai 1983 (Teilrevidiert durch Beschluss des Gemeinderates vom 30. Oktober 1990)**

Es ist in erster Linie Aufgabe der Kantone, eine der zweckmässigen Nutzung des Bodens und der geordneten Besiedlung des Landes dienende Raumplanung zu schaffen (Art. 22quater Abs. 1 BV), wobei die Bodennutzungsplanung i.S. der Art. 14 ff. RPG – innerkantonal – weitgehend den einzelnen politischen Gemeinden überlassen ist. Kantonale Planungsgesetze beschränken sich deshalb auf die differenzierte Regelung der Institute und Verfahren, innerhalb derer sich die örtliche Raumplanung abzuspielen hat (kommunale Richtplanung, Rahmen- und Sondernutzungspläne, Baulinien usf.). Materiell eingeschränkt sind die Gemeinden durch Sachpläne des Bundes und der Kantone (Strassenbau, Fruchtfolgeflächen, Massnahmenpläne aus Umweltrecht, überkommunaler Ortsbild- und Denkmalschutz u.ä.) und insbesondere durch Vorgaben der überörtlichen Raumplanung (vgl. nachstehend §§ 7 ff. PBG/LU). Trotzdem verbleibt den Gemeinden bei der konkreten Lokalisierung und Dimensionierung der verschiedenen Zonen ein erheblicher Spielraum für das Planungsermessen.

Kommunale Baureglemente (Bauordnungen) verfügen nur begrenzt über einen selbständigen Stellenwert, nämlich dort, wo sie kantonale und eidgenössische Nutzungsvorschriften differenzieren resp. ergänzen und wo sie innerhalb des Baurechts örtliche Aspekte einflechten können. Baureglemente müssen stets im Zusammenhang mit dem übergeordneten kantonalen Planungs- und Baugesetz gelesen und interpretiert werden.

Systematische Rechtssammlung des Kantons Luzern

Ausgabe vom 1. Januar 1991　　　　　　　　　　　　　　　　Nr. 735

Planungs- und Baugesetz (PBG)

(Vom 7. März 1989)*

Inhaltsverzeichnis

	Paragraphen
A. **Planungsvorschriften**	1— 85
I. Allgemeine Vorschriften	1— 6
II. Richtplanung	7— 14
III. Nutzungsplanung	15— 85
1. Gemeinsame Bestimmung	15— 22
2. Bauziffern	23— 29
3. Bau- und Niveaulinien	30— 33
4. Zonenplan, Bau- und Zonenreglement	34— 64
5. Bebauungsplan	65— 71
6. Gestaltungsplan	72— 80
7. Planungszone	81— 85
B. **Landumlegung und Grenzregulierung**	86—104
I. Landumlegung	86—101
II. Grenzregulierung	102—104
C. **Übernahmepflicht, Entschädigungen und Beiträge**	105—102
I. Übernahmepflicht	105
II. Entschädigungen	106—108
III. Beiträge	109—112
▌ D. **Bauvorschriften**	113—183
E. **Baubewilligung und Baukontrolle**	184—205
F. **Rechtsschutz**	206—207
▌ G. **Aufsicht, Vollzug, Strafen**	208—214
▌ H. **Schlussbestimmungen**	215—227

▌ = hier nicht abgedruckt

Der Grosse Rat des Kantons Luzern,
nach Einsicht in die Botschaft des Regierungsrates vom 12. August 1986[1],

beschliesst:

A. Planungsvorschriften

I. Allgemeine Bestimmungen

§ 1
Träger der Planung

[1] Träger der Planung sind
a. die Gemeinden,
b. die Regionalplanungsverbände,
c. der Kanton.
[2] Die Regionalplanungsverbände sind Gemeindeverbände im Sinne des Gemeindegesetzes.

§ 2
Ziele und Grundsätze der Raumplanung

[1] Bei der Aufstellung, beim Erlass und bei der Genehmigung von Richt-, Zonen-, Bebauungs- und Gestaltungsplänen, Bau- und Zonenreglementen und bei der Projektierung von Bauten und Anlagen beachten die zuständigen Behörden die Ziele der Raumplanung und die Planungsgrundsätze im Sinne des Bundesgesetzes über die Raumplanung.[2]

Die Art. 1 und 3 RPG lauten wie folgt:

Art. 1 Ziele

[1] Bund, Kantone und Gemeinden sorgen dafür, dass der Boden haushälterisch genutzt wird. Sie stimmen ihre raumwirksamen Tätigkeiten aufeinander ab und verwirklichen eine auf

---

* K 1989 376 und G 1989 97
[1] GR 1986 S. 725
[2] Die Artikel 1 und 3 RPG (SR 700) gelten auch für die Strassen- und Baulinienpläne sowie die Strassenprojekte gemäss §§ 67 ff. und §§ 76 f. des Strassengesetzes (SRL Nr. 755).

die erwünschte Entwicklung des Landes ausgerichtete Ordnung der Besiedlung. Sie achten dabei auf die natürlichen Gegebenheiten sowie auf die Bedürfnisse von Bevölkerung und Wirtschaft.

² Sie unterstützen mit Massnahmen der Raumplanung insbesondere die Bestrebungen,
a. die natürlichen Lebensgrundlagen wie Boden, Luft, Wasser, Wald und die Landschaft zu schützen;
b. wohnliche Siedlungen und die räumlichen Voraussetzungen für die Wirtschaft zu schaffen und zu erhalten;
c. das soziale, wirtschaftliche und kulturelle Leben in den einzelnen Landesteilen zu fördern und auf eine angemessene Dezentralisation der Besiedlung und der Wirtschaft hinzuwirken;
d. die ausreichende Versorgungsbasis des Landes zu sichern;
e. die Gesamtverteidigung zu gewährleisten.

Art. 3 Planungsgrundsätze

¹ Die mit Planungsaufgaben betrauten Behörden achten auf die nachstehenden Grundsätze:

² Die Landschaft ist zu schonen. Insbesondere sollen
a. der Landwirtschaft genügende Flächen geeigneten Kulturlandes erhalten bleiben;
b. Siedlungen, Bauten und Anlagen sich in die Landschaft einordnen;
c. See- und Flussufer freigehalten und öffentlicher Zugang und Begehung erleichtert werden;
d. naturnahe Landschaften und Erholungsräume erhalten bleiben;
e. die Wälder ihre Funktionen erfüllen können.

³ Die Siedlungen sind nach den Bedürfnissen der Bevölkerung zu gestalten und in ihrer Ausdehnung zu begrenzen. Insbesondere sollen
a. Wohn- und Arbeitsgebiete einander zweckmässig zugeordnet und durch das öffentliche Verkehrsnetz hinreichend erschlossen sein;
b. Wohngebiete vor schädlichen oder lästigen Einwirkungen wie Luftverschmutzung, Lärm und Erschütterungen möglichst verschont werden;
c. Rad- und Fusswege erhalten und geschaffen werden;
d. günstige Voraussetzungen für die Versorgung mit Gütern und Dienstleistungen sichergestellt sein;
e. Siedlungen viele Grünflächen und Bäume enthalten.

⁴ Für die öffentlichen oder im öffentlichen Interesse liegenden Bauten und Anlagen sind sachgerechte Standorte zu bestimmen. Insbesondere sollen
a. regionale Bedürfnisse berücksichtigt und störende Ungleichheiten abgebaut werden;
b. Einrichtungen wie Schulen, Freizeitanlagen oder öffentliche Dienste für die Bevölkerung gut erreichbar sein;
c. nachteilige Auswirkungen auf die natürlichen Lebensgrundlagen, die Bevölkerung und die Wirtschaft vermieden oder gesamthaft gering gehalten werden.

² Auf allen Planungs- und Realisierungsstufen sind die ökologischen Gesichtspunkte mitzubeachten.

§ 3

Zuweisung der Aufgaben

¹ Den Gemeinden obliegt die Ortsplanung.

² Die Regionalplanungsverbände arbeiten die regionalen Richtpläne aus. Sie koordinieren in Belangen, die auf regionaler Stufe lösbar sind.

³ Der Kanton erarbeitet die Grundlagen der kantonalen Richtplanung und erstellt den kantonalen Richtplan nach den Bestimmungen des Raumplanungsgesetzes. Er koordiniert die Regional- und Ortsplanungen, soweit es aus kantonaler Sicht nötig ist, und fördert die Regional- und Ortsplanungen durch finanzielle Beiträge.³

§ 4
Raumplanungskommission

Der Regierungsrat wählt eine Raumplanungskommission, die ihn in Raumplanungsfragen berät.

§ 5
Nutzungsplanungskommission

¹ Der Grosse Rat wählt eine Nutzungsplanungskommission von sieben Mitgliedern, die bei Differenzen zwischen dem Baudepartement und einer Gemeinde im Verfahren über die Genehmigung eines Zonen- oder Bebauungsplanes vom Gemeinderat angerufen werden kann.

² Sie erstattet dem Regierungsrat Bericht und stellt Antrag für den Entscheid über die streitigen Fälle.

§ 6
Information und Mitwirkung der Bevölkerung

¹ Die mit Planungsaufgaben beauftragten Behörden des Kantons, der Regionalplanungsverbände und der Gemeinden unterrichten die Bevölkerung und die von der Planung Betroffenen frühzeitig über die Ziele und den Ablauf ihrer Planungen nach diesem Gesetz.

² Sie sorgen dafür, dass die Bevölkerung und die von der Planung Betroffenen in geeigneter Weise mitwirken können.

³ Bei der Richt- und Nutzungsplanung kann die Mitwirkung insbesondere gewährt werden:
a. durch Erörterung einer Planung an der Gemeindeversammlung oder an einer Orientierungsversammlung,
b. durch das Recht der Bevölkerung, im öffentlichen Auflageverfahren gemäss §§ 61, 69 und 77 Vorschläge einzureichen und Einwendungen zu erheben,
c. durch Einsetzung von Kommissionen, in denen die betroffene Bevölkerung vertreten ist,
d. durch öffentliche Vernehmlassungsverfahren und Meinungsumfragen.

⁴ Zu den eingegangenen Meinungsäusserungen nehmen die Behörden Stellung. Die beschliessenden Instanzen sind zuvor darüber in Kenntnis zu setzen.

---

³ Artikel 6 und 8 RPG (SR 700).

⁵ Die Vorstände der Regionalplanungsverbände und die Gemeinderäte können ein weitergehendes Mitwirkungsverfahren durchführen.
⁶ Im übrigen gilt für die Mitwirkung bei den Richtplänen § 13.

II. Richtplanung

§ 7

Kantonaler Richtplan

¹ Der Regierungsrat erlässt den kantonalen Richtplan.
² Dieser bedarf der Genehmigung des Grossen Rates in Form eines Grossratsbeschlusses.

§ 8

Regionale Richtpläne

¹ Die regionalen Richtpläne werden von den Regionalplanungsverbänden erlassen. Sie unterliegen dem fakultativen Referendum.
² Die regionalen Richtpläne bedürfen der Genehmigung des Regierungsrates. Die Gemeinderäte der betroffenen Gemeinden und die Raumplanungskommission sind vorher anzuhören.

§ 9

Kommunale Richtpläne

¹ Der Gemeinderat ist befugt, kommunale Richtpläne zu erlassen.
² Eine abweichende Zuständigkeitsregelung in der Gemeindeordnung oder im Bau- und Zonenreglement bleibt vorbehalten.
³ Die kommunalen Richtpläne bedürfen der Genehmigung des Regierungsrates, soweit Interessen des Kantons oder der Nachbargemeinden berührt werden.

§ 10

Inhalt der Richtpläne

¹ Die Richtpläne enthalten Grundlagen und Konzepte, insbesondere über Natur- und Landschaftsschutz, Landwirtschaft, Kulturobjekte, Tourismus, Erholung, Siedlung, öffentliche Bauten und Anlagen, privaten und öffentlichen Verkehr, Versorgung und Entsorgung.
² Die Richtpläne zeigen,
  a. wie die raumwirksamen Tätigkeiten im Hinblick auf die anzustrebende Entwicklung aufeinander abgestimmt werden,
  b. in welcher zeitlichen Folge und mit welchen Mitteln vorgesehen ist, die Aufgaben zu erfüllen.
³ Der Regierungsrat erlässt Richtlinien über den Inhalt der regionalen und kommunalen Richtpläne.

§ 11
Verbindlichkeit der Richtpläne

[1] Die Richtpläne werden mit ihrer Genehmigung im Sinne des Bundesgesetzes über die Raumplanung und der Verordnung über die Raumplanung für die Behörden verbindlich.[4]

[2] Sie beschränken das Grundeigentum nicht.

§ 12
Vorprüfung der Richtpläne

[1] Die regionalen und kommunalen Richtpläne sind vor der öffentlichen Auflage dem Baudepartement zur Vorprüfung einzureichen.

[2] Das Baudepartement entscheidet, ob und inwieweit ein kommunaler Richtplan der Genehmigung des Regierungsrates bedarf.

§ 13
Verfahren für die Richtpläne

[1] Die zuständigen Behörden und Dienststellen des Kantons arbeiten den kantonalen Richtplan aus. Sie nehmen Rücksprache mit den Behörden des Bundes, der Nachbarkantone und der Gemeinden sowie mit den Regionalplanungsverbänden. Weitere interessierte Kreise sind anzuhören.

[2] Die Entwürfe der regionalen und kommunalen Richtpläne sind während 30 Tagen, die Entwürfe der kantonalen Richtpläne während 60 Tagen aufzulegen. Die Auflage ist öffentlich bekanntzumachen.

[3] Personen, Organisationen und Behörden der betroffenen Gebiete können sich zu den Entwürfen äussern. In den Bekanntmachungen ist auf dieses Recht hinzuweisen. Die Stellungnahmen sind im Sinne von § 6 Absatz 4 zu behandeln.

§ 14
Anpassung der Richtpläne

[1] Haben sich die Verhältnisse geändert, stellen sich neue Aufgaben oder ist eine gesamthaft bessere Lösung möglich, werden die Richtpläne überprüft und nötigenfalls angepasst.

[2] Sie werden in der Regel alle zehn Jahre gesamthaft überprüft und nötigenfalls angepasst.

[3] Das Verfahren für die Anpassung der Richtpläne richtet sich nach § 13.

[4] Der Regierungsrat kann den kantonalen Richtplan ohne Genehmigung des Grossen Rates geringfügig anpassen.

[5] Werden regionale und kommunale Richtpläne geringfügig oder aufgrund übergeordneter Planungen angepasst, ist dafür der Vorstand des Regionalplanungsverbandes beziehungsweise der Gemeinderat zuständig. Eine Genehmigung des Regierungsrates ist nicht erforderlich.

---

[4] Artikel 9 Absatz 1 RPG (SR 700) und Artikel 1—4 der eidgenössischen Verordnung über die Raumplanung (SR 700.1).

III. Nutzungsplanung

1. Gemeinsame Bestimmungen

§ 15
Nutzungspläne

¹ Nutzungspläne nach diesem Gesetz sind
a. der Zonenplan,
b. der Bebauungsplan,
c. der Gestaltungsplan.[5]
² Sie sind für jedermann verbindlich.

§ 16
Nutzungsvorschriften

Die Nutzungsvorschriften umschreiben die Bauweise, den Zweck und das Mass der Nutzung für die einzelnen Zonen. Sie sind in diesem Gesetz, im Bau- und Zonenreglement und in den Bestimmungen der Bebauungs- und Gestaltungspläne enthalten.

§ 17
Zuständigkeit

¹ Die Stimmberechtigten der Gemeinde erlassen Zonenpläne sowie Bau- und Zonenreglemente. Eine abweichende Zuständigkeitsregelung in der Gemeindeordnung bleibt vorbehalten, wobei das Referendum wenigstens fakultativ zu gewährleisten ist.

² Die Stimmberechtigten der Gemeinde erlassen Bebauungspläne. Eine abweichende Zuständigkeitsregelung in der Gemeindeordnung oder im Bau- und Zonenreglement bleibt vorbehalten.

³ Gestaltungspläne werden von den Grundeigentümern oder im Fall des § 74 Absatz 1 vom Gemeinderat aufgestellt.

⁴ Der Gemeinderat oder der Regierungsrat kann Planungszonen bestimmen.

⁵ Der Regierungsrat genehmigt Zonenpläne, Bau- und Zonenreglemente sowie Bebauungspläne.

⁶ Der Gemeinderat genehmigt die Gestaltungspläne.

§ 18
Anordnungen des Regierungsrates

¹ Verlangt es das öffentliche Interesse, kann der Regierungsrat nach Anhören des Gemeinderates eine Gemeinde verpflichten, ihren Zonenplan mit dem Bau- und

---

[5] Nutzungspläne sind auch die Strassen- und Baulinienpläne sowie die Strassenprojekte gemäss §§ 67 ff. und §§ 76 f. des Strassengesetzes (SRL Nr. 755).

Zonenreglement, Bebauungspläne oder Gestaltungspläne zu ändern oder sie den Richtplänen des Kantons oder den Regionalplanungen anzupassen.

² Kommt eine Gemeinde dieser Verpflichtung innert gesetzter Frist nicht nach, trifft der Regierungsrat an ihrer Stelle und auf ihre Kosten die erforderlichen Massnahmen.

§ 19

Vorprüfung

¹ Zonenpläne, Bau- und Zonenreglemente und Bebauungspläne sind vor der öffentlichen Auflage dem Baudepartement zur Vorprüfung im Rahmen von § 20 Absatz 2 einzureichen.

² Gestaltungspläne können dem Gemeinderat zu einer Vorprüfung unterbreitet werden.

§ 20

Genehmigungspflicht

¹ Die Nutzungspläne und die zugehörigen Vorschriften bedürfen zur Verbindlichkeit der Genehmigung der zuständigen Behörde.

² Bei der Genehmigung sind die Pläne und Vorschriften auf ihre Recht- und Zweckmässigkeit und auf ihre Übereinstimmung mit den Richtplänen zu überprüfen.

³ Änderungen im Hinblick auf die Zweckmässigkeit dürfen im Genehmigungsentscheid nur aus wichtigen Gründen vorgenommen werden. Die Betroffenen und der Gemeinderat sind vorher anzuhören.

§ 21

Veröffentlichung

Der Gemeinderat hat die Genehmigung der Nutzungspläne und der Bau- und Nutzungsvorschriften im Luzerner Kantonsblatt zu veröffentlichen.

§ 22

Anpassung

¹ Haben sich die Verhältnisse erheblich geändert, werden die Nutzungspläne und die Bau- und Zonenreglemente überprüft und angepasst oder aufgehoben.

² Der Gemeinderat hat die Nutzungspläne und die Bau- und Zonenreglemente alle zehn Jahre zu überprüfen und nötigenfalls anzupassen beziehungsweise die Anpassung zu verlangen.

³ Die Pläne und Reglemente sind in dem für ihren Erlass vorgeschriebenen Verfahren anzupassen oder aufzuheben.

2. Bauziffern

§ 23

Zweck und Anwendungsbereich der Bauziffern

¹ Zur Bestimmung der zulässigen maximalen und minimalen Nutzung in den Bauzonen können im Bau- und Zonenreglement Bauziffern festgelegt werden.

² Die Bauziffern können für Zonen, Nutzungen, Gebäude und Geschosse festgelegt werden.

§ 24

Ausnützungsziffer

¹ Die Ausnützungsziffer ist die Verhältniszahl zwischen der Gesamtheit der anrechenbaren Geschossflächen der Bauten und der anrechenbaren Grundstücksfläche.

² Der Ausbau der beim Inkrafttreten dieses Gesetzes bestehenden Dachgeschosse und Untergeschosse ist zulässig, auch wenn dadurch die früher festgelegte Ausnützungsziffer überschritten wird. Dabei müssen aber für die Mieter genügende Abstellräume bestehen bleiben. Das äussere Volumen der Bauten darf jedoch nur durch Lukarnen, Gauben und dergleichen vergrössert werden, wobei die Gestaltung ästhetisch befriedigen muss.

§ 25

Überbauungsziffer

Die Überbauungsziffer ist die Verhältniszahl zwischen der überbaubaren Grundfläche und der anrechenbaren Grundstücksfläche.

§ 26

Baumassenziffer

Die Baumassenziffer ist die Verhältniszahl zwischen dem umbauten Raum und der anrechenbaren Grundstücksfläche.

§ 27

Grünflächenziffer

Die Grünflächenziffer ist die Verhältniszahl zwischen der Grünfläche und der anrechenbaren Grundstücksfläche.

§ 28

Versiegelungsanteil

Der Versiegelungsanteil ist die Verhältniszahl zwischen den versiegelten Flächen und der Grundstücksfläche.

§ 29

Berechnungsweise

Die Berechnungsweise der Bauziffern wird in der Vollzugsverordnung geregelt.

3. Bau- und Niveaulinien

§ 30

Baulinien

Es werden insbesondere die folgenden Baulinien unterschieden:
  a. Baulinien entlang Verkehrsanlagen und Leitungen,
  b. Baulinien entlang Gewässern,
  c. Baulinien entlang Wäldern,

d. Baulinien bei Natur- und Kulturobjekten, Aussichtspunkten und Hecken,
e. Baubegrenzungslinien.

§ 31
Zweck und Bedeutung

[1] Die Baulinien begrenzen die Bebaubarkeit der Grundstücke.

[2] Die Baubegrenzungslinien bestimmen die zulässige Grundfläche der Bauten und das Ausmass der Freihalteflächen.

[3] Es kann vorgeschrieben werden, dass an die Baulinien und Baubegrenzungslinien zu bauen ist.

[4] Die Baulinien und Baubegrenzungslinien gelten auch für bestehende Bauten, namentlich bei deren Wiederaufbau.

[5] An Bauten und Anlagen, die über die Baulinien und Baubegrenzungslinien hinausragen, dürfen ausser dem ordentlichen Unterhalt keine Veränderungen (An-, Um- und Aufbauten) vorgenommen werden. Bleiben die öffentlichen Interessen gewahrt, kann der Gemeinderat geringfügige Veränderungen und, falls bestehende Bauten gegen Wärmeverluste isoliert werden, Überschreitungen der Baulinien und Baubegrenzungslinien gestatten. Für Baulinien entlang Strassen bleiben die Vorschriften des Strassengesetzes[6] vorbehalten.

[6] Für Bauten unter dem Erdboden, Bauten über dem Erdboden und einzelne Stockwerke können unterschiedliche Baulinien festgelegt werden.

[7] Baulinien und Baubegrenzungslinien gehen allen andern öffentlich-rechtlichen Abstandsvorschriften vor.

[8] In Ortsbildern von nationaler Bedeutung und im Bereich geschützter und schützenswerter Bauten sind Baulinienpläne zu erstellen.

§ 32
Ausnahmen für öffentliche Einrichtungen

Auf öffentlichem Grund dürfen, abweichend von den Abstandsvorschriften, öffentliche Einrichtungen wie Brunnen, Polizeimelder, Telefonkabinen, Schutzdächer, Verteilerkästen, Billettautomaten und Lärmschutzeinrichtungen erstellt und Bäume angepflanzt werden, soweit das öffentliche Interesse es erfordert. Dabei ist auf die Umgebung und die Wünsche benachbarter Grundeigentümer gebührend Rücksicht zu nehmen.

§ 33
Niveaulinien

[1] Die Niveaulinien geben die Höhenlagen der Strassenachsen an. Von ihnen aus wird die Höhenlage der an der Strassengrenze stehenden Bauten bestimmt.

[2] Das Nähere wird in der Vollzugsverordnung geregelt.

4. Zonenplan, Bau- und Zonenreglement

§ 34
Regelungspflicht der Gemeinden

Die Gemeinden sind verpflichtet, Zonenpläne sowie Bau- und Zonenreglemente zu erlassen. Die Pläne und Vorschriften dürfen nicht weniger streng sein als die Minimalvorschriften dieses Gesetzes. Vorbehalten bleiben die im Gesetz vorgesehenen Ausnahmemöglichkeiten.

§ 35

Zonenplan

¹ Die Gemeinden ordnen in den Zonenplänen die zulässige Nutzung ihres Gebietes.

² Sie scheiden insbesondere Bau-, Landwirtschafts- und Schutzzonen aus.

³ Sie können weitere Zonen im Sinne der §§ 38, 39, 41, 44—60 festlegen.

⁴ Gebiete, für die kantonale oder kommunale Schutzmassnahmen nach dem Recht über den Natur- und Heimatschutz erlassen wurden, müssen in den Zonenplänen bezeichnet werden.

§ 36

Bau- und Zonenreglement

¹ Die Gemeinden erlassen in den Bau- und Zonenreglementen allgemeine Bau- und Nutzungsvorschriften für das ganze Gemeindegebiet und spezielle Bau- und Nutzungsvorschriften für die einzelnen Zonen.

² Soweit notwendig, sind insbesondere Vorschriften zu erlassen über
1. maximale und minimale Ausnützung des Baugrundes (Bauziffern, Versiegelungsanteil, Baubereich, Volumenerhaltung usw.),
2. Gebäude- und Firsthöhe, Gebäudelänge, Gebäudetiefe, Geschosszahl, Geschosshöhe, Gestaltung der Bauten,
3. Grenz- und Gebäudeabstände sowie Abstände von Verkehrsanlagen, Waldrändern, Gewässern und Friedhöfen,
4. Bauweise (offen, geschlossen, verdichtet usw.),
5. Zulässigkeit unterirdischer Bauten und Anlagen; dabei ist auf das Grundwasser und den Baugrund Rücksicht zu nehmen,
6. zusätzliche Nutzungsbeschränkungen (z. B. Verbot von Einkaufszentren in bestimmten Zonen oder Differenzierung der Nutzung nach Gebäuden oder Geschossen),
7. Schutz der Gesundheit (Luft-, Licht- und Raumverhältnisse, Isolationen, Baumaterialien usw.),
8. behindertengerechtes Bauen,
9. Erstellung und Sicherung geeigneter Spielplätze und anderer Freizeitanlagen bei Neu- und Umbauten, Beteiligung an gemeinsamen Spielplätzen und Freizeitanlagen, Entrichtung von Ersatzabgaben,
10. Erschliessung der Bauzonen, Verkehrsanlagen, Hofeinfahrten, Einfriedungen,
11. Umgebungsgestaltung, insbesondere Begrünung, Bepflanzung und Gestaltung der Oberflächen zur Schaffung von Rückhaltevolumen für das Regenwasser oder für dessen Versickernlassen,
12. wasserdurchlässige oder abflusshemmende Gestaltung der offenen Abstellflächen,
13. energiesparende Planungs- und Baumassnahmen,
14. Pflicht und Verbot, Abstellflächen für Fahrzeuge auf privatem Grund zu erstellen, und über Ersatzabgaben nach dem Strassengesetz,

⁶ SRL Nr. 755

15. Schutz des Landschaftsbildes, Erhaltung und Schutz von Naturobjekten, Bäumen und Hecken, Erhaltung und Schaffung von Aussichtspunkten, Schutz von Lebensräumen für Tiere und Pflanzen,
16. Schutz des Ortsbildes, Erhaltung und Schutz von Kulturobjekten, Erhaltung und Pflege der Bausubstanz ortsbildgerechter Gebäude,
17. Hochhäuser,
18. Abfallbewirtschaftung, Abstellplätze für Kehrichtbehälter, Kompostier- und Hundeversäuberungsanlagen und andere Entsorgungsanlagen,
19. Lager- und Ablagerungsplätze, Terrainveränderungen, Mauern,
20. planungsrechtliche Voraussetzungen für die Überbauung bestimmter Gebiete (Erlass von Bebauungs- und Gestaltungsplänen, Landumlegung und Grenzregulierung usw.),
21. Lärmschutzeinrichtungen,
22. Mindestzahl und Grösse von Nebenräumen in Mehrfamilienhäusern,
23. Dachgestaltung,
24. Baukontrollen und Bezugsbereitschaft neuer Wohnungen,
25. Beschränkungen für die Erstellung von Zweitwohnungen,
26. Freihaltung von Innenhöfen.

§ 37

Ausnahmen

[1] Der Gemeinderat kann aus wichtigen Gründen Ausnahmen von den Vorschriften des Bau- und Zonenreglementes bewilligen, insbesondere
 a. beim Vorliegen ausserordentlicher Verhältnisse, wenn die Anwendung der Bauvorschriften eine unzumutbare Härte bedeuten würde,
 b. beim Umbau bestehender reglementswidriger Bauten, wenn der Umbau gesamthaft gesehen zu einer erheblichen Verbesserung der Verhältnisse führt und keine unzulässige Mehrausnützung entsteht,
 c. zur Erhaltung oder Verbesserung des Ortsbildes oder der Siedlungsqualität.

[2] Ausnahmen dürfen die öffentlichen Interessen nicht verletzen und dem Sinn und Zweck des Bau- und Zonenreglementes nicht zuwiderlaufen. Die öffentlichen und privaten Interessen sind abzuwägen. Die zonengemässe Ausnützung darf in der Regel nicht überschritten werden.

[3] Im Bau- und Zonenreglement können bei einzelnen Bestimmungen weitere Ausnahmemöglichkeiten vorgesehen werden.

[4] Nachbarliegenschaften dürfen durch eine Ausnahmebewilligung nur unwesentlich mehr benachteiligt werden, als dies bei reglementsgemässer Bauweise zu erwarten wäre.

§ 38

Zonenüberlagerung

[1] Zonen können sich überlagern, wenn ihre Zwecke einander nicht ausschliessen.

² Die Nutzungszonen können insbesondere durch folgende Zonen überlagert werden:
— Kurzone,
— Wohnanteilzone,
— Zone für Sport- und Freizeitanlagen,
— Grünzone,
— Zone für Fruchtfolgeflächen,
— Zone für verdichtete Bauweise,
— Freihaltezone,
— Gefahrenzone,
— Schutzzone,
— Abbauzone.

³ In den die Landwirtschaftszone überlagernden Zonen sind nur Einrichtungen gestattet, welche die landwirtschaftliche Nutzung nicht erheblich schmälern oder wesentlich beeinträchtigen und ökologisch verträglich sind.

a. Bauzonen

§ 39

Begriff, Unterteilung

¹ Für die Ausscheidung der Bauzonen gelten die bundesrechtlichen Vorschriften.[7]

² Die Bauzonen können namentlich in die folgenden Zonen unterteilt werden:
— Wohnzone,
— Kern-, Altstadt-, Dorf- und Zentrumszonen,
— Sonderbauzone,
— Geschäftszone,
— Wohnanteilzone,
— Industriezone,
— Gewerbezone,
— Kurzone,
— Weilerzone,
— Zone für öffentliche Zwecke,
— Zone für Sport- und Freizeitanlagen,
— Grünzone.

---

[7] Artikel 15 RPG (SR 700):
«Bauzonen umfassen Land, das sich für die Überbauung eignet und
a. weitgehend überbaut ist oder
b. voraussichtlich innert 15 Jahren benötigt und erschlossen wird.»
Bei der Festlegung neuer Bauzonen müssen die Planungswerte nach Artikel 23 und 24 des Umweltschutzgesetzes (SR 814.01) eingehalten werden.

³ Zulässig sind auch gemischte Zonen, soweit der Zonencharakter es zulässt.
⁴ Soweit die Zonen in den folgenden Bestimmungen nicht definiert sind, können sie im Bau- und Zonenreglement näher geregelt werden.

§ 40

Erschliessung der Bauzonen

¹ Der Gemeinderat plant die Erschliessung der Bauzonen in einem kommunalen Richtplan. Dabei ist insbesondere auf die Erschliessung durch ein öffentliches Verkehrsmittel zu achten.
² Eine abweichende Zuständigkeitsregelung in der Gemeindeordnung oder im Bau- und Zonenreglement bleibt vorbehalten.
³ Der Gemeinderat sorgt dafür, dass die Bauzonen nach dem voraussichtlichen Bedarf in angemessenen Etappen innerhalb von 10 bis 15 Jahren erschlossen werden.
⁴ Die Gemeinde baut die Erschliessungsanlagen, sofern nicht besondere Erschliessungsträger bestehen oder die Erstellung privaten Grundeigentümern überbunden ist.
⁵ Der Gemeinderat kann die Erstellung von Erschliessungsanlagen den interessierten Grundeigentümern übertragen. Die Pläne und Projekte müssen den Richtplänen entsprechen und bedürfen der Genehmigung der zuständigen Behörden.[8]

§ 41

Bauzonen für verdichtete Bauweise

¹ Wo die Verhältnisse es rechtfertigen, sind im Zonenplan Bauzonen für verdichtete Bauweise zu bestimmen. Für diese Zonen ist im Bau- und Zonenreglement eine gegenüber der zonengemässen Nutzung höhere Bauziffer festzulegen.
² Die verdichtete Bauweise bezweckt insbesondere
a. eine haushälterische Nutzung des Bodens,
b. einen minimalen Erschliessungsaufwand und einen sparsamen Energieverbrauch.
³ Für die verdichtete Bauweise muss Gewähr gegeben sein, dass
a. sich die Überbauung in die landschaftliche und bauliche Umgebung einfügt und von hoher architektonischer und gestalterischer Qualität ist,
b. eine hohe Wohn- und Siedlungsqualität entsteht.
⁴ Die Einhaltung dieser Anforderungen ist durch Bebauungs- oder Gestaltungspläne sicherzustellen. Die Minimalfläche für einen Gestaltungsplan mit verdichteter Bauweise beträgt 2000 m².

---

[8] Das Weitere ist in den §§ 117 ff. dieses Gesetzes, im Strassengesetz (SRL Nr. 755) sowie in den Vorschriften über die Wasser- und Energieversorgung und den Gewässerschutz geregelt.

§ 42

Etappierung der Bauzonen

¹ Die Bauzonen sind nach Möglichkeit zu etappieren.

² In den Bauzonen der ersten Etappe kann im Rahmen der eidgenössischen, kantonalen und kommunalen Bau- und Nutzungsvorschriften gebaut werden. Die Bauzonen der zweiten Etappe dürfen erst dann überbaut werden, wenn der Gemeinderat sie im Sinne der Absätze 4 und 5 in die Bauzonen der ersten Etappe umgeteilt hat.

³ Grössere, zusammenhängende und unüberbaute oder nicht erschlossene Gebiete sind in der Regel in die Bauzone der zweiten Etappe einzuteilen.

⁴ Die Bauzonen der zweiten Etappe können vom Gemeinderat ganz oder teilweise den Bauzonen der ersten Etappe zugeteilt werden, wenn eine zusammenhängende Siedlungsentwicklung gewährleistet ist.

⁵ Im Bau- und Zonenreglement können weitere Voraussetzungen für eine Umetappierung festgelegt werden.

§ 43

Verfahren für die Umetappierung

¹ Die in Aussicht genommene Umteilung von Bauzonen der zweiten Etappe in Bauzonen der ersten Etappe ist vom Gemeinderat oder von der von ihm bezeichneten Stelle öffentlich bekanntzumachen. Die Unterlagen sind während 20 Tagen zur öffentlichen Einsicht aufzulegen. Den Anstössern ist Mitteilung zu machen. Im übrigen sind die §§ 194 und 196 sinngemäss anzuwenden.

² Der Gemeinderat kann die Umetappierung mit sachbezüglichen Bedingungen und Auflagen verbinden.

³ Der rechtskräftige Beschluss ist zu veröffentlichen und dem Baudepartement zuzustellen.

b. Bauzonenarten

§ 44

Wohnzone

Die Wohnzone ist für Wohnzwecke bestimmt. Nicht störende Geschäfts- und Gewerbebetriebe sind gestattet, sofern sie sich baulich in den Zonencharakter einfügen.

§ 45

Sonderbauzone

In der Sonderbauzone sind die Bau- und Nutzungsmöglichkeiten auf genau bestimmte Bauten und Anlagen eingeschränkt.

§ 46
Wohnanteilzone

In der Wohnanteilzone wird der Mindestanteil der Wohnnutzung an der Gesamtnutzung eines Gebietes, einer Zone oder einzelner Gebäude festgelegt.

§ 47
Industriezone

¹ Die Industriezone ist für industrielle Anlagen und gewerbliche Betriebe bestimmt, die in andern Zonen nicht zulässig sind. Bürobauten sind gestattet, doch kann ihr Anteil im Bau- und Zonenreglement und in den Bebauungs- und Gestaltungsplänen beschränkt werden.

² Wohnungen dürfen nur für Betriebsinhaber und für betrieblich an den Standort gebundenes Personal erstellt werden. In Bebauungs- und Gestaltungsplänen können zur Schaffung harmonischer Übergänge zu Wohnzonen Ausnahmen vorgesehen werden.

³ Industriezonen sind, sofern es möglich ist und Bedarf besteht, mit Anschlussgeleisen zu erschliessen, wobei der dafür nötige Raum durch Baulinien freizuhalten ist.

⁴ Können sich die interessierten Grundeigentümer über den Bau eines Anschlussgeleises nicht verständigen und liegt ein begründetes Begehren eines oder mehrerer Interessenten vor, erstellt die Gemeinde das Anschlussgeleise. Der Gemeinderat entscheidet über das Gesuch und verteilt die Kosten nach dem Perimeterverfahren.

§ 48
Gewerbezone

¹ Die Gewerbezone ist für Gewerbebetriebe bestimmt, die nur mässig stören. Bürobauten sind gestattet, doch kann ihr Anteil im Bau- und Zonenreglement und in den Bebauungs- und Gestaltungsplänen beschränkt werden.

² Wohnungen dürfen nur für Betriebsinhaber und für betrieblich an den Standort gebundenes Personal erstellt werden. In Bebauungs- und Gestaltungsplänen können zur Schaffung harmonischer Übergänge zu Wohnzonen Ausnahmen vorgesehen werden.

§ 49
Kurzone

¹ Die Kurzone dient Kur- und Erholungszwecken.

² Im Bau- und Zonenreglement kann bestimmt werden, dass in einer solchen Zone nur Bauten und Anlagen erstellt werden dürfen, die ausschliesslich Kur- und Erholungszwecken dienen.

§ 50
Weilerzone

[1] Die Weilerzone dient der Erhaltung und massvollen Entwicklung ländlicher Kleinsiedlungen.

[2] In dieser Zone sind land- und forstwirtschaftliche Bauten und Anlagen gestattet. Im Bau- und Zonenreglement wird festgelegt, in welchem Rahmen Bauten und Anlagen für nicht land- und forstwirtschaftliche Zwecke zulässig sind.

[3] Weilerzonen dürfen nur ausgeschieden werden, soweit sie im regionalen Richtplan vorgesehen sind.

§ 51
Zone für öffentliche Zwecke

[1] Die Zone für öffentliche Zwecke ist für vorhandene und künftige öffentliche Bauten und Anlagen bestimmt, für die ein voraussehbares Bedürfnis besteht.

[2] In dieser Zone dürfen keine privaten Bauten und Anlagen mehr erstellt werden. Bestehende private Bauten und Anlagen dürfen belassen und unterhalten werden, bis der Boden für öffentliche Zwecke beansprucht wird.

[3] Die Nutzung einer solchen Zone ist konkret zu umschreiben.

[4] Die Gemeinden können in ihrem Eigentum stehende Grundstücke, die in der Zone für öffentliche Zwecke liegen, privaten Bauträgern für die Erstellung von Bauten und Anlagen, die im öffentlichen Interesse liegen, zur Verfügung stellen.

§ 52
Zone für Sport- und Freizeitanlagen

[1] Die Zone für Sport- und Freizeitanlagen ist bestimmt für Sport- und Spielanlagen, Camping- und Rastplätze, Familiengärten und für Bauten und Anlagen von Jugend- und Freizeitorganisationen und dergleichen.

[2] Die Nutzung einer solchen Zone ist konkret zu umschreiben.

[3] Die Grundstücke, für die um die Erteilung des Enteignungsrechts gemäss § 64 Absatz 5 nachgesucht werden kann, sind im Zonenplan zu bestimmen.

§ 53
Grünzone

[1] Die Grünzone umfasst in der Regel unüberbaute Flächen innerhalb des Baugebietes, die von allen dem Zweck der Nutzungszone nicht entsprechenden Bauten und Anlagen freizuhalten sind.

[2] Sie dient zur
   a. Erhaltung und Schaffung von Freiflächen im Baugebiet,
   b. Gliederung grösserer zusammenhängender Baugebiete, insbesondere zur Trennung von Wohn- und Industriegebieten sowie von Quartieren und Gemeinden,

c. Sicherung von Grundwasser- und Quellwasser-Nutzungsgebieten.
³ Die Nutzung einer solchen Zone ist konkret zu umschreiben.
⁴ Die Grundstücke, für die um die Erteilung des Enteignungsrechtes gemäss § 64 Absatz 5 nachgesucht werden kann, sind im Zonenplan zu bestimmen.

c. Nichtbauzonen

§ 54

Landwirtschaftszone

¹ Für die Landwirtschaftszone gelten die bundesrechtlichen Vorschriften.[9]
² In den Landwirtschaftszonen sind Bauten und Anlagen zulässig, die
a. der landwirtschaftlichen Nutzung, insbesondere dem Acker- und Futterbau, dem Obst- und Rebbau, dem bodenabhängigen Garten- und Gemüsebau und der bodenabhängigen Nutztierhaltung dienen,
b. für die Wohnraumbedürfnisse des Landwirts, seiner Familie, seiner Eltern und der im Landwirtschaftsbetrieb mitarbeitenden Personen und ihren Familien erforderlich sind,
c. dem Nebenerwerb dienen, soweit dieser für die Existenz der Bauernfamilie notwendig ist, mit dem Haupterwerb eine wirtschaftliche Einheit bildet und die räumlichen Bedürfnisse im wesentlichen in bestehenden Bauten realisiert werden können.
³ Flächen, auf welchen sich Bauten und Anlagen befinden, dürfen von der Hofliegenschaft nicht abparzelliert werden.
⁴ Längs der Grenze zu den Bauzonen sind nicht landwirtschaftlich bedingte Parzellierungen unzulässig.

§ 55

Bauernhofzone

¹ Als Bauernhofzone können innerhalb der Bauzonen gelegene Gebiete bestimmt werden, welche die zu einem landwirtschaftlichen Betrieb gehörenden landwirtschaftlichen Wohn- und Betriebsgebäude und das betriebsnotwendige, landwirtschaftlich genutzte Land umfassen.
² Für die Bauernhofzone gelten die Vorschriften über die Landwirtschaftszone. Betriebsbauten sind aber nur zugelassen, wenn sie die Wohnnutzung in der Umgebung nur unwesentlich beeinträchtigen.

---

[9] Artikel 16 RPG (SR 700):
«¹ Landwirtschaftszonen umfassen Land, das
a. sich für die landwirtschaftliche Nutzung oder den Gartenbau eignet oder
b. im Gesamtinteresse landwirtschaftlich genutzt werden soll.
² Soweit möglich werden grössere zusammenhängende Flächen ausgeschieden.»

³ Eine Umzonung ist vor Ablauf von 15 Jahren nur gestattet, wenn
a. der Betrieb ausgesiedelt wird,
b. die Betriebsgrundlagen nicht mehr genügen,
c. die Betriebsbauten zweckentfremdet werden oder
d. veränderte Bedürfnisse der Ortsplanung es zwingend erfordern.

§ 56

Übriges Gebiet

¹ Das übrige Gebiet umfasst Land,
a. das keiner Nutzung zugewiesen werden kann,
b. dessen Nutzung noch nicht bestimmt ist oder
c. für das kantonale oder kommunale Schutzmassnahmen nach dem Recht über den Natur- und Heimatschutz erlassen wurden.

² In dieser Zone gelten die Bestimmungen für die Landwirtschaftszone, soweit keine einschränkenden Nutzungsvorschriften festgelegt sind.

³ Bei ausgewiesenem Bedarf kann auf dem Land gemäss Absatz 1 b langfristig die Bauzone erweitert werden.

§ 57

Gefahrenzone

Die Gefahrenzone umfasst Gebiete, die aus Sicherheitsgründen, namentlich wegen Rutsch-, Steinschlag-, Lawinen- oder Überschwemmungsgefahr, nicht oder nur unter sichernden Massnahmen überbaut werden dürfen.

§ 58

Freihaltezone

¹ Die Freihaltezone dient dazu, Bach-, Fluss- und Seeufer, Waldränder, Aussichtslagen und Gelände für die Ausübung des Wintersports freizuhalten.

² Die Grundstücke, für die um die Erteilung des Enteignungsrechts gemäss § 64 Absatz 5 nachgesucht wird, sind im Zonenplan zu bezeichnen.

§ 59

Abbauzone

In der Abbauzone ist der Abbau von Steinen, Kies, Lehm, Sand und dergleichen zulässig. Solche Zonen sind dort auszuscheiden, wo der Abbau von überörtlicher Bedeutung ist.

d. Schutzzonen

§ 60
Begriff

¹ Schutzzonen umfassen Gebiete und Einzelobjekte, die aus Gründen des öffentlichen Interesses eines besonderen Schutzes bedürfen.

² Für die Schutzzonen gelten die bundesrechtlichen Vorschriften.[10]

³ Die dem Schutzzweck dienenden Bau- und Nutzungsbeschränkungen sind zu umschreiben.

⁴ Die Grundstücke, für die um die Erteilung des Enteignungsrechts gemäss § 64 Absatz 5 nachgesucht werden kann, sind im Zonenplan zu bezeichnen.

e. Ortsplanungsverfahren

§ 61
Öffentliche Auflage, Einsprachen

¹ Nach der Vorprüfung gemäss § 19 legt der Gemeinderat den Zonenplan und das Bau- und Zonenreglement während 30 Tagen zur öffentlichen Einsicht auf und macht die Auflage öffentlich bekannt. Gleichzeitig ist das Bau- und Zonenreglement mit verkleinertem Zonenplan den betroffenen Grundeigentümern und den Haushaltungen zuzustellen und den Interessenten zur Verfügung zu halten. In der Bekanntmachung und in der Mitteilung ist auf die Einsprachemöglichkeit hinzuweisen.

² Neue Bauzonen sind im Gelände in geeigneter Weise zu markieren.

³ Bei Änderungen des Zonenplanes und des Bau- und Zonenreglementes ist das Auflageverfahren nur für die betroffenen Teile des Zonenplanes und des Bau- und Zonenreglementes durchzuführen.

⁴ Während der Auflagefrist kann beim Gemeinderat oder bei der von ihm bezeichneten Stelle schriftlich Einsprache erhoben werden. Die Einsprache ist zu begründen.

§ 62
Behandlung der Einsprachen

¹ Der Gemeinderat prüft die Einsprachen und versucht, sich mit den Einsprechern zu verständigen.

---

[10] Artikel 17 RPG (SR 700):
«¹ Schutzzonen umfassen
a. Bäche, Flüsse, Seen und ihre Ufer;
b. besonders schöne sowie naturkundlich oder kulturgeschichtlich wertvolle Landschaften;
c. bedeutende Ortsbilder, geschichtliche Stätten sowie Natur- und Kulturdenkmäler;
d. Lebensräume für schutzwürdige Tiere und Pflanzen.

² Statt Schutzzonen festzulegen, kann das kantonale Recht andere geeignete Massnahmen vorsehen.»

² Hat die Verständigung wesentliche Änderungen zur Folge, ist das Einspracheverfahren für betroffene Dritte zu wiederholen.

³ Kann die Einsprache nicht gütlich erledigt werden, teilt der Gemeinderat dem Einsprecher mit, warum er den Stimmberechtigten die Abweisung der Einsprache beantragen werde.

§ 63
Abstimmung

¹ Nach der Behandlung der Einsprachen unterbreitet der Gemeinderat den Zonenplan und das Bau- und Zonenreglement mit dem begründeten Antrag auf Abweisung der nicht gütlich erledigten Einsprachen den Stimmberechtigten zur Beschlussfassung. Dabei sind allfällige wesentliche Differenzen zum Vorprüfungsbericht des Baudepartementes gemäss § 19 bekanntzugeben und zu begründen.

² Der Gemeinderat teilt den Einsprechern den Entscheid über die Einsprachen und den betroffenen Grundeigentümern die beschlossenen Änderungen mit dem Rechtsmittelhinweis mit.

³ Die Beschlüsse der Stimmberechtigten können innert 20 Tagen seit dem Abstimmungstag mit Beschwerde beim Regierungsrat angefochten werden. Die §§ 129—147 des Verwaltungsrechtspflegegesetzes[11] sind sinngemäss anzuwenden.

§ 64
Genehmigung, Rechtswirkung

¹ Der Gemeinderat übermittelt den von den Stimmberechtigten beschlossenen Zonenplan und das Bau- und Zonenreglement dem Regierungsrat zur Genehmigung.

² Der Zonenplan und das Bau- und Zonenreglement treten mit der Genehmigung des Regierungsrates in Kraft.

³ Mit der Genehmigung ist über allfällige Beschwerden zu entscheiden.

⁴ Mit der Genehmigung erhalten die Gemeinwesen das Recht zur Enteignung der in der Zone für öffentliche Zwecke gemäss § 51 gelegenen Grundstücke.

⁵ Soweit in der Zone für Sport- und Freizeitanlagen, in der Grünzone und in der Schutzzone gelegene Grundstücke für die Erfüllung von Aufgaben benötigt werden, die im öffentlichen Interesse liegen, kann der Regierungsrat das Enteignungsrecht im Enteignungsverfahren nach dem Enteignungsgesetz erteilen[12]. Unter der gleichen Voraussetzung ist er befugt, das Enteignungsrecht Dritten zu erteilen[13].

---

[11] SRL Nr. 40
[12] §§ 25 ff. des Enteignungsgesetzes (SRL Nr. 730).
[13] Für Entschädigungen, die im Zusammenhang mit Zonenplänen sowie Bau- und Zonenreglementen geltend gemacht werden, gelten §§ 106 ff. dieses Gesetzes bzw. §§ 76 ff. des Enteignungsgesetzes (SRL Nr. 730), insbesondere § 81.

5. Bebauungsplan

§ 65
Zweck

Der Bebauungsplan bezweckt namentlich die Festlegung massgeblicher Elemente einer Überbauung, die weitere Unterteilung der Bauzonen, die Freihaltung des für die Erschliessungsanlagen erforderlichen Landes und die Ausscheidung des im öffentlichen Interesse nicht zu überbauenden Gebietes.

§ 66
Form und allgemeiner Inhalt

Der Bebauungsplan ist im Massstab 1:500 oder 1:1000 anzufertigen. Er enthält nach Bedarf Bestimmungen über
 a. die weitere Unterteilung der Bauzonen,
 b. die bestehenden und geplanten Verkehrsanlagen mit den baulichen Massnahmen für öffentliche Verkehrsmittel,
 c. Baulinien, Baubegrenzungslinien und Niveaulinien,
 d. das für öffentliche Bauten und Anlagen erforderliche Gebiet,
 e. Grünzonen und Zonen für Sport- und Freizeitanlagen,
 f. Bauweise (offen, geschlossen, verdichtet usw.),
 g. Landumlegung und Grenzregulierung,
 h. Gebiete für Einkaufszentren,
 i. Gebiete mit Gestaltungsplanpflicht.

§ 67
Besonderer Inhalt

In städtischen Verhältnissen und in Kern-, Altstadt-, Dorf- und Zentrumszonen sowie dort, wo ortsplanerische, insbesondere wohnhygienische, ästhetische und verkehrstechnische Gesichtspunkte oder Gründe des Schutzes des Orts- und Landschaftsbildes, des Denkmalschutzes und des Grundwasserschutzes es rechtfertigen, können im Bebauungsplan zusätzlich geregelt werden
 a. Bauziffern,
 b. Gebäude- und Firsthöhe, Gebäudelänge, Geschosszahl,
 c. Zweckbestimmung, Lage und Grundfläche der Bauten,
 d. Firstrichtung, Dach- und Fassadengestaltung,
 e. unterirdische Bauten und Anlagen,
 f. Nutzung der Freiflächen,
 g. Baumaterialien,
 h. Erhaltung und Anpflanzung von Grünflächen, Bäumen und Hecken.

§ 68
Verhältnis zu Zonenplan sowie Bau- und Zonenreglement

Der Bebauungsplan kann in Einzelheiten vom Zonenplan und vom Bau- und Zonenreglement abweichen, soweit sich Änderungen bei näherem Studium von Einzelproblemen als notwendig erweisen.

§ 69
Planungsverfahren

Die Vorschriften über das Auflage-, Einsprache-, Abstimmungs- und Genehmigungsverfahren nach den §§ 61 bis 64 Absätze 1—3 sind sinngemäss anzuwenden.

§ 70
Rechtswirkungen

[1] Mit der Genehmigung des Bebauungsplanes erhalten die Gemeinwesen das Recht zur Enteignung der gemäss § 66 für bestimmte öffentliche Zwecke ausgeschiedenen Flächen.

[2] Soweit in der Grünzone und in der Zone für Sport- und Freizeitanlagen gelegene Grundstücke für die Erfüllung von Aufgaben benötigt werden, die im öffentlichen Interesse liegen, kann der Regierungsrat das Enteignungsrecht im Enteignungsverfahren nach dem Enteignungsgesetz erteilen [14]. Unter der gleichen Voraussetzung ist er befugt, das Enteignungsrecht Dritten zu erteilen [15].

[3] Die Gemeinwesen und die Körperschaften, die öffentliche Zwecke erfüllen, sind berechtigt, gegen Ersatz des verursachten Schadens schon vor dem Erwerb des für Verkehrsanlagen vorgesehenen Landes in dieses Leitungen einzulegen und sie zu unterhalten. Die Höhe der Entschädigung wird im Streitfall von der Schätzungskommission festgesetzt.

§ 71
Kosten

[1] Die Gemeinde trägt die mit der Ausarbeitung und dem Erlass eines Bebauungsplanes entstehenden Kosten. Soweit den Grundeigentümern erhebliche Vorteile erwachsen, kann ihnen der Gemeinderat bis zu 50 Prozent der Kosten überbinden.

[2] Wird über die Kostenverteilung keine Einigung erzielt, entscheidet hierüber der Gemeinderat nach dem Perimeterverfahren. Bei Verwaltungsgerichtsbeschwerden steht dem Verwaltungsgericht auch die Ermessenskontrolle zu.

---

[14] §§ 25 ff. des Enteignungsgesetzes (SRL Nr. 730).

[15] Für Entschädigungen, die im Zusammenhang mit Bebauungsplänen geltend gemacht werden, gelten die §§ 105 ff. dieses Gesetzes bzw. die §§ 76 ff. des Enteignungsgesetzes (SRL Nr. 730), insbesondere § 81.

6. Gestaltungsplan

§ 72
Zweck

¹ Der Gestaltungsplan bezweckt eine siedlungsgerechte, architektonisch und erschliessungsmässig gute, der baulichen und landschaftlichen Umgebung angepasste Überbauung eines zusammenhängenden Gebietes. Bei Wohnüberbauungen ist den Erfordernissen der Wohnhygiene und der Wohnqualität in besonderem Mass Rechnung zu tragen.

² Die Mindestfläche für einen Gestaltungsplan, bei dem vom Zonenplan und Bau- und Zonenreglement und vom Bebauungsplan abgewichen werden kann, ist im Bau- und Zonenreglement festzulegen.

§ 73
Form und Inhalt

¹ Der Gestaltungsplan ist im Massstab 1:200 oder 1:500 anzufertigen. Er enthält nach Bedarf Bestimmungen namentlich über
a. Lage, Grösse, Gestaltung und Zweckbestimmung der Bauten und deren Einordnung in die bauliche und landschaftliche Umgebung,
b. Grenz- und Gebäudeabstände,
c. Firstrichtungen sowie Dach- und Fassadengestaltungen,
d. unterirdische Bauten und Anlagen,
e. behindertengerechtes Bauen,
f. Baumaterialien und Farbgebung der Bauten,
g. Landumlegung und Grenzregulierung,
h. Erschliessung,
i. bauliche Massnahmen für das öffentliche Verkehrsmittel,
k. Lage, Grösse und Gestaltung der Verkehrsanlagen, der Abstellflächen für Fahrzeuge und der Flächen für die Entsorgung,
l. Flächen zum Zurückhalten oder Versickernlassen von nicht verschmutztem Abwasser,
m. Baulinien, Baubegrenzungslinien und Niveaulinien,
n. Grünflächen, Bepflanzung, Spielplätze und andere Freizeitanlagen sowie Ruheplätze,
o. Kindergärten und weitere Gemeinschaftsanlagen und -einrichtungen wie Energie- und Entsorgungsanlagen,
p. Kompostieranlagen,
q. Hundeversäuberungsanlagen,
r. Terraingestaltung und Einfriedungen,
s. Parzellierung und Etappierung.

² Der Gemeinderat kann verlangen, dass für Kindergärten die erforderlichen Räume bereitgestellt werden.

³ Der Gemeinderat kann vorschreiben, dass wichtige Fusswegverbindungen innerhalb des Gestaltungsgebietes öffentlich begehbar sein müssen.

⁴ Der Gestaltungsplan muss eine architektonisch hohe Qualität aufweisen. Der Gemeinderat kann verlangen, dass mehrere Entwürfe vorgelegt werden.

§ 74
Gestaltungsplanpflicht

¹ Verständigen sich die beteiligten Grundeigentümer über die Aufstellung eines Gestaltungsplanes nicht, kann der Gemeinderat auf begründetes Gesuch eines oder mehrerer Beteiligter den Gestaltungsplan aufstellen. Das gilt auch in den Fällen der Absätze 2 und 3.

² Soweit erhebliche öffentliche Interessen es erfordern, kann der Gemeinderat vor Erteilung einer Baubewilligung von den Grundeigentümern ohne Rücksicht auf die Grösse des Baugrundstücks einen Gestaltungsplan verlangen.

³ Baubewilligungen für Gebiete, welche die nach § 72 Absatz 2 im Bau- und Zonenreglement vorgeschriebene Mindestfläche für einen Gestaltungsplan aufweisen, dürfen in der Regel nur aufgrund eines Gestaltungsplanes erteilt werden, sofern kein Bebauungsplan vorliegt. Das gilt insbesondere für ortsbildlich und landschaftlich schützenswerte Gebiete.

§ 75
Verhältnis zu Nutzungsplänen und zum Bau- und Zonenreglement

¹ Der Gestaltungsplan kann vom Zonenplan, Bau- und Zonenreglement oder Bebauungsplan abweichen, sofern wegen der besondern Verhältnisse eine eigene Regelung sinnvoll erscheint und der Zonencharakter gewahrt bleibt.

² Die Geschosszahl darf im Gestaltungsplan höchstens um ein Vollgeschoss vom massgebenden Zonen- oder Bebauungsplan abweichen. Grössere Abweichungen sind nur zulässig, wenn sie hinsichtlich Lage und Ausmass im Zonenplan und im Bau- und Zonenreglement festgelegt sind. Die Ausnützungsziffer darf die maximale Ausnützung gemäss Zonen- oder Bebauungsplan um höchstens 15 Prozent überschreiten. Bei Gestaltungsplänen in Bauzonen für verdichtete Bauweise gemäss § 41 Absatz 4 ist kein Ausnützungszuschlag gestattet.

³ Der Gemeinderat kann diese Abweichungen gewähren, wenn
a. die geplante Überbauung gegenüber der Normalbauweise wesentliche Vorteile aufweist,
b. die geplante Überbauung bau- und siedlungsökologischen Anforderungen entspricht,
c. es sich um eine siedlungsgerechte, architektonisch und wohnhygienisch qualitätsvolle Überbauung handelt, die sich gut in die bauliche und landschaftliche Umgebung eingliedert,
d. grössere zusammenhängende Grünflächen und viele Bäume vorgesehen sind und abseits des Verkehrs gelegene Spielplätze und andere Freizeitanlagen von mindestens 20 Prozent der Bruttogeschossflächen der Wohnbauten erstellt werden,
e. die Flächen für den Fussgänger- und Fahrverkehr und die vorgeschriebenen Abstellflächen für Fahrzeuge, einschliesslich Garagen, zweckmässig angelegt werden,
f. besondere Massnahmen zum Energiesparen getroffen werden.

⁴ Im Bau- und Zonenreglement können zusätzliche Qualitätsanforderungen gestellt werden.

⁵ Im Rahmen eines Gestaltungsplanes kann die Ausnützungsziffer verschiedener Zonen umgelagert werden, soweit die örtlichen Verhältnisse es zulassen.

§ 76

Modell und Profile

¹ Mit dem Gestaltungsplan ist ein Modell im Massstab 1 : 500 mit den angrenzenden Bauten und Anlagen einzureichen.

² Der Gemeinderat und die von ihm bezeichnete Stelle können weitere Unterlagen (Pläne, Fotografien, Modelle, Grundbuchauszug usw.) verlangen, soweit es zur Überprüfung des Gestaltungsplanes auf seine Übereinstimmung mit den Bau- und Nutzungsvorschriften notwendig ist.

³ Der Gemeinderat kann verlangen, dass exponierte, die Aussicht erheblich beschränkende, anderweitig dominierende oder an Grundstücke Dritter angrenzende Bauten und Anlagen ausgesteckt werden.

§ 77

Auflageverfahren

¹ Der Gemeinderat legt den Gestaltungsplan während 30 Tagen zur öffentlichen Einsicht auf und macht die Auflage öffentlich bekannt. Er teilt den Grundeigentümern des vom Plan erfassten Gebietes, den Eigentümern der angrenzenden Grundstücke und dem Baudepartement sowie bei Bauten im Sinne des § 157 der Beratungsstelle für behindertengerechtes Bauen die Auflage mit. In der Bekanntmachung und in der Mitteilung ist auf die Einsprachemöglichkeit hinzuweisen.

² Während der Auflagefrist kann beim Gemeinderat oder bei der von ihm bezeichneten Stelle schriftlich Einsprache erhoben werden. Die Einsprache ist zu begründen.

³ Die Einsprachen sind den Grundeigentümern innert fünf Tagen nach Ablauf der Auflagefrist zur Stellungnahme zuzustellen.

§ 78

Genehmigung, grundbuchliche Behandlung

¹ Der Gemeinderat prüft die Einsprachen und versucht, sie auf dem Verhandlungsweg zu erledigen. Soweit es angezeigt ist, sind die Grundeigentümer zu den Verhandlungen einzuladen.

² Hat die gütliche Erledigung der Einsprachen wesentliche Änderungen zur Folge, ist das Einspracheverfahren für betroffene Dritte zu wiederholen.

³ Der Gemeinderat entscheidet über die Genehmigung des Planes und die nicht erledigten öffentlich-rechtlichen Einsprachen. Mit den privatrechtlichen Einsprachen verweist er die Parteien an den Zivilrichter.

⁴ Der Gestaltungsplan tritt mit der Genehmigung des Gemeinderates in Kraft.

⁵ Werden im Gestaltungsplan auch Bebauungspläne geändert oder wird mit der Genehmigung das Enteignungsrecht im Sinne von § 70 Absatz 1 erteilt, ist der Regierungsrat für die Genehmigung zuständig. Der Gemeinderat hat in diesem Fall die Unterlagen mit seiner Stellungnahme zu den Einsprachen an den Regierungsrat weiterzuleiten.

⁶ Die entscheidgemässe Ausführung des Gestaltungsplanes ist auf Kosten der Grundeigentümer durch Anmerkung öffentlich-rechtlicher Eigentumsbeschränkungen im Grundbuch sicherzustellen.

§ 79

Kosten

¹ Die mit der Ausarbeitung und dem Erlass eines Gestaltungsplanes entstehenden Kosten sind von den Grundeigentümern nach Massgabe der ihnen erwachsenden Vor- und Nachteile zu tragen. Wo erhebliche öffentliche Interessen an einem Gestaltungsplan bestehen, kann die Gemeinde Beiträge leisten.

² Können sich die Grundeigentümer über die Kostenverteilung nicht einigen, entscheidet hierüber der Gemeinderat im Perimeterverfahren. Bei Verwaltungsgerichtsbeschwerden steht dem Verwaltungsgericht auch die Ermessenskontrolle zu.

§ 80

Geltungsdauer

¹ Wird mit den Bauarbeiten nicht innert fünf Jahren seit dem Inkrafttreten des Gestaltungsplanes begonnen, erlischt der Gestaltungsplan.

² Der Gemeinderat kann die Geltungsdauer des Gestaltungsplanes um zwei Jahre verlängern.

7. Planungszone [16]

§ 81

Zweck

¹ Die Planungszonen dienen der Sicherstellung der Nutzungsplanung.

² Mit der Bestimmung von Planungszonen sind zugleich die provisorischen Bau- und Nutzungsvorschriften festzulegen.

§ 82

Zuständigkeit

¹ Der Gemeinderat kann für genau bezeichnete Gebiete der Gemeinde Planungszonen bestimmen.

² Der Regierungsrat kann zur Wahrung des Raumplanungsrechts auf dem Gebiet des Kantons Planungszonen bestimmen.

---

[16] Artikel 27 RPG (SR 700):

«¹ Müssen Nutzungspläne angepasst werden oder liegen noch keine vor, so kann die zuständige Behörde für genau bezeichnete Gebiete Planungszonen bestimmen. Innerhalb der Planungszonen darf nichts unternommen werden, was die Nutzungsplanung erschweren könnte.

² Planungszonen dürfen für längstens fünf Jahre bestimmt werden; das kantonale Recht kann eine Verlängerung vorsehen.»

§ 83

Geltungsdauer

¹ Die Planungszone erlischt, wenn nicht innert zwei Jahren seit der Planauflage nach § 84 der Nutzungsplan und die Bau- und Nutzungsvorschriften öffentlich aufgelegt werden. Der Regierungsrat kann die Frist in begründeten Fällen um höchstens ein Jahr erstrecken, insbesondere, wenn grössere planerische Arbeiten erforderlich sind.

² Die Planungszone erlischt ferner, wenn die Nutzungspläne nicht innert fünf Jahren seit der Auflage der Planungszone in Kraft treten. Der Regierungsrat kann die Frist bei ausgewiesener Notwendigkeit um höchstens zwei Jahre verlängern.

§ 84

Verfahren

¹ Die Bestimmung einer Planungszone ist öffentlich bekanntzumachen und den betroffenen Grundeigentümern mitzuteilen.

² Die Pläne und Vorschriften sind auf der Gemeindeverwaltung während 30 Tagen öffentlich aufzulegen. Sie treten mit ihrer Auflage in Kraft.

³ Während der Auflagefrist kann gegen Planungszonen des Gemeinderates Verwaltungsbeschwerde beim Regierungsrat und gegen Planungszonen des Regierungsrates Einsprache beim Regierungsrat eingereicht werden.

⁴ Verwaltungsbeschwerden und Einsprachen haben nur dann aufschiebende Wirkung, wenn sie vom Regierungsrat gewährt wird.

§ 85

Rechtswirkungen der Auflage neuer Nutzungspläne

¹ Neue Nutzungspläne und neue Bau- und Nutzungsvorschriften gelten vom Tag der öffentlichen Auflage an als Planungszone.

² Gleichzeitig treten die provisorischen Pläne und Vorschriften ausser Kraft.

B. Landumlegung und Grenzregulierung

I. Landumlegung

§ 86

Zweck

¹ Mit der Landumlegung können Grundstücke innerhalb und ausserhalb der Bauzonen in der Weise neu gebildet werden, dass sie sich nach Lage, Form und Grösse für eine recht- und zweckmässige Nutzung eignen.

² Eine Landumlegung kann auch zur Erschliessung von Grundstücken durchgeführt werden.

§ 87
Allgemeine Voraussetzung

Eine Landumlegung darf in der Regel nur aufgrund eines rechtskräftigen Zonen-, Bebauungs- oder Gestaltungsplanes, eines rechtskräftigen Strassen- oder Baulinienplanes oder Strassenprojektes nach dem Strassengesetz, eines rechtskräftigen Wasserbauprojektes nach dem Wasserbaugesetz oder im Zusammenhang mit der Ausarbeitung oder Anpassung eines solchen Planes oder Projektes vorgenommen werden.

§ 88
Besondere Voraussetzungen

¹ Der Gemeinderat kann eine Landumlegung von Amtes wegen anordnen und durchführen, wenn
a. auf diesem Weg eine den Zielen der Raumplanung besser entsprechende Nutzungsordnung verwirklicht werden kann oder
b. das öffentliche Interesse die Sanierung eines überbauten Gebietes erfordert.

² Er ist zur Durchführung einer Landumlegung verpflichtet, wenn
a. der Regierungsrat es im Zusammenhang mit Ortsplanungen, Strassen oder anderen öffentlichen Bauten und Anlagen verfügt,
b. ein Drittel der interessierten Grundeigentümer, denen mehr als die Hälfte des fraglichen Bodens gehört, es verlangt.

§ 89
Vorprüfung

Vor der Einleitung einer Landumlegung ist beim Baudepartement ein Vorprüfungsverfahren im Sinne von § 19 Absatz 1 durchzuführen.

§ 90
Landumlegungsentscheid

¹ Die Landumlegung wird durch einen Entscheid des Gemeinderates eingeleitet.

² Im Entscheid sind der Zweck der Landumlegung anzugeben und das Landumlegungsgebiet genau zu umschreiben.

³ Der Entscheid ist öffentlich aufzulegen und bekanntzumachen und den beteiligten Grundeigentümern unter Hinweis auf das Beschwerderecht gemäss § 206 mitzuteilen.

§ 91
Planungszone

¹ Beschliesst der Gemeinderat die Durchführung eines Landumlegungsverfahrens, kann er eine Planungszone erlassen.

² Die Planungszone erlischt, wenn der Landumlegungsplan nicht innert zwei Jahren aufgelegt oder innert fünf Jahren seit Auflage der Planungszone genehmigt wird. Der Regierungsrat kann diese Frist nach § 83 verlängern.

§ 92

Ausscheidung von Land für Gemeinbedarf

¹ Von den in die Landumlegung einbezogenen Grundstücken können die Flächen für Verkehrsanlagen, Spielplätze, Freizeitanlagen und weitere den gemeinsamen Bedürfnissen des Landumlegungsgebietes dienende Anlagen ausgeschieden werden. Diese Flächen sind den Eigentümern der an der Landumlegung beteiligten Grundstücke zu Gesamteigentum zuzuweisen, soweit sie nicht in das Eigentum eines Gemeinwesens übergehen.

² Für die Abtretung von Rechten zu öffentlichen Zwecken ist die Entschädigung nach den Vorschriften des Enteignungsgesetzes festzusetzen, wenn keine gütliche Einigung erzielt werden kann.[17]

§ 93

Neuzuteilung, Wertausgleich

¹ Jeder beteiligte Grundeigentümer soll einen Anteil an der Verteilungsmasse erhalten, der wertmässig dem eingebrachten Land annähernd entspricht. Der Verlust an zuteilungsfähigem Land infolge Ausscheidung von Flächen für Gemeinbedarf ist im Verhältnis der Ausmasse der eingebrachten Flächen anzurechnen.

² Durch Boden nicht ausgleichbare Mehr- oder Minderwerte sind mit Geld auszugleichen. Durch Dienstbarkeiten Betroffene haben einen angemessenen Vorteilsbeitrag zu leisten oder sind zu entschädigen.

³ Reicht der Anteil eines Grundeigentümers an der Verteilungsmasse zur Bildung eines überbaubaren Grundstückes nicht aus, ist eine entsprechende Geldentschädigung zu entrichten.

§ 94

Massgebender Wert

¹ Für die Schätzung der innerhalb und ausserhalb der Bauzonen liegenden Grundstücke, Bauten, Bäume und anderer Grundstücksbestandteile, die in das Umlegungsverfahren einbezogen sind, ist der Verkehrswert massgebend.

² Der Verkehrswert bestimmt sich nach den Nutzungsmöglichkeiten gemäss rechtskräftigem Nutzungsplan. Wird eine Landumlegung im Hinblick auf einen neuen oder anzupassenden Nutzungsplan durchgeführt, bestimmt er sich nach den zukünftigen Nutzungsmöglichkeiten.

§ 95

Fälligkeit von Ausgleichszahlungen

¹ Ausgleichszahlungen für Mehr- oder Minderwerte, die nicht durch Boden ausgeglichen werden können, für unüberbaubare Grundstücke und für andere Vor- und Nachteile im Sinne von § 93 werden auf den Zeitpunkt des Inkrafttretens des Landumlegungsplanes fällig. Sie sind dem Gemeinderat oder der von ihm bezeichneten Inkassostelle zuhanden der Berechtigten zu bezahlen.

² Die Ausgleichszahlungen sind ab dem Zeitpunkt der Fälligkeit zu 5 Prozent zu verzinsen.

[17] Siehe § 107.

³ Ergeben sich bei der Vermessung Korrekturen im Landumlegungsplan, entscheidet der Gemeinderat über Nach- und Rückforderungen.

§ 96

Bereinigung der Rechte

Dienstbarkeiten, Grundlasten, Vormerkungen und Anmerkungen können aufgehoben, geändert oder auf neue Grundstücke verlegt werden. Für die Ordnung der Grundpfandverhältnisse finden die Bestimmungen des Schweizerischen Zivilgesetzbuches[18], insbesondere die Artikel 802—804 und 811, Anwendung.

§ 97

Auflageverfahren

¹ Der Landumlegungsplan mit Verkehrswertschätzung, vorgesehener Neuzuteilung und allfälligem Wertausgleich ist für die Beteiligten während 30 Tagen zur Einsichtnahme aufzulegen. Die Grundeigentümer sind vom Gemeinderat davon in Kenntnis zu setzen. Während der Auflagefrist kann beim Gemeinderat oder bei der von ihm bezeichneten Stelle schriftlich Einsprache erhoben werden. Die Einsprache ist zu begründen.

² Bei schriftlicher Zustimmung aller Beteiligten kann der Gemeinderat auf die Planauflage verzichten.

§ 98

Genehmigung, Inkrafttreten

¹ Der Gemeinderat prüft die Einsprachen und versucht, sie auf dem Verhandlungsweg zu erledigen.

² Er entscheidet über die unerledigten Einsprachen und beschliesst den Landumlegungsplan.

³ Der Landumlegungsplan bedarf der Genehmigung des Regierungsrates. Mit der Genehmigung ist über allfällige Verwaltungsbeschwerden zu entscheiden.

⁴ Die neuen Rechtsverhältnisse treten frühestens mit der Genehmigung des Landumlegungsplanes durch den Regierungsrat und, sofern die Landumlegung im Hinblick auf einen neuen oder anzupassenden Nutzungsplan durchgeführt wird, mit der Rechtskraftbeschreitung des neuen oder angepassten Nutzungsplanes in Kraft. Der Gemeinderat kann einen späteren Zeitpunkt für das Inkrafttreten der neuen Rechtsverhältnisse festlegen.

§ 99

Kosten

Die Kosten der Landumlegung, einschliesslich der Aufwendungen für Anlagen, die vorwiegend den allgemeinen Bedürfnissen des Landumlegungsgebietes dienen, kann der Gemeinderat soweit auf die Beteiligten verlegen, als ihnen Vor- und Nachteile erwachsen.

[18] SR 210

§ 100
Ergänzendes Recht

Der Regierungsrat regelt das Nähere mit Verordnung.

§ 101
Vorbehalt weiterer Bestimmungen

[1] Für die land- und forstwirtschaftlichen Güterzusammenlegungen gelten die Bestimmungen des eidgenössischen und kantonalen Bodenverbesserungsrechts.

[2] Vorbehalten bleiben die Sondervorschriften über den Nationalstrassenbau.

II. Grenzregulierung

§ 102
Zweck und Voraussetzungen

[1] Für ungünstig abgegrenzte Baugrundstücke, die ihrem Flächeninhalt nach überbaubar sind, kann der Gemeinderat auf den Zeitpunkt der Überbauung auf Begehren eines Grundeigentümers oder von Amtes wegen eine Grenzregulierung anordnen.

[2] Den andern beteiligten Grundeigentümern darf aus der Grenzregulierung kein nennenswerter Nachteil erwachsen. Insbesondere dürfen die Grundstückteile, die einseitig abgetrennt werden, nicht selbständig überbaubar sein. Der Wert der Grundstücke darf nur unerheblich verändert werden.

§ 103
Wertausgleich

[1] Wertänderungen der Grundstücke, die durch die Grenzregulierung entstehen, haben die Eigentümer in Geld auszugleichen.

[2] Dinglich Berechtigte, deren Rechte durch die Grenzregulierung beeinträchtigt werden, können einen Anspruch auf die Geldentschädigung des Grundeigentümers geltend machen.

§ 104
Verfahren

[1] Der Gemeinderat legt nach Anhören der Beteiligten die neuen Grenzen, die allfällig zu leistenden Entschädigungen und die Verteilung der Kosten fest.

[2] Im übrigen sind die Vorschriften über die Landumlegung sinngemäss anzuwenden (§§ 86 ff.).

C. Übernahmepflicht, Entschädigungen und Beiträge

I. Übernahmepflicht

§ 105

Pflicht zur Übernahme von Grundstücken

[1] Die Pflicht zur Übernahme von Baugrundstücken, die durch Baulinien zerschnitten werden, regelt sich nach den Vorschriften des Strassengesetzes.[19]

[2] Die Übernahmepflicht obliegt der Gemeinde, welche die Baulinien festgelegt hat. Bei Baulinien entlang Strassen bleiben die Bestimmungen des Strassengesetzes vorbehalten.[19]

II. Entschädigungen

§ 106

Grundsatz

Führen Planungen zu Eigentumsbeschränkungen, die einer Enteignung gleichkommen, ist nach Artikel 5 Absatz 2 RPG[20] volle Entschädigung zu leisten.

§ 107

Verweis auf Enteignungsgesetz

Kann keine gütliche Einigung erzielt werden, wird die Entschädigung gemäss Enteignungsgesetz festgesetzt. Neben dem Enteigner ist auch der Enteignete zur Einleitung des Schätzungsverfahrens legitimiert.[21]

§ 108

Anmerkung im Grundbuch

Die Auszahlung von Entschädigungen für Eigentumsbeschränkungen ist im Grundbuch anzumerken.

III. Beiträge

§ 109

Grundsatz

[1] Gemeinden, Gemeindeverbände und Genossenschaften des kantonalen Rechts können für öffentliche Werke oder für Werke im öffentlichen Interesse von den inter-

---

[19] §§ 73—75 Strassengesetz (SRL Nr. 755).
[20] SR 700
[21] §§ 76 ff. des Enteignungsgesetzes, insbesondere § 81 (SRL Nr. 730).

essierten Grundeigentümern Beiträge an die Bau-, Korrektions-, Betriebs- und Unterhaltskosten erheben. Für Wasser- und Energieversorgungsanlagen steht dieses Recht auch privaten Versorgungsunternehmen zu, die im Einverständnis des zuständigen Gemeinwesens eine Aufgabe im öffentlichen Interesse erfüllen.

[2] Beitragspflichtig sind auch interessierte Eigentümer von Anlagen jeder Art wie Geleise, Leitungen, Kanäle, Seilbahnen und dergleichen, soweit diese nicht bereits als Bestandteil eines Grundstücks erfasst werden.

§ 110
Umfang der Beitragspflicht

[1] Die Beiträge sind im Verhältnis zu den Vorteilen unter Berücksichtigung allfälliger Nachteile, die den Grundstücken aus dem Werk entstehen, zu bemessen.

[2] Die Summe der Beiträge der Interessierten darf zusammen mit dem Gemeindeanteil und allfälligen Leistungen von Bund, Kanton usw. die Gesamtkosten nicht übersteigen.

§ 111
Pfandrecht

Gemeinden, Gemeindeverbände, Genossenschaften des kantonalen Rechts und Versorgungsunternehmen haben für ihre Beitragsforderungen ein gesetzliches, allen eingetragenen Belastungen vorgehendes Pfandrecht ohne Eintragung im Grundbuch, und zwar für Baukosten auf fünf und für Betriebs- und Unterhaltskosten auf zwei Jahre.

§ 112
Ergänzendes Recht

Der Regierungsrat regelt das Nähere mit Verordnung[22].

D. Bauvorschriften
§ 113–183

E. Baubewilligung und Baukontrolle

§ 184
Baubewilligungsbedürftige Bauten und Anlagen

[1] Wer ober- und unterirdische Bauten und Anlagen errichten oder ändern will, hat vor Baubeginn beim Gemeinderat eine Baubewilligung einzuholen. Das gilt insbesondere für
 a. Erstellung neuer Bauten und Anlagen,
 b. Änderungen an bestehenden Bauten und Anlagen, einschliesslich nicht zonenkonforme Nutzungsänderungen,

---

[22] Verordnung über Grundeigentümer-Beiträge an öffentliche Werke (Perimeterverordnung) vom 16. Oktober 1969 (SRL Nr. 732).

c. Veränderungen der Fassaden in Gestaltung oder Farbe,
d. Verkehrsanlagen, einschliesslich Abstellflächen für Fahrzeuge, sofern nicht ein Projektauflage- und Genehmigungsverfahren nach dem Strassengesetz durchgeführt wird,
e. Bauten und Anlagen im Bereich von Gewässern, sofern nicht ein Projektauflage- und Genehmigungsverfahren nach dem Wasserbaugesetz durchgeführt wird,
f. Anlegung und Veränderung von Campingplätzen,
g. Mauern und Einfriedungen im Sinne von § 126 Absätze 1—3, sofern sie gemessen ab gewachsenem Terrain 1,5 m übersteigen,
h. Aufschüttungen und Abgrabungen von mehr als 1,5 m.

[2] Für die Bewilligung von Bauten und Anlagen im vereinfachten Verfahren gilt § 198.

§ 185

Unterhaltsarbeiten

Reparatur- und Unterhaltsarbeiten bedürfen keiner Baubewilligung.

§ 186

Bauplatzinstallationen

Die für die Erstellung und die Änderung von Bauten und Anlagen auf dem Baugrundstück erforderlichen Bauplatzinstallationen wie Krane, Baracken, Wasser-, Strom- und Telefonanschlüsse, Toilettenanlagen und dergleichen, gelten mit der Erteilung der Baubewilligung als bewilligt.

§ 187

Abbrucharbeiten

[1] Der Eigentümer einer Baute oder Anlage hat dem Gemeinderat Abbrucharbeiten spätestens 20 Tage vorher zu melden.

[2] Der Gemeinderat untersagt Abbrucharbeiten, die öffentlich-rechtlichen Vorschriften widersprechen. Der Entscheid ist dem Eigentümer innert der zwanzigtägigen Frist zuzustellen. Ist es notwendig, die Übereinstimmung des Abbruchs mit den Bau- und Nutzungsvorschriften näher abzuklären, sind die Arbeiten vor Fristablauf vorläufig zu verbieten und vom Eigentümer die erforderlichen Unterlagen einzuverlangen.

§ 188

Baugesuch

[1] Das Baugesuch ist mindestens dreifach auf amtlichem Formular beim Gemeinderat oder bei der von ihm bezeichneten Stelle einzureichen. Es ist vom Bauherrn, vom Planverfasser und vom Grundeigentümer zu unterzeichnen.

[2] Planverfasser müssen qualifizierte Fachleute sein. Der Regierungsrat regelt das Nähere in der Vollzugsverordnung, in der auch die Ausnahmen und eine Übergangsbestimmung festgelegt werden.

³ Mit der Einreichung des Baugesuchs nimmt der Grundeigentümer am Baubewilligungsverfahren teil und gibt sein Einverständnis zu Eigentumsbeschränkungen, die zur Sicherung von Auflagen verfügt werden.

§ 189
Beilagen

¹ Dem Baugesuch sind mindestens in dreifacher Ausfertigung beizulegen
a. ein Situationsplan (Auszug aus dem nachgeführten Grundbuchplan) in der Regel im Massstab 1:500, in welchem der geplante Bau und die Nachbargebäude, die Grenz-, Gebäude-, Strassen- und andern Abstände, die Baulinien und die Zu- und Wegfahrten eingezeichnet und vermasst sind,
b. die Grundrisse aller Geschosse mit Keller- und Dachgeschoss und die Fassaden- und Schnittpläne im Mindestmassstab 1:100; die Pläne müssen vollständige Angaben enthalten über Erdgeschoss-, Fassaden-, Gebäude- und Firsthöhen in Metern über Meer, Innen- und Aussenmasse, Art der Fundation, Mauerstärken, Stockwerk- und lichte Raumhöhen, Dachkonstruktionen, Fensterflächen, Bodenflächen, Zweckbestimmung der Räume, Feuerstellen und Kamine, Tankanlagen sowie den bestehenden und projektierten Terrainverlauf mit den wichtigsten Höhenkoten,
c. ein Plan über die Umgebungsgestaltung im Massstab 1:100, in dem die Abstellflächen für Fahrzeuge, die vorhandenen und geplanten Leitungen und die Spielplätze und Freizeitanlagen eingezeichnet und vermasst sind,
d. die Pläne mit den erforderlichen Angaben über künstliche Belüftungen im Sinne von § 153 Absatz 3,
e. die detaillierte Berechnung der vorgeschriebenen Bauziffern mit den entsprechenden Grundrissschemata,
f. die Unterlagen für die Berechnung der Wärmeisolation; sofern sie noch nicht vorliegen, sind sie vor Baubeginn einzureichen, wobei § 197 vorbehalten bleibt,
g. die Pläne für die Abwasseranlagen im Massstab 1:100 mit Vermassung, Höhenkoten und Gefällsangaben.

² Bei Um- und Erweiterungsbauten sind bestehende Bauteile schwarz oder grau, neue rot und abzubrechende gelb zu kennzeichnen.

³ Die Beilagen sind zu datieren und die Pläne mit einer Nummer zu versehen. Beilagen und Pläne sind vom Bauherrn, vom Verfasser und vom Grundeigentümer zu unterzeichnen.

⁴ Der Gemeinderat und die von ihm bezeichnete Stelle können weitere Unterlagen, wie Pläne, Fotografien, Modelle, Grundbuchauszug usw., verlangen, soweit es zur Überprüfung des Projekts auf seine Übereinstimmung mit den Bau- und Nutzungsvorschriften notwendig ist.

§ 190
Beilagen bei Hochhäusern

¹ Für Hochhäuser sind zusätzlich folgende Unterlagen in mindestens dreifacher Ausführung einzureichen:
a. ein genereller, die weitere Umgebung umfassender Übersichtsplan im Massstab 1:500 bis 1:2000,

b. ein Modell mit Umgebung im Mindestmassstab 1 : 500,
c. eine Darstellung des Schattenwurfs.

[2] Der Gemeinderat und die von ihm bezeichnete Stelle können weitere Unterlagen wie Fotografien des Ortschaftsteiles mit genauer, massstabsgetreuer Eintragung des projektierten Hochhauses verlangen.

§ 191

Baugespann und Profile

[1] Projekte für neue Bauten und Anlagen und für bauliche Massnahmen, welche die äussere Form einer Baute oder Anlage verändern, sind spätestens am Tag der Einreichung des Baugesuchs so auszustecken, dass daraus der gesamte Umfang der Baute oder Anlage leicht ersichtlich ist; dabei ist die Höhe des Erdgeschossbodens (oberkant) zu kennzeichnen. Diese Vorschrift gilt auch für Mauern, Einfriedungen, Aufschüttungen und Abgrabungen von mehr als 1,5 m.

[2] Das Baugespann darf bis zur rechtskräftigen Erledigung des Baugesuchs, im Beschwerdefall demnach bis zu dessen Erledigung, nicht beseitigt werden. Das Baudepartement kann die vorzeitige Beseitigung des Baugespanns gestatten, wenn der Stand des Beschwerdeverfahrens es erlaubt.

§ 192

Einleitung des Baubewilligungsverfahrens

Der Gemeinderat oder die von ihm bezeichnete Stelle prüft, ob das Baugesuch und die Beilagen den §§ 188—190 entsprechen und das Baugespann mit den Plänen übereinstimmt. Ist dies nicht der Fall, verlangt der Gemeinderat vom Gesuchsteller die Behebung der gerügten Mängel innert gesetzter Frist mit der Androhung, dass er andernfalls auf das Baugesuch nicht eintreten werde.

§ 193

Bekanntmachung und Auflage des Baugesuchs

Ist das Baugesuch im Sinne von § 192 vorschriftsgemäss eingereicht, ist es sofort öffentlich bekanntzumachen und zusammen mit den Beilagen während 20 Tagen zur öffentlichen Einsicht aufzulegen. Den Anstössern, den interessierten Amtsstellen und bei Bauten im Sinne des § 157 der Beratungsstelle für behindertengerechtes Bauen ist vom Gemeinderat oder von der von ihm bezeichneten Stelle mit eingeschriebenem Brief Mitteilung zu machen. In der Bekanntmachung und im Brief ist auf die Einsprachemöglichkeit hinzuweisen.

§ 194

Einsprachen

[1] Öffentlich-rechtliche und privatrechtliche Einsprachen sind mit Begründung während der Auflagefrist schriftlich und im Doppel beim Gemeinderat oder bei der von ihm bezeichneten Stelle einzureichen.

² Mit der öffentlich-rechtlichen Einsprache kann die Verletzung öffentlich-rechtlicher Bestimmungen, mit der privatrechtlichen Einsprache die Verletzung privater Rechte geltend gemacht werden.

³ Die Einsprachen sind dem Bauherrn und dem Grundeigentümer innert fünf Tagen nach Ablauf der Auflagefrist zur Stellungnahme zuzustellen.

§ 195

Prüfung des Baugesuchs

Der Gemeinderat hat von Amtes wegen zu prüfen, ob das Bauvorhaben dem Zweck der Nutzungszone und den öffentlich-rechtlichen Vorschriften entspricht und ob das Baugrundstück erschlossen ist. Ist dies der Fall, ist die Baubewilligung zu erteilen, andernfalls ist sie zu verweigern, sofern die Mängel nicht durch Auflagen und Bedingungen in der Baubewilligung behoben werden können.

§ 196

Entscheid

¹ Nach Ablauf der Einsprachefrist und nach Vorliegen der für die Erteilung einer Baubewilligung unerlässlichen Sonderbewilligungen und Stellungnahmen eidgenössischer und kantonaler Behörden oder Dienststellen hat der Gemeinderat ohne Verzug über das Baugesuch und die öffentlich-rechtlichen Einsprachen zu entscheiden.[44]

² Soweit der Gemeinderat in den gesetzlich vorgesehenen Fällen Ausnahmen von den Vorschriften dieses Gesetzes bewilligen will, hat er sie in der Baubewilligung einschliesslich Auflagen und Bedingungen ausdrücklich festzuhalten. Er hat darzulegen, dass die Ausnahmen keine öffentlichen Interessen verletzen, unter angemessener Abwägung der beteiligten privaten Interessen gestattet werden können und auch allfällige besondere gesetzliche Voraussetzungen erfüllt sind.

³ Die Abweisung des Baugesuchs und der Entscheid über die Einsprachen sind zu begründen.

⁴ Mit den privatrechtlichen Einsprachen verweist der Gemeinderat die Parteien an den Zivilrichter.

⁵ Der Entscheid über das Baugesuch und die Einsprachen ist dem Bauherrn, dem Grundeigentümer und den Einsprechern zuzustellen. Die Baubewilligung ist zudem dem Baudepartement, der Gebäudeversicherung, dem Amt für Umweltschutz und dem Amt für Zivilschutz zu senden. Dem Bauherrn ist zugleich ein Satz der mit dem Genehmigungsvermerk versehenen Pläne zu übermitteln.

⁶ Vorbehalten bleiben die Sonderbewilligungen und Stellungnahmen eidgenössischer und kantonaler Behörden oder Dienststellen. Bilden die Sonderbewilligungen und Stellungnahmen eine unerlässliche Voraussetzung für die Erteilung der Baubewilligung, darf sie erst nach deren Vorliegen erteilt werden. In allen übrigen Fällen

---

[44] Für Abfallanlagen gilt die Regelung von § 30 des Einführungsgesetzes zum Bundesgesetz über den Umweltschutz (SRL Nr. 700a).

sind die Sonderbewilligungen und Stellungnahmen in der Baubewilligung ausdrücklich vorzubehalten.[45]

[7] Die für die Sonderbewilligungen und Stellungnahmen zuständigen kantonalen Behörden entscheiden ohne Verzug.

§ 197
Genehmigung der Wärmeisolation

Liegen die Unterlagen für die Berechnung der Wärmeisolation nicht vor, ist die Baubewilligung an den Vorbehalt zu knüpfen, dass sie vor Baubeginn dem Gemeinderat zur Genehmigung einzureichen sind. Der Gemeinderat kann, wenn nötig, für die Prüfung der Wärmeisolationsberechnung auf Kosten des Bauherrn aussenstehende Fachleute zuziehen. Der Bauherr ist vorgängig zu orientieren.

§ 198
Vereinfachtes Baubewilligungsverfahren

[1] Bei Bauten und Anlagen, die offensichtlich keine privaten Interessen Dritter und keine wesentlichen öffentlichen Interessen berühren, kann der Gemeinderat ein vereinfachtes Baugesuch einschliesslich der Beilagen gestatten, auf das Baugespann verzichten und von der öffentlichen Auflage absehen. Das gleiche gilt für zeitlich befristete Bauten und Anlagen und für solche, deren Baukosten unter 50 000 Franken veranschlagt sind. Der Regierungsrat passt diese Summe alle fünf Jahre dem Baukostenindex der Gebäudeversicherung an.

[2] Den Anstössern und weiteren betroffenen Grundeigentümern ist Gelegenheit zu geben, innert 20 Tagen schriftlich begründete Einsprache zu erheben, sofern sie nicht unterschriftlich dem Baugesuch zugestimmt haben. Einsprachen sind dem Bauherrn innert fünf Tagen nach Ablauf der zwanzigtägigen Frist zur Vernehmlassung zuzustellen.

[3] Nach Durchführung eines allfälligen Vernehmlassungsverfahrens entscheidet der Gemeinderat ohne Verzug über das Baugesuch und die öffentlich-rechtlichen Einsprachen im Sinne von § 196. Mit den privatrechtlichen Einsprachen verweist er die Parteien an den Zivilrichter.

[4] Der Entscheid ist dem Bauherrn, dem Grundeigentümer und den Einsprechern zuzustellen, eine Bewilligung überdies dem Baudepartement, der Gebäudeversicherung, dem Amt für Umweltschutz und dem Amt für Zivilschutz.

§ 199
Vorentscheid

[1] Zur Abklärung wichtiger Bau- und Nutzungsfragen kann der Gemeinderat um einen Vorentscheid ersucht werden.

[2] Dem Gesuch sind alle Unterlagen beizulegen, die zur Beurteilung der gestellten Fragen nötig sind.

---

[45] Die Pflicht, Bauten und Anlagen einer Umweltverträglichkeitsprüfung zu unterziehen, richtet sich nach Artikel 9 des Umweltschutzgesetzes (SR 814.01) und der eidgenössischen Verordnung über die Umweltverträglichkeitsprüfung (SR 814.011).

³ Die Geltungsdauer eines Vorentscheids richtet sich nach § 201.
⁴ Für Dritte ist der Vorentscheid nur dann verbindlich, wenn sie im Verfahren Partei waren.
⁵ Das Baubewilligungsverfahren bleibt vorbehalten.

§ 200
Baubeginn

¹ Vor dem unbenützten Ablauf der Beschwerdefrist oder vor der rechtskräftigen Erledigung eines ordentlichen Rechtsmittels und vor der Leistung einer allfälligen Sicherheit nach § 204 darf mit den Bauarbeiten nicht begonnen werden. Die zuständige Behörde kann dem Bauherrn in begründeten Fällen die Ausführung von Aushubarbeiten auf sein Risiko hin bereits vorher bewilligen.
² Die für die Bauausführung verantwortlichen Personen (Architekt, Ingenieur, Bauunternehmer usw.) sind verpflichtet, sich vor Beginn der Bauarbeiten zu vergewissern, ob eine rechtskräftige Baubewilligung vorliegt.

§ 201
Geltungsdauer der Baubewilligung

¹ Die Baubewilligung erlischt
a. wenn die Baute oder Anlage nicht innerhalb Jahresfrist, vom Tag des Eintritts der Rechtskraft der Baubewilligung oder im Fall einer Zivilklage vom Tag der rechtskräftigen Erledigung an gerechnet, begonnen wird,
b. wenn die Bauarbeiten unterbrochen wurden und innerhalb einer vom Gemeinderat festzusetzenden Frist nicht vollendet werden.
² Der Gemeinderat kann auf Gesuch die Gültigkeit einer Baubewilligung, wenn keine öffentlichen Interessen entgegenstehen, um längstens ein Jahr erstrecken, sofern sich weder am bewilligten Projekt noch in dessen nächster Umgebung noch an den einschlägigen Bau- und Nutzungsvorschriften etwas wesentlich geändert hat. Das Gesuch ist vor Ablauf der Jahresfrist gemäss Absatz 1 a zu stellen.

§ 202
Planänderungen

¹ Für die Ausführung der Bauten und Anlagen sind die genehmigten Pläne verbindlich.
² Für jede Abweichung von den genehmigten Plänen ist das Baubewilligungsverfahren erneut durchzuführen, sofern die Abweichung als solche der Bewilligungspflicht untersteht. Auf das Baubewilligungsverfahren kann verzichtet werden, wenn alle betroffenen Grundeigentümer unterschriftlich auf den geänderten Plänen zustimmen und keine öffentlich-rechtlichen Vorschriften verletzt werden.
³ Geringfügige Abweichungen kann der Gemeinderat von sich aus gestatten, wenn eine Beeinträchtigung öffentlicher oder privater Interessen ausser Frage steht.
⁴ Dem Bauherrn ist mit dem Entscheid ein Satz der geänderten Pläne zuzustellen, die mit dem Genehmigungsvermerk versehen sind.

§ 203

Meldepflicht, Baukontrolle

¹ Zur Erleichterung der Baukontrolle sind dem Gemeinderat oder der von ihm bezeichneten Stelle folgende Baustadien schriftlich anzuzeigen
a. die Erstellung des Schnurgerüstes beziehungsweise der Beginn der Maurerarbeiten,
b. die Vollendung des Rohbaus, der Feuerungsanlagen und der Wärmeisolation (vor Beginn der Verputzarbeiten),
c. die Fertigstellung der Kanalisationsanlagen (vor dem Eindecken der Gräben),
d. die Vollendung der Bauten und Anlagen vor dem Bezug.

² Der Gemeinderat kann vorschreiben, dass die Erfüllung der Auflagen der Baubewilligung zu melden ist.

³ Der Gemeinderat oder die von ihm bezeichnete Stelle hat innert drei Arbeitstagen seit Empfang der Anzeige die Übereinstimmung der Baute oder Anlage mit der Baubewilligung und mit den genehmigten Plänen und Unterlagen zu kontrollieren. Die amtlichen Organe sind jederzeit berechtigt, das Baugrundstück und die benachbarten Grundstücke zur Ausübung ihrer Funktionen zu betreten.

⁴ Der Gemeinderat und die von ihm bezeichnete Stelle können verlangen, dass die Muster der Fassaden- und Dachgestaltung eingereicht werden.

§ 204

Sicherheitsleistung für den Vollzug von Auflagen

¹ Lassen es besondere Umstände angezeigt erscheinen, kann der Bauherr in der Baubewilligung für die Erfüllung wichtiger Auflagen zur Sicherheitsleistung verhalten werden. Diese darf nicht höher angesetzt werden, als die Kosten der Ersatzvornahme ausmachen würden oder als der Wert des gesicherten Interesses einzuschätzen ist.

² Zur Sicherung von Auflagen können Eigentumsbeschränkungen verfügt werden. Die Baubewilligungsbehörde kann die Eigentumsbeschränkungen im Grundbuchblatt des Baugrundstücks auf Kosten des Bauherrn anmerken lassen.

§ 205

Ordnung auf Bauplätzen

Grundeigentümer und für die Bauausführung verantwortliche Personen haben für Ordnung auf dem Bauplatz zu sorgen.

F. Rechtsschutz

§ 206

Rechtsmittel

¹ Gegen alle in Anwendung des Bundesgesetzes über die Raumplanung und dieses Gesetzes gefassten Entscheide und Beschlüsse kann innert 20 Tagen seit Zustel-

lung beim Regierungsrat Verwaltungsbeschwerde eingereicht werden, soweit das Gesetz nichts anderes vorsieht.

² Die Entscheide des Regierungsrates können mit Verwaltungsgerichtsbeschwerde angefochten werden. Davon ausgeschlossen sind die Entscheide folgenden Inhalts:
a. Planung (§§ 8 Abs. 2, 9 Abs. 3, 14 Abs. 4, 17 Abs. 4 und 5, 18, 31 Abs. 5, 64 Abs. 2, 82—85),
b. Planungszone im Landumlegungsverfahren (§ 91),
c. Strassenbenennung und Häusernumerierung (§ 115),
d. Zustimmung zum Verzicht auf einen Bebauungsplan für ein Einkaufszentrum (§ 172 Abs. 2),
e. Entscheide über Bauten und Anlagen ausserhalb der Bauzonen (§§ 180—182),
f. Fristerstreckung für die Anpassung des kommunalen Rechts (§ 224).

³ Gegen Beschwerdeentscheide des Regierungsrates in Bausachen, die sich teils auf kantonales und teils auf Bundesrecht stützen, ist die Verwaltungsgerichtsbeschwerde zulässig.

§ 207
Einsprache- und Beschwerdebefugnis

¹ Zur Erhebung von Einsprachen und Beschwerden nach diesem Gesetz sind befugt,
a. Personen, die an der Abweisung eines Gesuchs oder an der Änderung oder Aufhebung eines angefochtenen Entscheids, Beschlusses oder Entwurfs ein schutzwürdiges Interesse haben,
b. Behörden und Dienststellen gegen Entscheide und Beschlüsse von Gemeinden, Departementen und Dienststellen, sofern das Gesuch, der Entscheid, der Beschluss oder der Entwurf ein Sachgebiet betrifft, das nach den organisationsrechtlichen Bestimmungen für die kantonale Verwaltung zu ihrem Aufgabenbereich gehört [46, 46a]
c. die privaten Vereinigungen für Natur- und Heimatschutz, die sich statutengemäss seit fünf Jahren dem Natur- und Heimatschutz oder verwandten Zielen im Kanton Luzern widmen, im Rahmen ihres statutarischen Zwecks, soweit die Interessen des Natur- und Heimatschutzes berührt werden,
d. die Beratungsstelle für behindertengerechtes Bauen bei Bauten im Sinne des § 157,
e. andere Personen, Behörden und Organisationen, welche die Rechtsordnung dazu ermächtigt.

² Im Baubewilligungsverfahren können Dritte nur dann beim Regierungsrat Verwaltungsbeschwerde einreichen, wenn sie rechtzeitig beim Gemeinderat Einsprache erhoben haben.

G. Aufsicht, Vollzug, Strafen
§ 208—214

H. Schlussbestimmungen
§ 215–227

Baureglement der Gemeinde Weinfelden (Kanton Thurgau)

Beschluss des Grossen Gemeinderates vom 30. Mai 1991 (vorbehältlich Genehmigung durch den Regierungsrat)

1. Allgemeine Bestimmungen

Art. 1

Das Baureglement ergänzt in Verbindung mit dem Zonenplan, dem Plan der Hecken und Bäume sowie dem Verzeichnis der bedeutsamen Bauten und Anlagen die Vorschriften des Bundes und des Kantons im Planungs- und Bauwesen. *Grundsatz*

Art. 2 *Zonen des Baugebietes*

W2EH	Wohnzone für Einfamilienhäuser in Hanglage
W2ERH	Wohnzone für Ein- und Zweifamilien- sowie Reihenhäuser in Hanglage
W2ER	Wohnzone für Ein- und Zweifamilien- sowie Reihenhäuser
W2	Wohnzone für Mehrfamilienhäuser, zweigeschossig
W3	Wohnzone für Mehrfamilienhäuser, dreigeschossig
K4	Kernzone
KE3	Kernerweiterungszone
D	Dorfzone
G	Gewerbezone
I	Industriezone
Oe	Zone für öffentliche Bauten und Anlagen
BA	Bahnareal
E	Erholungszone
R	Reservebauzonen

Art. 3 *Zonen ausserhalb des Baugebietes*

F	Freihaltezone
AB	Abbauzone

L   Landwirtschaftszone
LS   Landschaftsschutzzone
Fo   Forstzone

2. Zonen des Baugebietes

Art. 4

W2EH
Wohnzone für Einfamilienhäuser in Hanglage

¹ Zulässig sind Einfamilienhäuser mit höchstens einer zusätzlichen Wohnung sowie Doppeleinfamilienhäuser.

² Es gilt offene Bauweise.

³ Die Nutzung von Teilen als Büro, Atelier usw. ist erlaubt. Sie darf den Wohncharakter der Zone nicht beeinträchtigen.

⁴ Die Bauten und Anlagen haben sich in die Umgebung und das Landschaftsbild einzuordnen.

Art. 5

W2ERH
Wohnzone für Ein- und Zweifamilien- sowie Reihenhäuser in Hanglage

¹ Zulässig sind Ein- und Zweifamilienhäuser sowie Reihenhäuser.

² Kleinere Betriebe wie Büros, Ateliers, Kleingewerbe, Ladenlokale sind erlaubt. Sie dürfen den Wohncharakter der Zone nicht beeinträchtigen. Reine Gewerbebauten sind nicht statthaft.

³ Die Bauten und Anlagen haben sich in die Umgebung und das Landschaftsbild einzuordnen.

Art. 6

W2ER
Wohnzone für Ein- und Zweifamilien- sowie Reihenhäuser

¹ Zulässig sind Ein- und Zweifamilienhäuser sowie Reihenhäuser.

² Kleinere Betriebe wie Büros, Ateliers, Kleingewerbe, Ladenlokale sind erlaubt. Sie dürfen den Wohncharakter der Zone nicht beeinträchtigen. Reine Gewerbebauten sind nicht statthaft.

Art. 7

W2
Wohnzone für Mehrfamilienhäuser, zweigeschossig

¹ Zulässig sind Mehrfamilien- und Reihenhäuser sowie Einfamilienhäuser.

² Nichtstörende gewerbliche Betriebe sind erlaubt. Sie dürfen den Wohncharakter der Zone nicht beeinträchtigen. Reine Gewerbebauten sind nicht statthaft.

Art. 8

¹ Zulässig sind Mehrfamilienhäuser. Mehrfamilienhäuser mit Reihenhauscharakter in verdichteter Bauweise sind zulässig, sofern die Grundausnützung (0,6) nicht unterschritten ist.

W3 Wohnzone für Mehrfamilienhäuser, dreigeschossig

² Nichtstörende gewerbliche Betriebe sind erlaubt. Sie dürfen den Wohncharakter der Zone nicht beeinträchtigen. Reine Gewerbebauten sind nicht statthaft.

Art. 9

¹ Zulässig sind Bauten, die vorab Geschäfts- oder Wohnzwecken dienen. Betriebe dürfen nicht erheblich stören.

K4 Kernzone

² In der Regel gilt geschlossene Bauweise. Für hinterliegende Bauteile kann der Gemeinderat mit Zustimmung des Nachbarn den Grenzbau bewilligen, auch wenn der Gebäudeabstand nicht eingehalten ist.

³ Für reine Wohnbauten sind die Abstandsvorschriften der KE3 einzuhalten.

Art. 10

¹ Zulässig sind Wohn-, Geschäfts- und Gewerbebauten. Betriebe dürfen nicht erheblich stören.

KE 3 Kernerweiterungszone

² Die maximal zulässige Ausnützung für Gewerbe und Geschäftsbauten beträgt 0,3. Der Zonenplan legt fest, wo diese Einschränkung nicht gilt.

³ Wo die bestehende Bebauung oder Parzellierung eine zonengemässe Erneuerung oder Ergänzung einzelner Bauten erschwert, kann der Gemeinderat die Grenzabstandsvorschriften der Kernzone zur Anwendung bringen, sofern nachweislich keine wohnhygienischen Nachteile entstehen.

⁴ Wo die Siedlungserneuerung und -ergänzung bei angemessener Erhaltung der Struktur unverhältnismässig erschwert ist, kann der Gemeinderat unter Berücksichtigung der öffentlichen und privaten Interessen von den Vorschriften der Regelbauweise abweichen. Voraussetzung ist, dass die Qualitätsanforderungen sinngemäss erfüllt sind, wie sie für einen Gestaltungsplan gelten, und sich daraus erhebliche Vorteile für eine zonengemässe Nutzung und Einordnung in die Siedlungsstruktur ergeben.

Art. 11

¹ Die Vorschriften über die Dorfzone bezwecken die Erhaltung, Wiederherstellung oder Erneuerung der baulichen Einheit und

D Dorfzone

Eigenart des Ortsbildes sowie den Schutz geschichtlich oder architektonisch bedeutsamer Bauten und Anlagen.

² Die Dorfzone ist für Bauten zu Wohn-, Geschäfts- oder gewerblichen Zwecken bestimmt. Betriebe dürfen nicht erheblich stören.

³ In der Regel sind drei Vollgeschosse erlaubt. Der Zonenplan legt fest, wo nur zwei Vollgeschosse zulässig sind.

Art. 12

G
Gewerbezone

¹ Zulässig sind gewerbliche Betriebe.

² Wohnungen sind nur für betrieblich an den Standort gebundenes Pesonal zulässig.

³ Die Gebäude- beziehungsweise Firsthöhe kann um 2 m erhöht werden, sofern der Grenzabstand mindestens 5 m beträgt. Diese Bedingung gilt arealintern nicht.

Art. 13

I
Industriezone

¹ Zulässig sind Betriebe sowie Bauten und Anlagen, die ausserordentliche Baumasse aufweisen.

² Wohnungen sind nur für betrieblich an den Standort gebundenes Personal zulässig.

³ Die Gebäude beziehungsweise Firsthöhe kann um 2 m erhöht werden, sofern der Grenzabstand mindestens 5 m beträgt. Diese Bedingung gilt arealintern nicht.

⁴ Der Zonenplan legt fest, wo eine reduzierte Gebäudehöhe gilt.

Art. 14

Oe
Zone für
öffentliche
Bauten und
Anlagen

¹ Diese Zone ist bestimmt für bestehende und künftige öffentliche oder im öffentlichen Interesse liegende Bauten und Anlagen.

² Gegenüber angrenzenden Zonen gelten sinngemäss deren Grenz- und Gebäudeabstände.

Art. 15

BA
Bahnareal

¹ Zulässig sind vorab Bauten und Anlagen, die dem Eisenbahnbetrieb dienen.

² Für nicht unmittelbar diesem Zwecke dienende Bauten und Anlagen sind die Vorschriften der Kernerweiterungszone sinngemäss anwendbar.

Art. 16

¹ Die Erholungszone dient der Schaffung und Erhaltung von Erholungsräumen.

² Zulässig sind Park- und Erholungsanlagen, Spielplätze, Familiengärten usw. sowie unbewohnte Bauten, die dem Zonenzweck dienen.

³ Wohnungen sind nur ausnahmsweise für betrieblich an den Standort gebundenes Personal zulässig.

⁴ Gegenüber angrenzenden Zonen gelten sinngemäss deren Grenz- und Gebäudeabstände.

E Erholungszone

Art. 17 (aufgehoben)

R Reservebauzone

3. Zonen ausserhalb des Baugebietes

Art. 18

¹ Die Freihaltezone dient der Gliederung des Siedlungsgebietes und der Erhaltung von Grünräumen, dem Schutz von Hecken, Ufergehölzen und Baumgruppen sowie dem Schutz vor Immissionen.

² Hecken-, Feld- und Ufergehölze sowie markante Einzelbäume und Baumgruppen dürfen nicht ersatzlos beseitigt werden.

³ Oberirdische Bauten und Anlagen sind nur zulässig, sofern sie der Wartung oder Bewirtschaftung des Gebietes oder dem Immissionsschutz dienen.

F Freihaltezone

Art. 19

¹ Die Abbauzone dient dem Abbau von Bodenschätzen.

² Für Bauten und Anlagen sind die Vorschriften der Gewerbezone massgebend.

³ In der Abbauzone gelten nach der Rekultivierung die Vorschriften der Landwirtschaftszone.

AB Abbauzone

Art. 20

¹ Die Landwirtschaftszone dient vorab der landwirtschaftlichen Nutzung.

² Bauten und Anlagen sollen sich gut in das Landschaftsbild einfügen.

L Landwirtschaftszone

³ Der Grenzabstand beträgt mindestens die halbe Höhe der Baute und darf 3 m nicht unterschreiten.

⁴ Für Wohnbauten gelten die Vorschriften der W2ER.

⁵ Der Zonenplan legt fest, wo grössere Glashäuser, Plastiktunnels oder ähnliche Anlagen, soweit sie nicht nur vorübergehend aufgestellt werden, sowie Bauten und Anlagen für ausschliessliche oder flächenunabhängige Tierzucht- oder Mastbetriebe nicht zulässig sind.

Art. 21

LS
Landschaftsschutzzone

¹ Die Landschaftsschutzzone dient der dauernden Erhaltung der bezeichneten Gebiete in ihrer natürlichen Schönheit und Eigenart.

² Bauten und Anlagen sind nur zulässig, sofern sie zwingend auf einen Standort in dieser Zone angewiesen sind und keine überwiegenden Interessen entgegenstehen. Nicht zulässig sind insbesondere grössere Glashäuser, Plastiktunnels oder ähnliche Anlagen, soweit sie nicht nur vorübergehend aufgestellt werden, sowie Bauten und Anlagen für ausschliessliche oder flächenunabhängige Tierzucht- oder Mastbetriebe.

³ Bauten und Anlagen sind bestmöglich in die Landschaft einzugliedern. In diesen Fällen gelten die Vorschriften der Landwirtschaftszone.

⁴ Hecken, Feld- und Ufergehölze sowie markante Einzelbäume dürfen nicht ersatzlos beseitigt werden.

Art. 22

Fo
Forstzone

Die Forstzone umfasst das gesamte Waldareal gemäss der eidgenössischen und kantonalen Gesetzgebung sowie das zur Aufforstung bestimmte Gebiet.

4. Regelbauweise

Art. 23

Überbauungsvorschriften

¹ Wo nichts anderes vorgeschrieben ist, gilt in allen Zonen des Baugebietes offene oder halboffene Bauweise.

² Die zulässige Gebäudehöhe wird ausschliesslich in Metern bestimmt. Wo zusätzlich die Zahl der zulässigen Geschosse festgelegt wird, handelt es sich um eine gestalterische Vorschrift.

³ In den Wohnzonen in Hanglage gilt im Regelfall eine minimale Dachneigung von 20°. In den übrigen Zonen mit Ausnahme der Gewerbe- und Industriezone gilt folgendes: Dächer dürfen, abgesehen von Giebel und Dachaufbauten, nicht über eine Linie hinausragen, die in einem Punkt 1,0 m über dem Dachstockfussboden in der Hauptgebäudeflucht unter 45° gegen den First ansteigt. Der First ist in der Regel parallel zur längeren Gebäudeseite anzuordnen; die maximale Firsthöhe ist auf diese Weise zu ermitteln.

⁴ In der Kernzone sind für mehrgeschossige Bauten in der Regel Steildächer vorzusehen. Der Ausbau des Daches ist nur in Gebäuden bis zu drei Vollgeschossen zulässig; darüber sind innerhalb der zulässigen Dachform nur Räume erlaubt, die nicht zur Ausnützung zählen. Der Gemeinderat kann strassenseitig eine minimale Gebäudehöhe vorschreiben.
Der Grenzabstand von 4 m gilt nur seitwärts. Die rückwärtigen Grenzabstände müssen mindestens der halben Höhe der Bauten entsprechen und dürfen 3 m nicht unterschreiten.
Bei geschlossener Bauweise müssen Zufahrt und Zugang zu den Höfen gewährleistet sein. Bei besonderen Verhältnissen ist halboffene Bauweise mit einer maximalen Gebäudelänge von 40–60 m je nach örtlicher Situation zulässig.

⁵ In der Gewerbezone und in der Industriezone können höhere Gebäudeteile oder technische Aufbauten bewilligt werden, sofern sie betrieblich notwendig sind. Der Gemeinderat kann dafür einen grösseren Grenzabstand vorschreiben.
Zwischen Bauten auf dem gleichen Grundstück dürfen die Mindestabstände unterschritten werden, sofern keine Beeinträchtigung der Belichtung und Belüftung eintritt. Für Wohnbauteile gilt der Grenzabstand der Zone W3.

⁶ Flächen in Dachgeschossen von Gebäuden, die vor dem 1. April 1980 bewilligt wurden, sind nicht zur anrechenbaren Bruttogeschossfläche zu rechnen, sofern dadurch für die Bewohner keine erheblichen Nachteile entstehen.

Art. 23a

¹ Die Verdichtete Bauweise bezweckt die häushälterische Nutzung des Bodens bei guter Siedlungsgestaltung. Sie ist zulässig in den Wohnzonen mit Ausnahme der W2EH im Rahmen der Zonenordnung. Soweit keine besonderen Vorschriften gelten, sind diejenigen der Regelbauweise anwendbar. *Verdichtete Bauweise*

² Für die Verdichtete Bauweise gelten die folgenden Bestimmungen:
a) die Bauten sind rücksichtsvoll in die bestehende Siedlungsstruktur einzuordnen;

b) die Bauten sind nach einem architektonischen Gesamtkonzept auszuführen;
c) in der Regel sind zusammenhängende Baugruppen in halboffener Bauweise zu realisieren;
d) es ist eine hohe Wohnqualität zu gewährleisten; die Umgebungsgestaltung ist angemessen in individuelle und gemeinschaftliche Bereiche zu gliedern;
e) die Verkehrsflächen sind möglichst sicher, zusammengefasst und landsparend anzuordnen;
f) bei Neubauten sind die erhöhten Anforderungen an den Wärmeschutz (Zielwerte der Empfehlung SIA 380/1) zu erfüllen;
g) Die anrechenbare Arealfläche und die Zahl der Wohneinheiten (WE) sollen in der Regel nicht kleiner sein als:

W2ERH und W2ER	2 000 m²/ 5 WE
W2	2 500 m²/ 8 WE
W3	3 000 m²/12 WE

Bei grösseren Arealflächen erhöht sich die Minimalzahl der Wohneinheiten entsprechend.
Den Wohneinheiten gleichgestellt sind zulässige gewerbliche Betriebe.
h) Arealintern gilt kein Mehrlängenzuschlag; der interne Gebäudeabstand kann auf das Mass des Grenzabstandes reduziert werden, sofern nachweislich keine wohnhygienischen Nachteile entstehen;
i) der Gemeinderat kann im öffentlichen Interesse zusätzliche Anforderungen stellen.

[3] Bei Verdichteter Bauweise ist eine zusätzliche Ausnützungserhöhung im Rahmen eines Arealüberbauungs- oder Gestaltungsplanes ausgeschlossen.

Art. 23b Überbauungsmasse

Zonenart	Ausnützungsziffer	Verdichtete Bauweise	Geschosszahl	Gebäudehöhe m	Firsthöhe m	Grenzabstand m	Mehrlängenzuschlag ab Gebäudelänge m	max. Grenzabstand m	Max. Gebäudelänge m	Empfindlichkeitsstufe gemäss LSV [1]
W2EH	0,3	–	2	6	10	6	15	9	30	II
W2ERH	0,35	0,4	2	7,1	12	6	15	9	30	II
W2ER	0,4	0,45	2	7,6	–	6	20	8	30	II
W2	0,5	0,55	2	7,6	–	6	20	10	45	II
W3	0,6	0,65	3	10,6	–	7,5	20	12	45	II
K4	–	–	4	14	–	4	–	–	40–60	III
KE3	0,7	–	3	10,6	–	7,5	20	12	60	III
D	–	–	2 3	7,6 10,6	–	3	–	–	–	III
G	–	–	–	12	12	4	–	–	–	III
I	–	–	–	18 12	18 12	4	–	–	–	IV

[1] In der Zone für öffentliche Bauten und Anlagen gilt die Empfindlichkeitsstufe II gemäss Lärmschutzverordnung (LSV). In der Erholungszone sowie ausserhalb des Baugebietes gilt für Gebäude mit lärmempfindlichen Räumen die Empfindlichkeitsstufe III. Abweichende Zuordnungen sind im Empfindlichkeitsstufenplan bezeichnet.

5. Vorschriften für die Dorfzone

Art. 24

Bauvorschriften

¹ Die Bauten müssen sich bezüglich Stellung, Baumasse, Massstab, Fassadengliederung, Dachgestaltung, Materialwahl, Farbgebung und Fenstereinteilung den benachbarten zonengemässen Bauten und dem Strassenbild anpassen.

² Der Gemeinderat kann im Einzelfall die Bauflucht, die Gebäudehöhe, die Gebäudetiefe sowie die Grenz- und Gebäudeabstände oder die geschlossene Bauweise vorschreiben und dabei von den Regelbauvorschriften abweichen. Er berücksichtigt dabei die Wahrung des Dorf- und Strassenbildes, die bisherigen Verhältnisse sowie die beteiligten Interessen unter Vermeidung zweckwidriger Ergebnisse und Härten. Er kann Weisungen für die äussere Gestaltung der Bauten, insbesondere für die Dach- und Fassadengestaltung, Farbgebung und Materialwahl erteilen.

Art. 25

Bestehende Bauten und Anlagen

¹ Bauten und Anlagen sind dem Zonenzweck entsprechend instandzuhalten.

² Der Abbruch sowie jede Veränderung oder Erneuerung einschliesslich Farbanstriche von Bauten und Anlagen sind bewilligungspflichtig. Einer Bewilligung bedarf insbesondere jede Veränderung oder Erneuerung von Dächern, Fassaden oder deren Teilen wie Türen, Fenster, Läden oder Storen und charakteristischer Stilelemente sowie das Anbringen von Reklamen und Beschriftungen aller Art.

Art. 26

Baulücken

¹ Der Abbruch eines Gebäudes in der Dorfzone ist nur zulässig, wenn gleichzeitig die Baubewilligung für einen Neubau erteilt werden kann und dessen Erstellung sichergestellt ist oder wenn die Nichtüberbauung der Parzelle öffentlichen Interessen nicht widerspricht.

² Baulücken in charakteristischen Häuserreihen der Dorfzone, die durch Brand oder durch andere Elementarereignisse entstehen, sind innert angemessener Frist zu schliessen.

6. Allgemeine Bauvorschriften

Art. 27

Mit besonderen Baulinien kann die Stellung von Bauten oder Bauteilen festgelegt werden.

Besondere Baulinien

Art. 28

Für die Bewilligung baulicher Erweiterungen an Gebäuden oder Gebäudeteilen, die über die Baulinie längs Gemeindestrassen hinausragen, ist der Gemeinderat zuständig.

Baulinien überragende Bauten

Art. 29

Bauten und Anlagen oder Teile von solchen, die über die Baulinie vorspringen, dürfen die Benützung öffentlicher Verkehrsflächen nicht behindern. Das Nähere regelt der Gemeinderat.

Schutz des öffentlichen Verkehrsraums

Art. 30

Als Gebäudelänge wird die längere Seite des flächenkleinsten den Baukörper umfassenden Rechtecks bezeichnet.

Gebäudelänge

Art. 31

[1] Überschreitet die Gebäudelänge das in Art. 23b festgesetzte Mass, erhöht sich der Grenzabstand um $\frac{1}{5}$ der Mehrlänge, höchstens jedoch bis zum Maximalmass.

[2] Eingeschossige Bauten oder Bauteile bis 3,50 m Gebäudehöhe fallen für die Berechnung des Mehrlängenzuschlages ausser Betracht.

Mehrlängenzuschlag

Art. 32

Für unbewohnte Kleinbauten oder Anbauten beträgt der Grenzabstand 3 m.

Klein- oder Anbauten

Art. 33

Eine Baute gilt als unterirdisch, wenn sie einschliesslich Terrainüberdeckung das in zulässiger Weise gestaltete Terrain nicht überragt.

Unterirdische Bauten

Art. 34

Soweit Niveaulinien nicht durch ein Strassenprojekt festgelegt sind, gilt als Niveaulinie in der Regel die Höhe der bestehenden Strassenachse.

Niveaulinien

Art. 35

Einordnung in die Umgebung

¹ Bauten und Anlagen haben sich bezüglich Volumen und Stellung sowie Gebäude- und Umgebungsgestaltung in die Siedlungsstruktur einzuordnen und auf das Landschafts-, Orts-, Quartier- oder Strassenbild Rücksicht zu nehmen.

² Der Gemeinderat kann eine Gliederung der Baukörper oder Fassaden sowie bestimmte Dachformen verlangen und Weisungen für Materialwahl und Farbgebung wie auch für die Gestaltung der Umgebung erteilen.

Art. 36

Dachaufbauten und -einschnitte

¹ Dachaufbauten und -einschnitte sowie Dachfenster haben sich gut ins Dachbild einzufügen.

² Die Gesamtlänge von Dachaufbauten, -einschnitten und -fenstern darf höchstens die Hälfte der jeweiligen Gebäudeseite betragen.

³ Dacheinschnitte dürfen $2/5$ der Gebäudeseite nicht überschreiten.

Art. 37

Aussenantennen

¹ Aussenantennen, die stören, sind unzulässig;

² Wo Gemeinschaftsantennen oder der Anschluss an solche zweckmässig und zumutbar sind, können diese verlangt werden.

Art. 38

Reklamen

Der Gemeinderat kann störende Fremdreklamen verbieten und Vorschriften erlassen, die das Anbringen von Plakaten zwecks Erhaltung schützenswerter Orts-, Quartier- und Strassenbilder beschränken.

Art. 39

Einstellräume und Abstellplätze

¹ Für Einstellräume und Abstellplätze wird ein besonderes Reglement erlassen.

² Der Gemeinderat kann für benachbarte Grundstücke gemeinsam zu benützende Ein- und Ausfahrten verlangen.

Art. 40

Erstellungs- und Betriebsvorschriften

Der Gemeinderat erlässt Vorschriften für die Erstellung und den Betrieb von Bauten und Anlagen, insbesondere solche sicherheits- und gesundheitspolizeilicher sowie energietechnischer Art.

Art. 41

Der Gemeinderat kann in Abweichung von den flurgesetzlichen Bestimmungen Auflagen verfügen, wonach bei Ueberbauung der Nachbargrundstücke im Grenzbereich eine gegenseitige Angleichung des Terrainverlaufs vorzunehmen ist.

Terraingestaltung

Art. 42

In den Wohnzonen, in allen Zonen entlang Alleen und Hecken sowie im Bereich von Einzelbäumen und Baumgruppen, die im Plan der Hecken und Bäume bezeichnet sind, hat der Nachbar einen gegenüber § 29 des Flurgesetzes auf die Hälfte reduzierten Grenzabstand von bestehenden und neuen Pflanzungen zu dulden, sofern ihm keine unzumutbaren Nachteile erwachsen.

Grenzabstände von Pflanzungen

Art. 43

[1] Die im Plan der Hecken und Bäume enthaltenen Alleen, Hecken, Einzelbäume und Baumgruppen sowie der Baumbestand im Gebiet mit schützenswertem Baumbestand sind zu pflegen und im wesentlichen zu erhalten.

Baumschutz

[2] Der Gemeinderat kann in diesen Bereichen in Baubewilligungen und, wenn Bäume gefällt oder Hecken entfernt werden, eine angemessene Bepflanzung vorschreiben.

7. Vorschriften für bedeutsame Bauten und Anlagen

Art. 44

[1] Der Gemeinderat führt aufgrund des Schutz- und Gestaltungsrichtplans ein Verzeichnis städtebaulich, architektonisch, künstlerisch oder geschichtlich bedeutsamer Bauten und Anlagen.

Verzeichnis

[2] Das Verzeichnis unterliegt dem Planauflageverfahren. Die Planauflage ist den betroffenen Grundeigentümern schriftlich mitzuteilen.

[3] Es werden folgende Kategorien unterschieden:
– in der Gesamtform erhaltenswert
– Schützenswert

Art. 45

Vorschriften für beide Kategorien

¹ Bauten und Anlagen dürfen in ihrer Wirkung weder durch Ersatz, Umbau oder Aenderung an ihnen selbst noch durch Massnahmen in ihrer Umgebung erheblich beeinträchtigt werden.

² Unter Berücksichtigung der besonderen Situation der bezeichneten Bauten sind als allgemeine Schutzvorschriften diejenigen der Dorfzone anzuwenden.

Art. 46

Vorschriften für schützenswerte Bauten und Anlagen

¹ Die als schützenswert eingestuften Bauten und Anlagen sind zu erhalten. Bei Unterhaltsarbeiten ist eine fachgerechte Wiederherstellung anzustreben.

² Der Gemeinderat kann die schützenswerten Objekte unter Berücksichtigung dieser Grundsätze durch Einzelverfügung unter Schutz stellen und dabei Art, Inhalt sowie Umfang des Schutzes festlegen.

³ An fachgerechte Wiederherstellungen und Erneuerungen können Beiträge geleistet werden. Beitragsgesuche sind vor Ausführung der Arbeiten einzureichen.

8. Verfahren

Art. 47

Zuständigkeit

¹ Der Vollzug dieses Reglementes ist Sache des Gemeinderates. Dieser ist unter Vorbehalt abweichender Bestimmungen zuständige Gemeindebehörde im Sinne des Baugesetzes.

² Für Bauvorhaben untergeordneter Bedeutung und für die Baukontrolle ist das Bauamt zuständig.

³ Der Grosse Gemeinderat ist zuständige Gemeindebehörde im Sinne des Baugesetzes bei Erlassen und Beschlüssen, die dem fakultativen Referendum unterliegen.

Art. 48

Gebührentarif

Der Gemeinderat legt den Tarif für die baupolizeilichen Gebühren fest. Diese richten sich nach dem Aufwand und der Bedeutung des Bauvorhabens; sie betragen im Regelfall höchstens Fr. 5000.–.

Art. 49

Werden Pläne in untergeordneten Punkten nachträglich abgeändert, kann auf eine nochmalige Auflage verzichtet werden, sofern die Bewilligung unter Berücksichtigung der beteiligten öffentlichen und privaten Interessen ohne weiteres erteilt werden kann.

Planänderungen

Art. 50

¹ Sofern Erstellung oder Unterhalt einer Baute oder Anlage das Betreten oder die vorübergehende Benützung nachbarlicher Grundstücke erforderlich machen, ist dies zu dulden. Der Nachbar ist rechtzeitig zu orientieren, und seine Rechte sind möglichst zu schonen.

Duldungspflicht

² Für Schäden oder erhebliche Beeinträchtigungen nachbarlicher Rechte ist Ersatz und nötigenfalls Sicherheit zu leisten.

9. Uebergangs- und Schlussbestimmungen

Art. 51 (aufgehoben)

Abstand zu Altbauten

Art. 52

Soweit Gesuche bei Inkrafttreten des Baureglementes noch nicht entscheidungsreif sind, werden sie nach den neuen Vorschriften beurteilt.

Anwendbares Recht

Art. 53

¹ Alle Bestimmungen, welche diesem Reglement widersprechen, sind aufgehoben, insbesondere das Reglement über das Bau- und Strassenwesen vom 16. Juni 1953/5. Dezember 1979.

Bestehendes Recht

² Vorbehalten und in Kraft bleiben die Bestimmungen, welche das Strassenwesen betreffen, insbesondere die §§ 18–28.

Art. 54

¹ Der Bebauungsplan vom 29. März 1928 wird aufgehoben.

Bestehende Baulinien

² Vorbehalten bleiben die Baulinien mit Ausnahme derjenigen längs nicht ausgeführter Strassenanlagen.

³ Die bestehenden Quartierpläne werden mit Ausnahme der darin enthaltenen Baulinien aufgehoben.

Art. 55

Gestaltungs- und Arealüberbauungspläne

¹ Bestehende Gestaltungs- oder Arealüberbauungspläne, die den Bestimmungen dieses Reglementes widersprechen, bleiben grundsätzlich in Kraft, soweit sie ausgeführt sind.

² Soweit sie nicht ausgeführt sind, sind solche Pläne innert drei Jahren den neuen Vorschriften so weit anzupassen, dass erhebliche Widersprüche zu grundlegenden Bestimmungen des neuen Rechts aufgehoben werden. Zuständig ist der Gemeinderat. Aus wichtigen Gründen kann die Frist um höchstens zwei Jahre verlängert werden. Nach Ablauf der unbenützten Frist verlieren unvollendete Gestaltungspläne ihre Gültigkeit im ganzen Einzugsbereich. Es gelten in diesem Fall fortan die Vorschriften der Regelbauweise. Zur Wahrung wesentlicher öffentlicher Interessen kann der Gemeinderat ungültig gewordene Gestaltungspläne oder Teile von solchen nach Jahresfrist als gültig erklären.

³ Bewilligungspflichtige Vorhaben im Einzugsbereich von Gestaltungsplänen, die den geltenden Vorschriften nicht vollständig entsprechen, sind zulässig, sofern angemessene Verbesserungen erzielt werden. Dabei sind Anlass, Bedeutung und Ausmass des Vorhabens zu berücksichtigen.

Art. 56

Inkrafttreten Dieses Reglement tritt nach Genehmigung durch den Regierungsrat auf einen vom Gemeinderat festzusetzenden Zeitpunkt in Kraft.

901.1

Bundesgesetz
über Investitionshilfe für Berggebiete

(Vom 28. Juni 1974)

*Die Bundesversammlung
der Schweizerischen Eidgenossenschaft,*

gestützt auf die Artikel 22^{quater} und 31bis Absatz 3 Buchstabe *c* der Bundesverfassung [1],
nach Einsicht in eine Botschaft des Bundesrates vom 16. Mai 1973 [2],

beschliesst:

1. Abschnitt: Allgemeine Bestimmungen
1. Unterabschnitt: Zweck

Art. 1 [3]

Der Bund will mit diesem Gesetz die Existenzbedingungen im Berggebiet verbessern, indem er für Infrastrukturvorhaben und für den Erwerb von Land zu Industrie- und Gewerbezwecken gezielte Investitionshilfe gewährt.

2. Unterabschnitt: Geltungsbereich

Art. 2

Örtlicher Geltungsbereich

¹ Berggebiete im Sinne dieses Gesetzes sind Regionen, deren Schwergewicht innerhalb des vom Viehwirtschaftskataster umgrenzten Raumes liegt.

² Die Abgrenzung auf Grund des Viehwirtschaftskatasters richtet sich nach der Bundesgesetzgebung zum Zeitpunkt der Konzeptgenehmigung.

AS **1975** 392
[1] SR **101**
[2] BBl **1973** I 1589
[3] Fassung gemäss Ziff. I des BG vom 5. Okt. 1984, in Kraft seit 15. April 1985 (AS **1985** 387 388; BBl **1983** III 481).

901.1   Wirtschaftliche Entwicklung

Art. 3[1]
Sachlicher Geltungsbereich

Investitionshilfe nach diesem Gesetz kann gewährt werden für:
a. Vorhaben, die der Entwicklung der Infrastruktur, vorab der Verkehrserschliessung, der Versorgung und Entsorgung, der schulischen und beruflichen Ausbildung, der Erholung, des Gesundheitswesens, der Kultur und des Sports dienen;
b. den Erwerb von Land zu Industrie- und Gewerbezwecken.

Art. 4[1]
Empfänger

¹ Die Investitionshilfe für Infrastrukturvorhaben wird – auf Antrag und durch Vermittlung der Kantone – Gemeinden, öffentlich-rechtlichen Körperschaften und Privaten gewährt, deren Tätigkeit dem Zwecke dieses Gesetzes dient.

² Investitionshilfe für den Erwerb von Land zu Industrie- und Gewerbezwecken wird nur Gemeinden und öffentlich-rechtlichen Körperschaften gewährt.

3. Unterabschnitt: Verhältnis zu anderen Gesetzen

Art. 5

Leistungen aufgrund anderer einschlägiger Gesetze dürfen wegen der Investitionshilfe weder gekürzt noch verweigert werden.

2. Abschnitt: Vorbereitende Massnahmen

1. Unterabschnitt: Begriff der Region

Art. 6

¹ Als Regionen im Sinne dieses Gesetzes haben Gruppen von Gemeinden zu gelten, die geographisch und wirtschaftlich eng miteinander verbunden sind und das Ziel verfolgen, einen Teil ihrer Aufgaben gemeinsam zu lösen.

² Auf kulturelle Gemeinsamkeiten und auf die geographische Übereinstimmung mit bestehenden Planungsregionen ist nach Möglichkeit Rücksicht zu nehmen.

---

[1] Fassung gemäss Ziff. I des BG vom 5. Okt. 1984, in Kraft seit 15. April 1985 (AS **1985** 387 388; BBl **1983** III 481).

Investitionshilfe für Berggebiete – BG **901.1**

2. Unterabschnitt: Regionalisierung und Abklärung der Förderungsvoraussetzungen

Art. 7
Bildung von Regionen

Es ist Sache der beteiligten Kantone und Gemeinden, die Regionen festzulegen. Die Zentralstelle für regionale Wirtschaftsförderung überprüft deren Zweckmässigkeit.

Art. 8
Abklärung der Förderungsbedürftigkeit

[1] Kriterien der Förderungsbedürftigkeit einer Region sind insbesondere ihre langfristige Bevölkerungsentwicklung, ihre Wirtschaftskraft und ihre Ausstattung mit infrastrukturellen Anlagen.

[2] Die Vollziehungsverordnung umschreibt Kennwerte zur Messung und Beurteilung der Förderungsbedürftigkeit einer Region.

Art. 9
Abklärung der Entwicklungsfähigkeit

[1] Eine Region gilt als entwicklungsfähig, wenn sie über eine angemessene Mindestbevölkerung und über erschliessbare wirtschaftliche Entwicklungsreserven verfügt.

[2] Die Vollziehungsverordnung umschreibt Kennwerte zur Messung und Beurteilung der Entwicklungsfähigkeit einer Region.

3. Unterabschnitt: Entwicklungskonzept

Art. 10
Begriff

[1] Das regionale Entwicklungskonzept enthält die durch die Investitionshilfe zu erreichenden Ziele und einen Etappenplan zu ihrer Verwirklichung.

[2] Innerhalb der Region sind durch die kantonale Behörde Orte zu bezeichnen, die sich als Wachstumskerne eignen und, soweit nötig, hierzu ausgebaut werden sollen.

[3] Die an den regionalen Entwicklungsträger zu stellenden Anforderungen werden in der Vollziehungsverordnung geregelt.

901.1   Wirtschaftliche Entwicklung

Art. 11

Wirtschaftlichkeit

Das Entwicklungskonzept dient der geordneten systematischen Erschliessung der in der Region vorhandenen Entwicklungsreserven. Es hat Gewähr dafür zu bieten, dass die anzustrebenden Ziele mit einem vertretbaren finanziellen Aufwand erreichbar sind und im Gesamtinteresse liegen.

Art. 12

Raumplanung

¹ Im Entwicklungskonzept ist nachzuweisen, dass seine Zielsetzungen mit rechtskräftigen kantonalen Gesamt- und Teilrichtplänen im Sinne der Bundesgesetzgebung über die Raumplanung übereinstimmen.

² Sofern noch keine Gesamt- und Teilrichtpläne bestehen, dienen genehmigte Entwicklungskonzepte als Grundlage für die Ausarbeitung dieser Pläne.

³ Für die Zeit bis zur Inkraftsetzung der kantonalen Gesamt- und Teilrichtpläne werden die an das Konzept zu stellenden raumplanerischen Anforderungen vom Bundesrat festgelegt.

Art. 13

Finanzplanung

Das Entwicklungskonzept hat die Finanzlage und die mittelfristige Finanzplanung der beteiligten Gemeinden auszuweisen.

Art. 14

Bundesbeiträge

¹ Der Bund leistet Beiträge von
    a. 80 Prozent an die Erarbeitung regionaler Entwicklungskonzepte und an die Vorbereitung ihrer Verwirklichung;
    b. 30 Prozent an die Überarbeitung regionaler Entwicklungskonzepte.[1]

² Voraussetzung für diese Beiträge ist der Nachweis der Förderungsbedürftigkeit und Entwicklungsfähigkeit (Art. 8 und 9).

³ Die Bundesbeiträge nach Absatz 1 Buchstabe *b* setzen eine mindestens gleich hohe Leistung des Kantons voraus.[2]

---

[1] Fassung gemäss Ziff. I des BG vom 20. Juni 1980, in Kraft seit 1. Jan. 1981 (AS **1980** 1798; BBl **1980** I 477).
[2] Eingefügt durch Ziff. I des BG vom 20. Juni 1980, in Kraft seit 1. Jan. 1981 (AS **1980** 1798; BBl **1980** I 477).

Investitionshilfe für Berggebiete – BG **901.1**

3. Abschnitt: Investitionshilfe des Bundes

1. Unterabschnitt: Grundsatz

Art. 15

Der Bund kann gemäss den Bestimmungen dieses Gesetzes die Restfinanzierung von Infrastrukturvorhaben im Sinne von Artikel 3 übernehmen, soweit deren Verwirklichung nicht anderweitig sichergestellt werden kann.

2. Unterabschnitt: Art und Ausmass der Hilfe

Art. 16

[1] Die Investitionshilfe besteht in der Gewährung, Vermittlung oder Verbürgung von Darlehen zu günstigeren als den marktüblichen Bedingungen und, soweit erforderlich, in der Übernahme von Zinskosten.

[2] Die Investitionshilfe soll in der Regel einen Viertel des gesamten für die Verwirklichung eines Vorhabens erforderlichen Betrages nicht übersteigen.

[3] Ausnahmsweise kann der Prozentsatz erhöht werden, besonders in Fällen, in denen zur Basisfinanzierung keine oder nur geringe Subventionen zur Verfügung stehen.

[4] Die Kantone, allenfalls die Empfänger, haben sich in angemessener Weise mit eigenen Mitteln am Vorhaben zu beteiligen.

3. Unterabschnitt: Allgemeine Bedingungen und Auflagen

Art. 17

Übereinstimmung mit dem Konzept

[1] Die Investitionshilfe setzt das Bestehen eines regionalen Entwicklungskonzepts im Sinne der Artikel 10 ff. und eines funktionsfähigen gesamtregionalen Entwicklungsträgers voraus.

[2] In die Investitionshilfe können nur förderungswürdige Projekte einbezogen werden, die Bestandteil eines von der Zentralstelle und vom Eidgenössischen Volkswirtschaftsdepartement genehmigten Entwicklungskonzepts bilden.

Wirtschaftsförderungsgesetz des Kantons Basel-Landschaft

vom 28. Januar 1980 (Auszug)

Der Landrat des Kantons Basel-Landschaft, gestützt auf § 38 der Staatsverfassung, beschliesst:

§ 1 Zweck
Der Kanton trifft Massnahmen zur Förderung einer ausgewogenen wirtschaftlichen Entwicklung und zur Erhaltung einer vielseitigen Wirtschaftsstruktur in seinem Gebiet. Den Belangen der Landwirtschaft, der Raumplanung und des Umweltschutzes ist dabei Rechnung zu tragen.

§ 2 Subsidiarität
Massnahmen im Sinne von § 1 können getroffen werden, wenn die Vorkehren der privaten Wirtschaft nicht ausreichen und wenn damit die Anpassung an den Strukturwandel erleichtert und gefördert wird.

§ 3 Ziele
[1] Mit den Förderungsmassnahmen sollen in erster Linie neue Arbeitsplätze geschaffen und die Zukunftsaussichten bestehender Arbeitsplätze verbessert werden, um so weit als möglich einen Zustand der Vollbeschäftigung im Kanton zu gewährleisten.

[2] Insbesondere können Massnahmen ergriffen werden mit dem Ziel:
a. durch Unterstützung von konkreten Innovations-, Diversifikations- und Forschungsprojekten lebensfähige Unternehmen zu erhalten, deren Existenz für den Kanton, eine Region oder eine Gemeinde wichtig ist,
b. neue Unternehmen der Industrie, des Gewerbes und des Dienstleistungssektors anzusiedeln.

[3] Die Massnahmen dürfen nicht zu Wettbewerbsverzerrungen führen.

§ 4 Mittel
[1] Zur Erreichung der Ziele dieses Gesetzes wird ein Fonds für die Wirtschaftsförderung geschaffen.

² Dieser Fonds wird zunächst mit einer Summe von 10 Millionen Franken, die dem kantonalen Krisenfonds entnommen wird, dotiert.
³ Er kann in der Folge durch jährliche Zuwendungen aus den nicht zweckgebundenen Erträgen des Salzregals und dem der Staatskasse zukommenden Anteil am Reingewinn der Basellandschaftlichen Kantonalbank von maximal je 500 000 Franken bis zu einem Bestand von total 20 Millionen Franken geäufnet werden.
⁴ Erweist sich dieser Betrag als nicht ausreichend, so ist der Landrat befugt, den Fonds aus allgemeinen Staatsmitteln zu erhöhen. Ein solcher Beschluss untersteht dem fakultativen Finanzreferendum.

§ 5   Verwendung der Mittel

¹ Der Kanton kann mit Hilfe dieses Fonds folgende Massnahmen treffen:
a. Verbürgung von Bankkrediten,
b. Gewährung von Zinsverbilligungen,
c. Erwerb und Abtretung von Grundeigentum oder sonstigen Rechten an Grund und Boden an bauwillige Unternehmen zu günstigen Bedingungen sowie finanzielle Unterstützung der Gemeinden bei entsprechenden Transaktionen,
d. Gewährung von Beiträgen zugunsten bauwilliger Unternehmen an die Erschliessungskosten von Gewerbe- und Industrieland, sofern eine angemessene Beteiligung der interessierten Gemeinden gewährleistet ist,
e. Finanzierung flankierender Massnahmen im Sinne der kantonalen Wirtschaftsförderung.

² Der Kanton kann zudem Leistungen aus den Mitteln dieses Fonds erbringen und Bürgschaften stellen, soweit davon Bundesleistungen im Geltungsbereich dieses Gesetzes abhängig gemacht werden.
³ Der Kanton kann sich aus den Mitteln dieses Fonds ausnahmsweise und vorübergehend an Unternehmen beteiligen, wenn dies für die Volkswirtschaft des Kantons von besonderer Bedeutung ist.
⁴ Beteiligungen nach Absatz 3 unterstehen der Zuständigkeit des Landrates gemäss § 11bis Absatz 2 der Staatsverfassung.

§ 6   Weitere Massnahmen

¹ Nach Massgabe des Steuer- und Finanzgesetzes können neuen Unternehmen Steuererleichterungen gewährt werden.
² Unternehmen kann zur Erfüllung baugesetzlicher Auflagen ein

angemessener Aufschub bewilligt werden.

[3] Bei der Vergebung öffentlicher Arbeiten und Aufträge berücksichtigt der Kanton die Lage auf dem kantonalen Arbeitsmarkt.

[4] Die Investitionspolitik des Kantons trägt der Lage auf dem kantonalen Arbeitsmarkt Rechnung.

§ 7 Anspruch

Es besteht kein Rechtsanspruch auf Gewährung der in diesem Gesetz vorgesehenen Hilfeleistungen. Diese können zudem an Bedingungen und Sicherheiten geknüpft werden.

§ 8 Arbeitsmarkt

Für die Weiterbildung, Umschulung und Wiedereingliederung von Arbeitskräften, die arbeitslos oder von Arbeitslosigkeit bedroht sind, gelten die einschlägigen Vorschriften des Bundes und des Kantons, insbesondere die kantonale Einführungsgesetzgebung zum Bundesgesetz über die Arbeitslosenversicherung.

§ 9 Konsultativkommission

[1] Der Regierungsrat wählt eine Konsultativkommission, die ihm als beratendes Organ bei der Durchführung des Gesetzes zur Seite steht.

[2] Diese Kommission setzt sich aus je 3 Vertretern der Arbeitgeber, der Arbeitnehmer und des Kantons zusammen.

§ 10 Ausführung des Gesetzes

Der Landrat erlässt die Ausführungsbestimmungen zu diesem Gesetz.

§ 11 Aufhebung bisherigen Rechts

Das Gesetz vom 7. November 1946 über die Schaffung eines Amtes für Gewerbe, Handel und Industrie wird aufgehoben.

§ 12 Inkrafttreten

Der Landrat beschliesst das Inkrafttreten dieses Gesetzes.

Anhang II

1. Zum Stand der schweizerischen Raumplanung 387
2. Verordnung über die Raumplanung (RPV) vom 2. Oktober 1989   403

Zum Stand der schweizerischen Raumplanung

1. Engpässe

Die räumliche Situation in der Schweiz ist nach wie vor geprägt durch *Engpässe*. Trendmässig verstärken sich die Probleme, so in den Städten, in den Agglomerationen und vor allem im Siedlungsband vom Boden- zum Genfersee, also im schweizerischen Mittelland zwischen Jura und Alpen. Die Engpasssituation ist unter anderem bedingt durch die relativ hohe Bevölkerungskonzentration, durch die intensiven Wirtschaftsaktivitäten auf nationaler und internationaler Ebene, durch die grossen Flächenansprüche beim Wohnen und für den Verkehr sowie der «Konsum- und Freizeitgesellschaft», dann aber auch durch die stets leicht wachsende Bevölkerung, insbesondere durch Zuwanderungen – und dies alles bei einem nur begrenzt nutzbaren Territorium. Vor diesem Hintergrund zeichnen sich sodann ökologische, aber auch soziale und letztlich sogar wirtschaftliche wie auch politische Probleme ab, die mit den räumlichen verbunden sind. Besondere Symptome sind die hohen Bodenpreise, die unzulängliche Verfügbarkeit von baureifem Land und ein stets anhaltender Nachfrageüberhang auf dem Wohnungsmarkt, dann aber auch grösste Schwierigkeiten bei der Realisierung öffentlicher Werke, beispielsweise bei der Errichtung von Entsorgungsanlagen, Infrastrukturbauten des öffentlichen Verkehrs usw. Sorgen bereitet sodann die Frage, ob genügend ökologische Ausgleichsflächen und Lebensräume für Tiere und Pflanzen erhalten werden können, und ganz allgemein, ob die Anstrengungen für den Schutz der Umwelt ausreichen.

Zusätzlich werden die angesprochenen räumlichen Probleme überlagert durch die *Auswirkungen des Binnenmarktes* der Europäischen Wirtschaftsgemeinschaft. Es muss davon ausgegangen werden, dass der neue Markt für über 320 Mio Einwohner die «funktionsräumliche Arbeitsteilung» auf ganz Europa ausdehnt. Daraus resultieren erhebliche Verkehrsströme und wirtschaftliche Konzentrationsprozesse. Konkret schlägt sich dies für die Schweiz in der Notwendigkeit des Ausbaus der Alpentransversalen nieder. Ausserdem muss sie damit rechnen, dass der Dienstleistungssektor mit seinen Einflüssen auf die Städte und Agglomerationen eher wächst, während die wirtschaftliche Bedeutung des ersten und zweiten Sektors stagnieren resp. zurückgehen könnte. Allerdings hängt viel davon ab, welche Wirtschaftspolitik die Schweiz in die Zukunft hinein verfolgt und wie sie ihr Verhältnis zur EG zu gestalten vermag. Sodann ist nicht unwichtig, ob und in welcher Art die EG ihre Raumordnungspolitik formuliert. Längerfristig wird sie «harmonisierte Funktionsräume» anstreben und unnötige Verkehrsströme vermeiden müssen. Vor diesem Hintergrund sind auch die Regionalisierungstendenzen zu beobachten. Die Perspektiven der künftigen Raumordnung der EG werden in einem Bericht «Europa 2000» erfasst.

Wie weit die *Öffnung der Oststaaten* gegenüber dem Westen und wie weit ihre Zuwendung zur Marktwirtschaft zu einer räumlichen Entlastung – neue Verkehrswege – oder einer zusätzlichen Belastung – Migration – führen, kann im gegenwärtigen Zeitpunkt noch nicht prognostiziert werden. Die Probleme sind aber gestellt.

Alle diese Aspekte – und noch viele mehr – rufen nach einer *schweizerischen Raumordnungspolitik in europäischen Zusammenhängen*. Leider steht die Raumordnungspolitik der EG noch auf schwachen Füssen. Um so mehr muss dafür gesorgt werden, dass die schweizerische problembewusst agiert.

2. Übersichtsdokumente

2.1. Dokumente

In den vergangenen Jahren sind auf Bundesebene drei wesentliche Dokumente zur schweizerischen Raumplanung erschienen:

- *Bericht über den Stand und die Entwicklung der Bodennutzung und Besiedlung in der Schweiz*, vom 14. Dezember 1987, BBl 1988 I 871 ff.
- *Bericht über die Massnahmen zur Raumordnungspolitik: Realisierungsprogramm*, vom 27. November 1989, BBl 1990 I 1002 ff.
- *Bericht über die Legislaturplanung 1987–1991*, vom 18. Januar 1988, BBl 1988 I 395 ff.

2.2. Bericht über den Stand und die Entwicklung der Bodennutzung und Besiedlung in der Schweiz

Dieser Bericht enthält eine Zusammenstellung der *Schwerpunkte* der Aufgaben der Raumplanung in den kommenden Jahren (BBI 1988 I 995):

1. Raumplanung muss Ernst machen mit der haushälterischen Bodennutzung und eine Trendwende im Bodenverbrauch herbeiführen.
2. Raumplanung muss verstärkt ihre Mittel zur Erhaltung unserer natürlichen Umwelt einsetzen.
3. Raumplanung muss die innere Erneuerung und Ausgestaltung von Siedlungen fördern.
4. Raumplanung muss helfen, unter Einbezug des öffentlichen Verkehrs, die Städte als Grundmuster für die dezentralisierte Konzentration funktionsfähig zu erhalten oder wieder funktionsfähig zu machen.
5. Raumplanung muss die Aufgabe der unterschiedlichen Sachbereiche räumlich besser aufeinander und auf gemeinsame, von der Bevölkerung getragene Entwicklungsvorstellungen abstimmen.

Die *Leitsätze des Bundes* für die aktuellen und anstehenden Massnahmen sind dem gleichen Bericht zu entnehmen:

Leitsatz 1:

Der Vollzug des RPG ist weiterzuführen und zu vertiefen; Lücken sind zu schliessen.

Leitsatz 2:

Die Problemsicht der Raumplanung muss breiter sein als ihre Handlungsmöglichkeiten.

Leitsatz 3:

Raumplanung muss in quantitativer Hinsicht Grenzen erkennen und setzen sowie in qualitativer Hinsicht gelegentlich auch sprengen.

Leitsatz 4:

Bisher war der haushälterische Umgang mit dem Boden ein Ziel; jetzt müssen Taten folgen.

Leitsatz 5:

Die Kulturlanderhaltung bleibt zentrale Aufgabe der Raumplanung als Beitrag zum Bodenschutz und zur Ernährungssicherung.

Leitsatz 6:

Eine dezentralisierte, zukunftstaugliche Siedlungs- und Zentrenstruktur des Landes ist zu erhalten.

Leitsatz 7:

Die Siedlungsqualität ist zu verbessern.

Leitsatz 8:

Verkehr und Siedlung sind aufeinander abzustimmen.

Leitsatz 9:

Bauzonen sind im Hinblick auf die angestrebte Entwicklung und nach den Grundsätzen des Raumplanungsgesetzes auszuscheiden und zu erschliessen.

Leitsatz 10:

Raumplanung muss vermehrt im Dienst der Umweltvorsorge stehen.

Leitsatz 11:

Neben der Wahrung des besonders Schutzwürdigen soll auch der «alltäglichen» Landschaft und Natur vermehrt Sorge getragen werden.

Leitsatz 12:

Raumplanung dient der Bevölkerung und muss von ihr getragen werden.

Leitsatz 13:

Der Dialog zwischen Raumplanung und Wirtschaft ist zu vertiefen.

2.3. Bericht über die Massnahmen zur Raumordnungspolitik: Realisierungsprogramm

Das Realisierungsprogramm versucht, den Vollzug des BG über die Raumplanung vom 22. Juni 1979 (SR 700) zu stärken. Zu diesem Zweck enthält es eine Übersicht über die zu erarbeitenden Grundlagen und Planungen. Die *Schwerpunktmassnahmen* sind (BBl 1990 I 1030):

– Grundzüge der Raumordnung,
– Informationssystem Bundesplanungen,
– Landschaftsschutzkonzept Schweiz,
– Bodenschutzkonzept,
– Konzept Agglomerationsverkehr,
– Flugplatzkonzept,
– Konzept Übertragungsleitungen,
– Sachplan Waffen-, Schiess- und Übungsplätze.

Besondere Beachtung verdienen die *Grundzüge der Raumordnung*. Es geht um die Erarbeitung von Grundzügen der angestrebten räumlichen Entwicklung als Grundlage für die raumordnungspolitische Koordination der Planungen des Bundes und der Kantone sowie zur Förderung der Diskussion über die Zukunft des Lebensraumes Schweiz.

2.4. Bericht über die Legislaturplanung 1987–1991

Die Legislaturplanung – ein Instrument der politischen Planung – steht unter der allgemeinen Zielsetzung des qualitativen Wachstums und verlangt von der Raumplanung «zusätzliche Massnahmen für eine haushälterische Bodennutzung» und insbesondere eine Darstellung der Grundzüge der erwünschten räumlichen Entwicklung als Grundlage für die Koordination von Konzepten und Sachplänen des Bundes und der Bestrebungen der Kantone. Das verlangte Realisierungsprogramm ist bereits erschienen, und die angemeldete Revision des BG über die Raumplanung vom 22. Juni 1979 wurde in der Zwischenzeit zurückgenommen, da sich die Einsicht in die Notwendigkeit des besseren Vollzuges des geltenden Rechts durchgesetzt hat. Der zit. Bericht stellt Querbezüge zu raumrelevanten Gebieten (Telekommunikation, Verkehr, Umweltschutz, Landschaftsschutz, Regionalpolitik usw.) her. Diese sind zusammengestellt im Kapitel «Umwelt–Landschaft–Infrastruktur» (BBI 1988 I 460 ff.). Während die Legislaturplanung 1987–1991 das «qualitative Wachstum» in den Vordergrund stellte, wird die Anschlussrunde die «Öffnung» – vor allem die europäische – anvisieren.

3. Statistische Angaben

Die neuesten Zahlen zur Raumplanung und die Methoden ihrer Erhebung sind den Statistischen Jahrbüchern, insbesondere der Jahre 1989, 1990 und 1991, zu entnehmen (Bundesamt für Statistik, Statistisches Jahrbuch der Schweiz 1991, Zürich 1990 und frühere Jahre). Massgebend ist das jeweilige Kapitel über «Raum, Landschaft, Umwelt». Unter anderem finden sich wichtige Angaben über die Bauzonenerhebung, die Raumbeobachtung und die Arealstatistik.

3.1. Bauzonenerhebung

Die Bauzonenerhebung des Bundesamtes für Raumplanung basiert auf Bauzonenkarten der einzelnen Kantone (Stand 1982 bis 1988). Für die Bauzonenerhebung wird ein weiter Begriff der Bauzonen verwendet, der im wesentlichen alles einschliesst, was funktional zum Siedlungsgebiet gehört, also auch Frei- und Verkehrsflächen usw. Die Genauigkeit ist noch nicht sehr gross. Die Bauzonen umfassen insgesamt 243 706 ha, davon 35 756 ha Industrie- und reine Gewerbezonen und 207 950 ha übrige Bauzonen (Statistisches Jahrbuch 1990, S. 55 f.).

3.2. Raumbeobachtung Schweiz

Das Projekt «Raumbeobachtung Schweiz» hat zum Ziel, die Entwicklung und Veränderung der Bodennutzung und der räumlichen Ordnung systematisch und laufend zu beobachten. Die ersten Ergebnisse besagen, dass im Mittelland die Natur in den vergangenen drei Jahrzehnten stark zurückgegangen ist. In den Agglomerationsräumen dehnen sich die Siedlungen aus, wobei sich das Strassennetz verdichtet und die Landwirtschaftsflächen und Vegetationsbestände zurückgehen. Im Berggebiet vergrössern sich die Brachflächen, und andererseits wird die Bodennutzung in gut erreichbaren Lagen uniformiert und das Verkehrsnetz ausgebaut. Im Hochalpengebiet verursachen die touristische Erschliessung und der Bau von hydro-elektrischen Anlagen die grössten Veränderungen.

3.3. Arealstatistik

Die momentan noch geltenden Bodennutzungsdaten beruhen auf der Arealstatistik 1972. Die neue Arealstatistik, die auch kleinflächige Nutzungskategorien vorsehen wird, steht noch aus. Erste gesamtschweizerische Ergebnisse sind im Laufe des Jahres 1991 zu erwarten.

3.4. Weitere Angaben

Den Statistischen Jahrbüchern können weitere Angaben entnommen werden, so zur Waldfläche, zu den Verkehrsflächen – rund 2% der Fläche der Schweiz sind durch den Verkehr belegt –, zu den Inventaren gemäss der Natur- und Heimatschutzgesetzgebung, aber auch zu weiteren «raumrelevanten» Fakten wie Verkehr, Umwelt, Wasser usw.

4. Inhaltliche Ausweitung – Neue Fragestellungen

4.1. Bleibende Kernaufgaben

Unbestritten ist die Aufgabe der Raumplanung, den Lebensraum zu erhalten und zu gestalten. Eine der wesentlichen Grundaufgaben im Rahmen dieser übergeordneten Zielsetzung ist der haushälterische Umgang mit dem Boden, u.a. mit der Massnahme der Trennung von Siedlungsgebiet und Nicht-Siedlungsgebiet, unterstützt durch Massnahmen der Erschliessung im Baugebiet und des Landschafts-, Natur- und Heimatschutzes in beiden Teilbereichen. Eingebettet ist diese Aufgabe in die umfassendere der Herausentwicklung einer Landschafts-, Siedlungs- und Transport/Versorgungsstruktur, welche im Dienste des Menschen und des Lebensraumes mit seinem anzustrebenden ökologischen Gleichgewicht steht.

4.2. Neue Herausforderungen

Unter den neuen Herausforderungen können folgende Probleme erwähnt werden:

- Internationale Migration
- Neuordnung von Teilbereichen Europas
- Neuer Wirtschaftsraum Europa mit einer wachsenden internationalen Arbeitsteilung und einem entsprechenden Verkehrsaufkommen
- Ressourcenknappheit
- Anhaltend wachsende Nachfrage nach Mobilität
- Stadtentwicklung und soziale Desintegration
- Teilweise sinkende Siedlungsqualität
- Innere Erneuerung der Siedlungen und optimale Nutzung der vorhandenen Bausubstanz
- Realisierung grosser öffentlicher Werke
- Gesunde Ökobilanz
- Bauland-, Wohnungs-, Bodenmarkt
- Freizeitgesellschaft
- usw.

4.3. Bewertung der neuen Aufgaben

Die Aufzählung der anstehenden und aufkommenden Herausforderungen macht deutlich, dass die Mehrzahl der Probleme *nationale und internationale Dimensionen* aufweist. Es genügt deshalb nicht mehr, die Raumplanung als innerstaatliche und föderativ-gliedstaatliche Aufgabe zu akzentuieren. Sodann fällt der direkte Bezug zur *Wirtschaft* auf, und zwar unter den beiden Gesichtspunkten der Vernetzung wie auch der Voraussetzung; Vernetzung in dem Sinne, dass die räumliche Entwicklung in hohem Masse durch das wirtschaftliche Geschehen bestimmt wird, Voraussetzung in dem Sinne, dass der wirtschaftliche Wohlstand ein Element einer erfolgreichen Strategie der Raumordnungspolitik ist. Sodann ist offenkundig, dass Raumplanung und *Umweltschutz* eng verbunden sind und laufend miteinander in Bezug gebracht werden müssen. Hinter allem steht nach wie vor der *gesellschaftliche Wandel*, den es als Wirklichkeit zu akzeptieren und gleichzeitig zu beeinflussen gilt – durch Trendbrüche dort, wo dies für den Menschen und den Lebensraum, vor allem auch für die Erhaltung der

Lebensvoraussetzungen, angezeigt ist. Die *Verantwortung der Politik* ist unübersehbar, auch wenn gleichzeitig zu erkennen ist, dass deren Einfluss nicht überschätzt werden soll.

4.4. Neue Verfahren – neue Methoden

Die Problemausweitung verlangt nach einer Ausweitung der *Handlungsebenen* – national und international – und sodann nach neuen *Instrumenten*, die auf die Herausforderungen ausgerichtet werden müssen. Bei den *Verfahren* geht es darum, die sektoralen so zusammenzuführen, dass eine materielle Koordination zur richtigen Zeit in den richtigen Fragen mit bestmöglicher Wirkung erreicht wird. Die *Planungsmethoden* sind aufgabengerecht zu wählen. Für die Problemerkenntnis ist die Raumbeobachtung als Daueraufgabe unerlässlich.

5. Gesetzgebung

5.1. Übersicht

Das Bundesgesetz über die Raumplanung vom 22. Juni 1979 (SR 700) hat sich im wesentlichen bewährt. Die vom Bundesrat angestrebte Revision dieses Erlasses führte zur Erarbeitung eines Revisionsentwurfes durch eine Expertenkommission. Die Hauptstossrichtung wies in Richtung von Massnahmen zur besseren Nutzung der Bauzonen bei gleichzeitig erhöhtem Schutz der Landschaft, einer Ausweitung der materiellen Planungsgrundsätze zur Mehrung der Siedlungsqualität sowie einer Beschleunigung des Baubewilligungsverfahrens. Im Vernehmlassungsverfahren zum Expertenentwurf zeigte sich, dass die Gewährleistung eines optimalen Vollzuges des geltenden Rechts erhöhte Priorität vor Gesetzesanpassungen geniesst. Der Bundesrat sieht deshalb (zur Zeit) von der Weiterverfolgung der Gesetzesrevision ab. Auf der andern Seite sind wichtige Akzentsetzungen in andern Erlassen getroffen worden, die insgesamt auf eine Stärkung der Raumplanung zielen, so auf Verordnungsebene zum RPG und im Bereich des funktionalen Raumplanungsrechts.

5.2. Nominales Raumplanungsrecht

Auf *Bundesebene* ist auf die Novellierung der Verordnung über die Raumplanung zu verweisen. Sie datiert vom 2. Oktober 1989 (SR 700.1). Neu sind vorweg die Kapitel über die Fruchtfolgeflächen (Art. 16 ff.), über die Nutzungspläne (Art. 20 ff.) und über die Erhaltung bestehender Bausubstanz (Art. 23 ff.). Der Text der Verordnung findet sich im Anhang.

Auf *kantonaler Ebene* sind mehrere Gesetze in Revision. Es betrifft dies vor allem die Planungs- und Baugesetze der Kantone Aargau und Solothurn, die versuchen, den neuesten Stand der rechtsrelevanten Erkenntnisse umzusetzen. Neue Akzente betreffen den Ausbau des Rechts der Sondernutzungspläne und des Baurechts. Die Hauptprobleme kreisen um die Mehrung der Siedlungsqualität, die bessere Nutzung der vorhandenen Bausubstanz, die Einführung von Baupflichten in der Auseinandersetzung mit der Baulandhortung und die Verflüssigung des Baulandmarktes durch Förderung der Erschliessung sowie die Einführung von Wohnerhaltungsmassnahmen, die Wahrung von Wohnanteilen (Wohnanteilpläne) sowie den Schutz des Erstwohnungsbaues durch Zurückbindung des Zweitwohnungsangebotes. Ausserdem werden Verfahrensvereinfachungen angestrebt, so bezüglich des Baubewilligungsverfahrens.

5.3. Funktionales Raumplanungsrecht

Das funktionale Raumplanungsrecht hat in mehreren Bereichen eine nicht unwesentliche Erweiterung erfahren. In besonderem Masse trifft dies auf das Umweltschutz- sowie auf das Verkehrs- und das Bodenrecht zu.

5.3.1. Umweltrecht

Für die Raumplanung sind bedeutsam:

- Luftreinhalte-Verordnung vom 16. Dezember 1985 (SR 814.318.142.1)
- Lärmschutzverordnung vom 15. Dezember 1986 (SR 814.41)
- Verordnung über die Umweltverträglichkeitsprüfung vom 19. Oktober 1988 (SR 814.011).

In der Verordnung über die Umweltverträglichkeitsprüfung sind – im Anhang – die UVP-Anlagen samt den massgeblichen Verfahren aufgeführt. In der Lärmschutzverordnung interessieren unter anderem die Anforderungen an Bauzonen und Baubewilligungen in lärmbelasteten Gebieten (Art. 29 ff.), sodann die Empfindlichkeitsstufen in Nutzungszonen (Art. 43). Der Massnahmenplan zur Verhinderung oder Beseitigung übermässiger Immissionen hat seine Grundlagen in Art. 31 der Luftreinhalte-Verordnung.

Vor der Inkraftsetzung steht das Bundesgesetz über den Schutz der Gewässer vom 24. Januar 1991, welches dasjenige vom 8. Oktober 1971 ersetzen soll. In Revision ist sodann die Forstgesetzgebung (Waldgesetz).

5.3.2. Verkehrsrecht

Das Verkehrsrecht steht im Zeichen der Förderung des öffentlichen Verkehrs. Auf Bundesebene ist vorweg der BB betreffend das Konzept Bahn 2000 vom 19. Dezember 1986 (SR 742.100) zu erwähnen. In die gleiche Richtung weist der BB über den Leistungsauftrag 1987 an die Schweizerischen Bundesbahnen und über die Abgeltung ihrer gemeinwirtschaftlichen Leistungen vom 9. Oktober 1986 (SR 742.37). Auf kantonaler Ebene sind es die Gesetze über die Förderung des öffentlichen Verkehrs, sei es durch die Organisation der Trägerschaft, sei es durch Infrastrukturbeiträge oder sei es durch die Einführung eines Tarifverbundes, auszumachen beispielsweise bei der S-Bahn Zürich. Beantragt ist der Bau der Alpentransversalen. Vor dem Erlass stehen sodann auf Bundesebene für den Bereich des immateriellen Verkehrs ein Fernmelde- sowie ein Radio- und Fernsehgesetz. Von wachsender Bedeutung ist die Treibstoffzollgesetzgebung.

5.3.3. Natur- und Heimatschutzrecht

Neu geschützt sind gemäss ausdrücklicher Vorschrift der Bundesverfassung (Art. 24^{sexies} Abs. 5 BV) Moore und Moorlandschaften von besonderer Schönheit und von nationaler Bedeutung. In das BG über den Natur- und Heimatschutz wurde eine Regelung für die Biotope eingefügt, die national, regional oder lokal geschützt und unterhalten werden sollen (Art. 18^{a-d} BG über den Natur- und Heimatschutz vom 1. Juli 1966, Änderung in Kraft seit 1. Februar 1988 (SR 451)).

Neu gefasst ist die Verordnung über den Natur- und Heimatschutz. Sie datiert vom 16. Januar 1991. Daran schliesst sich die Verordnung über den Schutz der Hoch- und Übergangsmoore von nationaler Bedeutung vom 21. Januar 1991 an.

5.3.4. Bodenrecht

Im Bodenrecht steht eine Revision des bäuerlichen Bodenrechts unmittelbar vor dem Abschluss. Es geht um einen neuen Erlass, welcher den Selbstbewirtschafter begünstigt. Der territoriale Geltungsbereich wird auf das BG über die Raumplanung vom 22. Juni 1979 abgestimmt.

Einen weiteren Schwerpunkt bildeten jene Erlasse, die gegen die Bodenpreisentwicklung Einfluss zu nehmen versuchten. Es sind dies:

- Bundesbeschluss über eine Sperrfrist für die Veräusserung nichtlandwirtschaftlicher Grundstücke und die Veröffentlichung von Eigentumsübertragungen von Grundstücken vom 6. Oktober 1989 (SR 211.437.1),
- Bundesbeschluss über eine Pfandbelastungsgrenze für nichtlandwirtschaftliche Grundstücke vom 6. Oktober 1989 (SR 211.437.3).
- Bundesbeschluss über Anlagevorschriften für Einrichtungen der beruflichen Vorsorge und für Versicherungseinrichtungen vom 6. Oktober 1989 (SR 211.437.5).

Alle drei Bundesbeschlüsse sind befristet. Je nach der Bodenpreisentwicklung können sie vorzeitig ausser Kraft gesetzt werden, was teilweise bereits geschehen ist.

Die weitere Entwicklung des Bodenrechts wird durch eine Vielzahl von Massnahmen bestimmt, zu denen auch steuerrechtliche zählen.

6. Rechtsprechung

6.1. Übersicht

Die Rechtsprechung zur Raumplanung gewinnt zunehmend an Bedeutung. Eine der Ursachen liegt in der dichteren gesetzlichen Regelung. Im Vordergrund steht die bundesgerichtliche Rechtsprechung. Diese betrifft unter dem Titel der Verwaltungsgerichtsbeschwerde die materielle Enteignung und das Bauen ausserhalb der Bauzone. Das

Rechtsmittel der staatsrechtlichen Beschwerde kennt als Beschwerdegrund die Verletzung verfassungsmässiger Rechte, im Bereich der Raumplanung insbesondere der Eigentumsgarantie (Art. 22ter BV) und der Rechtsgleichheit (Art. 4 BV) sowie der Handels- und Gewerbefreiheit (Art. 31 BV). Dazu kommen Verwaltungsgerichtsbeschwerden im Zusammenhang des funktionalen Raumplanungsrechts, so zum Natur- und Heimatschutz-, Gewässerschutz-, Umweltschutzrecht usw.

Die neuere Rechtsprechung zur Raumplanung und damit verbunden zum Umweltschutz ist zusammengestellt bei:

Lendi Martin/Hepperle Erwin, Rechtsfälle zum Raumplanungsrecht, 2. A., Zürich 1989,
Lendi Martin/Hepperle Erwin, Praxis zum umweltbedeutsamen Recht, Zürich 1990.

6.2. Tendenzen in der neueren Rechtsprechung

Als wichtigere neue Entscheide werden von *Haller Walter/Karlen Peter*, Raumplanungs- und Baurecht, Zürich 1990, S. XXIX, bezeichnet: BGE 105 Ia 223 Planungszone, 107 Ia 77 Rechtsnatur des Gesamtplans, 107 Ib 334 Auszonung, 109 Ia 257 Denkmalschutz, 110 Ia 163 Planungsrechtliche Baureife, 110 Ib 29 Materielle Enteignung, 111 Ia 129 Gemeindeautonomie, 111 Ib 213 Abbruchverfügung, 112 Ia 281 Anordnungsspielraum beim Richtplan, 113 Ib 138 Ausnahmebewilligung, 113 Ib 318 Materielle Enteignung, 114 Ia 231 Regionale Freihaltezone, 114 Ib 214 Verhältnis Baurecht – Umweltschutzgesetz. Zu ergänzen ist diese Liste insbesondere durch BGE 116 Ib 50, formelle und materielle Koordination Raumplanung und Umweltschutz, massgebendes Bewilligungs- und Leitverfahren.

Die neuere Rechtsprechung des Bundesgerichtes bestimmt nachhaltig die Planungstätigkeit, soweit diese rechtlich erfasst ist und dem Rechtsschutz untersteht. Besondere Akzente hat das Bundesgericht hinsichtlich der Bemessung der Bauzonen (Bauzonendimensionierung) gesetzt. Es stellt nicht allein auf die Voraussetzungen des Art. 15 BG über die Raumplanung ab, sondern zieht die materiellen Planungsgrundsätze gemäss Art. 3 leg. cit. bei und würdigt weitere Anforderungen, insbesondere auch solche der Richtplanung. Zunehmend wichtiger werden die direkten Bezugspunkte zwischen Raumplanung und Umweltschutz. Im zit. Entscheid BGE 116 Ib 50 ff. – er betrifft eine

Abfalldeponie in Egg/ZH – stellt das Bundesgericht vorweg fest, dass für eine Abfalldeponie wegen ihres Ausmasses und ihrer Auswirkungen auf die Nutzungsordnung ein Planungsverfahren nach Raumplanungsrecht unerlässlich ist. Notwendig ist sogar die Festsetzung in und durch einen Nutzungsplan. Da sowohl Raumplanungs- als auch Umweltschutzrecht berührt werden, ist eine materielle und verfahrensmässige Koordination der Rechtsanwendung in einem Leitverfahren zwingend. Im vorliegenden Verfahren ist das Leitverfahren dasjenige der Nutzungsplanung, das auch für die Umweltverträglichkeitsprüfung zum massgebenden Verfahren wird.

7. Fortschritte in der schweizerischen Raumplanung

7.1. Rückblick

Es liegt nahe, auf Mängel und Schwächen der schweizerischen Raumplanung hinzuweisen. Solche sind auszumachen. Auf der andern Seite muss erkannt werden, dass der Erlass des Verfassungsartikels über die Raumplanung auf das Jahr 1969 zurückgeht, dass das Bundesgesetz über die Raumplanung seit 1. Januar 1980 in Kraft ist und dass die kantonalen Planungen erst mit diesem Gesetz erhöhten Anforderungen unterstellt wurden. In der Zwischenzeit ist es im wesentlichen gelungen, die Kantone zum Erlass zeitgemässer kantonaler Planungs- und Baugesetze zu veranlassen, Richtpläne auszuarbeiten und Nutzungspläne festzusetzen sowie bestehende Nutzungspläne den neuen gesetzlichen Anforderungen anzupassen. Selbstverständlich sind Lücken zu registrieren, doch wäre es falsch, darüber die positiven Beispiele zu vergessen. Allerdings kann nicht übersehen werden, dass die Kantone in einen Vollzugsengpass geraten sind oder sich in einen solchen hineintreiben liessen. Nach wie vor gibt es Gemeinden, die sich mit der Anpassung der Nutzungspläne schwer tun. Der Erlass der Richtpläne verlangte manche Fristerstreckungen. Die Spannweite innerhalb der Ausgestaltung der kantonalen Richtpläne ist nicht nur gross, sondern teilweise zu gross. Vor allem ist es nicht in allen Teilen gelungen, den konzeptionellen und programmatischen Charakter der Richtpläne hervorzuheben. Sie sind in vielen Fällen zu sehr am «Zonenplan» orientiert.

Ein offensichtlicher Mangel ist beim Bauen ausserhalb der Bauzonen auszumachen. Die grosse Zahl der Ausnahmebewilligungen lässt erahnen, dass es nicht gelungen ist, eine gesetzliche Formulierung und eine entsprechende Anwendungspraxis zu entwickeln, die den Problembereich in den Griff bekommt. Relativ geglückt ist die Ausscheidung von Bau- und Landwirtschaftszonen, auch wenn es nach wie vor Bauzonen gibt, die zu gross dimensioniert sind und deshalb nicht innert nützlicher Frist erschlossen werden können. Positiv ist die Nähe zwischen Raumplanung und politischer Planung, während das Ineinandergreifen von Umweltschutz und Raumplanung noch nicht optimal ist.

7.2. Ausblick

Würdigt man die gezogene Bilanz gemessen am Gesetzeswortlaut, so ist sie im wesentlichen positiv. Allerdings ist dies nicht der gültige Massstab. Es kommt alles darauf an, ob die tatsächlich anstehenden Probleme angegangen werden, und dass dort, wo es angezeigt ist, ein Trendbruch bewerkstelligt wird. So besehen sind viele offenen Flanken auszumachen: Die Stichworte «Wohnen, Boden, Agglomerationswachstum, Verkehrsaufkommen, Schutz des ökologischen Gleichgewichtes – insbesondere durch Schaffung und Erhaltung der nötigen ökologischen Ausgleichsräume –, Abbau räumlich-wirtschaftlicher Disparitäten, Schutz alpiner Räume, Realisierung grosser öffentlicher Werke am richtigen Ort zur richtigen Zeit (inkl. Versorgung und Entsorgung, öffentlicher Verkehr usw.)» deuten an, dass erhebliche räumliche Probleme anstehen. Dies aber ist an sich nichts Ausserordentliches, da die Raumplanung eine dauernde Aufgabe ist, die stets neu herausgefordert wird, aktuell beispielsweise durch den Transitverkehr, erzeugt im Binnenmarkt der EG, durch die Umstrukturierung der Wirtschaft, durch die Freizeit- und Konsumgesellschaft sowie das relative Bevölkerungswachstum usw.

8. Neuere Literatur

Albers Gerd, Stadtplanung, Eine praxisorientierte Einführung, Darmstadt 1988

Borner/Brunetti/Straubhaar, Schweiz AG, Zürich 1990

Brandt/Bonnard/Wyss/Moor/Kuttler/Matile, L'aménagement du territoire en droit fédéral et cantonal, Lausanne 1990

Elsasser Hans, Die Schweiz, in: Die Schweiz, Stuttgart/Berlin/Köln/Mainz 1988, S. 13 ff.

Frey René L., Städtewachstum-Städtewandel, Basel und Frankfurt am Main 1990

Haller Walter/Karlen Peter, Raumplanungs- und Baurecht, Zürich 1990

Heer/Scholl/Signer (Hrsg.), Aspekte der Raumplanung in Europa, ORL-Schriftenreihe Nr. 42, Zürich 1990

Huber Benedikt (Hrsg.), Städtebau – Raumplanung, Bd. II, 4. A., Zürich 1990

Jagmetti Riccardo, Kommentar zu Art. 22^{quater} BV, Kommentar zur Bundesverfassung der Schweizerischen Eidgenossenschaft, Basel/Zürich/Bern 1987

Knapp/Hertig/Saladin/Tschannen/Zimmerli, Perspektiven des Raumplanungs- und Baurechts, Beiheft zur Zeitschrift für Schweizerisches Recht, Heft 11, Basel 1990

Kölz Alfred/Müller Hans Ulrich (Hrsg.), Kommentar zum Umweltschutzgesetz, Zürich 1988

Lendi Martin, Grundriss einer Theorie der Raumplanung, Zürich 1988

Lendi Martin, Lebensraum-Technik-Recht, Zürich 1988

Lendi Martin, Bewährung des Rechts, Zürich 1991

Messerli Paul, Mensch und Natur im alpinen Lebensraum, Bern und Stuttgart 1989

Racine Jean-Bernard/Raffestin Claude, Nouvelle Géographie de la Suisse et des Suisses, 2 Vol., Lausanne 1990

Ringli/Gatti-Sauter/Graser, Kantonale Richtplanung in der Schweiz, Berichte zur Orts-, Regional- und Landesplanung, Nr. 63, Zürich 1988

Schindler/Hertig/Kellenberger/Thürer/Zäch (Hrsg.), Die Europaverträglichkeit des schweizerischen Rechts, Zürich 1990

Schwager Stefan, Empfehlungen internationaler Organisationen besonders auf dem Gebiet der europäischen Raumordnung, Basel und Frankfurt a.M. 1990

Tanquerel Thierry, La participation de la population à l'aménagement du territoire, Lausanne 1988

Wüest und Gabathuler, Siedlungsbegrenzung Schweiz, Möglichkeiten und Grenzen einer Siedlungsentwicklung nach innen, Bericht 57, NFP Boden, Liebefeld-Bern 1990

Würth Markus, Telematik und räumliche Arbeitsteilung, ORL-Schriftenreihe Nr. 41, Zürich 1989

Zaugg Aldo, Kommentar zum Baugesetz des Kantons Bern vom 9. Juni 1985, Bern 1987

Verordnung über die Raumplanung (RPV)

vom 2. Oktober 1989

Der Schweizerische Bundesrat,

in Ausführung des Bundesgesetzes vom 22. Juni 1979[1] über die Raumplanung (RPG)
und gestützt auf Artikel 19 des Landwirtschaftsgesetzes[2],
verordnet:

1. Kapitel: Einleitung

Art. 1 Raumwirksame Tätigkeiten

¹ Tätigkeiten sind raumwirksam, wenn sie die Nutzung des Bodens oder die Besiedlung des Landes verändern oder bestimmt sind, diese zu erhalten.

² Bund, Kantone und Gemeinden befassen sich namentlich mit raumwirksamen Tätigkeiten, wenn sie:
a. Richt- und Nutzungspläne, Konzepte und Sachpläne sowie dazu erforderliche Grundlagen erarbeiten oder genehmigen;
b. öffentliche oder im öffentlichen Interesse liegende Bauten und Anlagen planen, errichten, verändern oder nutzen;
c. Konzessionen oder Bewilligungen erteilen für Bauten und Anlagen sowie für Rodungen, Wasser-, Schürf-, Transport- oder andere Nutzungsrechte;
d. Beiträge ausrichten an Bauten und Anlagen (insbesondere Gewässerschutz-, Verkehrs- und Versorgungsanlagen, Wohnungsbauten), Bodenverbesserungen, Gewässerkorrektionen oder Schutzmassnahmen.

Art. 2 Planung und Abstimmung raumwirksamer Tätigkeiten

¹ Im Hinblick auf die anzustrebende räumliche Entwicklung prüfen die Behörden bei der Planung raumwirksamer Tätigkeiten insbesondere:
a. wieviel Raum für die Tätigkeit benötigt wird;
b. welche Alternativen und Varianten in Betracht fallen;
c. ob die Tätigkeit mit den Zielen und Grundsätzen der Raumplanung vereinbar ist;
d. welche Möglichkeiten bestehen, den Boden haushälterisch und umweltschonend zu nutzen sowie die Siedlungsordnung zu verbessern;

SR 700.1
[1] SR 700
[2] SR 910.1

e. ob die Tätigkeit mit geltenden Plänen und Vorschriften von Bund, Kantonen, Regionen und Gemeinden über die Nutzung des Bodens, insbesondere mit Richt- und Nutzungsplänen, vereinbar ist.

² Die Behörden stellen fest, wie sich ihre raumwirksamen Tätigkeiten auswirken, und unterrichten einander darüber rechtzeitig.

³ Sie stimmen raumwirksame Tätigkeiten aufeinander ab, wenn diese einander ausschliessen, behindern, bedingen oder ergänzen.

Art. 3 Abwägungspflicht

¹ Stehen den Behörden bei Erfüllung und Abstimmung raumwirksamer Aufgaben Handlungsspielräume zu, so wägen sie die Interessen gegeneinander ab, indem sie:
a. die berührten Interessen ermitteln;
b. diese Interessen beurteilen und dabei besonders die Vereinbarkeit mit der anzustrebenden räumlichen Entwicklung und die möglichen Auswirkungen berücksichtigen;
c. diese Interessen aufgrund der Beurteilung im Entscheid möglichst umfassend berücksichtigen.

² Sie legen die Interessenabwägung in der Begründung ihrer Beschlüsse dar.

2. Kapitel: Kantonaler Richtplan

Art. 4 Grundlagen

¹ Die Grundlagen bestehen aus Planungen über die einzelnen Sachbereiche (Art. 6 Abs. 2 und 3 RPG) und aus Grundzügen der anzustrebenden räumlichen Entwicklung (Art. 6 Abs. 1 RPG); sie befassen sich insbesondere mit der Trennung des Siedlungsgebiets vom Nichtsiedlungsgebiet.

² Die Planungen über die einzelnen Sachbereiche zeigen die tatsächlichen und rechtlichen Gegebenheiten und die absehbaren Nutzungskonflikte; sie enthalten eine Beurteilung der möglichen Entwicklungen aus gesamtheitlicher Sicht.

³ Die Grundzüge der anzustrebenden räumlichen Entwicklung entwerfen eine Gesamtschau der künftigen räumlichen Ordnung im Kanton; sie beachten dabei die Planungen über die einzelnen Sachbereiche.

Art. 5 Inhalt und Gliederung

¹ Der Richtplan zeigt die im Hinblick auf die anzustrebende räumliche Entwicklung wesentlichen Ergebnisse der Planung im Kanton und der Zusammenarbeit mit Bund, Nachbarkantonen und benachbartem Ausland; er bestimmt die Richtung der weiteren Planung und Zusammenarbeit, insbesondere mit Vorgaben für die Zuweisung der Bodennutzungen und für die Koordination der einzelnen Sachbereiche, und bezeichnet die dafür notwendigen Schritte.

² Er zeigt:
a. wie raumwirksame Tätigkeiten aufeinander abgestimmt sind (Festsetzungen);
b. welche raumwirksamen Tätigkeiten noch nicht aufeinander abgestimmt sind und was vorzukehren ist, um eine zeitgerechte Abstimmung zu erreichen (Zwischenergebnisse);
c. welche raumwirksamen Tätigkeiten sich noch nicht in dem für die Abstimmung erforderlichen Mass umschreiben lassen, aber erhebliche Auswirkungen auf die Nutzung des Bodens haben können (Vororientierungen).

Art. 6 Form

¹ Der Richtplan besteht aus Karte und Text, die durch wechselseitige Verweisungen miteinander verbunden sind.

² Die Karte zeigt gesamthaft die Richtplanvorhaben aller Sachbereiche in ihrem räumlichen Zusammenhang. Der Massstab ist in der Regel 1:50 000.

³ Der Text enthält, geordnet nach Sachbereichen und Einzelvorhaben, Anweisungen zum weiteren Vorgehen in bezug auf Raum, Zeit und Organisation sowie Angaben zu den planerischen und finanziellen Mitteln.

⁴ Zum Verständnis des Richtplans geben Karte und Text auch Aufschluss über räumliche und sachliche Zusammenhänge (Ausgangslage), insbesondere über:
a. bestehende Bauten und Anlagen;
b. geltende Pläne und Vorschriften über die Nutzung des Bodens.

Art. 7 Erläuterungen

Die Kantone geben Aufschluss:
a. über den Ablauf der Richtplanung, insbesondere über die Information und Mitwirkung der Bevölkerung und über die Zusammenarbeit mit Gemeinden, Regionen, Nachbarkantonen, dem benachbarten Ausland und den Bundesstellen, die mit raumwirksamen Aufgaben betraut sind (Bundesstellen);
b. über Zusammenhänge zwischen Sachbereichen, Einzelvorhaben und Grundlagen.

Art. 8 Richtlinien

Das Eidgenössische Justiz- und Polizeidepartement (Departement) erlässt nach Anhören der Kantone und der Bundesstellen technische Richtlinien für die Erstellung der Richtpläne.

Art. 9 Zusammenarbeit

¹ Die Kantone orientieren das Bundesamt für Raumplanung (Bundesamt) mindestens alle vier Jahre über den Stand der Richtplanung und über wesentliche Änderungen in den Grundlagen.

² Wollen die Kantone ihre Richtpläne anpassen oder überarbeiten (Art. 9 Abs. 2 und 3 RPG), geben sie dies dem Bundesamt bekannt.

³ Das Bundesamt berät und unterstützt die Kantone bei der Erstellung und Anpassung ihrer Richtpläne; es vermittelt die erforderlichen Informationen und Kontakte zwischen den Bundesstellen und den Kantonen.

Art. 10 Prüfung

¹ Das Bundesamt leitet das Verfahren für die Prüfung des kantonalen Richtplanes und seiner Anpassungen sowie die dazu notwendigen Verhandlungen mit dem Kanton und den Bundesstellen.

² Es erstellt den Prüfungsbericht.

³ Der Kanton kann seinen Richtplan dem Bundesamt zu einer Vorprüfung unterbreiten.

Art. 11 Genehmigung

¹ Das Departement beantragt dem Bundesrat nach Anhören des Kantons und der Nachbarkantone die Genehmigung des kantonalen Richtplans und seiner Anpassungen oder die Anordnung einer Einigungsverhandlung (Art. 12 RPG).

² Sind Anpassungen unbestritten, genehmigt sie das Departement.

³ Wird der Inhalt des Richtplans im Rahmen seiner Anweisungen fortgeschrieben, so genügt eine unverzügliche Mitteilung an das Bundesamt.

Art. 12 Begehren um Anpassung

¹ Die Anpassung eines kantonalen Richtplanes (Art. 9 Abs. 2 RPG) kann von den Nachbarkantonen beim Kanton und von den Bundesstellen über das Departement verlangt werden.

² Entspricht der Kanton dem Begehren, wird das Verfahren für die Genehmigung (Art. 11) durchgeführt; lehnt er ab, beantragt das Departement dem Bundesrat, eine Einigungsverhandlung anzuordnen (Art. 12 RPG).

Art. 13 Begehren um Bereinigung

¹ Der Kanton, die Nachbarkantone und die Bundesstellen können jederzeit beim Departement das Bereinigungsverfahren (Art. 7 Abs. 2 und 12 RPG) verlangen.

² Das Departement leitet das Begehren an den Bundesrat weiter und beantragt, wer an der Einigungsverhandlung teilnimmt und wie vorzugehen ist.

³ Kommt keine Einigung zustande, stellt das Departement dem Bundesrat Antrag zum Entscheid (Art. 12 Abs. 3 RPG).

3. Kapitel: Besondere Massnahmen des Bundes

Art. 14 Konzepte, Sachpläne und Bauvorhaben

¹ Der Bundesrat legt fest, welche Planungen des Bundes als Konzepte und Sachpläne gelten (Art. 6 Abs. 4 und 13 RPG).

² Er gibt den Kantonen periodisch eine Übersicht über die Grundlagen, Konzepte und Sachpläne sowie die Bauvorhaben des Bundes.

Art. 15 Koordination

¹ Bei der Leistung von Beiträgen, der Genehmigung von Plänen oder der Erteilung von Bewilligungen und Konzessionen für raumwirksame Massnahmen prüfen die Bundesstellen, ob die Planungspflicht mit Blick auf den Entscheid hinreichend erfüllt ist.

² Muss der Richtplan angepasst werden, so koordiniert das Bundesamt die Verfahren zwischen Bund und Kanton.

4. Kapitel: Fruchtfolgeflächen

Art. 16 Grundsätze

¹ Fruchtfolgeflächen sind Teil der für die Landwirtschaft geeigneten Gebiete (Art. 6 Abs. 2 Bst. a RPG); sie umfassen das ackerfähige Kulturland, vorab das Ackerland und die Kunstwiesen in Rotation sowie die ackerfähigen Naturwiesen, und werden mit Massnahmen der Raumplanung gesichert.

² Sie sind mit Blick auf die klimatischen Verhältnisse (Vegetationsdauer, Niederschläge), die Beschaffenheit des Bodens (Bearbeitbarkeit, Nährstoff- und Wasserhaushalt) und die Geländeform (Hangneigung, Möglichkeit maschineller Bewirtschaftung) zu bestimmen; die Bedürfnisse des ökologischen Ausgleichs sind zu berücksichtigen.

³ Ein Mindestumfang an Fruchtfolgeflächen wird benötigt, damit in Zeiten gestörter Zufuhr die ausreichende Versorgungsbasis des Landes im Sinne der Ernährungsplanung gewährleistet werden kann.

Art. 17 Richtwerte des Bundes

¹ Das Departement legt mit Zustimmung des Eidgenössischen Volkswirtschaftsdepartementes Richtwerte für den Mindestumfang der Fruchtfolgeflächen und für deren Aufteilung auf die Kantone fest; die Verfügung wird im Bundesblatt veröffentlicht.

² Das Bundesamt für Landwirtschaft unterrichtet die Kantone über Untersuchungen und Planungen, die den Richtwerten zugrunde liegen.

Art. 18 Erhebungen der Kantone

[1] Die Kantone stellen, im Zuge der Richtplanung (Art. 6–12 RPG), die Fruchtfolgeflächen nach Artikel 16 Absätze 1 und 2 zusammen mit den übrigen für die Landwirtschaft geeigneten Gebieten fest, spätestens aber bis zum 31. Dezember 1987.

[2] Dabei geben sie für jede Gemeinde kartografisch und in Zahlen Lage, Umfang und Qualität der Fruchtfolgeflächen an; sie zeigen, welche Fruchtfolgeflächen in unerschlossenen Bauzonen oder in anderen nicht für die landwirtschaftliche Nutzung bestimmten Zonen liegen.

Art. 19 Sachplan des Bundes

[1] Der Bundesrat setzt nach Anhören der Kantone den Mindestumfang der Fruchtfolgeflächen und deren Aufteilung auf die Kantone in einem Sachplan fest (Art. 13 RPG).

[2] Zur Festsetzung des Sachplans kann das Departement Verhandlungen mit Kantonen und interessierten Bundesstellen anordnen; nötigenfalls werden die für den Sachplan erforderlichen Unterlagen vervollständigt.

[3] Der Sachplan wird regelmässig überprüft und nötigenfalls angepasst; die Artikel 17–19 gelten sinngemäss.

5. Kapitel: Nutzungspläne
1. Abschnitt: Sicherung der Fruchtfolgeflächen

Art. 20

[1] Die Kantone sorgen dafür, dass die Fruchtfolgeflächen den Landwirtschaftszonen zugeteilt werden; sie zeigen in ihren Richtplänen die dazu erforderlichen Massnahmen.

[2] Die Kantone stellen sicher, dass ihr Anteil am Mindestumfang der Fruchtfolgeflächen (Art. 19 Abs. 1) dauernd erhalten bleibt; sie bestimmen Planungszonen (Art. 27 RPG) für unerschlossene Gebiete in Bauzonen, soweit dieser Anteil nicht ausserhalb der Bauzonen gesichert werden kann.

[3] Zur Sicherung von Fruchtfolgeflächen in Bauzonen können auch vorübergehende Nutzungszonen bestimmt werden (Art. 37 RPG).

[4] Die Kantone verfolgen die Veränderungen bei Lage, Umfang und Qualität der Fruchtfolgeflächen; sie teilen die Veränderungen dem Bundesamt mindestens alle vier Jahre mit (Art. 9 Abs. 1).

2. Abschnitt: Erschliessung

Art. 21   Übersicht über den Stand der Erschliessung

¹ Für die Erfüllung seiner Erschliessungsaufgaben nach Bundesrecht und kantonalem Recht erstellt das Gemeinwesen eine Übersicht über den Stand der Erschliessung.

² Die Übersicht zeigt die Teile der Bauzone, die aufgrund abgeschlossener Planung und Erschliessung baureif sind oder bei zielstrebiger Weiterführung der bisher erbrachten Leistungen voraussichtlich innert fünf Jahren baureif gemacht werden können.

³ Das Gemeinwesen verfolgt die bauliche Entwicklung, stellt die Nutzungsreserven im weitgehend überbauten Gebiet fest und führt die Übersicht nach.

⁴ Die Übersicht kann von jedermann eingesehen werden.

Art. 22   Massnahmen der Kantone

¹ Die kantonale Behörde wacht darüber, dass das Gemeinwesen seine Erschliessungsaufgaben erfüllt.

² Insbesondere prüft sie, ob im Falle nicht zeitgerechter Erschliessung die Nutzungspläne angepasst werden müssen.

³ Beschwerden und Ersatzforderungen betroffener Eigentümer wegen Rechtsverweigerung oder Rechtsverzögerung bleiben vorbehalten.

3. Abschnitt: Erhaltung bestehender Bausubstanz

Art. 23   Kleinsiedlungen ausserhalb der Bauzonen

Zur Erhaltung bestehender Kleinsiedlungen ausserhalb der Bauzonen können besondere Zonen nach Artikel 18 RPG (wie Weiler- oder Erhaltungszonen) bezeichnet werden, wenn der kantonale Richtplan (Art. 8 RPG) dies in der Karte oder im Text vorsieht.

Art. 24   Ausnahmen ausserhalb der Bauzonen

¹ In Gebieten mit traditioneller Streubauweise, die von Abwanderung betroffen sind und in denen die Dauerbesiedlung im Hinblick auf die anzustrebende räumliche Entwicklung gestärkt werden soll, können die Kantone als standortgebunden (Art. 24 Abs. 1 Bst. a RPG) bewilligen:
  a. die Änderung der Nutzung bestehender Gebäude mit Wohnungen zu landwirtschaftsfremden Wohnzwecken, wenn das Gebäude nach der Änderung ganzjährig bewohnt wird;
  b. die Änderung der Nutzung bestehender Gebäude oder Gebäudekomplexe mit Wohnungen zu Zwecken des örtlichen Kleingewerbes (wie Käsereien, holzverarbeitende Betriebe, mechanische Werkstätten, Schlossereien, De-

tailhandelsläden, Wirtshäuser); der Gewerbeanteil darf nicht mehr als die Hälfte des bestehenden Gebäudes oder Gebäudekomplexes beanspruchen.

² In Landschaften mit schützenswerten Bauten und Anlagen können die Kantone die Änderung der Nutzung bestehender Gebäude als standortgebunden (Art. 24 Abs. 1 Bst. a RPG) bewilligen, wenn das Gebäude durch Verfügung der für Ortsbild- und Landschaftsschutz zuständigen Behörde als landschaftstypisch geschützt ist und die dauernde Erhaltung der Bausubstanz nicht anders sichergestellt werden kann.

³ Bewilligungen setzen voraus, dass:
   a. die Gebiete nach den Absätzen 1 und 2 im kantonalen Richtplan (Art. 8 RPG) örtlich festgelegt sind;
   b. das Gebäude für die landwirtschaftliche Nutzung nicht mehr benötigt wird;
   c. die äussere Erscheinung und die bauliche Grundstruktur des Gebäudes im wesentlichen unverändert bleiben;
   d. die Änderung keine zusätzliche Verkehrserschliessung erfordert;
   e. keine überwiegenden Interessen entgegenstehen (Art. 24 Abs. 1 Bst. b RPG).

4. Abschnitt: Zuständigkeit und Verfahren

Art. 25   Bauvorhaben ausserhalb der Bauzonen

¹ Die zuständige kantonale Behörde (Art. 25 Abs. 2 RPG) prüft bei allen Bauvorhaben ausserhalb der Bauzonen, ob sie eine Ausnahmebewilligung (Art. 24 RPG) benötigen.

² Die Kantone zeigen die Ausnahmebewilligungen im kantonalen Publikationsorgan gesondert an.

³ Bei der Erneuerung bestehender Bauten und Anlagen können die Kantone auf die Veröffentlichung verzichten, wenn keine wesentlichen öffentlichen Interessen betroffen sind.

⁴ Bei Bewilligungen für Bauvorhaben ausserhalb der Bauzonen lässt die Baubewilligungsbehörde im Grundbuch soweit nötig ein Zweckänderungsverbot anmerken.

Art. 26   Genehmigung von Nutzungsplänen

¹ Die Behörde, die die Nutzungspläne erlässt, erstattet der kantonalen Genehmigungsbehörde (Art. 26 Abs. 1 RPG) Bericht darüber, wie der Nutzungsplan die Ziele und Grundsätze der Raumplanung (Art. 1 und 3 RPG), die Anregungen aus der Bevölkerung (Art. 4 Abs. 2 RPG), die Sachpläne und Konzepte des Bundes (Art. 13 RPG) und den Richtplan (Art. 8 RPG) berücksichtigt sowie den Anforderungen des übrigen Bundesrechts, insbesondere der Umweltschutzgesetzgebung, Rechnung trägt.

² Insbesondere legt sie dar, welche Nutzungsreserven im weitgehend überbauten Gebiet bestehen und wie diese Reserven haushälterisch genutzt werden sollen.

6. Kapitel: Schlussbestimmungen

Art. 27 Bundesamt

¹ Das Bundesamt nimmt zu raumwirksamen Vorhaben des Bundes Stellung.

² Es erarbeitet Grundlagen für die Abstimmung der raumwirksamen Tätigkeiten des Bundes, für die Zusammenarbeit mit den Kantonen und für die Förderung der Raumplanung in den Kantonen und leitet das vom Bundesrat eingesetzte bundesinterne Koordinationsorgan.

³ Es kann Verwaltungsgerichtsbeschwerde (Art. 34 Abs. 1 RPG) erheben.

Art. 28 Mitteilungen der Kantone

Die Kantone teilen dem Bundesamt rechtzeitig die Änderung von Nutzungsplänen mit, wenn Fruchtfolgeflächen im Ausmass von mehr als drei Hektaren vermindert oder Landschaften, Biotope und Stätten von nationaler Bedeutung beeinträchtigt werden.

Art. 29 Aufhebung bisherigen Rechts

Die Verordnung vom 26. März 1986[1)] über die Raumplanung wird aufgehoben.

Art. 30 Frist für die Übersichten über den Stand der Erschliessung

Die Übersichten über den Stand der Erschliessung (Art. 21) müssen bis zum 1. Juli 1991 vorliegen.

Art. 31 Inkrafttreten

Diese Verordnung tritt am 20. Oktober 1989 in Kraft.

2. Oktober 1989   Im Namen des Schweizerischen Bundesrates
                         Der Bundespräsident: Delamuraz
                         Der Bundeskanzler: Buser

[1)] AS **1986** 626

Stichwortverzeichnis

Die vorliegende Einführung legt das Schwergewicht auf die sachlichen Zusammenhänge. Der Zutritt erfolgt vorteilhafterweise über das Inhaltsverzeichnis (S. XI ff.). Das Stichwortverzeichnis vermittelt lediglich erste Hinweise.
Das Verzeichnis beschränkt sich auf die in der Lehre von der Raumplanung geläufigen Begriffe. Eine Vollständigkeit wurde nicht angestrebt. Ausdrücke, die Allgemeingut sind – Bund, Kantone, Gemeinden, Verfassung, Gesetz, Verfügung usw. –, wurden nicht ins Stichwortverzeichnis aufgenommen.
Die Ziffern bezeichnen die Seitenzahlen. Es wird vorausgesetzt, dass die Seiten vor und nach der angegebenen Ziffer ebenfalls konsultiert werden.

Abfall 155

Abgaben 215

Abgrenzung 36
– analytische 36
– normative, politische 36

Abstand
– Abstandsnormen 210
– Gebäudeabstand 210
– Grenzabstand 210

Agglomeration 48/281
– Agglomerationsabgrenzung 48
– Agglomerationsgemeinden 48
– Agglomerationskernzone 48
– Agglomerationspolitik 170

Analyse 246
– Analyseergebnis 246
– Lageanalyse 244
– Längsschnittanalyse 138
– Kausalanalyse 261
– Potentialanalyse 66
– Problemanalyse 246
– Querschnittanalyse 138
– Raumanalyse 245
– Referenzanalyse 275
– Shiftanalyse 141
– Verkehrsanalyse 251
– Zeitreihenanalyse 261

Artenschutz 93

Aufgaben 278
– der öffentlichen Hand 5

Ausbaugrad 161

Ausgleich
– Finanzausgleich 57
– Steuerausgleich 47

Ausland 232

Ausnahmebewilligung
– für Bauten ausserhalb der Bauzone 189/230
– für Bauten innerhalb der Bauzone 210

Ausnützungsziffer 161/326

Ausstattung 169

Autonomie
– Gemeindeautonomie 197
– Privatautonomie 288

Auszonung 193

Bau
– Baubewilligung 209/351
– Baubewilligungsverfahren 209/352

- Bauboom 20
- Bauentwicklungsgebiet 230
- Baugebiet/Nicht-Baugebiet 188/304
- Baugesetz/Baugesetzgebung 209
- Bauhochkonjunktur 23
- Baulandmarkt 187
- Baulandreserve 102
- Baulinie 218/326/371
- Bauordnung 361
- Baupolizeivorschriften 209/371
- Baurecht 209
- Baureglement 361
- Baureife 213
- Bausubstanz 394/409
- Bauverbot 327
- Bauvoraussetzung 213
- Bauvorhaben 102
- Bauweise 210/366
  - Regelbauweise 210/366
  - Streusiedlung 20
- Bauziffern 325
- Bauzone 188/362/392
  - Bauzonenplan 18

Beiträge 215

- Erschliessungsbeiträge 215

Berggebiet 49/282
- Berggebietsförderung 133

Berichterstattung 241

Beschwerde 192
- Staatsrechtliche Beschwerde 192
- Verwaltungsgerichtsbeschwerde 192

Bestandesgarantie 183

Betriebszählung 110

Bevölkerung 59/285
- Bevölkerungsdichte 64
- Bevölkerungsentwicklung 76

- Bevölkerungsmigration 67
  - Emigration 67
  - Immigration 67
  - Remigration 67
- Bevölkerungsmobilität 66
- Bevölkerungspotential 66
- Bevölkerungsprognose 77/259
- Bevölkerungspyramide 61
- Bevölkerungsrotation 72
- Bevölkerungsstruktur 59
- Bevölkerungsverhältnis 59
- Bevölkerungsverteilung 64
- Bevölkerungswanderung 67/387
  - Aussenwanderung 67
  - Binnenwanderung 67
  - Pendelwanderung 70
  - Saisonale Wanderung 68
  - Wanderungsprozesse 69
  - Wanderungsquote 72
  - Wanderungssaldo 72
  - Wanderungsvolumen 72

Bevölkerungszahl 60
- Altersstruktur 60
- Arbeitsbevölkerung 165
- Grenzgänger 70
- Wohnbevölkerung 165

Bildungswesen 156

Biotop 82/397

Boden 85/283
- Bodenbeanspruchung 176
- Bodenbelastung 86
- Bodenfunktionen 86
- Bodenmarkt 187
- Bodennutzung 95
  - landwirtschaftliche 97
  - Bodennutzungsstatistik 96
- Bodenpolitik 187
- Bodenrecht 23/210/398
- Bodenverbesserung 216
- Bodenverschmutzung 89

Bruttogeschossfläche 161

Daten 246
- Datenaufbereitung 254
- Datenauswertung 254
- Datenerhebung 246
- Datenfortschreibung 255
- Datengewinnung 246
- Datenquellen 246
- Datensätze 45
- Datenspeicherung 252
  - Aggregatdatei 253
  - Datenbank 252
  - Flächendatei 254
  - Gemeindedatei 253
  - Informationsraster 252
- Datenverarbeitung, elektronische 45
- Ausgangsdaten 59
- Zieldaten 59

Deduktion 28

Demokratie 6

Denkmalschutz 220

Dezentralisation der Arbeitsplätze 116

Dienstleistungen 121

Disparitäten 132/138

Eigentum 183
- Eigentumsbeschränkung 183
- Eigentumsfreiheit 183
  - Nutzungsfreiheit 211
  - Verfügungsfreiheit 211
- Eigentumsgarantie 183
- Bestandesgarantie 184
- Institutsgarantie 183
- Vermögenswertgarantie 184

Einigungsverhandlung 228

Einkommen 128
- Persönlich verfügbares Einkommen 131
- Primäres Einkommen 132
- Volkseinkommen 128

Eisenbahn 217/397
- Eisenbahnbau 18
- Eisenbahnnetz 148
- SBB/Privatbahn 217

Elemente
- anthropogene Elemente 8
- Landschaftselemente 83
- physische Elemente 8

Emissionsbegrenzungen 221

Empirie 28

Energie 151/284
- Energienachfrage 152
- Energieproduktion 88
- Energieträger 152
- Endenergie 151
- Gesamtenergiekonzept 26
- Nutzungsenergie 151
- Rohenergie 151

Enteignung 218
- formelle 184
- materielle 194
- Tatbestände 218
- Verfahren 219

Entschädigung 183/219
- formelle Enteignung 184
- materielle Enteignung 194
- Sonderopfer 194

Entwicklung
- Entwicklungskonzept 134
- Entwicklungskraft 66
- Entwicklungspotential 66
- Entwicklungsprozess 138
- Entwicklungsregionen 135

- Entwicklungsstand 138
- Entwicklungsvermögen 66
- Entwicklungsziele 382
- Standortentwicklung 91

Erbrecht, bäuerliches 211

Erfolgskontrollen 274

Erschliessung 190/396/409
- Ausstattung 212
- Basiserschliessung 212
- Erschliessungsbeiträge 215
- Erschliessungsetappierung 230
- Erschliessungspflicht 214
- Erschliessungsplan 230/266/409
- Erschliessungsplanung 213
- Erschliessungsrecht 212
- Erschliessungsvoraussetzungen 213
- Feinerschliessung 212
- Groberschliessung 212
- Grunderschliessung 212

Europa 232
- Europäische Gemeinschaften (EG) 233/387
  Europarat 233
  Europäische Freihandelsassoziation (EFTA) 234
- Europäische Raumordnungscharta 313
- Europäische Raumordnungsministerkonferenz 233/313
- Europäische Verkehrsministerkonferenz (CEMT) 234

Finanzen
- Finanzausgleich 57/223
- Finanzbezug 240
- Finanzierungsbeihilfen 135
- Finanzkraft 57
- Finanzkraftindex 57
- Finanzplanung 13/230

Fläche
- Brachfläche 117
- Fruchtfolgefläche 117/192/283/407/408
- Landwirtschaftliche Nutzfläche 99
- Nettobaufläche 161
- Nettosiedlungsfläche 160
- Siedlungsfläche 160/411
- Fläche für öffentliche Bauten und Anlagen 161
- Flächenbeiträge 134

Flurformen 54

Forschung 27
- Forschungsmethoden 28
- Forschungsprogramme, nationale 31

Fremdenverkehr 124
- Fremdenverkehrsregionen 58
- Fremdenverkehrszonen 58

Funktion 8
- Führungsfunktion 239
- Legitimierungsfunktion 179
- Ordnungsfunktion 176
- Querschnittsfunktion 240
- Steuerungsfunktion 176

Futurologie 256

Gebietskörperschaften 224

Gebühren 215

Gegenstromprinzip 227

Genehmigungspflicht 228

Gesundheitswesen 156

Güterzusammenlegung 216/345

Handels- und Gewerbefreiheit 118/223

Handlungsbeiträge 269

Heimatschutz 219

Höhenstufen 88

Hotellerie 126
- Aparthotels 126
- Parahotellerie 126

Indikator 138
- ökonomisch 139
- sozial-gesellschaftlich 139
- subjektiv/objektiv 139

Induktion 28

Industrie 118
- Industrieansiedlung 119
- Industrieregion 37
- Industriestandort 118
- Industriestatistik 110
- Industriestruktur 115
- Industriezone 107/364

Infrastruktur 143
- Infrastrukturpolitik 143

Informationsraster 252

Instrument 265

Interdisziplinarität 27/34

Interview 247

Inventar 94

Investitionshilfe 134

Karten 248
- Grundlagenkarten 249
- Kartenwerke 249
- thematische 248
- topographische 248
- Zustandskarten 249

Kennziffer 139

Klima 87
- Klimaänderungen 89
- Klimadaten 87
- Klimatypen 87
- Klimazonenverschiebung 89
- Mikroklima 84
- Örtliches Klima 83
- Stadtklima 83

Kommission 240
- Fachkommission 240
- Interdepartementale Kommission 240

Kompetenz
- Kompetenzausscheidung 182
- Kompetenznorm 182
- Förderungskompetenz 182
- Koordinationskompetenz 182

Konflikt 177

Konformität
- Systemkonformität 271
- Zielkonformität 271
- Zonenkonformität 189/210/230

Konkurrenz
- marktwirtschaftliche Konkurrenz 118
- öffentliche/private Interessen 177

Kontrolle 274
- Erfolgskontrolle 274
- Globalkontrolle 274
- Partialkontrolle 274
- Vollzugskontrolle 275
- Wirkungs-(Effizienz-)kontrolle 275
- Zielkontrolle 275

Konzept 268
- Entwicklungskonzept 268
- Raumordnungskonzept 14/391

Konzession 217

Koordination 15

Land
- Grenzregulierung 349
- Landnutzung 96
- Landumlegung 216/345
- ländlicher Raum 54
- Reserveland 304

Landschaft 82
- Landschaftsbild 93
- Landschaftsdokumentation 102
- Landschaftsökologie 82
- Landschaftsschutzgebiete 94
- Kulturlandschaft 82
- Naturlandschaft 82
- naturnahe Landschaft 82

Landwirtschaft 116
- Berglandwirtschaft 134
- Landwirtschaftsgebiet 189
- Landwirtschaftsgesetz 134
- Landwirtschaftshilfen 134
- landwirtschaftliche Nutzfläche 100
- landwirtschaftliche Vorranggebiete (Fruchtfolgeflächen) 117/192/283/407
- Landwirtschaftszone 188
- landwirtschaftliche Existenz 211
- landwirtschaftliches Gewerbe 211

Landesversorgung 117

Lebensraum
- Erhaltung 178
- Gestaltung 178
- Voraussetzungen 2/283

Legalität 14/179

Legitimität 179

Leitbild 14/267
- Landesplanerische Leitbilder der Schweiz 22
- Raumplanerisches Leitbild CK-73 22
- Leitsätze 389

Lorenzkurve 140

Luft 87
- Luftaufnahme 250
- Luftbild 250
- Luftfremdstoffe 88
- Luftverunreinigungen 89

Massnahmen 14/269
- befristete 270
- Dauermassnahmen 270
- Förderungsmassnahmen 222
- Landumlegungsmassnahmen 216
- Lenkungsmassnahmen 244
- Positive Massnahmen 269
- Restriktive Massnahmen 269
- Raumbedeutsame Massnahmen 269
- Wirtschaftspolitische Massnahmen 222
- Wirtschaftspolizeiliche Massnahmen 222

Meinungsumfrage 241

Melioration 18

Mitwirkung 241

Modelle
- Christallermodell 170
- Geländemodell 250
- Problemorientierte Modelle 81
- Zentrum-Peripherie-Modell 55

Monostruktur 42/116/222

Naturschutz 219/397

Nutzung
- Nutzungsbeschränkung 184
- Nutzungsfreiheit 211
- Nutzungsplan 188/226/266/304
- Nutzungsplanung 270/324

OECD 233

Ökologie 82
- Ökologische Planung 80
- Ökosystem 82

Partizipation 241

Parzellarordnungsrecht 215

Perimeter 215

Peripherie 55

Perspektiven 256

Plan 10/265
- Planabstimmung 227
- Planänderung 193
- Plangebiet 186
- Plangewährleistung 192
- Planhierarchie 227
- Planrealisierung 272
- Plansystem 266
- Planverwirklichung 272
- Baulinienplan 266
- Bauklassenplan 18
- Bauzonenplan 18
- Bebauungsplan 339
- Bereichsplan 266
- Bundesplan 266
  Erschliessungsplan 230/266/409
- Flächennutzungsplan 226
- Gesamtplan 266
- Gestaltungsplan 266/341
- Grundlagenplan 302
- Kantonaler Plan 225
- Konzeptioneller Plan 225
- Nutzungsplan 188/226/266/324
- Programmatischer Plan 225
- Quartierplan 266
- Rahmennutzungsplan 189/226
- Richtplan 15/187/191/225/267/
  268/302/322/404
- Sachplan 227/266
- Sondernutzungsplan 189/226/339/
- 341
- Überbauungsplan 15/339
- Versorgungsplan 266
  Zonenplan 20/189/226/362

Planung 11
- Planungsbezugsgebiet 186
- Planungsebene 225
- Planungsgebiet 186
- Planungsgrundsätze 301/320
- Planungsinstrumente 265
- Planungsmethodik 244
- Planungsphasen 245
- Planungsprozesse 245
- Planungsraum 186
- Planungsträger 224
- Planungsverfahren 244
- Planungswissenschaft 27
- Planungszone 188/306/344
- Aufgabenplanung, staatliche 239
- Bundesplanung 231
- Entwicklungsplanung 190
- Erschliessungsplanung 212
- Gesamtplanung 239
- Gestaltungsplanung 251/341
- Infrastrukturplanung 143
- Kantonalplanung 10/228/321/404
- Landesplanung 10
- Landschaftsplanung 251
- Nationalplanung 10
- Negativplanung 18
- Nutzungsplanung 226/304/324
- Ökologische Planung 80
- Ortsplanung 10/320
- Politische Planung 12/239/287/391
- Positivplanung 269
- Prozessplanung 186
- Querschnittsplanung 13
- Rahmennutzungsplanung 226
- Raumplanung 11

- Regionalplanung 10/321
- Restriktionsplanung 269
- Richtplanung 225/322/404
- Rollende Planung 10
- Sachplanung 13/231/239/407
- Siedlungsplanung 250
- Stadtplanung 167
- Überörtliche Planung 10
- Umweltplanung 80
- Umweltvorsorgeplanung 221
- Verkehrsplanung 251
- Zonenplanung 226

Politik 12

Potential 66
- Arbeitskräftepotential 66
- Bevölkerungspotential 66
- Entwicklungspotential 66
- Naturpotential 82
- Naturraumpotential 82

Prinzip
- Äquivalenzprinzip 215
- Gegenstromprinzip 227
- Kostendeckungsprinzip 215
- Residualprinzip 54
- Verhältnismässigkeitsprinzip 184
- Verursacherprinzip 221
- Vorsorgeprinzip 221

Produktivität 112

Prognose 256
- Prognosemethode 260
- Prognoseobjekt 259
- Prognoseraum 259
- Prognosezeitdauer 259
- explorative/normative Prognose 257
- quantitative/qualitative Prognose 260
- Status-quo-Prognose 257
- Total-/Partialprognose 258
- Zielprognose 257

Programm 268

Prophezeiung 256

Prozess
- Planungsprozess 186/245
- Willensbildungsprozess 6
- Zielfindungsprozess 263

Quartier 167

Rang-Grössen-Regel 171

Raster
- Rasterfläche 45
- Rastermethoden 45
- Informationsraster 252

Raum
- Alpiner Raum 49
- Raumansprüche 176
- Raumbeobachtung 255/392
- Raumforschung 15/27
- Raumgliederung 36
- Raumklassifikation, analytische 36
- Räumliche Ordnung 9
- Raumpläne 266
- Raumplanungsgeschichte 16
- Raumplanungsverantwortung 286
- Raumordnung 11/391
- Raumordnungsbericht 14/388
- Raumordnungskonzept 14
- Raumordnungspolitik 9/237/388
- Raumordnungsprogramm 14/391
- Raumordnungswissenschaft 27
- Raumrelevante Tätigkeiten 178
- Raumtypisierung 46
- Raumwirksame Aufgaben 269
- Raumwirksame Tätigkeiten 177/403
- Voralpiner Raum 49

Realisierung 272/388
- Realisierungsprogramm 391

Recht 181
- Baurecht 209
- Raumplanungsrecht 181/395
  - nominales 181/396
  - funktionales 197/396
- Rechtsethik 3/288
- Rechtsgrundlagen 181/395
- Rechtsprechung 192/398
- Rechtssicherheit 186
- Rechtsschutz 192/307/358

Regierungsrichtlinien 239/391

Region 36/224
- funktionale Region 37
- homogene Region 36
- Regionsbegriff 36/378
- Regionsgemeinden 38
- Regionszentrum 37
- Arbeitsmarktregion 45
- Berggebietsregion 49
- Entwicklungsregion 378
- Fremdenverkehrsregion 58
- IHG-Region 40
- Industrieregion 37
- Landwirtschaftsregion 37
- MS-Region (mobilité spatiale) 55
- Pendlerregion 55
- Raumplanungsregion 38
- Regionalforschung 27
- Regionalisierung 38
- Regionalplanung 322
- Regionalplanungsgruppen 38
- Regionalplanungsverband 322
- Regionalpolitik 12/133
- Regionalwirtschaftspolitik 12
- Regionalwissenschaft 27

Relief 84

Schutzzonen 189/220

Siedlung 158
- Siedlungsarten 163
- Siedlungserneuerung/Sanierung 168
- Siedlungserweiterung 168
- Siedlungsflächenbedarf 160
- Siedlungsform 163
- Siedlungsgebiet/Nicht-Siedlungsgebiet 188
- Siedlungsgrenze 160
- Siedlungsgrösse 163
- Siedlungsplanung 167
- Siedlungsraum 160
- Siedlungsstruktur 171
- Siedlungstypologie 161
- Streubauweise 20
- Zersiedlung 20

Sonderopfer 194

Sondervorteil, wirtschaftlicher 215

Sozialprodukt 128
- Bruttosozialprodukt 128
- Nettosozialprodukt 128

Stadt 46
- Stadtbild 167
- Stadtentwicklung 169
- Stadtentwicklungspolitik 169
- Stadterneuerung/Sanierung 168
- Stadtklima 83
- Stadtplanung 160
- Kernstadt 48
- Satellitenstadt/Trabantenstadt 168
- Suburbanisation 164
- Urbanisation/Desurbanisation 164

Standardabweichung 139

Standardgrenze 58

Standort
- Standortanforderungen 106
- generell 106
- speziell 106
- Standortbedingungen 106

- Standortentscheidung 104
- Standortfaktoren 106
- Standortgemeinde 105
- Standortquotient 140
- Standortregion 105
- Standorttheorie 108
- Standortvoraussetzungen 107
- Standortwahl 104
- Pflanzenstandort 86

Statistik 247/392
- amtliche/nichtamtliche Statistik 247
- Arealstatistik 96/393

Stichprobe 247

Strategie 15

Struktur
- Strukturerhaltungspolitik 170
- Strukturfaktor 141
- Strukturgestaltungspolitik 170
- Strukturpolitik 12
- Arbeitsmarktstruktur 110
- Beschäftigungsstruktur 110
- Bevölkerungsstruktur 63
- Monostruktur 42/116/222
- Sektoralstruktur 111
- Siedlungsstruktur 171
- Strukturfaktor 141

Subventionen 57/219/223

Szenario 257

Telekommunikation 151/397

Theorie
- Dreistufentheorie 194
- Entwicklungs/Wachstumstheorie 109
- Standorttheorie 108

Tourismus 124
- Touristische Ausstattung 125
- Touristische Infrastruktur 126
- Touristische Suprastruktur 126

Übriges Gemeindegebiet 20/186

Umwelt 80
- Emissionsbegrenzungen 221
- Imissionsgrenzwerte 221
- Imissionsschutz 222
- Umweltbewusstsein 81
- Umweltplanung 80
- Umweltrecht 396
- Umweltschutz 80
- Umweltüberwachung 255
- Umweltverträglichkeitsprüfung 221
- Umweltvorsorgeplanung 220

Utopie 256

Vegetation 91

Verbindlichkeit 187/188

Verkehr 146/284
- Gesamtverkehrskonzept 268
- Internationaler Verkehr 234
- Öffentlicher Verkehr 216/397
- Pendlerverkehr 71
- Privatverkehr 216
  Verkehrsrecht 397

Versorgung 124
- Versorgungsaspekte 124

Viehwirtschaftskataster 58

Volkseinkommen 128

Volkszählung, eidgenössische 77

Vollzug 242

Vorkaufsrecht 211

Vorzugslasten 215

Wald 100
- Aufforstung 19
- Bewaldungsgrad 100
- Forstgesetzgebung 19
- Rodung 19
- Verteilung, regionale 19
- Waldfläche 100
- Waldfunktion 100

Wasser 89
- Wasserbilanz 90
- Wasserhaushalt 90
- Wasserqualität (Güte) 90
- Wasserquantität 90
- Wasserwirtschaft 153
- Abwasser 154
- Abwasserreinigung 154
  - Entsorgung 154
  - Gewässerschutz 24
  - Gewässerverschmutzung 89
  - Grundwasser 87
  - Kanalisation 213

Wirtschaft 104/285
- Wirtschaftsentwicklung 109
- Wirtschaftsförderung 222/382
- Wirtschaftsfreiheit 223
- Wirtschaftspolitik 177/287
- Wirtschaftspolitische Massnahmen 222
- Wirtschaftspolizeiliche Massnahmen 222
- Wirtschaftssektoren 111
- Wirtschaftsstruktur 111
- Wirtschaftsverfassung 222

Wohnen 158/284
- Wohnbauförderungsmassnahmen 206
- Wohnzone 362
- Zweitwohnung 158

Zentraler Ort 170

Ziel 13/263/300/319
- Zielfestlegung 245
- Zielfindungsprozess 263
- Zielgliederung 263
- Zielkonflikt 264
- Zielkonformität/Zieladäquanz 271
- Zielkontrolle 275
- Zielprognose 257
- Unternehmensziel 105

Ziffer
- Ausnützungsziffer 210
- Freihalteziffer 210
- Überbauungsziffer 210

Zone
- Abbauzone 365
- Bauverbotzone 188
- Bauzone 188
- Dorfzone 363/370
- Erholungszone 365
- Gewerbezone 364
- Freihaltezone 365
- Industriezone 107/364
- Kernzone 363
- Landwirtschaftszone 188/304/365
- Planungszone 188/306/344
- Projektierungszone 218
- Schutzzone 189/304/366
- Wohnzonen 362
- Zonenarten 189
- Zonenkonformität 189/210/230/305
- Zonen für öffentliche Bauten und Anlagen 364

Zukunft
- Zukunftsforschung 256
- Zukunftsgestaltung 256
- Zukunftsphilosophie 256
- Zukunftsverantwortung 288

Zweck 264

Zweckverbände 42